해국도지【六】

海國圖志 六

해국도지 海國圖志 【六】

초판 1쇄 인쇄   2023년 5월 16일
초판 1쇄 발행   2023년 5월 30일

—

저   자 | 위원魏源
역주자 | 정지호·이민숙·고숙희·정민경
발행인 | 이방원
발행처 | 세창출판사

신고번호·제1990－000013호
주소·03736 서울특별시 서대문구 경기대로 58 경기빌딩 602호
전화·02－723－8660   팩스·02－720－4579
홈페이지·http://www.sechangpub.co.kr   이메일·edit@sechangpub.co.kr

—

ISBN   979-11-6684-171-2   94900
ISBN   979-11-6684-040-1   (세트)

—

이 역주서는 2017년 대한민국 교육부와 한국연구재단의 지원을 받아 수행된 연구임.
(NRF－2017S1A5A7020082)

—

이 책은 한국연구재단의 지원으로 세창출판사가 출판, 유통합니다.

해국도지

海國圖志

【六】

(권14~권18)

위원魏源 저

정지호 · 이민숙 · 고숙희 · 정민경 역주

세창출판사

옮긴이의 말

『해국도지』 출판 배경

　1839년 호광총독湖廣總督 임칙서林則徐(1785~1850)는 도광제道光帝(재위 1820~1850)의 특명을 받고 아편 무역을 단속하기 위해 흠차대신欽差大臣(특정한 사항에 대해 황제의 전권을 위임받아 처리하는 대신)으로 광주廣州에 파견되었다. 그의 목적은 아편 수입의 급증에 따른 경제적 혼란과, 관료와 군인들의 아편 흡입으로 제국의 기강이 무너지는 것을 방지하기 위한 것이었다. 광주에 도착한 임칙서는 외국 상인에게서 약 2만여 상자의 아편을 몰수한 후 석회를 섞어 소각해서 바다로 흘려보냈다. 아편 1상자가 약 1백 명이 1년간 상용할 수 있는 양이라고 하니 당시 소각한 아편은 엄청난 양이었음을 알 수 있다.

　임칙서는 아편을 단속하는 한편, 서양 정세에도 깊은 관심을 기울였다. 그러나 당시 서양의 실상을 알기 위한 중국 서적이 거의 없는 상황에서 그는 서양 사정에 관한 다양한 자료를 수집하여 번역하는 작업에 착수했다. 번역 팀은 양진덕梁進德, 원덕휘袁德輝, 아맹亞孟, 임아적林亞適 등으로 구성되었다. 이 중 양진덕은 중국 최초의 기독교 선교사로서 『권세양언勸世良言』을 저술한 양발梁發의 아들이다. 독실한 기독교 가정에서 자란 그는 미국인 선교사 엘리자 콜먼 브리지먼Elijah Coleman Bridgman으로부터 영어를 배웠다고 한다.

임칙서는 수집한 자료 중에서 영국인 휴 머레이Hugh Murray(중국명 모단慕端)가 저술한 『세계지리대전The Encyclopaedia of Geography』(London, 1834)을 번역하게 한 후 이를 윤색하여 『사주지四洲志』를 편찬했다. 『사주지』는 원저의 요점을 간추려서 20분의 1 분량으로 요약했다고 하는데, 임칙서가 윤색에 어느 정도 관여했는지는 명확하지 않다. 임칙서는 1841년 6월에 아편전쟁의 책임을 지고 이리伊犁로 좌천되었는데, 도중 양주揚州 근처 경구京口(강소성 진강鎭江)에서 위원을 만나 『사주지』를 비롯해 그동안 수집한 다양한 자료 등을 전해 주었다.

공양학자公羊學者이면서 일찍부터 해방海防에 관심이 높았던 위원은 임칙서가 전해 준 『사주지』 등의 자료를 토대로 1년 만인 1842년 『해국도지海國圖志』 50권본을 출간했다. 그 후 1847년에는 60권본으로 증보 개정했고, 1852년에는 방대한 분량의 100권 완간본을 출간했다. 『해국도지』는 그 서명에서도 알 수 있듯이 대륙 중심의 중국이 처음으로 해양을 통한 세계 여러 나라에 관심을 기울이게 된 기념비적인 서적이라고 할 수 있다.

위원은 『해국도지』 서문에서 이 서적의 특징에 대해 "이전 사람들의 책이 모두 중국인의 입장에서 서양을 언급한 것이라면, 이 책은 서양인의 관점에서 서양을 언급한 것이다"라고 밝히고 있다. 나아가 "서양의 힘을 빌려 서양을 공격하고(以夷攻夷), 서양의 힘을 빌려 서양과 화친하며(以夷款夷), 서양의 뛰어난 기술을 배워(爲師夷長技) 서양을 제압하기 위해서 저술한 것이다(以制夷而作)"라고 언급하고 있다. 당시 중화사상에 입각해 외국에 배운다고 하는 것에 저항감이 있었던 중국의 현실에서 위원은 서양을 제압하기 위해서는 서양의 뛰어난 기술을 배울 필요가 있다고 호소한 것이다. 근대 계몽사상가인 량치차오梁啓超는 『중국근삼백년학술사中國近三百年學術史』에서 『해국도지』에 대해 "근래 백 년 동안 중국의 민심을 지배했고, 오늘날까지 그 영향력이 적지 않을 뿐만 아니라 … 중국 사대부의 지리에 관한 지식은 모두 이 책에서 비롯되었다"라고 높게 평가하고 있다.

위원의 생애

위원魏源(1794~1857)은 청대 정치가이며 계몽사상가이다. 호남성湖南省 소양邵陽 사람으로, 자는 묵심默深, 묵생墨生, 한사漢士이며, 호는 양도良圖이다. 그의 아버지 위방로魏邦魯(1768~1831)는 강소성 가정현嘉定縣 등에서 지방관을 역임했다. 위원은 주로 강소성 지역에서 활동하면서 해방에 대해 관심이 높았는데, 이러한 해방 의식의 형성 배경에는 이 지역이 해상으로부터 피해를 입기 쉬운 곳이라는 지역적 특성이 작용한 듯하다.

위원은 유봉록劉逢祿으로부터 공양학公羊學을 전수받았다. 공양학은 『춘추공양전春秋公羊傳』에 입각하여 성인의 미언대의微言大義(간결한 언어로 심오한 대의를 논하는 것)를 연구하는 학문이다. 그는 특히 동중서董仲舒 『춘추번로春秋繁露』의 미언대의 중에서 '도道'와 '세勢'의 관계에 주목했다. 도뿐만 아니라 세를 중시하는 그의 사상은 세상을 일대 변국으로 보고 다양한 정치 개혁을 착수하는 데 밑거름이 되었던 것이다.

위원은 도광 2년(1822) 향시鄕試에 합격해 거인擧人이 되었으나 이후 거듭되는 과거 시험의 낙방으로 결국은 연납捐納을 통해 관직에 진출했다. 이후 내각중서內閣中書로 일하면서 황실 도서를 이용할 수 있게 되어 이를 바탕으로 『성무기聖武記』를 저술했다. 이 책은 위원이 10여 년의 시간을 들여 청조의 흥기에서 아편전쟁에 이르기까지 국내의 여러 반란이나 주변 민족의 평정 등에 대해 서술한 것으로 청조의 전법戰法, 군사, 재정에 대해 종합적으로 논한 것으로 평가되고 있다. 위원은 37세가 되던 1830년 임칙서 등과 함께 선남시사宣南詩社를 결성했다. 이는 문인들의 모임이지만, 아편 엄금론을 주장한 황작자黃爵滋, 고증학자로 유봉록에게서 공양학을 전수받은 공자진龔自珍 등 당시로서는 개혁적 성향을 지닌 인사들의 교류 공간이었다. 위원은 1840년 아편전쟁이 발발하자 임칙서의 추천으로 양절총독 유겸裕謙의 막료로 들어갔다. 영국 장교 앤스트러더Anstruther를 만난 것은 바로 이 시기이다. 위원은 앤스트러더에게서 영국의 제반 상황을 전해 듣고 1841년 『영길리소기英吉利小記』라는 소책자를 출간하면서 서양에 대해 본격적인 관심을 기울였다. 마침 같은 해 아편전쟁 패배의 책임을 지고 이리로 좌천되어 가던 임칙서에게서

『사주지』를 비롯해 서양 관련 자료를 전해 받았다. 위원은 "서양 오랑캐를 물리치려면 먼저 서양 오랑캐의 실정을 자세하게 파악하는 데서 시작해야 한다(欲制外夷者, 必先悉夷情始)"(『해국도지海國圖志』 권1 「주해편籌海篇」)라는 인식하에 이듬해인 1842년 마침내 『해국도지』 50권본을 편찬하게 되었다.

위원은 도광 25년(1845)에 비로소 진사가 되어 고우현高郵縣 지주知州를 지냈으나 만년에는 벼슬을 버리고 불교에 심취했다. 주요 저작으로는 『공양고미公羊古微』, 『동자춘추발미董子春秋發微』, 『춘추번로주春秋繁露注』, 『시고미詩古微』, 『서고미書古微』, 『원사신편元史新篇』, 『고미당시문집古微堂詩文集』, 『성무기』 등이 있는데, 경학經學, 사학史學, 지리학, 문학, 정치, 경제 및 군사 등 다방면의 내용을 다루고 있다.

『해국도지』의 판본

『해국도지』는 모두 3종의 판본이 있다. 50권본(1842), 60권본(1847), 100권본(1852)이 그것이다. 그 외, 후에 영 존 앨런Young John Allen에 의하여 20권본이 증보된 120권본이 있는데, 여기에서는 전자인 3종의 판본에 대해 설명한다.

1. 50권본

『해국도지』 50권본은 이 책의 「서敍」에 따르면, "도광 22년(1842), 임인년 가평월(음력 12월) 양주에서 내각중서 소양 사람 위원이 쓰다(道光二十有二載, 歲在壬寅嘉平月, 內閣中書魏源邵陽敍于揚州)"라고 되어 있다. 즉 1842년 12월 57만 자에 이르는 『해국도지』 50권본이 처음으로 세상에 모습을 드러낸 것이다. 이 책에는 23폭의 지도와 8쪽에 이르는 서양 화포 도면이 수록되어 있다. 「서」에 따르면, 임칙서의 『사주지』를 토대로 더 많은 내용을 첨가해서 "동남양·서남양은 원서(『사주지』)에 비해 10분의 8이 늘어났고, 대소서양·북양·외대양은 원서(『사주지』)보다 10분의 6이 더 늘어났다(大都東南洋·西南洋, 增于原書者十之八, 大小西洋·北洋·外大洋增于原書者十之六)"라고 기록하고 있다.

2. 60권본

『해국도지』 60권본은 이 책의 「원서原敍」에 따르면 "도광 27년(1847)에 양주에서 판각되었다(道光二十七載刻于揚州)"라고 기록하고 있다. 위원은 50권본을 출간한 이후 5년간의 노력 끝에 60여만 자로 확충해 『해국도지』 60권본을 편찬한 것이다. 이 책은 50권본에 비해 해외 각 나라의 당시 상황과 서양의 기예技藝 부분 1권을 8권으로 확충했는데, 위원에 따르면 임칙서가 번역한 서양인의 『사주지』와 중국 역대의 사지史志, 명明 이래의 도지島志 그리고 최근의 외국 지도와 외국 저술에 의거하여 편찬했다고 한다.

3. 100권본

『해국도지』 100권본은 "함풍 2년(1852)에 책 내용을 더 보태 100권본으로 만들어서 고우주에서 판각했다(咸豊二年重補成一百卷, 刊于高郵州)"고 한다. 『해국도지』 「후서後敍」에 따르면 함풍 2년 88만 자로 확충해서 100권본을 출간했다고 언급하고 있는데, 이 책에서는 지도 75폭, 서양 기예 도면가 57쪽, 지구천문합론도식地球天文合論圖式 7폭이 보충되었다. 이후 이를 정본으로 하여 위원의 사후에도 중국 각지에서 100권본에 대한 재간행이 이루어졌다. 그중에서 위원의 후손인 위광도魏光燾가 광서光緖 2년(1876)에 『해국도지』를 재간행했는데, 이 책에는 좌종당左宗棠의 서문이 실려 있다. 최근에는 지난대학暨南大學의 천화陳華 등이 주석을 단 악록서사본岳麓書社本(1988)이 간행되어 『해국도지』를 읽어 나가는 데 유익함을 주고 있다. 본 역주 작업은 광서 2년본 『해국도지』를 저본으로 삼아 악록서사본 및 그외 판본 등을 참조하여 진행했음을 미리 밝혀 둔다.

『해국도지』의 구성 및 내용

『해국도지』의 구성은 다음과 같다.

권수	구성
권1~2	주해편籌海篇
권3~4	해국연혁각도海國沿革各圖
권5~70	동남양東南洋(동남아시아, 일본), 서남양西南洋(인도, 서·중앙아시아), 소서양小西洋(아프리카), 대서양大西洋(유럽), 북양北洋(러시아와 발틱 국가들), 외대서양外大西洋(남북아메리카)의 인문지리
권71~73	동서양 종교, 역법曆法, 기년법紀年法 비교표
권74~76	세계 자연지리 총론: 오대주와 곤륜崑崙에 대한 서양의 지도 소개
권77~80	주해총론籌海總論－중국 저명인사의 해방론에 대한 상주문과 해방 관련 글
권81~83	청대 신문 잡지에 실린 대외 관련 기사
권84~93	해방을 위한 대포, 포탄 등 무기 12종에 관한 논의와 도설圖說
권94~95	망원경 제작 방법 등 서양의 과학 기술에 대한 소개, 아편의 중국 수입 통계 등.
권96~100	지구천문합론地球天文合論, 칠정七政과 일월식日月蝕 등 14종의 지구과학적 자연 현상에 대한 해설

각 권의 요지는 다음과 같다.

권1~2 주해편은 『해국도지』를 편찬하는 목적이라고 할 수 있는 해방론을 다룬 부분이다. 여기에서 위원은 아편전쟁에서 패한 교훈을 근거로 방어와 화친에 대해 논한다. 먼저 '방어란 무엇인가? 어떻게 방어할 것인가?'라는 문제에 대해 "바다를 지키는 것은 해구海口를 지키는 것만 못하고, 해구를 지키는 것은 내륙의 하천을 지키는 것만 못하다"라는 원칙하에 해안보다는 내지 하천의 방비를 강화할 것을 주장한다. 특히 안남국과 미얀마가 영국을 무찌른 사례를 들어 중국의 지세를 활용한 방어책의 중요성을 강조하며, 나아가 군사 모집의 방법과 용병술에 대해 서술하고 있다. 내부의 방어를 견고히 한 후 외국의 공격을 막기 위해서는 적을 이용해 적을 공격하는 이른바 '이이공이以夷攻夷'를 제기한다. 당시 적국인 영국과 사이가 좋지 않은 러시아와 프랑스를 끌어들여 영국을 견제하게 하는 방안이다. 이와 함께 해상전을 위해 광동과 복건 등지에 조선소를 건설해서 군함을 비롯한 선박을 제조하고 적합한 인재를 양성해 해군력을 강화할 것을 주장한다. 화친에 대해서는 단지 열강과의 충돌이 두려워 그들의 요구를 수용(예를 들면 아편 무역을 허용)하기보다는 대체 무역을 통해 그들의 이익을 보장해 주어 화친할 것을 논하고 있다.

권3~4에서는 동남아시아와 서남아시아·아프리카·대서양 유럽 및 남북아메리카의 연혁과 함께 지도를 수록하고 있다. 역사적으로는 지도를 통해 한대부터 위진 남북조, 당대, 원대까지 역대 사서에 기록된 서역 각 나라의 연혁을 서술하여 세계 각 나라의 지리를 한눈에 볼 수 있게 했다.

권5~18의 동남양에서는 역사적으로 중국과 관계가 깊은 베트남을 필두로 해서 태국, 미얀마[이상을 연안국(海岸諸國)으로 분류], 루손, 보르네오, 자와, 수마트라, 일본[이상을 섬나라(海島諸國)로 분류] 등 각 나라의 지리, 역사, 문화 특색 및 중국을 비롯한 서양 국가들과의 대외관계를 서술하고 있다. 동남아시아의 주요 국가를 기술하면서 일본을 포함시킨 이유에 대해 바다로부터 침입을 막은 해방의 경험이 있기 때문이라고 하며, 조선과 류큐는 해방과는 거리가 멀어 언급하지 않는다고 밝히고 있다. 그리고 베트남을 제일 먼저 서술하고 있는 것에 대해 베트남이 역사상 중요한 조공국인 것도 있지만, 그보다도 지리적 여건을 이용해 여러 차례 네덜란드를 비롯한 서양 선박을 물리친 사실에서 중국이 해방을 하는 데 유의할 만한 사례라고 언급하고 있다. 나아가 베트남에서 아편을 금지한 것도 일본에서 기독교를 금지한 것과 함께 높게 평가하고 있다. 이 동남양에서는 중국에서 동남아시아 제 지역으로 가는 항로에 대해서도 상세하게 소개하고 있어 마치 독자로 하여금 직접 여행하는 기분을 느끼게 해 준다.

권19~32에서는 서남양의 인도 및 서아시아에 대해 서술하고 있다. 먼저 인도를 동인도·서인도·남인도·북인도·중인도로 나누어 이들 지역에 존재했던 왕국의 지리, 역사, 문화 등에 대해 언급하고 아울러 중국을 비롯한 서양 국가들과의 대외관계에 대해 서술하고 있다. 그리고 영국 동인도 회사의 설립과 해산 과정, 영국 속지의 지리, 역사, 문화, 종교, 인구, 풍속 등을 기술하고 있다. 또한 페르시아, 유다 왕국, 터키의 지리, 역사, 문화 및 서양과의 대외관계에 대해 기술하고 있는데, 여기에서는 특히 천주교가 중국에 어떠한 경로를 통해 전래되었는지를 보여 주는 『대진경교유행중국비大秦景教流行中國碑』 전문을 소개하고 있다. 위원은 천주교의 교리에 대해서도 많은 지면을 할애해서 소개하면서 그 교리의 문제점에 대해 비판적인 자세를 보이고 있다.

권33~36의 소서양에서는 아프리카대륙에 대한 전반적인 소개를 비롯해서 이집트, 에티오피아 등 아프리카대륙 국가들의 역사, 지리, 문화, 대외관계 등에 대해서 기술하고 있다. 특히 로마와 카르타고의 전쟁에 대해 상세하게 서술하고 있어 흥미롭다.

권37~53의 대서양에서는 유럽대륙에 대한 전반적인 소개를 하고 포르투갈을 필두로 해서 유럽 각 나라의 역사, 지리, 문화, 대외관계 등에 대해 기술하고 있다. 포르투갈 편에서는 옹정제 시기 포르투갈 국왕에 대한 하사품으로 일반적인 은상 외에 인삼, 비단, 자기 등 수십여 가지 품목을 구체적으로 기록하고 있어 서양과의 조공무역 일단을 살피는 데 유익하다. 위원은 영국에 대해 특히 많은 관심을 보여 다른 국가에 비해 많은 지면을 할애하여 영국의 역사, 지리, 문화, 정치, 경제, 사회, 대외관계 등에 대해 상세하게 소개하고 있다. 영국과의 아편전쟁이 『해국도지』 편찬에 중요한 계기가 되었음을 보여 주는 좋은 사례라 하겠다.

권54~58 북양·대서양에서는 러시아와 북유럽 국가의 역사, 지리, 민족, 언어, 정치 제도, 종교, 문화 등에 대해 상세하게 소개하고 있다. 특히 러시아 지역을 백해 부근, 백러시아, 발트해 연안, 신러시아, 시베리아 등 여러 지역으로 구분해서 각 지역의 복잡다단한 역사와 지리, 지역적 특성에 대해 고찰하고 있어 러시아에 대한 전반적인 이해를 돕는 데 유익하다. 위원이 러시아에 대해 영국과 마찬가지로 많은 지면을 할애하고 있는 것은 영국과 대립하고 있는 러시아를 이용해 영국을 견제하고자 하는 의도가 담겨 있는 것이라고 하겠다.

권59~70 외대서양에서는 콜럼버스의 아메리카대륙 발견 과정과 남북아메리카대륙의 위치와 기후, 물산의 특징에 대해 서술하고 있다. 특히 미국의 역사와 정치, 종교, 교육, 복지, 경제 및 미국인들의 인격 등에 대해서 상세하게 설명하고 있다. 보스턴 차 사건을 계기로 미국이 영국으로부터 독립을 쟁취하기까지의 과정을 상세히 살펴보면서 미국의 독립을 높게 평가하고 있다. 위원이 영국을 '영이 英夷(영국 오랑캐)'라고 표기하면서도 미국을 '미이美夷'라고 표기하지 않은 것 역시 영국에 대한 적대적 감정과 함께 미국을 통해 영국을 견제하고자 하는 의도가 담겨 있는 것이라 하겠다.

권71~73 표에서는 동서양의 종교, 역법, 기년법의 차이에 대해 상세하게 서술하고 있다.

권74~76 지구총설에서는 불교 경전과 서양의 도설에 의거해 오대주와 세계의 지붕이라고 불리는 곤륜(파미르고원)의 자연지리 및 설화 등에 대해 상세한 소개를 하고 있다.

권77~80 주해총론은 당대 관료와 학자들의 변방과 해안 방어에 관한 각종 대책과 상주문을 모은 것으로 19세기 당시 중국 엘리트 지식인들의 영국, 프랑스 등 서양 각 나라에 대한 인식을 비롯해 영국을 제압하기 위한 방도 및 급변하는 시국에 적절한 인재 양성 등을 논하는 내용을 다루고 있다.

권81~83 이정비채夷情備採에서는 『오문월보澳門月報』를 비롯한 서양 신문 잡지에 실린 내용을 통해 외국의 눈에 비친 중국의 모습을 소개하고 있으며, 서양의 중국에 대한 관심 및 아편 문제, 중국 해군의 취약점 등을 상세하게 서술하고 있다.

권84~93에서는 해방을 위한 서양의 전함과 대포 및 포탄 등 병기 제조, 전술, 측량술 등을 도면과 함께 상세하게 소개하고 있다.

권94~95에서는 망원경 제작 방법 등 서양의 다양한 과학 기술을 소개하고 있으며, 아편의 중국 수입량에 대한 통계를 다루고 있다.

권96~100에서는 포르투갈 출신의 예수회 선교사 호세 마르티노 마르케스José Martinho Marques의 저술에 의거하여 칠정七政, 즉 일日·월月·화성火星·수성水星·금성金星·목성木星·토성土星을 소개하고, 이외 일월식日月蝕, 공기, 바람, 천둥과 번개, 조수 및 조류, 지진, 화산 등 다양한 자연 현상의 발생 원인과 양상에 대해 구체적으로 설명하고 있다. 나아가 일월과 조수의 관계, 절기에 따른 태양의 적위, 서양 역법의 기원에 대해서도 다루고 있다.

『해국도지』의 조선 및 일본에의 전래

전근대 중국의 세계관은 고도의 문명을 자랑하는 중국(華)을 중심으로 해서 그 주변에 아직 문명이 미치지 않은 오랑캐(夷)가 존재한다고 하는 일원적인 세계관을 전제로 했다. 화이관에 입각한 중국의 지배 질서는 황제의 덕이 미치는 정도에 따라 중앙과 지방의 이원적 구조를 뛰어넘어 표면상으로는 전 세계에 걸쳐 있었다. 이른바 '천하일통天下一統'의 관념이 존재했던 것이다. 이러한 화이사상에 근거한 중화 세계 질서는 아편전쟁 이후 서구 열강의 침략을 받게 되면서 서서히 무너져 가기 시작한다. 중국이 서구 열강을 중심으로 하는 국제 질서에 편입하게 됨에 따라 '중국'은 더 이상 세계의 중심이 아니라 많은 나라 중의 하나에 불과하며, 세계는 서로 다른 문화를 가진 각 나라가 서로 경합하는 다원적인 공간이라고 하는 인식의 변화가 일어난 것이다. 이러한 인식의 변화는 당시 중국의 엘리트 지식인들에게는 일찍이 경험해 보지 못한 미증유의 세계였다. 위원이 편찬한 『해국도지』는 중국의 지식인들이 새로운 세계에 눈을 돌릴 수 있는 계기를 제공한 것으로, 그것은 단순히 지리적 세계뿐만 아니라 정신적 세계로의 길잡이 역할을 한 것이다. 이리하여 『해국도지』는 당시 중국 지식인들이 '천하'에서 '세계'로 세계상을 전환하면서 중화사상이라는 자기중심적 세계상에서 탈출하는 힘들고 어려운 여행길에 나설 수 있게 해 주었다.

『해국도지』 50권본은 출간되자마자 조선에 전래되었다. 남경조약이 체결되고 나서 1년여가 지난 1844년 10월 26일 조선은 겸사은동지사사兼謝恩冬至使를 북경에 파견했는데, 이듬해인 1845년 3월 28일 겸사은동지사의 일행 중에서 정사正使 홍완군興完君 이정응李晟應, 부사 예조판서 권대긍權大肯이 『해국도지』 50권본을 가지고 귀국한 것이다. 이 50권본은 일본에는 전해지지 않았다. 이후 많은 학자들이 북경에 다녀올 때마다 『해국도지』를 구입해 들여와서 개인 소장할 정도로 인기가 높았다고 한다. 가령 김정희金正喜(1786~1856)는 『완당선생전집阮堂先生全集』에서 "『해국도지』는 반드시 필요한 책이다(海國圖志是必需之書)"라고 했으며, 또한 허전許傳(1792~1886)의 『성재집性齋集』에 실린 「해국도지발海國圖志跋」에는 "그 대강을 초록해 놓음으로써 자세히 살피고 검토하는 데 보탬이 된다(故略抄其繁, 以資考閱云爾)"라고 언급하고 있는 것으로 보아 당시에 이미 요약본도 있었음을 알 수 있다. 나아가 최한기崔漢綺(1803~1877)는 『해국도지』 등을 참고하여 『지구전요地球典要』를 썼고, 1871년 신미양요 중에 김병학金炳學은 『해국도지』를 인용하여 국왕에게 미국의 정세를 보고했으며, 1872년 박규수는 중국에 다녀온 뒤로 당시 청년 지식인들에게 해외에 관한 관심과 이해를 강조하며 『해국도지』를 권장했다고 할 정도로 『해국도지』는 조선의 지식인들에게 외국에 대한 이해를 넓히고 새로운 세계 문명지리에 대한 지식을 갖게 해 주었다. 특히 신헌申憲(1810~1884)은 『해국도지』에 제시된 무기도武器圖에 근거하여 새로운 무기를 만들었다고 할 정도이니 그 영향이 매우 컸음을 알 수 있다.

　이러한 상황은 일본의 경우도 마찬가지이다. 『해국도지』는 1851년 처음 일본에 전해졌지만, 1854년 미일통상수교조약이 체결된 뒤에 정식으로 수입이 허가되었다. 그 뒤로 막부 말기에 가와지 도시아키라川路聖謨가 사재를 들여 스하라야 이하치須原屋伊八에게 번각飜刻 출간하게 함으로써 일반인에게도 알려졌다. 그 뒤로 메이지 원년(1868)까지 간행된 『해국도지』는 23종에 이를 정도로 널리 보급되었으며, 일본 근대화에 큰 영향을 미친 사쿠마 쇼잔佐久間象山, 요시다 쇼인吉田松陰, 사이고 다카모리西鄕隆盛 등은 이 책의 열렬한 독자였다고 전해진다.

『해국도지』 역주 작업의 경과 및 의의

　『해국도지』 역주 작업은 한국연구재단 명저번역 사업의 일환으로 진행되었다. 번역진은 필자를 포함해 모두 4인으로 총 3년에 걸쳐 초벌 번역을 진행했으며, 이후 지속적이고 꼼꼼한 윤독 과정을 거치며 번역문에 대한 수정 작업에 전념했다. 위원이 『해국도지』의 서문에서 100권이라는 분량의 방대함에 너무 질리지 않았으면 좋겠다고 한 것에서 알 수 있듯이 방대한 분량으로 인해 당초 3년이라는 시간 내에 역주 작업을 마칠 수 있을까 하는 염려가 없지 않았으나, 번역진의 부단한 노력 끝에 무사히 번역 작업을 완수할 수 있게 되었다.

　본 역주 작업은 광서 2년에 간행된 『해국도지』 100권을 저본으로 삼아 기존에 간행된 판본과의 비교 검토를 진행하면서 글자의 출입을 정리하는 것에서부터 시작했다. 이 작업에는 악록서사 교점본에 많은 도움을 받았다.

　번역 작업은 그 자체로 험난한 여정이었다. 『해국도지』는 세계 문명지리서인

만큼 외국의 수많은 국명과 지명, 인명이 한자어로 표기되어 있는데, 독자들의 가독성을 위해 가급적 원어 명칭을 찾으려고 노력했다. 유럽과 아메리카의 경우 다른 대륙에 비해 명칭 확인이 비교적 용이했지만, 지금은 사라진 국명이나 전혀 알려지지 않은 지명 등의 원어 명칭을 찾는 일은 그 자체로 수고로운 일이었다. 끊임없는 노력을 기울였음에도 원어 명칭을 찾지 못해 한자어 명칭을 그대로 표기한 것도 있는데, 이에 대해서는 독자들의 양해를 구하는 바이다.

또한 이미 언급했듯이 100권이라는 방대한 분량에 각 권의 내용도 상당히 난해하여 해석하고 주석을 다는 일 역시 쉬운 작업은 아니었다. 지금까지 『해국도지』의 중요성을 모두 인식하고 있음에도 불구하고 아직 완역본이 나오지 않은 것 역시 역주 작업의 어려움을 간접적으로 말해 주는 것이다. 이에 본서는 『해국도지』에 대한 세계 최초의 역주서라는 점에서 그 의의를 높게 살 만하지 않을까 생각한다. 게다가 본 번역진의 완역 작업을 통해 그동안 일부 전문 연구자의 전유물이었던 『해국도지』를 일반 독자에게도 제공할 수 있게 되었다는 점에 의미를 부여하고자 한다. 그럼에도 불구하고 본 역주 작업에는 번역진이 미처 인지하지 못한 번역상의 문제가 있을 수 있으니, 독자 여러분의 아낌없는 질정을 바라는 바이다.

마지막으로 어려운 출판 여건 속에서도 좋은 책을 만들기 위해 항상 애쓰시는 세창출판사 관계자 여러분께 깊은 감사를 드린다. 특히 김명희 이사님과 정조연 편집자님의 끝없는 관심과 세세한 교정 덕분에 본서의 완성도를 한층 더 높일 수 있게 되었다고 생각한다.

고황산 연구실에서 역주자를 대표해 정지호 씀

차례

해국도지
海國圖志

【六】
(권14~권18)

해국도지 전체 차례

일러두기 ————————————————————————————————————

1. 본 번역은 『해국도지海國圖志』 광서光緒 2년본(平慶涇固道署重刊), 『해국도지』 도광본道光本과 천화陳華 등이 교점한 『해국도지』(岳麓書社, 1998)(이하 '악록서사본'으로 약칭) 등 『해국도지』 관련 여러 판본을 참고, 교감하여 진행했다.

2. 『해국도지』는 다음 원칙에 준해 번역한다.
   ① 본 번역은 광서 2년본에 의거하되, 글자의 출입이나 내용상의 오류가 발견될 경우 악록서사본 등을 참고하여 글자를 고쳐 번역하고 주석으로 밝혀 둔다.

   예) 태국은 미얀마의 동남東南[1]쪽에서 위태롭게 버텨 오다가 건륭 36년(1771)에 미얀마에게 멸망되었다.
   暹羅國跼長, 居緬東南, 緬于乾隆三十六年滅之.
   1) 동남쪽: 원문은 '동남東南'이다. 광서 2년본에는 '서남西南'으로 되어 있으나, 악록서사본에 따라 고쳐 번역한다.

   ② 본 번역은 가능한 한 직역을 위주로 하고 직역으로 문맥이 통하지 않을 경우에는 본뜻에 벗어나지 않는 범위 내에서 의역하며, 문맥의 이해를 돕기 위해 필요시 [   ] 부분을 삽입해 번역한다.

   ③ 본 번역에서 언급되는 중국의 국명, 지명, 인명, 서명의 경우, 한국식 독음으로 표기하며, 조목마다 처음에만 한자어를 병기한다. 다만 홍콩, 마카오와 같이 한국인에게 널리 알려진 지명의 경우는 그대로 사용하며, 지금의 지명으로 설명이 필요한 경우는 중국 현대어 발음으로 표기한다.

④ 중국을 제외한 외국의 국명, 지명, 인명, 서명의 경우, 외래어 표기법에 의거하여 해당 국가의 현대식 표기법을 따르고, 조목마다 처음에만 해당 지역의 영문 표기를 병기한다. 나머지 필요한 상황은 주석으로 처리한다. 외국의 국명, 지명, 인명 등에 대한 음역의 경우, 이해를 돕기 위해 두음법칙을 적용하지 않았다.

   예) 캘리컷Calicut[1]

   > 1) 캘리컷Calicut: 원문은 '고리古里'로, 인도 서남부의 캘리컷을 가리킨다. 지금의 명칭은 코지코드Kozhikode이다.

⑤ 외국 지명은 현대식 표기법을 따를 때 역사적 사건과 사실이 잘 드러나지 않는 경우가 있다. 안남安南의 경우, 오늘날의 베트남을 지칭하지만, 역사적으로 보면 베트남의 한 왕국 이름이다. 따라서 이 경우에는 부득이하게 한 자음을 그대로 따르고 처음 나올 때 이를 주석에 명기한다.

   예) 안남安南[1]

   > 1) 안남安南: 지금의 베트남을 가리키는 말로, 당대에 이곳에 설치된 안남도호부安南都護府에서 유래되었다. 청대에는 베트남을 안남국, 교지국 등으로 구분하여 불렀다. 또한 안남국은 꽝남국을 가리키기도 한다.

⑥ '안案', '안按', '원안源案' 및 부가 설명은 번역문과 원문에 그대로 노출시킨다. 본문 안의 안과 부가 설명은 본문보다 작게 표기하고 안은 본문보다 연하게 다른 서체로 표기한다. 다만 본문 가장 뒤에 나오는 '안'과 '원안'의 경우는 번역문과 원문 모두 진하게 표기하고 본문 안의 안과 같은 서체로 표기해 구분한다.

   예1) 이에 스페인 사람들은 소가죽을 찢어 몇천 길의 길이로 고리처럼 엮어 필리핀의 땅을 두르고는 약속대로 해 달라고 했다. 살펴보건대 마닐라 땅을 [소가죽 끈으로] 두르고 약속대로 해 달라고 했다고 해야 한다.

其人乃裂牛皮, 聯屬至數千丈, 圍呂宋地, 乞如約. 案: 當云圍蠻里喇地, 乞如約.

예2)　　　　　　　**영국·네덜란드령 아체와 스리비자야**

단, 3국은 같은 섬으로, 당_唐나라 이전에는 파리주_{婆利洲} 땅이었다.

수마트라의 현재 이름이 아체이다. 스리비자야의 현재 이름이 팔렘방_{Palembang}이다.

英荷二夷所屬亞齊及三佛齊島

三國同島, 卽唐以前婆利洲地. 蘇門答剌, 今名亞齊. 三佛齊, 今名舊港.

예3) 위원이 살펴보건대 베트남의 서도는 후에에 있으니 곧 참파의 옛 땅이다. 여기에서
별도로 본저국을 가리켜 참파라고 하는데, 옳지 않다. 본저국은 캄보디아, 즉 옛
첸라국이다. 『해록』이 상인과 수군의 입에서 나온 책이기 때문에 보고 들은 것은
비록 진실에 속할지 모르지만, 고대의 역사사실을 고찰함에 있어 오류가 많다. 이
에 특별히 부록을 달아 바로잡는다. 참파의 동남쪽 바다에 있는 빈동룡국은 바로
『송사』에서 말하는 빈다라_{賓陀羅}로, 빈다라는 참파와 서로 이어져 있고 지금도 나
란히 꽝남 경내에 속해 있는 것으로 보아 아마도 용내의 땅인 것 같다. 명나라 왕기
王圻가 편찬한 『속통고續通考』에는 『불경』의 사위성_{舍衛城}이라고 잘못 가리키고 있
는데, 이에 대해서는 말루쿠제도_{Maluku} 뒤에서 바로잡는다.

源案: 越南之西都, 在順化港, 卽占城舊地也. 此別指本底爲占城, 非是. 本底爲柬埔寨, 卽古眞
臘國. 『海錄』出於賈客舟師之口, 故見聞雖眞, 而考古多謬. 特附錄而辯之. 至占城東南瀕海, 尙
有賓童龍國, 卽『宋史』所謂賓陀羅者, 與占城相連, 今竝入廣南境內, 疑卽龍柰之地. 明王圻『續
通考』謬指爲『佛經』之舍衛城, 辯見美洛居島國後.

⑦ 주석 번호는 편별로 시작한다.

⑧ 본서에서 언급하고 있는 '원본'은 임칙서_{林則徐}의 『사주지_{四洲志}』이다.

예) 원본에는 없으나, 지금 보충한다.

해국도지 원서[1]

—

『해국도지』60권은 무엇에 의거했는가? 첫째로 전 양광총독兩廣總督이자 병부상서兵部尙書였던 임칙서林則徐[2]가 서양인[3]의 저서를 번역한 『사주지四洲志』[4]에 의거했다. 둘째로 역대 사지史志[5] 및 명대明代 이래의 도지島志,[6] 그리고 최근의 외국 지도[7]·외국어 저술[8]에 의거했다. 철저하게 조사·고찰하고 일목요연하게 정리하여 새로운 길을 열고자 한다. 대체로 동남양東南洋,[9] 서남양西南洋[10]은 원본에 비해 10분의 8 정도를 증보했고, 대서양大西洋·소서양小西洋,[11] 북양北洋,[12] 외대서양外大西洋[13] 역시 10분의 6 정도를 증보했다. 또한 지도와 표를 날줄과 씨줄로 하고 다양한 사람들의 논점을 폭넓게 참고하여 논의를 진행했다.

[이 책이] 이전 사람들의 해도海圖에 관한 서적과 다른 점은 무엇인가? 이전 사람들의 책이 모두 중국인의 입장에서 서양[14]을 언급한 것이라면, 이 책은 서양인의 관점에서 서양을 언급했다는 것이다.[15]

이 책을 저술한 이유는 무엇인가? 서양의 힘을 빌려 서양을 공격하고

(以夷攻夷), 서양의 힘을 빌려 서양과 화친하며(以夷款夷), 서양의 뛰어난 기술을 배워(爲師夷長技) 서양을 제압하기 위해서 저술한 것이다(以制夷而作).

『주역周易』에 다음과 같은 기록이 있다.

"사랑과 증오가 서로 충돌함에 따라 길흉吉凶을 낳고, 장래의 이익과 눈앞의 이익을 취함에 따라 회린悔吝을 낳으며, 진실과 거짓이 서로 감응함에 따라 이해利害를 낳는다."[16] 그러므로 똑같이 적을 방어한다고 해도 그 상황을 아는 것과 모르는 것은 손익 면에서 아주 큰 차이가 난다. 마찬가지로 적과 화친한다고 해도 그 사정을 아는 것과 모르는 것은 손익 면에서 커다란 차이가 있다. 과거 주변 오랑캐[17]를 제압한 경우에, 적의 상황을 물어보면 자기 집 가구를 대하듯이 잘 알고 있었으며, 적의 사정을 물어보면 일상다반사와 같이 잘 알고 있었다.

그렇다면 이 서적만 있으면 서양을 제압할 수 있다는 것인가? 그렇다고 할 수도 있지만, 아닐 수도 있다. 이것은 군사적 전략은 될 수 있지만, 근본적인 대책은 아니다. 유형의 전략이지 무형의 전략은 아니다. 명대 관료는 말하길 "해상의 왜환倭患을 평정하고자 한다면 우선 사람들의 마음속에 쌓인 우환을 다스려야 한다"라고 했다. 사람들의 마음속에 쌓인 우환이란 무엇인가? [이것은] 물도 아니고 불도 아니며 칼도 아니고 돈도 아니다. 연해의 간민奸民도 아니고 아편을 흡입하거나 판매하는 악인도 아니다. 그러므로 군자는 [무공을 칭송한] 「상무常武」와 「강한江漢」[18]의 시를 읽기 전에 [인정을 칭송한] 「운한雲漢」과 「거공車攻」[19]을 읽으면서 『시경詩經』의 「대아大雅」와 「소아小雅」 시인들이 발분한 원인을 깨달았다. 그리고 『주역』 괘사卦辭와 효사爻辭[20]의 내괘內卦(하괘), 외괘外卦(상괘), 소식괘消息卦[21]를 음미하면서 『주역』을 지은 자가 근심한[22] 원인을 알았다. 이 발분과 우환이야말로 하늘의 도(天道)가 부否를 다해서 태泰로 움직이게 하는 것[23]이고 사람들의 마음(人心)이 몽매함을 벗어나 각성하게 하는 것이며 사람들의 재주(人才)가 허虛를 고쳐서 실實로 옮겨 가게 하는 것이다.

예전 강희康熙·옹정雍正 시기에 세력을 떨쳤던 준가르도 건륭乾隆 중기 순식간에 일소되어 버렸다.[24] 오랑캐의 아편[25]이 끼친 해로움은 그 해악이 준가르보다 더 크다. 지금 폐하[26]의 어짊과 근면함은 위로는 열조列祖[27]에 부합하고 있다. 하늘의 운행과 사람의 일에 길흉화복[28]은 언제나 번갈아 가며 변하는 것이니 어찌 [서양을] 무찔러 버릴 기회가 없음을 근심하는가? 어찌 무위武威를 떨칠 시기가 없음을 근심하는가? 지금이야말로 혈기 있는 자는 마땅히 분발해야 할 때이며, 식견을 가진 자는 마땅히 원대한 계획을 세워야 할 때이다.

첫째로, 허위虛僞와 허식을 버리고 재난에 대한 두려움을 버리며, 중병을 키우지 말고 자신의 안위만을 추구하지 않는다면 사람들의 우매한 병폐는 제거될 것이다.

둘째로, 실제의 일을 가지고 실제의 성과를 평가하고, 실제의 성과를 가지고 실제의 일을 평가해야 한다. 쑥은 삼 년간 묵혀서 쌓아 두고[29] 그물은 연못에 가서 엮고,[30] 맨몸으로 황하를 건너지 말며,[31] 그림의 떡을 바라지 않는다면,[32] 인재가 부족하다는 근심은 사라질 것이다.

우매함이 제거되면 태양이 밝게 빛나고, 인재가 부족하다는 근심이 사라지면 우레가 칠 것이다. 『전』에 이르기를 "누가 집안을 어지럽게 하고서 나라를 다스릴 수 있겠는가? 천하가 안정되니 월상越裳[33]도 신하 되기를 청하네"라고 한다.[34]

『해국도지』의 내용은 다음과 같다.

첫 번째, 「주해편籌海篇」[35]에서는 방어를 통해 공격하고 방어를 통해 화친하며, 오랑캐를 이용해서 오랑캐를 제압하는 열쇠를 쥐고 있는 것은 누구인가에 대해 서술한다.

두 번째, 「각 나라 연혁도各國沿革圖」에서는 3천 년의 시간과 9만 리의 공간을 씨실과 날실로 삼으면서, 지도와 역사적 사실을 아울러 서술한다.

세 번째, 「동남양 연안 각 나라東南洋海岸各國」에서는 기독교[36]와 아편을 영내에 들어오지 못하게 하면 우리의 속국[37]도 또한 적개심을 불태울 수 있다는 것에 대해 서술한다.

네 번째, 「동남양 각 섬東南洋各島」에서는 필리핀[38]과 자와는 일본과 같은 섬나라이지만, 한쪽(필리핀과 자와)은 병합되고 한쪽(일본)은 강성함을 자랑하는 것은 교훈으로 삼을 만하다[39]는 것에 대해 서술한다.

다섯 번째, 「서남양 오인도西南洋五印度」에서는 종교가 세 차례나 변하고,[40] 국토는 오인도[41]로 분할되어 까치집(인도)에 비둘기(영국)가 거주하는 것과 같은 형국이니, 이는 중국[42]에게도 재앙이 되고 있는 것에 대해 서술한다.

여섯 번째, 「소서양 아프리카小西洋利未亞」에서는 백인[43]과 흑인[44]은 거주하는 영역이 멀리 떨어져 있는데도 불구하고 흑인이 부림을 당하고 내몰리고 있는데, 이에 대해서는 해외에서 온 외국인[45]에게 자문한 것을 서술한다.

일곱 번째, 「대서양 유럽 각 나라大西洋歐羅巴各國」에서는 대진大秦[46]과 해서海西[47]에는 다양한 오랑캐[48]가 살고 있는데, 이익과 권위로 반림泮林의 올빼미[49]와 같이 감화시킬 수 있다는 것에 대해 서술한다.

여덟 번째, 「북양 러시아北洋俄羅斯國」에서는 동서양에 걸쳐 있고 북쪽은 북극해에 접해 있으니, 근교원공近交遠攻 정책을 취할 시에 육상전에 도움이 되는 우리 이웃 국가에 대해 서술한다.

아홉 번째, 「외대양 미국外大洋彌利堅」에서는 영국의 침략에 대해서는 맹렬히 저항했지만, 중국에 대해서는 예의를 다하니 원교근공遠郊近攻 정책을 취할 시에 해상전에 도움이 되는 나라에 대해 서술한다.

열 번째, 「서양 각 나라 종교 표西洋各國敎門表」에서는 사람은 모두 하늘을 근본으로 하고 가르침은 성인에 의해 세워져 있으니, 이합집산을 되풀이하면서도 조리를 가지고 문란하지 않은 것에 대해 서술한다.

열한 번째, 「중국·서양 연표中國西洋紀年表」에서는 1만 리 영토의 기년紀年이 하나로 통일되어 있는 점에서 중화에는 미치지 못하지만, 단절되면서도 연속되어 있는 아랍50과 유럽51의 기년에 대해 서술한다.

열두 번째, 「중국·서양 역법 대조표中國西曆異同表」에서는 중국력은 서양력의 바탕이 되지만, 서양력은 중국력과 차이가 있으며, 사람들에게 농사짓는 시기를 알려 주는 것에 있어서는 중국력이 근간을 이루고 있다는 것에 대해 서술한다.

열세 번째, 「지구총설國地總論」에서는 전쟁은 지세의 이점을 우선하는데, 어찌 먼 변방이라고 해서 경시하겠는가! 쌀이나 모래로 지형을 구축해서 지세를 파악한다면52 조정은 전쟁에서 승리할 수 있다는 것에 대해 서술한다.

열네 번째, 「주이장조籌夷章條」에서는 지세의 이점도 사람들의 화합에는 미치지 못하며, 기공법奇攻法과 정공법正攻法을 병용한다면 작은 노력으로도 커다란 성과를 거둘 수 있다는 것에 대해 서술한다.

열다섯 번째, 「이정비채夷情備採」에서는 적을 알고 나를 알면 화친할 수도 있고 싸울 수도 있으니, 병의 증상을 알지 못하면 어찌 처방할 것이며, 누가 어지럽고 눈앞이 캄캄한 증상을 치료할 수 있겠는가에 대해 서술한다.

열여섯 번째, 「전함조의戰艦條議」에서는 해양국이 선박에 의지하는 것은 내륙국이 성벽에 의지하는 것과 같으니, 뛰어난 기술을 배우지는 않고 풍파를 두려워하는 것은 누구인가에 대해 서술한다.

열일곱 번째, 「화기화공조의火器火攻條議」에서는 오행이 상극하여 금金과 화火[53]가 가장 맹렬하니, 우레가 지축을 흔들듯이 공격과 수비도 같은 이치라는 것에 대해 서술한다.

열여덟 번째, 「기예화폐器藝貨幣」에서는 차궤와 문자[54]는 다르지만, 화폐의 기능은 같으니, 이 신기한 것을 유용하게 활용하기 위해서 어찌 지혜를 다하지 않겠는가에 대해 서술한다.

도광 22년(1842) 임인년 12월, 내각중서 소양 사람 위원이 양주에서 쓴다.

海國圖志原敍

一

『海國圖志』六十卷何所據? 一據前兩廣總督林尙書所譯西夷之『四洲志』.
再據歷代史志及明以來島志, 及近日夷圖·夷語. 鉤稽貫串, 創榛闢莽, 前驅先
路. 大都東南洋·西南洋, 增於原書者十之八, 大·小西洋·北洋·外大西洋增於原
書者十之六. 又圖以經之, 表以緯之, 博參群議以發揮之.

何以異於昔人海圖之書? 曰彼皆以中土人譚西洋, 此則以西洋人譚西洋也.

是書何以作? 曰爲以夷攻夷而作, 爲以夷款夷而作, 爲師夷長技以制夷而作.

『易』曰: "愛惡相攻而吉兇生, 遠近相取而悔吝生, 情僞相感而利害生." 故
同一禦敵, 而知其形與不知其形, 利害相百焉. 同一款敵, 而知其情與不知其
情, 利害相百焉. 古之馭外夷者, 諏以敵形, 形同几席, 諏以敵情, 情同寢饋.

然則執此書卽可馭外夷乎? 曰: 唯唯, 否否. 此兵機也, 非兵本也. 有形之兵
也, 非無形之兵也. 明臣有言: "欲平海上之倭患, 先平人心之積患." 人心之積
患如之何? 非水, 非火, 非刃, 非金. 非沿海之奸民, 非吸煙販煙之莠民. 故君子
讀「雲漢」·「車攻」, 先於「常武」·「江漢」, 而知二雅詩人之所發憤. 玩卦爻內外

消息, 而知大『易』作者之所憂患. 慎與憂, 天道所以傾否而之泰也, 人心所以違寐而之覺也, 人才所以革虛而之實也.

昔準噶爾跳踉於康熙‧雍正之兩朝, 而電埽於乾隆之中葉. 夷煙流毒, 罪萬準夷. 吾皇仁勤, 上符列祖. 天時人事, 倚伏相乘, 何患攘剔之無期? 何患奮武之無會? 此凡有血氣者所宜慎悱, 凡有耳目心知者所宜講畫也.

去僞, 去飾, 去畏難, 去養癰, 去營窟, 則人心之寐患祛, 其一. 以實事程實功, 以實功程實事. 艾三年而蓄之, 網臨淵而結之, 毋馮河, 毋畫餅, 則人材之虛患祛, 其二. 寐患去而天日昌, 虛患去而風雷行.『傳』曰: "孰荒於門, 孰治於田? 四海旣均, 越裳是臣." 敍『海國圖志』.

以守爲攻, 以守爲款, 用夷制夷, 疇司厥楗, 述「籌海篇」第一.

縱三千年, 圍九萬里, 經之緯之, 左圖右史, 述「各國沿革圖」第二.

夷教夷煙, 毋能入界, 嗟我屬藩, 尙堪敵愾, 志「東南洋海岸各國」第三.

呂宋‧爪哇, 嶼埒日本, 或噬或駹, 前車不遠, 志「東南洋各島」第四.

教閱三更, 地割五竺, 鵲巢鳩居, 爲震旦毒, 述「西南洋五印度」第五.

維晢與黔, 地遼疆閡, 役使前驅, 疇諏海客, 述「小西洋利未亞」第六.

大秦海西, 諸戎所巢, 維利維威, 實懷泮鴞, 述「大西洋歐羅巴各國」第七.

尾東首西, 北盡冰溟, 近交遠攻, 陸戰之鄰, 述「北洋俄羅斯國」第八.

勁悍英寇, 恪拱中原, 遠交近攻, 水戰之援, 述「外大洋彌利堅」第九.

人各本天, 教綱於聖, 離合紛紜, 有條不紊, 述「西洋各國教門表」第十.

萬里一朔, 莫如中華, 不聯之聯, 大食‧歐巴, 述「中國西洋紀年表」第十一.

中曆資西, 西曆異中, 民時所授, 我握其宗, 述「中國西曆異同表」第十二.

兵先地利, 豈間遐荒! 聚米畫沙, 戰勝廟堂, 述「國地總論」第十三.

雖有地利, 不如人和, 奇正正奇, 力少謀多, 述「籌夷章條」第十四.

知己知彼, 可款可戰, 匪證奚方, 孰醫瞑眩, 述「夷情備採」第十五.

水國恃舟, 猶陸恃堞, 長技不師, 風濤誰讋, 述「戰艦條議」第十六.

五行相克, 金火斯烈, 雷奮地中, 攻守一轍, 述「火器火攻條議」第十七.

軌文匪同, 貨幣斯同, 神奇利用, 盍殫明聰, 述「器藝貨幣」第十八.

道光二十有二載, 歲在壬寅嘉平月, 內閣中書邵陽魏源敍於揚州.

주석

1 원서: 이 서문은 원래 『해국도지』 50권본의 서문이다. 악록서사본에 따르면 이는 도광 22년 12월(1843년 1월)에 서술되어 도광 27년(1847) 『해국도지』 60권본을 출판할 때, 단지 50권본의 '5' 자를 '6' 자로 바꾸고 '서敍'를 '원서原敍'로 수정했다. 나머지 내용은 전부 50권본 그대로이다.

2 임칙서林則徐: 임칙서(1785~1850)는 청나라 말기의 정치가로 복건성 복주 출신이다. 자는 소목少穆, 호는 문충文忠이다. 1837년 호광총독湖廣總督으로 재임 중 황작자黃爵滋의 금연 정책에 호응해서 아편 엄금 정책을 주장했다. 호북湖北·호남湖南에서 금연 정책의 성공을 인정받아 흠차대신으로 등용되어 광동에서의 아편 무역을 단속하게 된다. 1839년 광동에 부임하여 국내의 아편 판매 및 흡연을 엄중히 단속하고 외국 상인이 소유하던 아편을 몰수했으며, 아편 상인을 추방하여 아편 무역을 근절하고자 했다. 그러나 이에 항의한 영국이 함대를 파견하자 이에 대한 책임을 지고 면직되어 신강성新疆省에 유배되었다.

3 서양인: 원문은 '서이西夷'이다.

4 『사주지四洲志』: 임칙서가 휴 머레이Hugh Muray 『세계지리대전The Encyclopaedia of Geography』의 일부를 양진덕梁進德 등에게 번역시킨 후, 직접 원고의 일부분을 수정해서 펴낸 책이다. 이하 본서에서 언급하고 있는 원본은 바로 『사주지』를 가리킨다.

5 사지史志: 『해국도지』에 인용되어 있는 24사를 비롯해 『통전通典』, 『문헌통고文獻通考』, 『속문헌통고續文獻通考』, 『황조문헌통고皇朝文獻通考』, 『통지通志』, 『수경주水經注』, 『책부원귀冊府元龜』, 『대청일통지大淸一統志』, 『광동통지廣東通志』, 『무역통지貿易通志』 등의 서적을 가리킨다.

6 도지島志: 『해국도지』에 인용되어 있는 주달관周達觀의 『진랍풍토기眞臘風土記』, 왕대연汪大淵의 『도이지략島夷志略』, 사청고謝淸高의 『해록海

錄』, 장섭張燮의 『동서양고東西洋考』, 황충黃衷의 『해어海語』, 황가수黃可垂의 『여송기략呂宋紀略』, 왕대해汪大海의 『해도일지海島逸志』, 장여림張汝霖의 『오문기략澳門紀略』, 진륜형陳倫炯의 『해국문견록海國聞見錄』, 줄리오 알레니Giulio Aleni의 『직방외기職方外紀』, 페르디난트 페르비스트Ferdinand Verbiest의 『곤여도설坤輿圖說』 등의 서적을 가리킨다.

7 외국 지도: 원문은 '이도夷圖'이다. 서양에서 제작된 지도를 가리킨다.

8 외국어 저술: 원문은 '이어夷語'이다. 서양인이 저술한 서적을 가리킨다.

9 동남양東南洋: 위원이 말하는 동남양은 동남아시아Southeast Asia 해역, 한국Korea·일본Japan 해역 및 오세아니아Oceania 해역 등을 가리킨다.

10 서남양西南洋: 위원이 말하는 서남양은 아라비아해Arabian Sea 동부에 있는 남아시아South Asia 해역 및 서남아시아 동쪽의 아라비아해 서부 등의 해역을 포괄해서 가리킨다.

11 대서양大西洋·소서양小西洋: 위원이 말하는 대서양은 서유럽West Europe 및 스페인Spain·포르투갈Portugal의 서쪽 해역, 즉 대서양Atlantic Ocean에 인접해 있는 여러 국가 및 북해North Sea의 남부와 서부를 가리킨다. 위원이 말하는 소서양은 인도양Indian Ocean과 대서양에 인접해 있는 아프리카Africa 지역을 가리킨다.

12 북양北洋: 위원이 말하는 북양은 북극해Arctic Ocean 및 그 남쪽의 각 바다에 인접해 있는 유럽Europe과 아시아Asia 두 대륙 일부, 일부 발트해 연안 국가의 해역, 덴마크Denmark 서쪽의 북해 동부 및 북아메리카North America의 그린란드Greenland 주위 해역, 즉 노르웨이Norway·러시아·스웨덴Sweden·덴마크·프로이센Preussen 5개국의 해역 및 크름반도 주변 해역을 가리킨다.

13 외대서양外大西洋: 위원이 말하는 외대서양은 대서양에 인접해 있는 남북아메리카 일대를 가리킨다.

14 서양: 대서양 양안의 구미 각 나라를 가리킨다.

15 이 책은 … 언급했다는 것이다: 도광 27년(1847)의 60권본의 5, 7, 13, 14, 16, 20~23, 25~33, 36~38, 40~43권은 유럽인 원찬(歐羅巴人原撰), 후관 임

칙서 역후관林則徐譯, 소양 위원 중집邵陽魏源重輯이라고 기록하고 있는데, 이 부분은 『사주지』를 원본으로 하고 다른 서적을 참고해서 증보한 것이다.

16 사랑과 증오가 … 낳는다: 『주역』 제12장 「계사전繫辭傳」 하에 보인다. 길吉은 좋은 것, 흉兇은 나쁜 것이다. 회悔는 후회하는 것이고, 린吝은 개선하려고 하지 않는 것이다. 흉과 길이 이미 벌어진 일이라면 회와 린은 일종의 전조와 같은 것으로 회는 길할 전조, 린은 흉할 전조가 된다.

17 주변 오랑캐: 원문은 '외이外夷'이다.

18 「상무常武」와 「강한江漢」: 모두 『시경』 「대아」의 편명이다. 주나라 선왕宣王이 회북淮北의 오랑캐를 정벌하여 무공을 떨친 것을 기리기 위해 지은 것이다.

19 「운한雲漢」과 「거공車攻」: 「운한」은 『시경』 「대아」의 편명이고 「거공」은 「소아」의 편명이다. 주나라 선왕이 재해를 다스리고 제도를 정비한 것 등 내정을 충실히 한 것을 기리기 위해 지은 것이다.

20 괘사卦辭와 효사爻辭: 『주역』은 본래 양(一)과 음(--)의 결합에 의해 64괘로 이루어져 있다. 이 64괘에 대한 설명을 괘사라고 한다. 그리고 괘를 구성하고 있는 (一)과 (--)을 효라고 하는데, 이에 대한 의미를 설명한 것을 효사라고 한다. 1괘당 6개의 효가 있어 효사는 모두 384개로 이루어져 있다.

21 내괘內卦(하괘), 외괘外卦(상괘), 소식괘消息卦: 원문은 '내외소식內外消息'이다. 모두 『주역』의 용어로서 끊임없는 변화를 의미한다.

22 『주역』을 지은 자가 근심한: 『주역』 「계사전」 하에 의하면 "『주역』이 흥기한 것은 중고 시대일 것이다. 『주역』을 지은 자는 근심을 품고 있을 것이다(『易』之興也, 其於中古乎. 作『易』者其有憂患乎)"라고 언급하고 있다.

23 부否를 다해서 태泰로 움직이게 하는 것: '부'와 '태'는 모두 『주역』 64괘의 하나이다. '부'는 막혀 있는 상태, '태'는 형통하고 있는 상태로서 양자는 정반대의 위치에 있다. '부'가 지극해지면 '태'로 변화하는데, 이는 분노와 우환이 막혀 있는 상태에서 형통하는 상태로 변화하는 것을 의

미한다.

24 준가르도 … 일소되어 버렸다: 준가르는 17세기 초에서 18세기 중엽에 걸쳐 세력을 떨친 서북 몽골의 오이라트계 몽골족이다. 17세기 말경 종 종 중국의 서북 변경에 침입했으나 1755년 청나라군의 공격을 받아 준 가르가 붕괴되고 나아가 1758년 완전히 멸망되었다.

25 오랑캐의 아편: 원문은 '이연夷烟'이다.

26 폐하: 도광제道光帝(재위 1820~1850)를 가리킨다.

27 열조列祖: 청조의 역대 제왕을 가리킨다.

28 길흉화복: 원문은 '의복倚伏'이다. 노자老子 『도덕경道德經』의 "화란 것은 복이 의지하는 곳이고, 복은 화가 숨어 있는 곳이다(禍兮福之所倚, 福兮禍之所伏)"라는 말에서 유래한다.

29 쑥은 삼 년간 묵혀서 쌓아 두고: 원문은 '애삼년이축지艾三年而蓄之'이다. 『맹자孟子』 「이루離婁」 하편에 "7년의 병을 치료하기 위해서는 삼 년간 숙성된 쑥이 필요하다(七年之病救三年之艾)"는 말이 있다.

30 그물은 연못에 가서 엮고: 원문은 '망임연이결지網臨淵而結之'이다. 『한서漢書』 「동중서전董仲舒傳」에 "연못에 임해서 고기를 탐하는 것은 물러나 그물을 만드는 것보다 못하다(臨淵羨魚, 不如退而結網)"라는 말이 있다.

31 맨몸으로 황하를 건너지 말며: 원문은 '무풍하毋馮河'이다. 『논어論語』 「술이述而」편에 "맨손으로 호랑이를 잡고 맨몸으로 황하를 건너다가 죽 어도 후회가 없다는 사람과는 나는 함께하지 않을 것이다(暴虎馮河, 死而無 悔者, 吾不與也)"라는 말이 있다.

32 그림의 떡을 바라지 않는다면: 원문은 '무화병毋畫餅'이다.

33 월상越裳: 서주 초기의 '월상'은 막연하게 중국 남쪽의 아주 먼 나라를 가 리키기 때문에 정확한 지역은 알 수 없다. 삼국 시대 이후에 등장하는 '월상'은 대체로 베트남 중부의 월상현越裳縣을 가리키며, 지금의 하띤성 Ha Tinh 일대에 해당한다. 또한 라오스Laos나 캄보디아Cambodia를 가리키 기도 한다.

34 『전』에 … 한다: 『후한서後漢書』 「남만전南蠻傳」에 의하면 월상은 베트

남의 남쪽에 있던 나라로 주공周公 시기 여러 번이나 통역을 거쳐서 입조해서 흰 꿩을 바쳤다는 일화가 등장하는데, "누가 집안을 … 신하 되기를 청하네"는 한유韓愈의 시 「월상조越裳操」에서 인용한 것이다.

35 「주해편籌海篇」: '의수議守', '의전議戰', '의관議款' 세 항목으로 구성되어 있다.

36 기독교: 원문은 '이교夷敎'이다.

37 속국: 원문은 '속번屬藩'이다.

38 필리핀: 원문은 '여송呂宋'이다.

39 교훈으로 삼을 만하다: 원문은 '전거불원前車不遠'이다. 이 말은 앞 수레가 넘어지면 뒤 수레의 경계가 된다는 의미의 '전거복철前車覆轍'과 은나라가 망한 것을 거울로 삼아야 할 것은 멀리 있지 않다는 의미의 '은감불원殷鑑不遠'의 앞뒤 두 글자를 따온 것이다.

40 종교가 세 차례나 변하고: 원문은 '교열삼경教閱三更'이다. '종교의 나라'로로 불리는 인도는 힌두교와 불교의 탄생지이며, 10세기경에는 이슬람군이 인도의 델리 지방을 점거하면서 이슬람교가 전파되기 시작했다.

41 오인도: 원문은 '오축五竺'으로, 동인도·남인도·서인도·북인도·중인도를 가리킨다. 악록서사본에 따르면 오인도는 다음과 같이 구분되고 있다. 동인도Pracys는 지금의 인도 아삼주Assam 서부, 서벵골주West Bengal의 중부와 남부, 오디샤Odisha의 북부와 중부 및 현 방글라데시Bangladesh의 중부와 남부이다. 북인도Udicya는 현 카슈미르주Kashmir, 인도의 펀자브주Punjab, 하리아나주Haryana, 파키스탄의 서북 변경, 펀자브주 및 아프가니스탄의 카불강Kabul River 남쪽 양측 강변 지역이다. 서인도Aparanta는 현 파키스탄 중부와 남부, 인도 구자라트주Gujarat의 북부와 동부, 마디아프라데시주Madhya Pradesh의 북부와 서부, 라자스탄주Rajasthan의 남부이다. 『대당서역기大唐西域記』에는 '인도국'이 아니라고 명확히 밝히고 있다. 중인도Madhyadesa는 현 방글라데시 북부, 인도의 서벵골주 북부, 라자스탄주 북부, 우타르프라데시주Uttar Pradesh이다. 네팔Nepal을 중인도에 넣고 있는데, 이는 옳지 않다. 선학들도 이미 논한 바 있다. 남인도Daksinapatha는 인도차이나반도상의 오디샤주의 남부, 중앙주의 동남부,

마하라슈트라주Maharashtra와 위에서 서술한 세 곳 이남의 인도 각주 및 서북쪽으로 면한 카티아와르반도Kathiawar Peninsular이다. 『대당서역기』에는 '인도국'이 아니라고 명확히 밝히고 있다. 위원이 『해국도지』를 편찬할 때 무굴 제국Mughal Empire은 이미 멸망하여 잘 알지 못했기 때문에 『직방외기』에서 언급한 동·북·중·서인도가 무굴 제국에 병합되었다고 하는 설의 영향을 크게 받았다. 확실하게 영국의 동인도 회사가 직접 통치하는 벵골(현 방글라데시와 인도의 서벵골주 지역)을 동인도로 하고 카슈미르를 북인도라 한 것을 제외하고는 예전 중·서인도 및 동·북인도의 나머지 지역을 '중인도'라고 했다. 또한 지금 이란의 아라비아반도에 이르는 일대를 '서인도'라고도 했다.

42 중국: 원문은 '진단震旦'으로, 지나支那와 같이 중국을 달리 부르는 말이다.

43 백인: 원문은 '석晳'이다.

44 흑인: 원문은 '검黔'이다.

45 해외에서 온 외국인: 원문은 '해객海客'이다.

46 대진大秦: 고대 로마 제국Roman Empire, 또는 동로마 제국Byzantium Empire을 가리킨다.

47 해서海西: 고대 로마 제국, 또는 동로마 제국을 가리킨다.

48 오랑캐: 원문은 '융戎'이다. 고대 중국은 주변 민족을 동이東夷, 서융西戎, 남만南蠻, 북적北狄으로 불렀다. 여기에서 융은 중국의 서쪽에 있는 이민족을 가리킨다.

49 반림泮林의 올빼미: 원문은 '반효泮鴞'이다. 『시경』 「노송魯頌·반수泮水」편에 "훨훨 날아다니는 올빼미가 반궁 숲에 내려앉았네. 우리 뽕나무의 오디를 먹고서는 나에게 듣기 좋은 소리로 노래해 주네(翩彼飛鴞, 集于泮林, 食我桑黮, 懷我好音)"라고 하는데, 이는 훨훨 나는 올빼미가 오디를 먹고 감화되었다는 것을 의미한다.

50 아랍: 원문은 '대식大食'이다. 대식은 원래 이란의 한 부족명이었는데, 후에 페르시아인은 이를 아랍인의 국가로 보았다. 중국은 당조唐朝 이후 대식을 아랍 국가의 명칭으로 사용하고 있다.

51 유럽: 원문은 '구파歐巴'이다.

52 쌀이나 모래로 … 파악한다면: 원문은 '취미화사聚米畵沙'이다. 『후한서』 권24 「마원열전馬援列傳」에 의하면, 후한 광무제가 농서隴西의 외효隗囂를 치기 위하여 친정했을 때, 농서 출신 복파장군伏波將軍 마원이 쌀을 모아서 산과 골짜기 등 지형을 그림처럼 만들어 보여 주자 광무제가 오랑캐가 내 눈앞에 들어왔다고 기뻐했다는 고사가 전해진다.

53 금金과 화火: 금과 화는 음양오행설의 목·화·토·금·수의 순서에 따라 상극(상승) 관계에 있다. 동시에 여기에서는 무기, 화기를 나타낸다. 『주역』에 "우레가 지축을 흔든다(雷奮地中)"라는 말이 있다.

54 차궤와 문자: 『예기禮記』 「중용中庸」 편에 "지금 천하의 수레는 차궤를 같이하고, 서적은 문자를 같이하며, 행실은 윤리를 같이한다(今天下車同軌, 書同文, 行同倫)"라고 한다. 여기에서 차궤, 문자, 행실은 넓은 의미에서 인류 사회의 문명을 의미한다.

해국도지 후서

—

　서양의 지리에 대해 이야기할 경우에는 명대 만력萬曆[1] 연간 서양[2]인 마테오 리치Matteo Ricci[3]의 『곤여도설坤輿圖說』[4]과 줄리오 알레니Giulio Aleni[5]의 『직방외기職方外紀』[6]에서부터 시작해야 한다. 이들 책이 처음 중국에 소개되었을 때, 중국인들은 대체로 추연鄒衍[7]이 천하를 논하는 것과 같다고 생각했다.[8] 청조[9] 시기에 이르러 광동에서 통상무역[10]이 활발해지면서 중국어와 산스크리트어가 두루 번역됨에 따라 지리에 관한 많은 서적이 중국어로 번역·간행되었다. 예를 들면, 북경 흠천감欽天監[11]에서 근무하던 페르디난트 페르비스트Ferdinand Verbiest[12]와 미셸 베누아Michel Benoist[13]의 『지구전도地球全圖』가 있다. 광동에서 번역 출간된 것으로서 초본鈔本[14]인 『사주지四洲志』·『외국사략外國史略』[15]이 있고, 간행본으로는 『만국지리전도집萬國地理全圖集』[16]·『평안통서平安通書』[17]·『매월통기전每月統紀傳』[18]이 있는데, 하늘의 별처럼 선명하고 손금을 보는 것처럼 명료했다. 이에 비로소 해도海圖와 해지海志를 펼쳐 보지 않았으면 우주의 창대함과 남북극의 상하가 둥글다는 것을 몰랐다는 사실조차 몰랐을 것이다. 다만, 이 발행물들은 대부분 서양 상인들이 발행한 것으로 섬 해안가 토산물의 다양함, 항구도시 화물 선박의 수, 더위와 추위 등 하늘의 운행에 따른 절기에 대해서는 상세하다. 그리고 각 나라 연혁의 전모나 행정 구역의 역사로 보아 각 나라 사서史書에 9만 리를 종횡하고 수천 년을 이어져 온 산천 지리를 기록할 수 있을 것 같은데, [이들 책에서는] 유감스럽게도 아직 들어 보지 못했다.

다만 최근에 나온 포르투갈[19]인 호세 마르티노 마르케스José Martinho Marques[20]의 『지리비고地理備考』,[21] 미국[22]인 엘리자 콜먼 브리지먼Elijah Coleman Bridgman[23]의 『미리가합성국지략美理哥合省國志略』[24]은 모두 그 나라의 문인들이 고대 전적典籍[25]을 세세하게 살펴 [집필하여] 문장의 조리가 매우 분명해 이해하기가 쉽다. 그리고 『지리비고』의 「구라파주총기歐羅巴洲總記」 상하 2편[26]은 더욱 걸작으로, 바로 오랫동안 막혀 있던 마음을 확 트이게 해 주었다. 북아메리카[27]에서는 부락이 군장을 대신하고[28] 그 정관이 대대로 이어지는데도 폐단이 없고, 남아메리카[29] 페루국[30]의 금은은 세계에서 제일 풍부하지만, 모두 역대로 들은 바가 없다. 이미 [『해국도지』는] 100권을 완성해 앞에 총론을 제시해서 독자들로 하여금 그 대강을 파악한 후에 그 조목을 상세하게 알게 해 두었으니 분량의 방대함에 질려 탄식하지 않기를 바란다.

또한 예전 지도는 단지 앞면과 뒷면 2개의 전도全圖만 있고, 또한 각 나라가 모두 실려 있지 않아 좌우에 지도와 역사서를 모두 갖추는 바람을 채우지 못했다. 그런데 지금 광동과 홍콩에서 간행된 화첩畫帖[31] 지도를 보면 각각 지도는 일국의 산수와 성읍의 위치를 구륵鈞勒, 즉 동그라미로 표시하고 색칠해 두었으며 경도[32]와 위도[33]를 계산하는 데 조금도 어긋나지 않았다. 이에 고대부터 중국과 교류가 없었던 지역임에도 산천을 펼쳐 보면 마치 『일통지一統志』의 지도를 보는 것 같았고 풍토를 살펴보면 마치 중국 17개 성省의 지방지를 읽는 것 같았다. 천지 기운의 운행이 서북쪽에서 동남쪽으로 해서 장차 중외가 일가를 이루려고 하는 것인가!

무릇 그 형세를 자세하게 알면 다스리는 방법이 틀림없이 「주해편」에 들어 있다는 것을 알게 될 것이다. 「주해편」은 작게 쓰면 작은 효용이, 크게 쓰면 큰 효용이 있을 것이니 이로써 중국의 명성과 위엄을 떨칠 수 있다면 이는 밤낮으로 매우 원하던 바이다.

마르케스의 『천문지구합론天文地球合論』과 최근 수전에서 사용되었던 화공과 선박, 기기의 도면을 함께 뒤쪽에 부록으로 실어 두었으니, 지식을 넓히는 데 보탬이 되고, 유익하게 활용하는 데 도움이 되기를 바란다.

함풍咸豊 2년(1852), 소양 사람 위원이 고우주高郵州에서 쓴다.

海國圖志後敍

一

　　譚西洋輿地者, 始於明萬曆中泰西人利馬竇之『坤輿圖說』, 艾儒略之『職方外紀』. 初入中國, 人多謂鄒衍之談天. 及國朝而粤東互市大開, 華梵通譯, 多以漢字刊成圖說. 其在京師欽天監供職者, 則有南懷仁·蔣友仁之『地球全圖』. 在粤東譯出者, 則有鈔本之『四洲志』·『外國史略』, 刊本之『萬國地理全圖集』·『平安通書』·『每月統紀傳』, 爛若星羅, 瞭如指掌. 始知不披海圖海志, 不知宇宙之大, 南北極上下之渾圓也. 惟是諸志多出洋商, 或詳於島岸土產之繁, 埠市貨船之數, 天時寒暑之節. 而各國沿革之始末·建置之永促, 能以各國史書誌富媼山川縱橫九萬里·上下數千年者, 惜乎未之聞焉.

　　近惟得布路國人瑪吉士之『地理備考』與美里哥國人高理文之『合省國志』, 皆以彼國文人留心丘索, 綱舉目張. 而『地理備考』之『歐羅巴洲總記』上下二篇尤爲雄偉, 直可擴萬古之心胸. 至墨利加北洲之以部落代君長, 其章程可垂奕世而無弊, 以及南洲孛露國之金銀富甲四海, 皆曠代所未聞. 旣彙成百卷, 故提其總要於前, 俾觀者得其綱而後詳其目, 庶不致以卷帙之繁, 望洋生歎焉.

又舊圖止有正面背面二總圖, 而未能各國皆有, 無以愜左圖右史之願. 今則用廣東香港冊頁之圖, 每圖一國, 山水城邑, 鉤勒位置, 開方里差, 距極度數, 不爽毫髮. 於是從古不通中國之地, 披其山川, 如閱『一統志』之圖, 覽其風土, 如讀中國十七省之志. 豈天地氣運, 自西北而東南, 將中外一家歟!

夫悉其形勢, 則知其控馭必有於「籌海」之篇. 小用小效, 大用大效, 以震疊中國之聲靈者焉, 斯則夙夜所厚幸也. 夫至瑪吉士之『天文地球合論』與夫近日水戰火攻船械之圖, 均附於後, 以資博識, 備利用.

咸豐二年, 邵陽魏源敍於高郵州.

주석

1 　만력萬曆: 명나라 제13대 황제 신종神宗 주익균朱翊鈞의 연호(1573~1620)
이다.

2 　서양: 원문은 '태서泰西'이다. 널리 서방 국가를 가리키는데, 일반적으로
서유럽과 미국을 의미한다.

3 　마테오 리치Mateo Ricci: 원문은 '이마두利馬竇'이다. 마테오 리치(1552~1610)
는 이탈리아 마체라타Macerata 출신으로 1583년에는 광동에 중국 최초의
천주교 성당을 건립해 그리스도교를 전파했다. 그는 유학에도 상당히
조예가 깊었으며, 철저한 중국화를 위해 스스로 유학자의 옷을 입었다.
그리고 조상 숭배도 인정하는 융통성을 보여 유학자들로부터 '서양의
유학자(泰西之儒士)'라고 불리었다. 대표적인 저작으로 자신과의 대화 형
식을 빌려 천주교 교리를 설명한 『천주실의天主實義』가 있다.

4 　『곤여도설坤輿圖說』: 청대 초기 흠천감을 맡고 있던 페르비스트(1623~1688)
는 천문 역법뿐만 아니라 세계 지리와 지도, 천주교 등 다양한 유럽 문
화를 소개했는데, 그중 세계 지리서로 간행한 것이 바로 『곤여도설』이
다. 이 책은 상하 2권 1책으로 구성되어 있다. 여기에서 마테오 리치의
저술이라고 한 것은 오류이다. 마테오 리치는 1601년 『만국도지萬國圖
志』를 그려서 만력제에게 선물했으며, 세계 지도 위에 지리학과 천문
학적인 설명을 덧붙여 놓은 『곤여만국전도坤輿萬國全圖』를 번역하기도
했다. 본문에서 『곤여도설』은 『곤여만국전도』의 오류가 아닌가 생각
한다.

5 　줄리오 알레니Giulio Aleni: 원문은 '애유략艾儒略'이다. 알레니(1582~1649)는
이탈리아 출신의 예수회 소속 선교사이다. 중국의 복장과 예절을 받아
들여 '서양의 공자'라고 일컬어졌다.

6 　『직방외기職方外紀』: 알레니가 한문으로 저술한 세계지리도지世界地理圖

志이다. 마테오 리치의 『만국도지』를 바탕으로 증보했으며, 아시아, 유럽, 아프리카, 아메리카 및 해양에 관한 내용을 적고 있다. 『주례周禮』에 기록된 관제 중에 직방씨職方氏가 있는데, 천하의 땅을 관장하기 위해 지도를 맡아 관리했다. 이에 따르면 천하는 중국과 주위의 사이四夷, 팔만八蠻, 칠민七閩, 구맥九貊, 오융五戎, 육적六狄으로 구성되어 있다. 이에 알레니는 중국 사람들에게 천하에는 이들 이외에 중국에 조공하지 않는 많은 나라가 있음을 이 책을 통해 알려 주려고 한 것이다.

7 추연鄒衍: 추연(기원전 305~기원전 240)은 중국 전국 시대戰國時代 제齊나라 사람으로 제자백가 중 음양가陰陽家의 대표적 인물이다. 오행사상五行思想과 음양이원론陰陽二元論을 결합하여 음양오행사상을 구축했다.

8 천하를 논하는 것과 같다고 생각했다: 여기에서 천문은 추연의 대구주설大九州說을 말하는 것이다. 『사기史記』에 따르면, "중국을 이름 붙이기를 적현신주赤縣神州라고 했다. 적현신주의 안에 구주九州라는 것이 있는데, 우禹임금이 정한 구주가 바로 이것이나, 대구주는 아니다. 중국의 밖에는 적현신주 같은 것이 9개가 있는데, 이것이 구주인 것이다"라고 되어 있다. 즉 추연은 우공의 구주 전체를 적현신주라 하고 이와 똑같은 것이 8개가 더 합쳐져서 전 세계가 하나의 주를 구성하고 있다고 보았다. 추연의 대구주설은 처음에는 이단으로 받아들여졌으나, 서양의 세계 지도가 중국에 전래되면서 관심을 끌게 되었다고 한다.

9 청조: 원문은 '국조國朝'이다.

10 통상무역: 원문은 '호시互市'이다. 본래 중국의 역대 왕조가 국경 지대에 설치한 대외무역소를 가리키는데, 명청 시대에는 책봉 관계를 체결하지 않은 외국과의 대외무역 체제를 의미한다.

11 흠천감欽天監: 명청 시대 천문·역법 등에 관한 일을 담당하던 기관으로 서양 선교사들이 황실의 천문을 살펴 주고 그 사업을 주도했다.

12 페르디난트 페르비스트Ferdinand Verbiest: 원문은 '남회인南懷仁'이다. 벨기에 출신으로 1659년 중국에 와서 전도에 일생을 바쳤다. 당초 예수회 수사 아담 샬Adam Schall을 도와 흠천감에서 근무했는데, 이는 서양의 천

문학과 수학에 통달했기 때문이었다. 강희 원년(1662) 양광선楊光先을 중심으로 하는 보수파의 반대 운동에 부딪혀 아담 샬과 함께 북경 감옥에 갇혔다. 이어 보수파가 실각하자 다시 흠천감의 일을 맡게 되었으며, 궁정의 분수 등을 만들어 강희제의 신임을 받아 공부시랑工部侍郞의 직위를 하사받았다. 또한 서양풍의 천문기기를 주조하고 그것을 해설한 『영대의상지靈臺儀象志』(1674) 16권을 출판했으며, 같은 해에 『곤여도설坤輿圖說』이라는 세계 지도를 펴냈다.

13 미셸 베누아Michel Benoist: 원문은 '장우인蔣友仁'이다. 미셸 베누아(1715~1774)는 프랑스 출신의 예수회 선교사, 천문학자이다.

14 초본鈔本: 인쇄 기술에 의존하지 않고 손으로 직접 글을 써서 제작한 도서나 출판물을 가리킨다. 필사본이라고도 한다.

15 『외국사략外國史略』: 영국인 선교사 로버트 모리슨Robert Morrison의 작품으로 『해국도지』에 커다란 영향을 미쳤다.

16 『만국지리전도집萬國地理全圖集』: 광서 2년본에는 '『만국도서집萬國圖書集』'으로 되어 있으나, 악록서사본에 따라 고쳐 번역한다.

17 『평안통서平安通書』: 미국 선교사 디비 베툰 매카티Divie Bethune McCartee의 저서로, 기독교 교의와 과학 지식, 천문天文·기상氣象 관련 상식들을 소개하고 있다.

18 『매월통기전每月統紀傳』: 원명은 『동서양고매월통기전東西洋考每月統記傳』으로, 카를 귀츨라프Karl Gützlaff가 1833년에 광주廣州에서 창간한 중국어 월간지이다.

19 포르투갈: 원문은 '포로국布路國'이다.

20 호세 마르티노 마르케스José Martinho Marques: 원문은 '마길사瑪吉士'이다. 마규사馬圭斯, 혹은 마귀사馬貴斯라고도 한다. 마르케스(1810~1867)는 어려서부터 마카오의 성요셉 수도원에서 한학을 배웠다. 1833년 23세 때 통역사 자격을 취득한 후 마카오 의사회에서 통번역 일을 했으며, 1848년부터는 프랑스 외교사절의 통역에 종사했다.

21 『지리비고地理備考』: 전 10권으로 구성되어 있다. 제1권은 지리학, 천문학

과 기상학, 제2권은 지진, 화산 등 각종 자연 현상, 제3권은 포르투갈의 정치 무역을 비롯해 각 나라의 기원과 역사에 대해, 제4권에서 제10권은 지구총론, 유럽, 아시아, 아프리카, 아메리카, 오세아니아주의 정치, 지리, 경제 현상에 대해 서술하고 있다.

22 미국: 원문은 '미리가국美里哥國'이다.

23 엘리자 콜먼 브리지먼Elijah Coleman Bridgman: 원문은 '고리문高理文'이나, 비치문神治文으로 표기하는 것이 일반적이다. 브리지먼(1801~1861)은 중국에 파견된 최초의 미국 프로테스탄트 선교사이다. 성서 번역 외에 영어판 월간지 *Chinese Repository*를 창간했다. 또한 싱가포르에서 한문으로 미국을 소개한 『미리가합성국지략』을 간행했는데, 이 책은 위의 『해국도지』에서 미국 부분을 서술하는 데 중요한 참고자료가 되었다.

24 『미리가합성국지략美理哥合省國志略』: 원문은 '『합성국지合省國志』'이다. 혹자는 이 말을 오해해서 『합성국지』가 『해국도지』 100권본에 이르러 비로소 인용되었다고 하지만, 악록서사본에 따르면 이미 『해국도지』 50권본에서 이 책을 인용하고 있다고 한다.

25 고대 전적典籍: 원문은 '구색索丘'이다. 『팔색八索』과 『구구九丘』를 아울러 칭한 것으로 일반적으로 고대의 모든 전적을 가리킨다.

26 『지리비고地理備考』의 「구라파주총기歐羅巴洲總記」 상하 2편: 위원은 『지리비고』의 「방국법도원유정치무역근본총론邦國法度原由政治貿易根本總論」의 전문을 각색해서 「구라파주총기」 상하 두 편으로 표제를 수정했다.

27 북아메리카: 원문은 '묵리가북주墨利加北洲'이다.

28 부락이 군장을 대신하고: 원문은 '이부락대군장以部落代君長'으로, 미국의 연방제를 가리키는 것으로 보인다.

29 남아메리카: 원문은 '남주南洲'이다.

30 페루국: 원문은 '패로국孛露國'이다.

31 화첩畵帖: 원문은 '책혈冊頁'이며, 화책畵冊이라고도 한다.

32 경도: 원문은 '개방리차開方里差'이다. 오늘날 시간대를 나타내는 이차의 원리는 원나라 이후 널리 알려져 절기와 시각, 일식과 월식을 예측하는

데 널리 적용됐다.

33 위도: 원문은 '거극도수距極度數'이다.

海國圖志
卷十四

해국도지
권14

―

소양邵陽 위원魏源 편집

본권에서는 동남아시아 가운데 순다열도 부속 도서들의 지리, 역사, 풍속, 외모, 언어, 문화적 특색 및 중국을 비롯한 서양 국가들과의 대외관계를 기술하고 있다. 특히 자와, 마두라, 티모르 등과 관련된 전대의 문헌 『지리비고地理備考』, 『매월통기전每月統紀傳』, 『외국사략外國史略』 등을 인용, 소개하는 동시에 순다열도의 연혁을 자세히 설명하면서 이들 기록에 대한 위원 자신의 견해를 밝히고 있다.

순다열도 부속 도서

—

『지리비고地理備考』에 다음 기록이 있다.

자와섬Pulau Jawa[1]은 수마트라섬Pulau Sumatra[2] 동남쪽에 있는데, 길이는 약 2,400리이고 너비는 약 5백 리이다. 첩첩산중에 높은 봉우리로는 탕쿠 반프라후산Gunung Tangkubanprahu[3]·브로모산Gunung Bromo[4]·슬라믓산Gunung Slamet[5]·로고젬반간산Gunung Rogojembangan[6]·메르바부산Gunung Merbabu[7]·숨빙 산Gunung Sumbing[8]·순도로산Gunung Sundoro[9]이 있다. 긴 강으로는[10] 주와나강 Sungai Juwana[11]과 치사다네강Sungai Cisadane[12]이 있다. 토지가 비옥하고 물산 이 풍부하며 곡식과 과일이 모두 난다. 숲이 빽빽하고 짐승도 많으며 기 후가 아주 덥다. 네덜란드[13]가 모두 통치했다. 땅[14]을 20구역으로 나누며 수도는 바타비아Batavia이고[15] 총병總兵을 두어 주둔한다. 사방에서 몰려들 어 교역이 매우 번성한 곳으로는 스마랑Semarang[16]·수라바야Surabaya[17]·파수 루안Pasuruan[18]·수라카르타Surakarta[19]가 있다.

그 나머지 섬은 다음과 같다. 마두라섬Pulau Madura[20]은 자와섬 동북쪽에 위치하며, 길이는 3백 리 정도이고 너비는 60리 정도이며 면적은 사방 1,800리이다. 오곡 중에는 쌀이 가장 좋다. 3명의 부족장이 각각 한 지역씩 나누어 다스린다. 발리섬Pulau Bali[21]은 소조왜小爪哇[22]라고도 하며 자와섬 동쪽에 위치하고 길이는 270리 정도, 너비는 160리 정도이며 면적은 사방 2,610리이다. 토지는 비옥하나 기후는 좋지 않다. 토산품으로는 금·소금·쌀·조·면화·담뱃잎 등이 있다. 8명의 부족장이 나누어 다스리며 서로 간섭하지 않는다. 롬복섬Pulau Lombok[23]은 발리섬의 동쪽에 있다. 길이는 180리 정도이고 너비는 150리 정도이다. 산이 높고 험준하여 봉우리가 하늘을 찌를 듯하며 토지가 비옥해서 오곡이 잘 자란다. 스리부제도Kepulauan Seribu[24]는 자와섬의 서북쪽에 위치하며 길이는 50리 정도이고 너비는 40리 정도이다. 토지는 낮고 움푹 들어가 있으며 수풀이 빽빽하다. 이 두 섬(롬복섬과 스리부제도)은 모두 한 명의 부족장이 총괄하여 다스린다.

『매월통기전每月統紀傳』에 다음 기록이 있다.

3개의 큰 섬 가운데 가장 번성한 곳은 자와Jawa[25]로 쌀은 소비량보다 많이 생산되고 후추·제비집·물총새 깃털·설탕·면화·커피·소목蘇木·목재 등의 물품과 바나나·야자·빈랑·석류·유자·파인애플·감귤·망고·오렌지 등 각종 과일이 없는 것이 없다. 다만 물에 악어가 많고 화산이 있어 자주 지진이 일어나고, 화산이 폭발하면 집을 태워 버려 거주민들이 모두 불볕더위를 걱정한다.

원주민은 모두 이슬람교도로 매우 성실하고 근면히 일하며 농사를 짓는다. 본성은 온화하지만 남이 자신을 해코지하면 속으로 참지 않고 반드시 원한을 갚는다. 화났을 때는 호랑이처럼 사람을 보자마자 죽이면서 옳고 그름을 따지지 않지만, 화를 돋우지 않으면 편안하고 질서정연하다. 싸움은 매우 싫어하지만, 도박을 좋아하여 밭, 집, 자녀를 잃기도 하고 심지어는 자신을 팔아 노예가 되기도 한다. 도둑질과 사기가 모두 도박에서 발생하니 자와에서 가장 해로운 풍속이다. 예배할 때는 호랑이와 소가 싸우는 장소를 만들어 놓고 호랑이나 소가 죽으면 즉시 끝낸다. 또한 산에 호랑이가 많아 원주민들이 포위하여 사냥한다.

예로부터 원주민 왕이 대대로 이 섬을 통치하면서 인도[26] 불교를 신봉했다. 천순天順 연간에 무슬림이 나라를 공격해 정복하고는 주민들에게 이슬람교를 숭배하게 했다. 만력萬曆 연간에 네덜란드가 바타비아[27]를 건설하면서 [바타비아는] 상선들이 모여 무역하는 큰 항구가 되었다. 원주민이 진귀한 물건과 식료품을 모두 가지고 오자 [네덜란드는] 점점 원주민 부족장을 정복하여 원주민들에게 공물을 바치고 총병의 명령을 따르게 했다. 별도로 치르본Cirebon[28]·수라바야[29]·스마랑[30]에 각각 항구를 열고 네덜란드 동인도 회사가 주인이 되어 무역을 관리했다. 이에 창고는 가득 찼고 사치가 극에 달했다. 원주민의 가난을 돌보지 않자 원망을 품고 저항했다. 옹정雍正 연간 이후로 큰 불화는 없었지만, 원주민이 배반할 때는 신속하게 정복했다. 건륭乾隆 연간에는 네덜란드 공사公使가 도성으로 조공 왔다. 가경嘉慶 연간에는 프랑스[31]가 네덜란드 왕조를 승복시키고 결국 클라파를 빼앗아 점거했다. 당시 영국은 프랑스와 여러 해 동안 전쟁하고 있었기에 영국군은 네덜란드를 도와 자와섬을 정벌해 승리했다. 몇 년 후에 조약을 맺고 다시 자와섬을 네덜란드에게 귀속시켰다. 도광道光 연간에 원주민 왕자 디포느고로Pangeran Diponegoro[32]가 원주민과 도모하여 네덜란드의 권한을 없앴다. 당시 네덜란드 동인도 회사는 이미 없어졌으나 네덜란드 왕이 전함을 보내 계속 전쟁을 해서 결국 예전처럼 네덜란드 소유가 되었다. 명나라 때 중국인은 이미 자와섬에 도착해 바타비아 항구에 갔다. 순치順治 연간에는 복건성福建省 동안同安 사람이 본토를 떠나 바타비아에 머물면서 장사도 하고 농사도 지어 해마다 정표은丁票銀 5~6금을 납부했다.[33] 이후로 하문廈門에서는 매번 커다란 배에 1만여 섬의 물건을 실어 바타비아와 스마랑 항구에 갔다. 다만 뱃길이 너무 멀고 모래톱이 수없이 많아 반드시 서양 선장이 혼천의混天儀와 육분의六分儀[34]로 일출을 계산해 시간을 측정하고 해수면과의 각도를 재었으며, 나침판과 모래시계로 바람의 세기와 순풍과 역풍을 계산해 거리를 재어 어느 곳에 있는지 알았다. 근래에 중국 인구가 엄청 늘었으니 이곳에 오는 자가 어찌 10여만 명에 그치겠는가? 고향으로 돌아가는 사람도 적었다. 가업을 이루고 원주민 여자를 아내로 맞이하자 네덜란드 총병은 새로운 중국 마을을 만드는 것을 금지하고 거주를 허락하지 않았으며 배를 타고 돌아가게 했다. 그러나 중국인들은 토착 생활을 하면서 부귀한 사람이 매우 많아졌고 네덜란드 친구들과도 돈독히 교류하니 네덜란드에서도 중국인을 관리로 삼고 보갑保甲을 편성하여 카피탄Kapitan[35]이라 칭하고는 국정을 다스리고 재정을 관리하게 했다. 자와와 인접한 섬들에는 말레이족 원주민이 살 뿐만 아니라 해적도 수없이 많았다. 티오만섬Pulau Tioman[36]이나 티모르섬Pulau Timor[37]에서 네덜란드와 포르투갈이 성을 건설해[38] 단목檀木·밀랍 등의 물건을 생산했다.

클라파의 원주민 중에는 부기족[39]도 있는데, 매우 용맹하고 피를 마시며 맹약을 맺어 죽어도 신의를 잃지 않는다. 항해를 좋아해 사방으로 나가 생활하기 때문에 새로운 백성을 원할 때면 매우 영리하고 성실한 그들을 데려다가 보충했다. 부기족은 여자를 공경하여 하녀나 첩으로 대하지 않았기 때문에 여자는 정숙하고 편안한 마음으로 중요한 일을 했다.

망카사라Mangkassara[40]는 군주가 매우 많아서 전쟁이 빈번하고 끊이지 않았다. 아마도 이슬람교의 은택이 백성들에게 두루 미치지 않고 법률을 제정함에 상세하고 분명하게 드러나지 않아 서로 전쟁이 끊이지 않는 것이리라.

『매월통기전』에 다음 기록이 있다.

클라파는 산봉우리의 높이가 천여 길이나 된다. 또한 크라카타우화산Gunung Krakatau[41]이 있어 화염과 유황이 대포가 터지는 것처럼 분출된다. 이때는 산속의 돌이 물처럼 녹아 흘러내리고 부딪치는 것마다 불타 없어진다. 또한 산 정상에는 둘레가 3~4리, 깊이가 10여 길이나 되는 큰 구멍이 있는데 바닥에는 뜨거운 물이 부글부글 끓어오르며 우윳빛에 유황 냄새가 난다. 주위의 구멍으로는 흰 연기가 뿜어 나와 좀처럼 다가갈 수 없다. 클라파성에서 동쪽으로 3백여 리 떨어진 곳에 큰 화산이 있는데, 이제까지 여러 번 화염이 분출됐다. 어느 날 갑자기 흰 구름이 산을 덮으면서 지진이 일어나고 벼락이 치더니 많은 포탄이 일제히 쏟아지는 듯했다. 사람들이 허둥지둥 놀랐지만, 하늘에는 문이 없고 땅에는 길이 없어 피하려고 해도 피할 수 없었다. 화산에서는 달궈진 돌이 튀어나왔고 화산재가 밭과 계곡을 뒤덮어 버렸으며 초목과 가옥이 모두 불길에 휩싸여 3천 명의 사람들이 불에 탔고 10개 마을이 전소되었으며 큰 산은 내려앉았다. 이 화재는 매우 드문 일로 세상의 종말이 온 듯했다. 자와[42]에서 1천여 리 떨어진 곳에 삼바와섬Pulau Sambawa[43]이 있는데, 가경 20년(1820) 3월에 그곳의 화산이 갑자기 폭발하여 하늘로 치솟으며 큰 돌이 날아올랐고 용암이 흘러내렸으며 가옥이 무너지고 오곡이 전소되어 1만여 명의 사람이 사망했다. 클라파성에서도 낮이 깜깜해지고 화산재가 눈과 비처럼 내려 가옥을 뒤덮고 길을 가득 메웠으며 귓가에는 천둥소리만 들렸다. 클라파는 중국처럼 번성하지는 않았지만, 경작지가 넓어 여분의 식량으로 몇만의 사람을 충분히 먹일 수 있었다. 다만 거주민이 많지 않고 사람들은 성을 지어 거주하지 않았다. 1백 명이나 50명이 한 마을에서 거주하는데, 띠로 만든 집으로 주위를 두르고 정원을 만들며 나무를 심어 그 열매를 따고 그 그늘 아래에서 쉰다. 수목이 무성한 까닭에 멀리서 보면 가옥이 보이지 않는다. 봄에는 큰비가 많이 내려 물이 집까지 불어나 마을이 마치 섬과 같아진다. 한 마을의 거주민이 점차 증가해 많아지면 반드시 다른 곳으로 옮겨 다시 개간한다. 처음 새 마을을 건설할 때는 새 마을이 옛 마을의 관리를 받지만, 차차 보장保長을 두며 마을마다 향장鄕長 몇 명을 두고 모여서 재정을 논의하는 공소公所도 두었다. 별도로 예배당을 두고 성직자를 모셔다 관리하게 했다. 신하가 왕을 알현할 때는 윗옷은 입지 않고 비단 바지를 입은 채 긴 천을 둘렀다. 자와[44] 왕의 궁전은 특히 사방이 반듯하고 너비는 10여 리로 1만 명이 살 수 있었다. 성벽과 해자로 둘러싸여 있고 큰 대포로 방비했다. 궁전 앞의 대문 밖에는 빈뜰이 있고 울타리로 사방을 두르고 있으며 매우 오래된 보리수가 있어 왕의 장소라는 표지가 된다. 앞문에는 자리로 오를 수 있는 계단이 있으며 안쪽 문을 통과하면 안뜰이 나오고 가운데 길로 걸어가면 조정에 이르는데, 신하들은 이곳에 와서 알현한다. 그 뒤에는 왕궁이 있는데, 매우 우아하고 아름답다.

내지에 사는 사람들은 본 마을의 관리하에 성실하고 겸손하며 서로 친구처럼 돕고, 부모에게 효도하고 아내와 자식을 아끼며 잘못된 일을 하지 않고 교만하지 않으며 질서 있고 온화하다. 다만 큰 도시나 항구에 사는 사람들은 그렇지 않은데 무뢰배들과 왕래하기 때문에 방탕하고 사악하며 옛 습속을 따르지 않아 외국의 문예를 모방할 수 있고 또한 사람의 거짓말을 쉽게 믿어 심지어는 사탄의 거짓말에 미혹되고 나쁜 술법을 지킨다. 부귀한 사람들은 대대로 관리를 해서 매우 포악하며 단지 재물을 모으고 백성들을 강탈할 줄만 안다. 해구海口에 사는 사람들은 전혀 인색하지 않아 돈이 있으면 소비하며 말과 수레, 기물과 옷을 산다. 여행객이 오면 후대하며 손님과 주인의 예를 지킨다. 자와 사람들은 명예를 구하는 것을 좋아한다. 비록 대담하지는 않지만 힘든 일이 있어도 잘 참는다. 그러나 또한 업신여김을 당하면 순식간에 화를 내며 복수하는데, 관계를 따지지 않는다. 내지의 산에는 호랑이가 매우 많아 마을 사람들이 호랑이가 있다는 말을 들으면 각자 창을 들고 호랑이 굴을 포위한 채 북을 치고 불을 놓아 호랑이를 자극하며, 호랑이가 나오면 사람들이 호랑이를 죽인다. 또한 왕가王家에서는 호랑이를 기르면서 큰 우리에 가두어 놓았다가 사람들을 불러 모은 후 불을 놓아 우리를 불태우고 호랑이가 도망칠 때 여러 사람에게 공격하게 한다. 옛날에는 죽을죄를 지은 사람이 있지만 그가 범법 행위를 했다는 증거가 없을 때 호랑이와 싸우게 했다. 만약 그 사람이 호랑이를 죽이면 무죄가 되었고 호랑이에게 죽임을 당하면 죄가 있게 되었다. 왕가에서는 오락으로 무소와 호랑이 싸움을 즐겨서 무소가 들이받고 호랑이가 무는데, 옆에 있던 사람들이 끓는 물을 뿌리기도 하고 가시나무로 화를 돋우기도 했다. 무소는 힘이 세서 항상 이기지만 호랑이에게 상처를 입어 또한 며칠 후에는 죽었다. 클라파 사람들은 경박하여 소설을 가장 좋아하고 허황된 이야기를 매우 즐겼다. 그래서 이곳의 역사 기록은 꾸밈이 많고 거짓이 섞여 있다. 한漢나라 광무제光武帝 때 오인도 사람이 배를 타고 클라파에 와 물건을 팔면서 항상 왕래했다. 원주민이 어리석고 미개하자 인도 사람은 그들에게 집 짓고 농사짓는 법을 가르쳤으며 불교를 전파했다. 인도 사람은 점차 부유해지자 권력을 휘두르며 침략했다. 원주민은 기꺼이 복종하며 석상을 조각하고 사당을 세워 부처를 받들었는데, 그 흔적이 곳곳에 여전히 남아 있다. 원나라 때 마자파히트Madjapahit 왕국[45]이 흥성하여 이웃 나라를 정벌하고 이슬람교를 믿게 했다. 이후 이슬람교의 힘이 강해져 원주민에게 이슬람교를 받아들이고 불상을 제거하며 알라신만을 받들게 했다. 불교는 나날이 쇠퇴했고 클라파의 왕들도 모두 기세가 꺾여 옛 종교를 버리고 새 종교를 따르며 감히 반항하지 못하자 노인이나 어린아이 할 것 없이 모두 이슬람교를 신봉하게 됐다. 그 후 네덜란드 사람이 섬에 와서 그 땅을 다투어 차지했다. 만력 20년(1592)에 이슬람 백성이 개미 떼처럼 군사를 일으켜 각 나라의 사람들을 모아 협력해서 전쟁을 도왔지만 끝내 네덜란드의 화총火銃을 당해 낼 수 없었고 원주민은 사방으로 흩어져 도망갔다. 그 이후로 결국 네덜란드가 영원히 그 땅을 관리하게 되었다.

『외국사략外國史略』에 다음 기록이 있다.

많은 섬 가운데 자와[46]가 가장 풍요롭다. 옛 명칭은 소조왜이고 지금은 클라파라고 부른다. 남위는 5도 38분에서 6도 40분이고 동경은 105도 11분에서 114도 32분이며 너비는 2,745리이고 인구는 7백만 명이다. 중부 지방에 있는 산은 높이가 500~1,200길이다. 동쪽에 있는 산은 높이가 해수면에서부터 1,061길이다. 이 섬은 산봉우리가 많고 화산도 있다. 근래에는 불이 대부분 꺼졌지만, 여전히 몇 곳에서 유황 연기가 난다. 자와에는 계곡이 많아 장마철에는 배를 타고 다닐 수 있는 곳이 수십 곳이고 나머지도 모두 밭에 물을 대는 데 사용된다. 남북 모두 정박할 수 있는 만이 있는데, 남쪽에는 높은 바위가 있고 북쪽에는 낮은 습지가 많아 풍토병이 심하다. 진흙 화산이 있어 항상 소금물이 흐르며 검은 진흙이 솟구친다. 날씨는 계곡은 덥고, 산은 시원하며 천둥 벼락과 지진이 많이 발생한다. 날씨가 여섯 번 변하기 때문에 산물 또한 특이하다. 자와의 토지는 비옥하여 쌀이 생산되고 또한 설탕·커피·인디고·후추·연지胭脂·팔각八角·커민Cumin[47]·필징가蓽澄茄[48]·야자·찻잎 및 각종 과일이 생산된다. 뱀과 호랑이가 많으며, 무소가 가장 크고 힘이 세서 밭을 갈 뿐만 아니라 수레도 끌 수 있다. 이 섬의 8분의 7은 개간되지 않았고 농사짓는 것을 즐겨 하지 않았으며 또한 관리들이 세금을 강압적으로 걷는 까닭에 저축해 놓은 것이 없었다. 원주민은 대부분 자흑색 피부에 착실하고 근면하지만 그다지 똑똑하지는 않으며 윗사람의 명령에만 복종하면서 학대해도 원망하지 않았다. 본래 인도 불교를 신봉했다. 명나라 영락永樂 3년(1405)에 이슬람 성직자가 대군을 이끌고 와 원주민을 정복하고는 불교를 버리고 이슬람 알라신을 숭배하게 했다. 원나라 때도 중국에 조공 왔다. 만력 연간에 포르투갈[49] 선박이 이 섬에 와서 원주민과 교역했다. 네덜란드와 영국인이 차례로 오자 그 후로 둘 사이가 나빠졌다. 네덜란드는 성을 세워 번속국藩屬國 도시를 만들고 원주민 부족장과 전쟁을 벌여 복속시키고는 사탕수수·커피 등을 심도록 가르쳤는데, 그 이익이 매우 많았다. 가경 15년(1810)에 프랑스가 이 섬을 점거하려고 하자 영국은 군대를 파견해 먼저 빼앗았다. 법률을 세우고 힘껏 원주민을 보호했으며 20년 동안 교역하다가 이 땅을 다시 네덜란드에게 돌려주었다. 당시 거주민은 5백여만 명이었으며 네덜란드에 할거당한 땅은 5분의 3이고 그 나머지는 원주민 부족장이 다스렸다. 도광 5년(1825)에 원주민이 해변의 말레이족과 협력해 군대를 일으켜 네덜란드를 공격했지만 2년 동안 이기지 못하고 우두머리도 사로잡혔다. 네덜란드 왕은 군대를 더 파견해 섬 전체의 정권을 장악하고 3년마다 의원과 심사숙고해 법령을 정했다. 파견되는 고관은 모두 네덜란드에서 왔고 그 나머지 말단 관리들은 모두 이곳 태생이며, 또한 중국 화교 중에서 우두머리를 세우고 법령에 따라 관할 구역의 사람들을 관리하게 했다. 또한 각 종족의 우두머리를 뽑아 그곳의 백성을 관리하게 하면서 네덜란드 총독의 명령만 듣게 했다. 이전의 두 부족장은 내지에서 편안하게 살아갈 뿐이었다. 각 섬의 세금은 매년 은 1800만 냥으로 각각의 공적 비용을 제외하고도 여전히 창고에 1백만 냥이 있었다. 해군선 수십 척을 조달해 여러 섬을 순찰하면서 해적을 막았다. 군사를 파견해 각 항구를 지키게 했는데, 대략 2만 명이었다.

도광 16년(1836)에는 수출품이 커피 622,597섬, 설탕 636,891섬, 쌀 1,902,900섬, 인디고 4,078섬, 주석 59,674섬이었다. 도광 18년(1838)에는 커피 737,500섬, 설탕 918,750섬, 쌀 1,187,500섬, 인디고 7,430섬, 주석 51,966섬이었다. 그 무역이 매우 광범위했음을 알 수 있다. 금지 조약이 많아 상인들은 마음대로 물건을 싣고 왕래할 수 없었기 때문에 방해하고 독점하는 폐단이 있었다.

네덜란드가 주둔한 도시는 바타비아[50]로 서남쪽 해변에 위치해 있으며 인구는 62,000명이고 종족은 한 종족이 아니다. 북쪽 해구는 치르본[51]으로 인구는 5만 명이다. 스마랑[52]의 인구는 38,000명으로 모두 다른 섬과 무역했다. 외국 선박은 오직 바타비아와 클라파[53]에서만 무역할 수 있었다. 내지의 부족장이 사는 큰 성은 수라카르타[54]로 인구는 105,000명이고 욕야카르타Yogyakarta[55]는 10만 명으로 그 궁전이 매우 넓었다.

마두라섬[56]은 자와의 동북쪽에 위치하며 해협을 사이에 두고 있다. 인구는 22만 명으로 인도 불교를 숭배했다. 그곳 사람들은 용맹하여 전쟁에서 네덜란드에게 도움이 됐다. 섬의 길이는 3리, 너비는 대략 6리이다.

쌀이 많이 나서 다른 섬을 돕는다. 자와의 각 해구에도 무역으로 부자가 된 중국인들이 있었다.

발리섬은 자와의 동남쪽에 위치하며 발리해협을 사이에 두고 있다. 남위 8도 41분, 동경 114도 25분에 위치한다. 해안이 높아 정박하기 어렵다. 그곳 사람들은 여전히 인도 불교를 고수하며 시신은 모두 화장한다. 전 군주가 죽자 비빈 72명이 모두 스스로 화장되길 원했다. 원주민은 항해 기술이 뛰어나지 못했다. 쌀·기름·빈랑·제비집 등이 생산된다. 인구는 80만 명이다. 마을의 관리 이외에 나머지는 모두 가난하다. 도광 17년(1837) 이후로 부족장들은 각각 작당하여 서로 싸웠다.

이 섬에 속해 있는 롬복섬[57]에는 높이가 8백 길인 산이 있다. 롬복섬은 남위 8도 21분, 동경 116도 26분에 위치한다. 길이는 16리이고 너비는 대략 14리이다. 쌀이 풍부해서 매년 3만여 섬을 갑판선에 싣고 가 중국에 판다. 그곳 사람들은 인도 불교를 숭배하며 자못 근면하고 본분을 지킨다. 중국의 통보전通寶錢을 사용한다. 줄곧 작은 부족장들이 작당하여 서로 죽이자 네덜란드에서 전함을 배치하여 그 분쟁을 막았지만 끝내 평화롭지 못했다.

이 섬에서 멀지 않은 곳에 숨바와섬Pulau Sumbawa[58]이 있다. 숨바와섬의 길이는 6백 리이고 너비는 13리이다. 견목堅木·준마·사금이 난다. 인구는 거의 없으며 아직 교화되지 못해 외국과의 왕래가 드물다. 화산이 있어 불덩이와 연기, 용암이 흘러나오며 이로 인해 사방이 진동한다.

플로레스섬Pulau Flores[59]은 남위 8~9도 사이, 동경 120도에서 123도에 위치하며 사금·야자유·단향檀香·밀랍·제비집·대모玳瑁 등이 난다. 이전에는 네덜란드에서 이 섬의 동쪽을 차지했으나 지금은 또한 부기족[60]이 이 땅을 차지했다. 외국과는 왕래가 없다. 포르투갈 사람들이 이곳에 천주교를 전파하여 예배당을 지었다. 원주민은 검은 피부에 싸움을 좋아하며 사로잡은 사람들을 노예로 팔아 버린다.

티모르섬의 너비는 8백 리, 길이는 약 13리로 모두 산지이며 매년 대략 1만 섬의 단향이 생산된다. 사금도 있으나 채굴이 금지되어 있다. 네덜란드 사람들이 이곳에서 광물을 채굴하자 원주민이 그들을 죽였다. 또한 구리·밀랍·야자·야자유 등도 난다. 예수교를 숭배하며 마을마다 학당이 있다. 이 섬은 두 부분으로 나뉘는데, 서쪽은 네덜란드에 속하며 그 항구는 쿠팡Kupang[61]이고 동쪽은 포르투갈에 속하며 '화목和睦'이라는 포대를 지었다. 매년 마카오에서 온 배들이 흑인 노예·밀랍·단향 등의 물건을 산다. 비록 엄금해도 어기는 자들이 더욱 많아졌다. 사람을 사고팔았다는 것은 매우 유감이구나! 그곳 사람들은 말레이족 같지는 않고 원주민은 곱슬머리에 검은 피부를 가진 사람들로 항해를 즐기지 않는다.

이 외에도 여전히 로티섬Pulau Roti[62]·숨바섬Pulau Sumba[63]·레티섬Pulau Leti[64] 등 많은 섬이 있지만 모두 작고 미미하다.

葛留巴所屬島

一

『地理備考』: 爪哇島在蘇麻答剌東南, 長約二千四百里, 寬約五百里. 岡陵層疊, 峰之峻者曰巴拉呼, 曰巴囊古撓, 曰巴薩彎, 曰拉的科麻, 曰墨爾巴布, 曰松兵, 曰新多羅. 河之長者曰若阿那, 曰塞達尼. 田腴産豐, 穀果備具. 林密獸蕃, 地氣燠烈. 歸賀蘭兼攝. 地分二十部, 首郡名巴達維亞, 設總兵駐箚. 五方輻輳, 其通商衝繁之地曰薩麻郞, 曰蘇拉巴亞, 曰巴薩盧昂, 曰蘇拉加爾大.

其餘各島: 一名馬都拉, 在爪哇島之東北, 長約三百里, 寬約六十里, 地面積方一千八百里. 五穀之中, 秔稻爲最. 三酋分攝, 各據一方. 一名巴利, 又曰小爪哇, 在爪哇島之東, 長約二百七十里, 寬約一百六十里, 地面積方二千六百一十里. 田土肥饒, 地氣不馴. 土産金·鹽·稻·粟·綿花·煙葉等物. 八酋分攝, 不相統屬. 一名隆波克, 在巴利島之東. 長約一百八十里, 寬約一百五十里. 崇山峻嶺, 峰巒參天, 田土膏腴, 五穀豐登. 一名君島, 在爪哇島之西北, 長約五十里, 寬約四十里. 田土低陷, 叢林稠密. 此二島皆屬一酋統攝.

『每月統紀傳』曰: 三大州之至盛爲呀瓦, 米勝用, 胡椒·燕窩·翠羽·白糖·綿花·加非·蘇木·木頭等貨, 各樣果實, 蕉子·椰子·檳榔·石榴·柚子·波蘿·柑子·芒果·橙橘等, 無所不備. 恨水多鱷魚, 地有火山, 頻數地震, 火出燒樹屋, 居者皆以炎暑爲患.

土番皆回回, 甚老實, 勤勞耕田. 其本性溫和, 惟人觸犯之, 內恨不釋, 一定雪怨. 瞋怒之際如虎, 遇人就殺, 不論好歹, 儻不觸其怒, 安然秩然. 甚惡相鬪, 但因賭博之好, 輸田屋子女, 至賣身爲奴. 偷盜哄騙, 皆生于此, 最爲呀瓦洲風俗之害. 禮日之時, 設虎與牛相鬪之場, 或虎·牛死, 就息止. 又山內多虎, 土番打圍射獵.

向來土番王世管此洲, 守天竺國之佛教. 天順年間, 回回伐國, 征服之, 令居民改崇回敎. 萬曆年間, 荷蘭建葛剌巴城, 以爲海船聚集貿易之大埠. 番人罄珍寶物食, 無所不至, 漸漸征土酋而服之, 令其人進貢, 遵總兵之命. 別開砥利文島·蘇拉圭呀島·鈒馬廊島各埠頭, 竝荷蘭公班衙爲主, 治管貿易. 倉箱充實, 任意奢侈. 不顧貧寠, 結釁打仗. 自雍正年以後, 未有大釁隙, 卽有土番背叛, 一霎時可服之. 乾隆年間, 荷蘭公使朝京都. 嘉慶年間, 佛蘭西國勝服荷蘭祖家, 遂奪據葛剌巴. 是時英國與佛蘭西方連年攻戰, 故英軍助荷蘭伐征呀瓦洲獲勝. 數年後結平盟, 復以呀瓦地歸荷蘭. 道光年間, 土番君題坡那哦羅者, 與土人謀廢荷蘭之權. 時荷蘭公班衙已廢, 荷蘭王遣兵船戰鬪不息, 畢竟仍爲荷蘭所有. 明朝年間, 唐人已到呀瓦大洲, 赴埠頭. 順治年, 福建同安人離本地往駐葛剌巴經商·耕種, 年給丁票銀五六金. 此後, 每每有廈門巨艚船載萬餘石赴葛剌巴兼鈒馬廊埠頭. 但因水程甚遠, 沙礁無數, 必有西洋夥長, 其用混天儀·量天尺較日所出, 刻量時辰, 離水分度, 用羅經刻漏沙, 以風大小順逆較更數, 卽知爲某處. 近因中國人口浩盛, 往此地何啻十餘萬? 歸家鮮矣. 作家業, 娶土女, 故荷蘭總兵禁革新唐, 不許居住, 令隨船而回. 然唐人土著生長富貴人甚多, 與荷蘭友睦交接, 兼荷蘭亦用唐人爲官屬, 爲保甲, 名甲必丹, 理國政, 掌財賦. 毗於呀瓦之島等, 是巫來西族類土番所居, 兼蠻海賊無數. 在地本嶼或地門嶼, 荷蘭與葡萄亞建城, 産檀木·蜜蠟等貨.

葛留巴土番有曰武吉族類者, 極勇猛, 飮血結盟, 死不爽信. 好行船, 往四方生理, 措置新民, 極聰明, 又勤勞, 纏綿補葺之. 武吉人恭敬婦女, 不以婢妾待之, 故其女秉心貞靜, 有大用. 因芒佳瑟之土君甚多, 頻數爭鬪不息. 蓋回回之敎, 不澤洽於兆民, 不酌定律例, 委曲詳明昭示, 致相戰不息也.

『每月統紀傳』曰: 葛剌巴地山嶺高千有餘丈. 別有火焰山, 發火焰·硫磺, 似大砲之轟. 是時山內之石, 鎔如水流下, 凡所遇物, 卽燒滅之. 亦有大山頂上有穴隙, 周三四里, 深十餘丈, 底有熱水, 滾下滾上, 色如牛乳, 臭如硫磺. 所圍之孔, 噴出白煙, 終不可近. 自巴城而東, 隔三百餘里, 有大火山, 向來多次發火焰. 忽一日白雲覆山, 地震霹靂, 如萬砲齊轟. 居民率然驚起, 天無門, 地無路, 要避又避不得. 火山發煉石, 火灰滿田盈谷, 草木房屋皆火, 盡燒民三千人, 及十鄕毀盡, 大山沈陷. 斯災禍格外稀奇, 一如天地之末劫然. 且離巴嶼千有餘里有三巴哇海嶼, 嘉慶二十年三月, 其地火山忽然發焰沖, 大石飛起, 燒煉溶流, 房屋倒塌, 五穀盡壞, 萬有餘人滅亡也. 巴城之中, 白日變暗, 火灰下如雨雪, 遮蓋房屋, 塡塞街路, 耳聽如雷響. 葛剌巴地不比中國之蕃庶, 雖田之廣大, 有餘糧可多養幾萬人. 惟其居民生齒不繁, 且巴人不建城而居. 鄕里或百人·或五十人合住一村, 茅舍四圍, 作園栽樹, 摘其果, 享其蔭. 因樹木茂盛, 遠望不見房舍. 春季大雨淋灘, 水漲漫屋, 諸村如海嶼. 一村之居民漸增日多, 必挪移別所, 又開墾焉. 初建之時, 新村屬舊村所管, 漸設保長, 每村內有鄕長數人, 亦有公所會集商事之所. 別建禮拜寺, 及請敎師掌理之. 臣見王不穿袵衻而着緞褲, 圍長布. 其爪亞王之宮殿, 尤四方端正, 闊十有餘里, 萬人可居. 城牆溝池周之, 大火砲防之. 殿前大門外有空院, 籬笆圍四方, 有榕樹甚古, 爲御所之記號. 前門有階可登座位, 到內門透過禮院, 行中道至朝廷, 群臣來此朝見. 後有王宮, 皆甚雅麗.

內地之居民, 在本鄉保管下樸實謙遜, 相友相助, 孝順父母, 愛惜妻子, 非邪僻, 非驕傲, 秩然藹然. 惟大邑與埠市之民則不然, 因與匪徒往來, 放僻邪侈, 不依古執迷, 能倣法外國之文藝, 亦輕信人言之哄騙, 甚執妖鬼之誕, 守邪術之法. 富貴人爲世爵, 非常暴虐, 惟知積累財帛, 勒索百姓. 海口之人斷非儉吝, 賤錢卽費, 買馬車·器服. 儻旅客到寓, 厚待, 守賓主之禮. 沽名邀譽, 是爪亞人所悅. 雖不大膽, 卻許多忍耐磨難. 還怨欺負, 一轉眼發怒報仇, 不顧關係矣. 內山虎甚多, 鄉人聽有虎, 各持鎗圍虎穴, 打鼓放火以激之, 虎出, 衆人殺之. 亦有王家養虎, 囚於大籠, 招民聚集, 放火焚籠, 虎走出之時, 諸人攻擊. 昔有犯死罪之人, 但其所供犯法, 無實憑據, 使之與虎相鬪. 若殺虎, 無罪, 被虎殺, 卽正罪也. 王家戲玩, 好將水牛與虎相鬪, 牛觸虎咬, 旁人或灑沸水, 或以荊棗激怒之. 水牛因力大常勝, 因被虎傷, 亦數日後而死. 巴民心性輕浮, 最喜小說, 甚悅虛談. 故本地史記, 妝飾參假. 漢朝光武帝時, 有五印度國人坐船到巴地交易貨物, 恒常往來. 因土番蠢蠻, 印度人教之建屋耕田, 傳佛敎. 印度人漸富, 專權侵地. 土番甘心媚服, 雕刻石像, 建廟奉佛, 其跡處處尙在. 元朝時, 有國日摩爪巴佚, 盛興, 征伐鄰民, 收服回敎. 以後回回力強, 令土番進敎, 去除佛像, 奉事眞主一位. 佛教日衰, 巴地之列王皆喪氣, 棄舊從新, 不敢抗違, 老幼俱奉回回之敎. 嗣後荷蘭人到洲爭據其地. 萬曆二十年間, 回回百姓興兵如蟻, 集各國之人協力助陣, 終無如荷蘭之火銃何, 土番四散奔逃. 自斯以後, 荷蘭遂永管其地矣.

『外國史略』曰: 衆島之中, 牙瓦最貴. 古名小爪哇, 今名葛留巴. 南極出自五度三十八分至六度四十分, 偏東自一百零五度十一分及一百一十四度三十二分, 廣袤二千七百四十五方圓里, 居民七百萬. 中地山高自五百丈至一千二百丈. 其東方之山, 高於海面一千六百一十一丈. 此山多峰, 有若火山. 近日火滅大半, 尚有數處出硫磺氣. 牙瓦地多支溪, 當霖雨時, 可舟行者數十處, 餘皆供灌溉田. 南北均有海灣可泊, 南有高磐, 北多低澤, 甚煙瘴. 有泥火山, 恒流鹹水, 冲出黑泥. 其天氣谷熱而山涼, 多大雷電·地震. 天氣有六變, 故所産物亦殊異. 牙瓦土肥, 出穀米, 又出白饘·加非·黛靑·胡椒·胭脂·八角·馬芹·畢澄茄·椰子·茶葉及各種嘉果. 多蛇虎, 而水牛極高有力, 不獨耕田, 亦可推車. 此島有八分之七未墾, 且不善務農, 又官吏迫納餉賦, 故無餘蓄. 其土民大半紫黑色, 樸實耐勞, 但不甚聰明, 惟上命是聽, 受虐不怨. 本奉印度佛教. 明永樂三年, 有回回敎師領大軍強服其土民, 使棄偶像而拜回回敎主. 元時亦入貢中國. 葡萄亞船於萬曆間到此島與土民交易. 荷蘭與英人繼之, 嗣後兩不相合. 荷蘭立城爲藩屬國之都, 力戰土酋, 服之, 敎種甘蔗·加非等貨, 其利甚厚. 嘉慶十五年, 佛蘭西欲據此島, 英人調兵先取之. 立法律, 力保土民, 通商旅二十年, 復以此地再還荷蘭. 當今居民五百有餘萬, 服荷蘭所轄者五分之三, 其餘屬土酋. 道光五年, 有土民糾海邊蕪來由族類起兵攻荷蘭, 連兩年不能克, 且頭目被擄. 荷蘭王益調兵帥掌全島之政, 每三年與議士斟酌法令. 所派各大官皆由荷蘭國至, 其餘小官皆生長此地, 且於僑寓唐人中擇立首領, 按本律例以管所屬之人. 又立各族類頭目, 使管本地之民, 惟聽荷蘭大帥之命. 所傳之兩舊土酋, 在內地安逸度生而已. 各島稅賦, 每年銀一千八百萬兩, 除給各公費, 尙存庫百萬兩. 調水師船數十巡群島, 以遏海賊. 調兵守各埠, 約二萬丁.

運出之貨, 道光十六年, 加非六十二萬二千五百九十七石, 白饘六十三萬六千八百九十一石, 米一百九十萬二千九百石, 黛靑四千零七十八石, 錫五萬九千六百七十四石. 道光十八年, 加非七十三萬七千五百石, 白饘九十一萬

八千七百五十石, 米一百一十八萬七千五百石, 黛靑七千四百三十石, 錫五萬
一千九百六十六石. 其貿易可謂甚廣. 因多立禁謫, 商不得任意運貨往來, 故有
阻礙包攬之弊.

荷蘭駐札之都曰巴他威城, 在西南海邊, 居民六萬二千, 族類不一種. 北面
海口曰穌拉拜, 居民五萬丁. 撒馬郎, 居民三萬八千丁, 皆與他島貿易. 惟外國
之船, 獨於巴他威或甲拉巴通商焉. 內地土酋所駐之大城曰穌拉甲他, 居民十
萬五千口, 儒約甲他, 十萬口, 其殿廷極廣大.

馬士拉在牙瓦之東北邊, 隔以海峽. 居民二十二萬丁, 崇印度佛敎. 居民猛
勇, 陣則爲荷蘭之助. 島長三里, 闊約六里. 多出米穀, 以補他島. 在牙瓦各海
口, 亦有唐人經商致富.

巴里島在牙瓦之東南, 隔以同名之海峽. 南極出八度四十一分, 偏東
一百一十四度二十五分. 岸高難泊. 其居民向執印度佛敎, 屍皆焚葬. 其前君
卒, 妃妾七十二人皆願自焚. 土人不善駕船. 出米·油·檳榔·燕窩等貨. 居民
八十萬口. 鄉里長領之外, 餘悉貧乏. 自道光十七年以來, 土酋各結黨互戰.

屬此島之淪泊, 有峰高八百丈. 南極八度二十一分, 偏東百一十六度二十六
分. 長十六里, 闊約十四里. 米穀豐盛, 每年三萬有餘石, 載甲板賣與中國. 居
民崇印度佛敎, 頗勤勞安分. 用中國之通寶錢. 歷來小土酋結黨相殺, 荷蘭人排
兵船以定其爭, 然終未太平.

距此島不遠, 爲孫巴瓦. 長六百里, 闊十三里. 出堅木·駿馬·金沙. 居民鮮少,
未向化, 罕與外國往來. 有火山, 出火石煙火漿, 令四方震動.

弗力島在八九經度間, 偏東自百二十至百二十三度. 出金沙·椰油·檀香·蠟·
燕窩·玳瑁等貨. 前此荷蘭據其東方, 今又有布吉據其地. 與外國無往來. 葡萄
牙人在此傳天主敎, 築禮拜堂. 土民面黑喜鬪, 有所獲則販賣爲奴.

地門島闊八百里, 長約十三里, 皆山地, 出檀香, 每年約一萬石. 有金沙, 禁

不准掘. 荷蘭人於此開礦, 土人殺之. 亦出銅·蠟·椰子·椰油等貨. 崇耶穌敎, 各鄉設學館. 此島分二分, 西分歸荷蘭, 其港口曰古邦, 東方歸葡萄牙, 築砲臺曰'和睦'. 每年由澳門開船前往, 買黑奴·蠟·檀香等貨. 雖設嚴禁, 犯者益多. 祗以人口爲買賣之物, 甚可恨矣! 其居民不似蕪來人, 髮鬈面黑皆土著, 不樂航船.

外此尙多嶼洲, 如鹿地·檀香·勒地等嶼, 皆小而微.

1　자와섬Pulau Jawa: 원문은 '조왜도爪哇島'이다. 광서 2년본에는 '조爪'가 '과瓜'로 되어 있으나 악록서사본에 따라 고쳐 번역한다. 이하 동일하다.

2　수마트라섬Pulau Sumatra: 원문은 '소마답랄蘇麻答剌'이다.

3　탕쿠반프라후산Gunung Tangkubanprahu: 원문은 '파랍호巴拉呼'이다.

4　브로모산Gunung Bromo: 원문은 '파낭고요巴囊古撓'이다.

5　슬라믓산Gunung Slamet: 원문은 '파살만巴薩彎'이다.

6　로고젬반간산Gunung Rogojembangan: 원문은 '랍적과마拉的科麻'이다.

7　메르바부산Gunung Merbabu: 원문은 '묵이파포墨爾巴布'이다.

8　숨빙산Gunung Sumbing: 원문은 '송병松兵'이다.

9　순도로산Gunung Sundoro: 원문은 '신다라新多羅'이다.

10　긴 강으로는: 원문은 '하지장자河之長者'이다. 광서 2년본에는 '자者' 자가 없으나 문맥상 악록서사본에 따라 보충해서 번역한다.

11　주와나강Sungai Juwana: 원문은 '약아나若阿那'이다.

12　치사다네강Sungai Cisadane: 원문은 '새달니塞達尼'이다.

13　네덜란드: 원문은 '하란賀蘭'이다.

14　땅: 원문은 '지地'이다. 광서 2년본에는 이 글자가 없으나 문맥상 악록서사본에 따라 보충해서 번역한다.

15　수도는 바타비아Batavia이고: 원문은 '수군명파달유아首郡名巴達維亞'이다. 광서 2년본에는 이 구절이 없으나 문맥상 악록서사본에 따라 보충해서 번역한다.

16　스마랑Semarang: 원문은 '살마랑薩麻郎'이다.

17　수라바야Surabaya: 원문은 '소랍파아蘇拉巴亞'이다.

18　파수루안Pasuruan: 원문은 '파살로앙巴薩盧昻'이다.

19　수라카르타Surakarta: 원문은 '소랍가이대蘇拉加爾大'이다.

20 마두라섬Pulau Madura: 원문은 '마도랍馬都拉'이다.

21 발리섬Pulau Bali: 원문은 '파리巴利'이다.

22 소조왜小爪哇: '조爪'는 광서 2년본에 '과瓜'로 되어 있으나 악록서사본에 따라 고쳐 번역한다. 이하 동일하다.

23 롬복섬Pulau Lombok: 원문은 '룽파극隆波克'이다.

24 스리부제도Kepulauan Seribu: 원문은 '군도君島'로, 자카르타만Gulf of Jakarta 밖에 위치한다.

25 자와Jawa: 원문은 '하와주呀瓦洲'이다.

26 인도: 원문은 '천축국天竺國'이다.

27 바타비아: 원문은 '갈랄파성葛剌巴城'이다.

28 치르본Cirebon: 원문은 '지리문도砥利文島'이다.

29 수라바야: 원문은 '소랍규아도蘇拉圭呀島'이다.

30 스마랑: 원문은 '삽마랑도鈒馬廊島'이다.

31 프랑스: 원문은 '불란서국佛蘭西國'이다.

32 디포느고로Pangeran Diponegoro: 원문은 '제파나아라題坡那哦羅'이다. 디포느고로는 인도네시아의 민족 영웅이다.

33 납부했다: 원문은 '급給'이다. 광서 2년본에는 '결結'로 되어 있으나 악록서사본에 따라 고쳐 번역한다.

34 육분의六分儀: 원문은 '양천척量天尺'이다. 태양·달·별과 같은 천체와 지평선 사이의 각을 측정하는 기구이다.

35 카피탄Kapitan: 원문은 '갑필단甲必丹'이다.

36 티오만섬Pulau Tioman: 원문은 '지본서地本嶼'로, 지금의 말레이시아에 위치한다.

37 티모르섬Pulau Timor: 원문은 '지문서地門嶼'로 지금의 인도네시아에 위치한다.

38 티오만섬Pulau Tioman이나 … 건설해: 역사적 사실에 의거하면 당시에 티모르섬은 서쪽은 네덜란드가 동쪽은 포르투갈이 지배했기 때문에 서티모르와 동티모르로 나뉘었다.

39 부기족: 원문은 '무길족武吉族'이다.

40 망카사라Mangkassara: 원문은 '망가슬芒佳瑟'이다. 인도네시아 술라웨시섬 Pulau Sulawesi에 살던 부락인 망카사라에 대한 음역으로 술라웨시 서남 해안의 중요한 항구 마카사르Makassar가 여기에서 이름을 얻었다.

41 크라카타우화산Gunung Krakatau: 원문은 '화염산火焰山'이다.

42 자와: 원문은 '파서巴嶼'이다.

43 삼바와섬Pulau Sambawa: 원문은 '삼파와三巴哇'이다.

44 자와: 원문은 '조아爪亞'이다. 광서 2년본에는 '과아瓜亞'로 되어 있으나 악록서사본에 따라 고쳐 번역한다. 이하 동일하다.

45 마자파히트Madjapahit 왕국: 원문은 '마조파일摩爪巴佚'이다. 중국 문헌에는 마야파힐麻喏巴歇, 문차파일門遮把逸, 만자백이滿者百夷라고도 한다. 13~16세 기 자와 동부에 있었던 인도네시아의 마지막 이슬람교 왕국이다.

46 자와: 원문은 '아와牙瓦'이다.

47 커민Cumin: 원문은 '마근馬芹'이다. 미나리과에 속하는 식물로 그 씨앗을 쓰는 향신료이다. 중국어로는 쯔란孜然, 영어로는 커민이라고 한다.

48 필징가畢澄茄: 후추과 식물인 필징가Piper cubeba Linne와 녹나무과 식물인 산계초Litsea cubeba Persoon의 익은 열매를 말린 것이다. 필징가 열매는 완 전히 익었거나 익기 전에 가지를 꺾어서 말린 다음 그 열매를 따며, 산 계초 열매는 익은 다음 따서 햇볕에 말린다. 비장과 신장을 따뜻하게 하고 위를 튼튼하게 하며 소화를 촉진한다.

49 포르투갈: 원문은 '포도아葡萄亞'이다.

50 바타비아: 원문은 '파타위성巴他威城'으로, 지금의 인도네시아의 수도 자 카르타Jakarta이다.

51 치르본: 원문은 '소랍배穌拉拜'이다.

52 스마랑: 원문은 '살마랑撒馬郞'이다.

53 클라파: 원문은 '갑랍파甲拉巴'이다.

54 수라카르타: 원문은 '소랍갑타穌拉甲他'이다.

55 욕야카르타Yogyakarta: 원문은 '유약갑타儒約甲他'이다.

56 마두라섬: 원문은 '마사랍馬士拉'이다.

57 롬복섬: 원문은 '륜박淪泊'이다.

58 숨바와섬Pulau Sumbawa: 원문은 '손파와孫巴瓦'이다.

59 플로레스섬Pulau Flores: 원문은 '비력도弗力島'이다.

60 부기족: 원문은 '포길布吉'이다.

61 쿠팡Kupang: 원문은 '고방占邦'이다. 티모르섬의 남서쪽 끝에 위치한다.

62 로티섬Pulau Roti: 원문은 '록지鹿地'이다.

63 숨바섬Pulau Sumba: 원문은 '단향檀香'이다.

64 레티섬Pulau Leti: 원문은 '륵지勒地'이다. 반다해Laut Banda 남부에 위치한다.

구 랑카수카Langkasuka[1] 순다열도 연혁

—

『양서梁書』에 다음 기록이 있다.

프놈국Nokor Phnom 남쪽에서 바다로 들어가면 돈손국頓遜國이 있고 그 서쪽에 반반국盤盤國,[2] 또 서남쪽에 단단국丹丹國[3]이 있다. 대해에는 비건국毗騫國[4]이 있는데 프놈국과 8천 리 떨어져 있고 또 서남쪽에는 간타리국干陁利國[5]이 있다. 간타리국은 남중국해의 섬에 있으며 그 풍속은 럼업국 Lâm Ấp·프놈국과 대략 같다. 반포班布·길패吉貝[6]·빈랑이 생산된다. 천감天監[7] 연간에 간타리국 왕이 사신을 보내 특산품을 바쳤다. 간타리국의 서남쪽에는 랑카수카섬이 있고 또 서남쪽에 파리도국婆利島國[8]이 있다. 다시 서남쪽으로 가면 중인도[9]이고 더 서남쪽으로 가면 바다 가운데 스리랑카Sri Lanka[10]가 있다.

살펴보건대, 돈손국은 프놈국과 3천 리 떨어져 있고[11] 바다로 툭 튀어나와 있으니 조호르Johor[12] 등지임에 틀림없다. 비건국은 프놈국에서 8천

리 떨어져 있으니 분명 보르네오Borneo[13]이다.[14] 간타리국은 그 서남쪽에 있으니 분명 지금의 반탄Bantan[15]이다.[16] 랑카수카 또한 그 서남쪽에 있으니 분명 지금의 순다열도 자와섬이다.[17] 그런즉 보르네오와 수마트라가 서로 인접하게 되니 지세가 딱 들어맞는다. 『명사明史』에서는 랑카수카를 인도 남쪽의 스리랑카로 보고 하나의 섬으로 합쳐 놓았다. 또한 간타리국을 스리비자야Srivijaya로 여겨 보르네오와 하나의 섬으로 합쳐 놓았으니 모두 역사적 사실과 부합되지 않는다.[18] 심지어는 수마트라를 조지국條支國·대식국·파사국波斯國[19]의 땅으로 여겼으니 더욱 변론의 여지가 없다.

『양서』에 다음 기록이 있다.

랑카수카국은 남중국해에 있으며 그 국토는 동서로 30일 거리이고, 남북으로 20일 거리이며, 광주廣州와는 24,000리 떨어져 있다. 기후와 물산은 프놈국과 같으나 잔향棧香·침향沈香·파율향婆律香 등이 더 많이 난다. 그 풍속은 남녀 모두 웃통을 벗고 머리카락을 풀어 헤치며 길패로 수만水幔[20]을 만들어 입는다. 왕과 귀족은 운하포雲霞布를 넓적다리까지 덮으며 금줄을 두르고 금귀고리를 한다. 여자는 베를 걸치고 영락纓絡[21]을 몸에 두른다. 랑카수카국은 누대를 쌓아 성을 만들고 중문과 누각도 둔다. 왕은 코끼리를 타며, 깃발과 깃대·북·휘장을 갖추는데 근위병이 매우 많아 삼엄하다. 백성들이 말하기를, 건국 이래 4백여 년이 지나자 후손이 변변치 못해졌다고 한다. 그런데 왕족 중에 현명한 사람이 있어 백성들이 그를 따랐다. 왕이 소문을 듣고 그를 잡아 가두었는데, 그를 묶은 쇠사슬이 이유 없이 저절로 끊어지자 왕은 그를 신神으로 여겨 감히 해치지 못하고 국경 밖으로 내쫓으니 결국 그는 인도[22]로 도망쳤다. 인도 왕[23]은 장녀를 그의 아내로 보냈다. 얼마 후에 랑카수카 국왕이 죽자 대신들이 그를 맞이해 왕으로 삼았다. 20여 년 후에 왕이 죽고 아들 바가닷타 Bhagadatta[24]가 즉위했다고 한다. 천감 14년(515)에 사신 아살다阿撒多를 보내 표문을 바쳤다.

葛留巴島舊爲狼牙修沿革

—

『梁書』: 扶南以南入海中爲頓遜國, 其西爲盤盤國, 又西南爲丹丹國. 海中有毗騫國, 去扶南八千里, 又西南爲干陁利. 干陁利國在南海洲上, 其俗與林邑·扶南略同, 出班布·吉貝·檳榔. 天監中, 其王遣使貢獻方物. 干陁利之西南, 爲狼牙修島, 又西南爲婆利島國. 再西南則中天竺, 再西南爲海中獅子國.

按: 頓遜去扶南三千里, 斗入海中, 爲柔佛等地無疑. 毗騫去扶南八千里, 當是婆羅大洲. 干陁利在其西南, 當爲今下港. 而狼牙修又在其西南, 當爲今葛留巴之小爪哇. 則正與婆利之爲蘇門島相接, 地勢無一不合矣. 『明史』以狼牙修爲印度南之師子國, 合爲一島. 又以干陁利爲三佛齊, 與婆利合爲一島, 皆與史不合. 甚至以蘇門答剌爲條支·大食·波斯之地, 則更無足辯矣.

『梁書』: 狼牙修國在南海中, 其界東西三十日行, 南北二十日行, 去廣州二萬四千里. 地氣物産與扶南同, 偏多篏·沈·婆律香等. 其俗男女皆袒而被髮, 以吉貝爲干縵. 王及貴臣乃加雲霞布覆胛, 金繩爲絡, 金環貫耳. 女子被布, 以纓絡繞身. 其國累樓爲城, 重門樓閣. 王乘象, 有幡毦旗鼓罩台, 蓋兵衛甚設. 國人說, 立國以來, 四百餘年, 後嗣衰弱. 王族有賢者, 國人歸之. 王聞之, 乃加囚執, 其鎖無故自斷, 王以爲神, 不敢害, 斥逐出境, 遂奔天竺. 天竺王妻以長女. 俄而狼牙王死, 大臣迎還爲王. 二十餘年死, 子婆伽達多立. 天監十四年, 遣使阿撒多奉表.

주석

1 랑카수카Langkasuka: 원문은 '낭아수狼牙脩'로, 옛 땅은 지금의 태국 빠따니 Pattani 일대이다. 위원은 랑카수카가 자와섬에 있다고 잘못 여겼다.

2 반반국盤盤國: 지금의 태국 반돈만BanDon Bay 안의 정박지인 푼핀Phunphin 의 음역으로 추정된다.

3 단단국丹丹國: 지금의 말레이시아 클란탄Kelantan 또는 딘딩Dinding 일대 이다.

4 비건국毗騫國: 악록서사본에 따르면 수마트라섬, 말레이시아 파항주, 미 얀마 남부, 칼리만탄섬, 필리핀 등 여러 가지 설이 있는데, 아직까지 정 설은 없다.

5 간타리국干陁利國: 악록서사본에 따르면 수마트라 팔렘방Palembang의 산 스크리트어 칸다리Kandari의 음역이라고도 하고, 말레이시아 크다주의 카다람Kadaram의 음역이라고도 하며, 페락주Perak의 킨탄Kintan이라고도 한다.

6 길패吉貝: 면직물이다. 길패는 솜이나 면화를 의미하는데 면화가 조개 처럼 생겼다고 해서 '패貝' 자를 썼다.

7 천감天監: 남조 양梁 무제武帝 소연蕭衍의 연호(502~519)이다.

8 파리도국婆利島國: 악록서사본에 따르면 발리섬, 보르네오, 수마트라섬 의 동남부나 북부, 자와섬의 서부라고도 한다.

9 중인도: 원문은 '중천축中天竺'이다.

10 스리랑카Sri Lanka: 원문은 '사자국獅子國'이다.

11 떨어져 있고: 원문은 '거去'로, 광서 2년본에는 '재在'로 되어 있으나 악록 서사본에 따라 고쳐 번역한다.

12 조호르Johor: 원문은 '유불柔佛'이다.

13 보르네오Borneo: 원문은 '파라대주婆羅大州'이다.

14 비건국은 … 보르네오Borneo이다: 악록서사본에 따르면 비건국을 보르
    네오라고 할 만한 근거는 부족하다.

15 반탄Bantan: 원문은 '하항下港'이다.

16 간타리국은 … 반탄Bantan이다: 악록서사본에 따르면 간타리국을 반탄
    이라고 할 만한 근거는 부족하다.

17 랑카수카 또한 … 자와섬이다: 악록서사본에 따르면 반탄이 자와섬의
    서북쪽에 있다고 해서 자와섬이 반탄 서남쪽에 위치한다고는 말할 수
    없다.

18 간타리국을 … 부합되지 않는다: 악록서사본에 따르면 간타리와 스리
    비자야는 같은 섬에 있었던 것으로 추정된다.

19 파사국波斯國: 여기에서 말하는 파사는 남중국해의 파사로 지금의 수마
    트라섬 동북 연안에 위치한다. 이하 동일하다.

20 수만水幔: 원문은 '간만干縵'으로, 간만干漫, 사랑沙郞, 사롱紗籠이라고도 한
    다. 폭이 넓은 천을 원통형으로 꿰매어 몸 아랫부분을 감싸고 허리에서
    여미거나 끈 혹은 핀으로 묶어 고정한다. 늘어진 치마 모양이며 길이는
    무릎이나 발목까지 내려오는 등 다양하다.

21 영락纓絡: 영락瓔珞이라고도 하는데, 구슬을 꿰어 만든 장식품을 말한다.

22 인도: 원문은 '천축天竺'이다.

23 인도 왕: 원문은 '천축왕天竺王'으로, 광서 2년본에는 '왕王' 자가 없으나
    악록서사본에 따라 고쳐 번역한다.

24 바가닷타Bhagadatta: 원문은 '파가달다婆伽達多'이다.

구 사파국 자와·순다열도 연혁

—

『신당서新唐書』에 다음 기록이 있다.

가릉국訶陵國은 사파社婆라고도 하고 사파闍婆라고도 하며 남중국해에 위치한다. 동쪽은 파리도국, 서쪽은 타파등墮婆登[2]이며 남쪽은 바다와 접해 있고 북쪽에는 첸라Chenla[3]가 있다. 나무로 성을 만들고 종려나무로 지붕을 덮으며 상아로 침상을 만든다. 대모·황금·백금·무소·코끼리가 생산된다. 가릉국은 가장 부유하며, 소금이 저절로 나오는 동굴이 있다. 버드나무꽃과 야자로 술을 담근다. 문자가 있고 천문과 역법을 안다. 국왕은 사파성闍婆城에 산다. [현재 국왕의] 조부 길연吉延이 동쪽 파로가사성婆露伽斯城[4]으로 천도하자 주변의 28개 소국이 모두 신하로 복속했다. 관제官制는 32개의 대부大夫가 있으며 그중 대좌감형大坐敢兄이 가장 높다. 산에는 낭비야주郎卑野州[5]가 있으며 왕은 항상 이곳에 올라 바다를 살핀다. 여름이면 8자에 달하는 대나무를 세우는데, 그림자가 대나무 남쪽 2자 4치 지점까지 생긴다. 정관貞觀 연간에 타화라墮和羅[6]·타파등이 모두 사신을 파견해 조공했다. 태종太宗은 조서를 내려 성대히 답했다. 타화라가 좋은 말을 부탁하자 황제가 주었다. 상원上元 연간에 백성들이 여자를 추대해 왕으로 모시고 '싯다Siddha'라 칭했으며, 법령이 엄격하여 길에 떨어진 물건도 줍지 않을 정도였다. 대식국大食國의 군주가 이 소문을 듣고 금 한 자루를 가져다 교외에 버려 두었는데, 행인들이 번번이 피해 다녔다. 이와 같이 3년이 지나 왕세자가 지나가다 발로 금을 밟았다. 싯다가 노하여 왕세자를 참수하려 했다. 군신들이 한사코 말리자 싯다가 말했다.

"죄는 사실 발에 있으니 발을 절단하면 되겠구나."

군신들이 다시 말리자 이에 발가락을 잘라 널리 알렸다. 대식국 군주가 듣고는 두려워하며 감히 전쟁을 일으키지 못했다. 대력大曆·원화元和·태화太和 연간에도 모두 조공했다.

『송사宋史』에 다음 기록이 있다.

사파국闍婆國은 남중국해에 있는데, 나라 동쪽에서 바다까지는 1달이 걸리며 배를 타고 반달 정도 가면 곤륜국崑崙國에 도착한다. 서쪽으로 바다까지는 45일이 걸리고 남쪽에서 바다까지는 3일이 걸리며 배를 타고 5일을 가면 대식국에 도착한다. 북쪽으로 바다까지는 4일이 걸리고 서북쪽으로 배를 타고 15일을 가면 발니국勃泥國에, 또 15일을 가면 스리비자야Srivijaya에, 또 7일을 가면 고라국古邏國에, 또 7일을 가면 시력정柴歷亭에 도착하며, 자오찌국Giao Chi을 거쳐 광주에 도착한다.

토지는 평평하여 농사짓기에 알맞다. 쌀·마麻·조·콩이 생산되고 보리는 생산되지 않으며 백성들은 10분의 1의 세금을 낸다. 바닷물을 끓여 소금을 만들고 물고기·자라·닭·오리·산양이 많이 나며 소를 잡아먹는다. 과일로는 모과木瓜·야자·바나나·자우蔗芋[13]가 있다. 금·은·무소·상아 조각·침향沈香·단향·회향茴香·후추·빈랑·유황·홍화紅花·소목이 난다. 또한 누에치기와 베 짜기에도 힘써 박견薄絹·사교絲絞·길패포吉貝布 등이 생산된다. 은을 잘라 돈을 만들어 교역하는데, 관청에서는 조 1곡 2말을 금 1전으로 바꾼다. 건물은 웅장하고 아름다우며 금과 옥돌로 꾸민다. 중국 상인들이 오는 경우 빈관賓館에서 대접하는데 음식은 풍성하고 정갈하다. 차茶는 생산되지 않는다. 술은 야자와 하유단수蝦蟆丹樹[14]에서 얻는데, 중국인은 일찍이 본 적이 없다. 간혹 광랑桄榔[15]이나 빈랑으로 술을 빚기도 하는데 이 술 또한 매우 향기롭고 맛있다. 법은 따로 만들지 않으며 잡범들은 죄의 경중에 따라 황금으로 변속할 수 있지만, 도둑질을 한 자만은 죽인다.

국왕은 상투를 틀고 금방울을 달며 비단 도포를 입고 가죽신을 신은 채 사각 평상에 앉는다. 관리들은 매일 알현할 때마다 세 번 절하고 물러난다. 국왕이 출입할 때는 코끼리나 작은 가마를 탔으며 병사 5백~7백명이 무기를 들고 따른다. 백성들은 국왕을 보면 모두 앉았다가 국왕이 지나가기를 기다린 후에야 일어난다. 국왕은 왕자 3명을 부왕副王으로 둔다. 관리의 경우 라카르얀Rakryan[16] 4인을 두어 함께 국사를 처리하는데, 중국의 재상과 같으나 녹봉은 없고 수시로 가늠해 토산품을 제공한다. 그다음으로는 문리文吏 3백여 명이 있는데, 수재秀才로 불리며 문서를 관장하고 재물을 총괄한다. 또한 하급 관리가 거의 1천여 명이 있으며 성지城池·창고·군사를 나누어 관리한다. 군사를 거느린 자는 반년마다 금 10냥을 주고, 승리를 거둔 군사 3만 명에게도 반년마다 금을 주는데 [군사마다] 차이가 있다.

풍속에는 결혼할 때 매파가 없으며 다만 황금을 처가에 주고 신부를 데리고 온다. 5월이면 뱃놀이하고 10월이면 산으로 놀러 간다. 악기로는 횡적橫笛·고판鼓板이 있으며 춤도 잘 춘다. 원주민은 머리를 풀어 헤치고 의복은 가슴 아래부터 무릎까지 꽁꽁 싸맨다. 병이 나도 약을 먹지 않고 단지 신과 부처에게 기도한다. 그 풍속에는 [사람들의] 이름은 있지만, 성은 없다.

예전 송宋나라 원가元嘉 12년(435)에는 사신을 보내 조공했으나 그 뒤로 끊겼다. 순화淳化 3년(992)에 상아·진주·금박으로 수놓은 비단·꼰 실로 수놓은 비단·여러 색 비단 실·여러 색으로 짠 길패·단향·대모·빈랑 접시·무소 장식 검·금은 장식 검·등화점藤花簟·흰 앵무·칠보로 장식한 단향정자亭子를 조공했고 그 사신은 따로 대모·용뇌龍腦·정향丁香·등나무로 짠 꽃무늬 자리를 바쳤다.

사신이 명주明州 정해현定海縣[17]에 도착했을 때 사신의 복식이 일전에 조공하러 왔던 남해 파사국 사신과 비슷했다. 사파국은 스리비자야와 원한이 있어 서로 전쟁했다.

사파국에는 산이 많고 원숭이들이 사람을 무서워하지 않아서 휘휘 소리를 내며 [사람이] 부르면 나타났다. 간혹 과일을 던져 주면 큰 원숭이 두 마리가 먼저 나왔는데, 원주민은 그들을 원숭이 왕(猴王)·원숭이 부인(猴夫人)이라 여겼다. 그들이 식사를 끝내면 원숭이 무리는 그 남은 것을 먹었다. 사신이 도착하자 황제는 담당 관리에게 성대히 대접하라고 했고 사신들은 한참 후에야 돌아갔다. 하사한 금과 비단이 매우 많았고 그들의 요청에 따라 좋은 말과 무기도 하사했다. 사신이 말하길 이웃 나라의 이름은 바라문婆羅門[18]이라고 했다. 대관大觀 3년(1109) 6월에 사신을 보내 조공하자 조서를 내려 자오찌국처럼 그들을 접대하도록 했다. 또한 마국摩國[19]이 있는데, 태평흥국太平興國 7년(982)에 금은보화를 싣고 광주 해안에 도착했다.

남비국南毗國[20]은 대해의 서남쪽에 위치하며 스리비자야에서 범선을 타고 한 달 남짓이면 그 나라에 도착한다. 국왕은 매번 순행할 때마다 먼저 군사 1백여 명을 보내 물을 땅에 뿌리게 하여 세찬 바람에 모래 먼지가 일어나는 것을 막는다. 국왕은 세발솥 1백 개를 나열한 채 식사를 하는데, 하루에 한 번 솥을 바꾼다. 이에 한림관翰林官을 두어 국왕의 음식을 공급한다. 풍속이 전쟁을 좋아하여 칼과 창을 익히고 활쏘기를 잘한다. 백은을 뚫어 돈을 만들며 진주와 토포土布를 생산한다. 이 나라는 가장 멀어서 외국 선박이 드물게 왔다. 시라파時羅巴·지력간智力干 부자는 이 종족으로 천주성泉州城[21] 남쪽에 살았다. 이때부터 이 나라로 가는 선박이 많아졌다.

『광동통지廣東通志』에 다음 기록이 있다.

자와국은 옛 가릉국이다. 사파라고도 하며 포가룡莆家龍이라고도 하는데, 첸라 남쪽 바다의 섬에 위치한다. 동쪽으로는 파리도국, 서쪽으로는 타파등,[22] 북쪽으로는 첸라국과 접해 있으며 남쪽은 바다에 접한다. 참파Champa[23]에서 순풍을 타고 20일 동안 밤낮으로 가면 이 나라에 도착할 수 있다. 땅도 넓고 사람도 많아 군사와 화약, 총포가 동양의 여러 나라 중 으뜸이다. 항구로 드나드는 부두를 신촌新村(그레식Gresik)이라 부른다. 집과 점포가 줄지어 시장을 이루고 상인들이 가장 많다. 이 나라는 스리비자야를 병합한 뒤 구항舊港(팔렘방Palembang)이라 이름을 바꾸고 신촌과 구별했다. 위원이 살펴보건대, 스리비자야를 병합한 나라는 보르네오[24]이지 자와가 아니다.

『명사』에 다음 기록이 있다.

사파국은 송 원가 때부터 중국에 조공했다. 당대에는 가릉 또는 사파라고 했으며 국왕은 사파성에 살았다. 당·송대에도 모두 조공했다. 홍무 11년(1378)에 사신을 보내 표문과 공물을 바쳤지만, 그 후로는 다시 오지 않았다. 어떤 사람은 자와가 바로 사파국이라고 한다. 그러나『원사元史』「조왜전爪哇傳」에는 이 나라에 대해 말하지 않으면서 또한 그 풍속과 물산은 고증할 수 없다고 했다. 태조 때에는 두 나라에서 모두 조공했는데, 국왕의 이름이 달랐다. 어떤 사람은 본래 두 나라였다가 후에 자와에게 멸망당했다고 하지만, 고증할 수 없다. 위원이 살펴보건대, 사파국은 반탄이고 자와는 클라파이지만, 여러 문헌에서는 모두 자와가 사파국이라고 했다. 여기서만 구분하고 있지만, 여전히 보르네오와 혼동되어 쓰인다.

위원이 말한다.

클라파는 옛날에는 소조왜, 지금은 소신하란小新荷蘭으로 불리며 반탄과는 단지 해협 하나를 사이에 두고 있다.[25] 무릇 서양과 남양의 외국 선박들은 반드시 이 해협을 둘러서 지난 후에야 각 나라로 나누어 돌아갈 수 있기 때문에 선박과 시장은 남중국해에서 으뜸이며 보르네오의 대조왜大爪哇보다 더욱 번성했다. 네덜란드에게 있어 소조왜는 영국의 동인도와 같아 무릇 각 섬에 주둔하는 병사들은 모두 [네덜란드의] 명령을 따르고 제어를 받았다. 소조왜가 아라비아[26]에 합병된 것은 명나라 천순天順 연간이고 네덜란드에 합병된 것은 명나라 만력萬曆 연간이었다. 프랑스와 영국이 쟁탈을 벌인 것은 가경 연간 초였다. 아라비아는 [소조왜를] 이슬람교로 복속시켰고, 네덜란드는 아편으로 그 나라를 좀먹었다. 모두 무형의 음모와 기만으로 사람과 집과 나라를 빼앗은 것이다. 천기天氣가 이동하고 지혜가 막힘이 아아! 어찌 이리 극단적이란 말인가? 여러 문헌에서 어떤 사람은 사파국을 자와라 하고 어떤 사람은 클라파를 대조왜, 반탄을 소조왜라고 하며 심지어는 자와의 영토가 남쪽으로는 대식국까지 이르며 서남쪽의 수마트라도 자와라고 여긴다. 『신당서』에 기재된 대식국 왕[27]이 사파국의 교외에 금주머니를 놓아 여왕의 통치를 몰래 시험했다는 것은 아마도 상선商船이 왕래하면서 전한 소식 같은데, 어찌 진실로 1만 리나 떨어진 페르시아의 상황을 이웃의 닭과 개가 짖는 것처럼 가까이 들린다고 하는지 모르겠구나! 명나라 홍무 연간에 외국의 산천에 대해 각 성에서 제사 지내게 하여 안남安南·참파·첸라·태국[28]·촐라Chola[29]는 광서성廣西省에서 제사 지냈고 스리비자야·소조왜는 광동성廣東省에서 제사 지냈으며 일본日本·류큐琉球·발니浡泥는 복건성에서 제사 지냈는데, 지금은 대부분이 다 서양에 귀속되었다.

葛留巴島舊爲闍婆小爪哇沿革

一

『唐書』: 訶陵亦曰社婆, 曰闍婆, 在南海中. 東距婆利, 西墮婆登, 南瀕海,
北眞臘. 木爲城, 覆屋以栟櫚, 象牙爲床席. 出瑇瑁·黃白金·犀·象. 國最富, 有
穴自湧鹽. 以柳花·椰子爲酒. 有文字, 知星曆. 王居闍婆城. 其祖吉延東遷於
婆露伽斯城, 旁小國二十八, 莫不臣服. 其官有三十二大夫, 而大坐敢兄爲最
貴. 山上有郎卑野州, 王常登以望海. 夏至立八尺表, 景在表南二尺四寸. 貞觀
中, 與墮和羅·墮婆登皆遣使入貢. 太宗以璽詔優答. 墮和羅丐良馬, 帝與之. 上
元間, 國人推女子爲王, 號悉莫, 威令整肅, 道不拾遺. 大食君聞之, 齎金一囊
置其郊, 行者輒避. 如是三年, 王世子過, 以足躡金. 悉莫怒, 將斬之. 群臣固請,
悉莫曰: "而罪實本於足, 可斷趾." 群臣復爲請, 乃斬指以徇. 大食聞而畏之,
不敢加兵. 大曆·元和·太和中, 皆入貢.

『宋史』: 闍婆國在南海中, 其國東至海一月, 泛海半月, 至崑崙國. 西至海
四十五日, 南至海三日, 泛海五日, 至大食國. 北至海四日, 西北泛海十五日,

至勃泥國, 又十五日, 至三佛齊國, 又七日, 至古邏國, 又七日, 至柴歷亭, 抵交址, 達廣州.

其地平坦, 宜種植. 産稻·麻·粟·豆, 無麥, 民輸十一之租. 煮海爲鹽, 多魚·鱉·雞·鴨·山羊, 兼椎牛以食. 果實有木瓜·椰子·蕉子·蔗芋. 出金·銀·犀·牙箋·沈檀香·茴香·胡椒·檳榔·硫磺·紅花·蘇木. 亦務蠶織, 有薄絹·絲絞·吉貝布. 剪銀葉爲錢博易, 官以粟一斛二斗, 博金一錢. 室宇壯麗, 飾以金碧. 中國賈人至者, 待以賓館, 飲食豐潔. 地不産茶. 其酒出於椰子及蝦蝚丹樹, 華人未嘗見. 或以桄榔·檳榔釀成, 亦甚香美. 不設刑禁, 雜犯罪者隨輕重出黃金以贖, 惟寇盜者殺之.

其王椎髻, 戴金鈴, 衣錦袍, 躡革履, 坐方牀. 官吏日謁三拜而退. 出入乘象或腰輿, 壯士五七百人執兵器以從. 國人見王皆坐, 俟其過乃起. 以王子三人爲副王. 官有落佶連四人共治國事, 如中國宰相, 無月奉, 隨時量給土産諸物. 次有文吏三百餘員, 曰爲秀才, 掌文簿, 總計財貨. 又有卑官殆千員, 分主城池·帑廩及軍卒. 其領兵者, 每半歲給金十兩, 勝兵三萬, 每半歲亦給金, 有差.

土俗婚聘無媒妁, 但納黃金於女家以娶之. 五月遊船, 十月遊山. 樂有橫笛·鼓板, 亦能舞. 土人被髮, 其衣裝纏胸以下至於膝. 疾病不服藥, 但禱神求佛. 其俗有名而無姓.

先是宋元嘉十二年, 遣使朝貢, 後絶. 淳化三年, 貢象牙·眞珠·繡花銷金及繡絲絞·雜色絲絞·吉貝織雜色絞布·檀香·玳瑁·檳榔盤·犀裝劍·金銀裝劍·藤花簟·白鸚鵡·七寶飾檀香亭子, 其使別貢玳瑁·龍腦·丁香·藤織花簟.

至明州定海縣, 其使飾服, 與嘗來入貢波斯相類. 其國與三佛齊有仇怨, 互相攻戰.

本國山多, 猴不畏人, 呼以霄霄之聲卽出. 或投以果實, 則其大猴二先至, 土人謂之猴王·猴夫人. 食畢, 群猴食其餘. 使旣至, 上令有司優待, 久之, 使還.

賜金帛甚厚, 仍賜良馬戎具, 以從其請. 其言鄰國名婆羅門云. 大觀三年六月, 遣使入貢, 詔禮之如交趾. 又有摩國, 太平興國七年載寶貨至廣州海岸.

南毗國在大海之西南, 由三佛齊風帆月餘可至其國. 王每巡行, 先期遣兵百餘人持水灑地上, 以防飅風圍沙塵. 列鼎百以進食, 日一易之. 置翰林官, 供王飲食. 俗喜戰鬪, 習刀槊, 善射. 鑿雜白銀爲錢, 産珍珠·番布. 其國最遠, 番舶罕到. 時羅巴智力干父子, 其種類也, 居泉之城南. 自是舶舟多至其國矣.

『廣東通志』: 爪哇國, 古訶陵也. 一曰闍婆, 又名莆家龍, 在眞臘之南海中洲上. 東與婆利, 西與墮婆登, 北接眞臘國, 南臨大海. 自占城起程, 順風二十晝夜可至其國. 地廣人稠, 甲兵藥銃爲東洋諸番之雄. 其港口入去馬頭曰新村. 屋店連行爲市, 買賣商旅最衆. 三佛齊國爲其所幷, 改名舊港, 以別於新村. 源按: 幷三佛齊者, 乃大爪哇, 非此小爪哇也.

『明史』: 闍婆, 宋元嘉時始朝中國. 唐曰訶陵, 又曰社婆, 其王居闍婆城. 唐宋皆入貢. 洪武十一年, 遣使表貢, 其後不復至. 或曰爪哇, 卽闍婆. 然『元史』「爪哇傳」不言, 且曰其風俗物産無可考. 而太祖時兩國竝時入貢, 其王之名不同. 或本爲二國, 其後爲爪哇所滅, 然不可考. 源案: 闍婆爲下港, 小爪哇爲葛留巴, 諸書皆以爪哇卽闍婆. 獨此分之, 然尙與大爪哇相混.

魏源曰: 葛留巴, 昔爲小爪哇, 今爲小新荷蘭, 其與下港僅隔一峽. 凡西洋·南洋之番船, 必遠過峽中而後分赴各國, 故帆檣塵市雄甲南海, 視婆羅洲之大爪哇尤繁盛. 荷蘭之有小爪哇, 猶英吉利之有東印度, 凡各島駐防之兵, 均皆聽號令受節制焉. 其竝於天方也, 在明天順, 吞於荷蘭也, 在明萬曆. 交鬨於佛蘭西·英吉利也, 在嘉慶之初. 天方之服之也, 以回教, 荷蘭之蠱之也, 以鴉煙. 皆陰謀潛伏於無形, 而奪人家國. 氣運所遷, 機智所闕, 烏乎! 安所極哉? 諸書或以闍婆卽爪哇, 或以噶留巴卽大爪哇, 而下港爲 小爪哇, 甚至謂爪哇疆域南抵大食, 而以西南之蘇門答剌當之. 不知『新 唐書』大食王遣人囊金闍婆之郊, 陰試女王之令者, 蓋商船往來速郵傳命, 詎眞謂萬里波斯之國, 雞犬相聞! 明洪武中, 命外夷山川附祭各省, 安南· 占城·眞臘·暹羅·鎖里, 附祭廣西, 三佛齊·小爪哇, 附祭廣東, 日本·琉球·淳 泥, 附祭福建, 今則大半歸於西洋.

주석

1   사파社婆: '사社'는 광서 2년본에 '두杜'로 되어 있으나 악록서사본에 따라 고친다.

2   타파등墮婆登: 악록서사본에 따르면, 지금의 수마트라섬 동쪽 해안 밖의 바탐섬Pulau Batam 또는 파당섬Pulau Padang, 수마트라 동쪽 해안의 베퉁Betong, 자와섬 서부의 반탄 및 말레이반도의 크라지협Isthmus of Kra이라는 등 여러 가지 설이 있다.

3   첸라Chenla: 원문은 '진랍眞臘'이다.

4   파로가사성婆露伽斯城: 지금의 자와 부근 바루가시Barugasi의 음역으로 추정된다.

5   낭비야주郎卑野州: 지금의 말레이시아 크다강Kedah River 지류인 람바이Rambai의 음역이라고도 하고 인도네시아 자와섬 중부로 워노소보Wonosobo 북쪽의 디엥Dieng고원(옛 명칭은 Dikyauo)을 가리킨다고도 한다.

6   타화라墮和羅: 산스크리트어 드바라바티Dvaravati의 음역으로 타라본저墮羅本底라고도 한다. 옛 땅은 지금의 태국 아유타야Ayuthaya 혹은 나콘빠톰Nakhon Pathom 일대에 있었다.

7   싯다Siddha: 원문은 '실막悉莫'으로, 인도 후기 탄트라 불교의 수행을 통해 깨달음과 능력을 얻은 사람들을 '싯다', 즉 '성취자(Siddha)'라 불렀다.

8   대식국大食國: 남중국해의 대식국은 바로 싱가포르와 말레이시아의 조호르 일대를 가리킨다.

9   곤륜국崑崙國: 악록서사본에 따르면 일반적으로 지금의 인도네시아 말루쿠제도Kepulauan Maluku에 위치했다고 여기나, 고롱제도Kepulauan Gorong의 음역이라고도 하고 말레이어 구눙아피Gunung Api 중 구눙Gunung의 음역이라고도 한다.

10 발니국勃泥國: 보르네오 북부의 브루나이Brunei나 서쪽 해안의 폰티아낙

Pontianak 일대를 가리킨다.

11　고라국古邏國: 말레이반도 크라 일대 또는 말레이반도 서쪽 해안의 크다 주, 믈라카주 일대에 위치한다고 한다.

12　시력정柴歷亭: 말레이시아 체라팅강Cherating River 유역, 말레이어인 슬랏Selat 의 음역으로 조호르와 싱가포르 일대, 시암만Gulf of Siam 입구 또는 베트남 남쪽 해안 일대라고도 한다.

13　자우蔗芋: 고구마의 일종으로 추정된다.

14　하유단수蝦蛑丹樹: 나무 이름으로, 술을 빚을 수 있다.

15　광랑桄榔: 야자과에 속하는 상록교목이다. 꽃으로는 설탕을 만들기 때문에 사탕야자沙糖椰子나 당수糖樹라고도 부른다. 줄기의 윗부분에서는 전분을 채취해 사용한다.

16　라카르얀Rakryan: 원문은 '락길련落佶連'으로 재상에 해당한다. 강한 권력을 갖고 있어서 종종 왕위를 찬탈하기도 했다.

17　정해현定海縣: 송대 양절로兩浙路 명주의 속현으로 용강甬江을 타고 내려가다가 바다로 진입하는 입구에 위치하여, 당시 명주에 설치된 시박사市舶司가 위치하던 곳이다. 북송 시기에 망해현望海縣을 정해현으로 바꿨으며 관청 소재지는 지금의 영파시寧波市 동북쪽 진해구鎭海區에 있다.

18　바라문婆羅門: 인도를 가리키기도 하고 스리랑카까지 아울러 지칭하기도 한다.

19　마국摩國: 『송사』에는 '마일국麻逸國'으로 되어 있다. 필리핀 민다나오섬 Mindanao Island의 옛 이름인 Mait의 음역으로 보는 의견이 일반적이지만, 루손군도 전체를 지칭하는 것으로 파악하기도 한다.

20　남비국南毗國: 인도의 세습 신분인 남부리Namburi의 통칭이라고도 하며 지금의 인도 말라바르해안Malabar Coast 일대를 가리킨다.

21　천주성泉州城: 원문은 '천지성泉之城'이다. 송 원호元祐 2년(1087)에 천주성에 처음으로 시박사가 설치되는데, 남송과 원대를 거치면서 천주성은 전국에서 가장 흥성한 무역기지로 부상한다.

22　타파등: 원문은 '타파등墮婆登'이다. '타墮'는 광서 2년본에 '수隋'로 되어

있으나 악록서사본에 따라 고친다.

23 참파Champa: 원문은 '점성占城'이다.

24 보르네오: 원문은 '대조왜大爪哇'로, 광서 2년본에는 '조爪'가 '과瓜'로 되어
있다. 이하 동일하다.

25 반탄과는 … 두고 있다: 원문은 '하항근격일협下港僅隔一峽'이다. 하항下港
은 반탄으로 자와섬에 위치한다. 위원은 수마트라섬의 팔렘방으로 잘못
여겨서 자와섬이 '하항'과 한 해협을 사이에 두고 있다고 말한 것이다.

26 아라비아: 원문은 '천방天方'이다. 본래는 사우디아라비아의 메카를 가
리켰지만, 후에 아라비아를 두루 지칭하기도 했다. 위원은 이슬람교를
신봉하는 모든 국가를 '천방'으로 보고 있는데, 소조왜가 이슬람 국가가
된 것을 아라비아에 합병된 것으로 표현한 것이다.

27 대식국 왕: 『신당서』에서 말한 대식국은 남해 대식국으로, 지금의 싱가
포르와 조호르 일대를 말한다. 위원은 대식국을 페르시아로 잘못 이해
하여 뒤 문장에서 "만 리나 떨어진 페르시아의 상황을(萬里波斯之國)"이라
고 말한 것이다.

28 태국: 원문은 '섬라暹羅'이다.

29 촐라Chola: 원문은 '쇄리瑣里'로, 지금의 인도 코로만델해안Coromandel coast
에 위치한다.

海國圖志
卷十五

해국도지
권15

一

소양邵陽 위원魏源 편집

본권에서는 영국·네덜란드령인 수마트라와 스리비자야, 네덜란드·포르투갈령인 말루쿠와 인근 국가들의 지리, 역사, 풍속, 외모, 언어, 문화적 특색 및 중국을 비롯한 서양 국가들과의 대외관계에 대해 서술하고 있다.

이 가운데 수마트라, 스리비자야, 말루쿠는 『양서梁書』, 『송사宋史』, 『황청통고皇淸通考』, 『명사明史』의 기록을 통해 중국의 오랜 조공국이었음을 밝히고 있는 반면 인근의 국가들은 변변한 영토나 나라의 연혁도 없는 그저 물고기나 잡고 사냥하며 사는 별 볼 일 없는 국가들이라고 서술하고 있다.

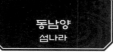

영국·네덜란드령 아체 및 스리비자야

—

삼국은 같은 섬으로, 당唐나라 이전에는 파리주婆利洲[1] 땅이었다.
수마트라의 현재 이름은 아체이다.
스리비자야의 현재 이름은 팔렘방Palembang[2]이다.

사청고謝淸高의 『해록海錄』에 다음 기록이 있다.

스리비자야와 수마트라섬은 빈탄섬Pulau Bintan[3]의 건너편 해안에 위치해 있다. 구 조호르가 영국에게 점령되자 원주민들은 사방 수백 리에 달하는 새로운 섬으로 옮겨 갔다. 구 조호르섬의 맞은편 해안에서부터 서남해西南海에 큰 섬이 하나 우뚝 솟아 있는데, 9개국[4]이 이 섬을 둘러싸고 있다. 리아우Riau,[5] 시악Siak,[6] 쿠다라야Kuda Raja,[7] 반다아체Banda Aceh,[8] 니코바르제도Nicobar Islands,[9] 사삭Sasak,[10] 파당Padang,[11] 니아스Nias,[12] 붕쿨루Bengkulu,[13] 팔렘방, 링가섬Pulau Lingga[14]으로, 9개국이 이 섬 하나에 모여 있다. 아체와 사삭은 수마트라의 옛 땅이고, 팔렘방은 스리비자야의 옛 땅이다.[15]

리아우국은 조호르의 서남쪽에 위치하지만 조호르와는 서로 인접해 있지 않다. 조호르에서 바다를 건너 남쪽으로 하루 남짓 가면 도착할 수 있다. 면적은 수백 리 정도 되고 풍속과 토산물은 조호르와 같다. 토착민은 기질이 비교적 세다. 조주潮州 사람들은 대부분 이곳에서 무역한다. 바다의 동북쪽이 싱가포르해협Singapore Strait[16]이다.

시악은 리아우국 서북쪽에 위치하고, 면적이나 풍속은 리아우국과 같으며, 리아우국에서 작은 배를 구입해 해안을 따라 4일 정도 가면 도착할 수 있다. 바다의 동쪽은 믈라카Melaka[17]이다. 여기서 다시 서북쪽으로 2일 정도 가면 중사군도中沙群島[18]를 지나가게 된다. 이 땅에서는 부레·빙편冰片[19]·야자·후추가 난다.

쿠다라야국은 시악의 서북쪽에 위치하는데, 영토가 다소 크며, 중사군도 외해에서 서북쪽으로 하루 남짓 가면 도착한다. 도성에서 육로를 이용해 서북쪽으로 5~6일 가고, 다시 뱃길로 순풍을 타고 하루 이틀 가면 섬 끝자락에 도착하는데, 모두 쿠다라야 땅이다. 풍속은 말레이시아 각 나라와 같다. 바다의 동북쪽 해안에 슬랑오르Selangor[20]가 있는데, 그 섬 끝자락에서 보면 피낭섬Pulau Pinang[21]이 건너편에 비스듬히 있다. 이 땅에서는 금·빙편·야모과野木瓜[22]·야자·향목·해초가 난다.

니코바르제도는 인도양에 있는 외딴섬이다. 아체 끝자락에서 북쪽으로 가다 약간 서쪽으로 순풍을 타고 11~12일 정도 가면 도착할 수 있다. 토착민은 모두 야만족으로 품성이 순박하다. 날마다 야자와 익힌 생선을 먹고 오곡은 먹지 않는다. 크다Kedah[23]에 살고 있는 복건 사람이 늘 크다의 토착민과 함께 이곳에 와서 해삼과 용연향龍涎香을 채취해 갔다. 그[24] 바닷길 역시 서북쪽으로 나 있는데 열흘 정도 걸어가면[25] 도착할 수 있다. 여기서 다시 북쪽으로 반나절 정도 가면 안다만제도Andaman Islands[26]가 나온다. 이곳 사람들은 대부분 사람의 몸에 말의 얼굴을 하고 있는데 바로 식인종이다. 상선을 타고 이곳을 지나가도 모두 감히 가까이 가지 못한다. 멀리서 바라다보면 그저 운무만 피어오를 뿐이다. 구름 한 점 없이 쾌청한 날 멀리서 바라보면 산꼭대기에 불꽃이 있는 것 같다. 다시 북쪽으로 열흘 걸어가면 바로 벵골만Bay of Bengal[27]이 나온다. 만약 [여기서 다시] 북쪽을 향해 약간 서쪽으로 순풍을 타고 6~7일 가면 타밀나두Tamil Nadu[28]에 도착할 수 있다.

반다아체국은 일명 싱킬Singkil[29]이라고도 하며, 쿠다라야 서쪽에 위치한다. 쿠다라야에서 서북쪽으로 가다 섬 끝자락을 지나 동남쪽으로 돌아 하루 정도 가면 도착할 수 있다. 면적은 수백 리 정도 되고 풍속은 쿠다라야와 같다. 이 땅에서는 금·야모과·후추·야자·빙편이 난다.

사삭은 반다아체 남쪽에 위치하며 뱃길로 순풍을 타고 2일 정도 가면 도착할 수 있다. 면적, 풍속, 토산물은 반다아체국과 같다.

파당국은 사삭의 동남쪽에 위치하며 뱃길로 순풍을 타고 2일이면 도착할 수 있다. 면적과 풍속은 이상의 나라와 대체로 같다. 바다 서쪽에 섬이 하나 있는데 바로 니아스국이다.

니아스국은 일명 바투제도Kepulauan Batu[30]로, 사삭·파당국의 서쪽에 위치하며 바다에 우뚝 솟아 있는 섬이다. 사람들은 중국인과 비슷하게 생겼지만 왜소하고, 늘 노략질로 물건을 사고팔며, 출입할 때는 반드시 표창을 들고 다녔으며 대포를 두려워한다. 오곡을 먹지 않고 오직 서곡미西穀米[31]를 바나나에 섞어 졸여서 먹는다. 나이가 들면 후손들은 노인을 나무 꼭대기에 올려놓고 그 밑에서 돌면서 나무를 흔들어 떨어져서 죽기를 기다리는데, 이 지경에 이를 정도로 윤리가 없다. 니아스국 서쪽으로 바다에는 큰 돌이 많고, 바람과 파도가 험준하기 때문에 대서양의 선박들이 인도양[32]으로 가려면 반드시 파당의 서쪽, 니아스국의 동쪽을 거쳐 가야 한다.

붕쿨루는 파당의 동쪽에 위치하며, 뱃길로 순풍을 타고 5~6일 정도 가면 도착할 수 있다. 육로로도 갈 수 있지만, 산이 후미지고 도적이 많기 때문에 육로로 가는 사람은 드물다. 연해의 수도가 최근에 영국에게 점령되는 바람에 국왕이 산속으로 옮겨 갔다. 이곳에 사는 영국인은 불과 수십 명에 지나지 않는 반면, 세포이Sepoy[33]는 수백 명이나 된다. 이 땅에서는 해삼·정향丁香[34]·두구·후추·야자·빈랑이 난다.

팔렘방은 바로 스리비자야로, 붕쿨루의 동쪽에 위치하며 면적은 약간 크다. 붕쿨루[35]에서 동남쪽으로 3~4일 정도 가서 북쪽으로 돌아 자와 협구로 들어가 순풍을 타고 반나절 정도면 순다해협을 나올 수 있다. 해협의 동서 양쪽은 모두 팔렘방의 영토이다. 해협의 서쪽에 방카Bangka[36]라는 큰 섬이 바다에 우뚝 솟아 있으며, 섬 기슭에는 문톡Muntok[37]·리앗섬 Pulau Liat[38]·레파르섬Pulau Lepar[39]·숭아이리앗Sungai Liat[40] 등이 있다. 섬의 남쪽에 팡칼피낭Pangkalpinang,[41] 토보알리Toboali[42]라는 두 개의 작은 섬이 있는데, 모두 주석이 생산된다. 복건과 광동 사람들 가운데 이곳에 와서 주석을 캐는 사람이 상당히 많다. 문톡에는 영국이 진수하면서 주석세를 징수한다. 대개 주석을 캐는 사람은 모두 여비를 빌려 생활하기 때문에 주석을 캐면 이를 갚았다. 주석 1백 근에 은화 8닢만 내면 되고 감히 사적으로는 팔지 않았다. 국왕은 순다해협 서쪽에 있는데, 문톡 맞은편 해안에서 작은 항구로 들어가서 서쪽으로 4~5일 가면 도착할 수 있다. 문톡에는 네덜란드도 진수하고 있으며, 양쪽 해안에 사는 사람들은 모두 물가에 집을 짓고 사는데, 물산이 풍부하고 인구가 많기로 제법 이름나 있다. 국왕의 궁전은 3단으로 되어 있다. 매일 정무를 보면서 국왕은 위에 앉고 그다음 각 부족장이 줄지어 서 있으며, 서민들 가운데 송사를 다투는 자가 있으면 모두 아래에 엎드렸다. 제도가 엄한 데 반해 백성들은 흉악해서 대부분 도적질을 하며 산다. [이상의 나라들은] 중국은 받들 줄

모르는 반면 네덜란드나 영국은 범처럼 두려워한다. 그래서 무릇 이들이 재물을 강제로 빼앗아도 감히 저항하지 않았다. 말레이족은 모두 그러했지만, 오직 이 나라, 즉 문툭만은 그렇지 않았다. 이 땅에서는 금·주석·야모과·속향速香[43]·강향降香·후추·야자·빈랑·물사슴이 난다.

링가섬은 팔렘방 북쪽에 위치하며 순다해협에서 출발하여 뱃길로 갈 수 있는데 순풍을 타고 3일이면 된다. 이곳에서 북쪽으로 하루 남짓 가면 조호르가 나온다. 서북쪽으로 하루 남짓 가면 리아우에 도달한다. 이곳 산에는 나무가 많은데, 큰 나무는 수십 아름이나 된다. 그래서 중국이나 서양 선박이 이곳에 오면 돛대와 키를 교체한다. 리아우와 시악은 대부분 말레이족이고, 오직 쿠다라야와 사삭의 백성들만 약간 순박하고 선량하며, 나머지 종족들은 모두 흉악해 도적질과 약탈을 일삼으며 생활한다. 무릇 말레이 각 나라에서는 모두 검은 제비집·속향·강향·계골향雞骨香[44]·빈랑·야자·해초 등이 난다.

『지리비고地理備考』에 다음 기록이 있다.

수마트라섬(蘇麻答剌島)은 소문답랄蘇門答剌이라고도 하며 동남아시아의 최서단에 위치한다. 북위 5도에서 남위 5도까지, 동경 93도에서 103도에 위치한다. [남북의] 길이는 약 3,500리이고, [동서의] 너비는 약 550리이며, 인구는 6백여만 명이다. 수마트라섬의 지세는 첩첩이 쌓인 구릉과 산마루가 줄줄이 이어져 있으며, 그 가운데 르당산Gunung Ledang[45]과 크린치산Gunung Kerinci[46]이 제일 높다. 화산이 한두 개가 아니며, 지진도 가끔 일어난다. 논과 밭이 비옥하고 곡식과 과일이 매우 풍부하다. 수풀이 빽빽하고 온갖 새와 짐승이 번식하고 있다. 이 땅에서는 금·은·동·철·주석·초석硝石과 유황·빙편·후추·야자·사탕수수·약재·사곡미 등의 산물이 난다. 기후는 서로 다르고 매번 궂은비가 추적추적 내린다. 상인들이 구름처럼 모여든다. 수마트라섬은 다른 나라의 지배를 받지 않았으며 오직 한 곳만이 네덜란드의 지배를 함께 받았다. 자치국으로는 [아체, 시악, 바탁] 세 나라가 있다.

아체는 수마트라섬의 북쪽에 위치하며 영토가 좁고 인구가 희박하다. 나라의 서북쪽에 수도를 건립했으며 가옥은 꾸밈이 없고 소박하며, 거리는 활처럼 굽어 있다. 시악[47]은 수마트라섬의 동쪽 시악강 양쪽 강안에 위치하며 여러 명의 부족장이 나누어 지배하면서 각자 한 지역씩을 다스리고 있다. 해안가 사람들은 대부분 도적질을 하며 산다. 수도에서 무역하는 경우는 드물다. 바탁Battak[48]은 수마트라섬 서쪽 해안에 위치하며 아체와는 인접해 있고, 여러 명의 부족장이 나누어 관할하면서 서로 간섭하지 않는다.

네덜란드의 지배를 받는 나라는 다음과 같다.

첫째는 파당[49]으로, 수마트라섬의 서쪽에 위치하며, 땅이 좁고 협소한데 비해 무역이 성하다. 둘째는 미낭카바우Minangkabau[50]로 수마트라섬의 중부에 위치한다. 셋째는 팔렘방[51]으로 수마트라섬의 동쪽에 위치한다. 논과 밭이 비옥하고, 농작물이 풍부하다. 넷째는 람풍Lampung[52]으로, 수마트라섬 남쪽에 위치해 있으며, 습지대가 많고 인구가 희박하다.

수마트라섬의 동서로 작은 섬이 줄지어 있으며, 각각의 부족장이 있다. 동쪽에 위치한 섬으로는 루팟섬Pulau Rupat[53]이 있는데, 방팔이邦八爾, 령안靈安이라고도 하며, 남북의 길이는 약 180리이고, 동서의 너비는 약 1백 리이다. 빈탄섬[54]은 남북의 길이는 약 1백 리이고, 동서의 너비는 약 40리이다. 탄중피낭Tanjung Pinang[55]에는 리아우제도[56]가 있는데,[57] 상인들이 이곳으로 몰려든다. 방카섬[58]은 남북의 길이는 약 540리이고, 동서의 너비는 약 150리이다. 인구는 희박하고 주석과 유황이 많이 매장되어 있다. 블리탕Belitang[59]에서는 흑금黑金이 많이 난다. 서쪽에 위치한 섬으로는 웅가노섬Pulau Enggano[60]이 있는데, 섬의 둘레가 약 1백 리 정도 되며 논과 밭이 비옥하고 날씨가 아주 춥다. 파가이슬라탄섬Pulau Pagai Selatan[61]은 나소Nassau[62]라고도 불린다. 크고 작은 섬들이 아주 많으며 메벼는 나지 않고 하와이 야자와 사곡미 등이 많이 자란다. 시푸라섬Pulau Sipura[63]은 세파랍細波拉이라고도 한다. 크고 작은 섬들이 한둘이 아니며 큰 섬은 남북의 길이가 3백 리, 동서의 너비는 60리 정도 된다. 시베룻섬Pulau Siberut[64]은 남북의 길이가 270리, 동서의 너비는 40리 정도 되고, 섬 안에 화염이 밤낮으로 꺼지지 않는 화산이 있다. 바투제도[65]는 일명 니아스[66]라고 하며 [남북의] 길이는 180리, [동서의] 너비는 60리 정도 된다. 논과 밭이 비옥하고 곡식과 과일이 매우 풍부하다. 바비섬Pulau Babi[67]은 파비아가巴比亞哥라고도 하며 남북의 길이는 60리, 동서의 너비는 20리 정도 된다.

『매월통기전每月統紀傳』에 다음 기록이 있다.

수마트라섬 일대는 모두 산이다. 섬 중간에서 땅이 양분된다. 메마른 산과 척박한 땅에서 주석·금·야모과·후추·빈랑·야자·빙편 등의 산물이 난다. 영국 사람들은 두구荳蔲와 정향나무를 심었으며, 그곳에서 나는 봉선화[68]가 유명했는데, 표현할 수 없을 정도로 아름다웠다. 토착민들은 모두 말레이 종족으로 그 수가 아주 많다. 이슬람들이 거주한 지도 오래되었으며, 품성이 사납고 교활해 거리낌 없이 불법을 저지른다. 매년 메디나Medina[69]로 가서 성인 무함마드Muhammad[70]의 관을 찾아가 참배한다. 각처에 살고 있는 부족장들은 물가를 따라 떳집을 짓고 살고 있으며, 생계를 잘 꾸리지 못해 상하가 모두 가난함을 면치 못한다. 아체국은 당나라 때 위세가 대단했지만, 지금은 서양의 속국이 되었다.

『외국사략外國史略』에 다음 기록이 있다.

수마트라⁷¹는 길게 뻗은 섬으로, 자와섬Pulau Jawa⁷²과는 순다해협Selat Sunda⁷³을 사이에 두고 있다. 남북의 길이는 약 3,500리이고, 동서의 너비는 550리 정도 되며 땅은 삼분된다. 동북쪽은 지대가 아주 낮으며, 전갈이 살고 있고, 사곡미⁷⁴와 안식향이 난다. 큰 강은 이곳에서부터 바다로 들어가는데, 해안에서는 후추가 나며 지대는 비록 낮지만, 큰 호수가 없다. 서북쪽은 지대가 높고 빈랑이 많이 난다. 중앙에는 높은 산이 많은데 1,384길 정도 되는 것도 있다. 산 아래는 넓고 평평하며 여름에도 시원해, 토착민들이 아주 좋아한다. 역시 호수와 연못이 많고 서쪽의 경우는 개천이 사방으로 농사에 필요한 물을 댄다. 지진이 항상 일어나며 화산에서는 용암이 분출된다. 또 금·구리·철·유황·석탄⁷⁵·석유·초석 등의 물산이 많이 나지만, 이곳 사람들은 모두 채취하는 법을 몰랐다. 금과 유황은 매년 3만 냥兩⁷⁶ 정도 캘 수 있다. 산에 놀러 왔다가 우연히 볼 수 있는데, 무게가 한 덩이에 9냥 정도 나가는 것도 있다. 곡식은 주민들이 먹을 만큼만 난다. 안타깝게도 땅이 아직 개간되지 않아 초목이 무성하며 이로 인해 맹수들의 서식지가 되었다. 후추·빈랑 및 빙편나무가 난다. 빙편 몇 근을 얻으려면 나무 3백 그루는 잘라야 한다. 오직 중국에서만 이를 귀하게 여겨 매년 6,650근을 중국으로 수출한다. 물소를 이용해 논밭을 갈고, 숲에는 코끼리·무소·호랑이·원숭이·개코원숭이⁷⁷가 많으며, 물에는 두꺼비·대합조개·바지락·이무기·독사가 많고, 숲에는 금계·콘도르·학·백로·앵무새가 있다. 안식향·계피·면화·커피 등이 산출되는데 모두 합치면 1억 섬은 되었다. 또 유향乳香·기남침향奇楠沈香⁷⁸·홍목紅木·오목

烏木 등도 난다. 토착민들은 말레이 종족이 많고 이슬람교를 숭배했으며, 이슬람 성직자들은 아편과 향이 강한 음식[79]은 엄금했다. 얼굴색이 자줏빛이고, 존귀한 사람들은 금니를 해 넣었다. 사람들은 항상 단도를 지니고 다녔으며 중요한 일이 생기면 무덤에 가서 오래된 제기를 놓고 맹세를 했다. 해구에서 사람을 매매해 노예로 삼았으며 백성들은 성에서 거주하기를 좋아하지 않아 직접 마을을 이루고 대나무로 집을 짓고 산다. 식사를 할 때 젓가락을 사용하지 않고 손으로 음식을 뭉쳐 먹는다. 식사 때는 오직 생선·새우·산초 등을 먹는다. 나이가 지긋한 남녀를 의사로 생각했는데, 이들은 의술에 정통한 것은 아니었지만, 마음대로 병자에게 약을 복용하게 했다. 이슬람교를 믿지 않는 사람들은 모두 도박을 좋아하고 아편을 먹었다. 해안가 사람들은 상선을 약탈하는 일을 능사로 여겼다.

내지 사람들은 아주 순박했으며 미낭카바우[80]라는 큰 성이 있는데, 역시 말레이 종족이 산다. 미낭카바우족은 원元나라 이전에는 수마트라 한 섬에서만 살았는데, 후에 여러 섬으로 흩어져 천만 명 이상으로 불어났다. 그러나 여전히 미낭카바우성을 성역으로 여기고, 그곳 사당에 가서 신을 모셨다. 이곳에서는 금이 많이 나서 사람들은 금으로 기물을 만들어 사용했으며, 역시 화기, 화약, 단도 등도 잘 만들었다. 건륭乾隆[81] 연간에 부족장들끼리 서로 싸웠다. 가경嘉慶[82] 연간에 네덜란드군에게 예수교 선교사를 막아 달라고 도움을 청했다가 결국 네덜란드에 점령당하고 말았다.

수마트라섬에 아체Aceh[83]라는 유명한 나라가 있는데, 아체는 아제亞齊라고도 하며 옛날에는 중국과 왕래했다. 군주는 초가집에서 살았고, 믿음이 아주 얕았다. 이곳 사람들은 힘써 노동하는 것을 좋아하지 않았다.

아체의 남쪽에 있는 바탁족Batak[84]은 개화되어, 글자도 알고, 농사를 짓긴 하지만 도리어 인육을 먹었다. 전쟁이 나면 사람을 사로잡아 식량으로 먹었고, 간혹 부모가 늙고 쇠약해지면 바로 잡아먹었다. 옛날에 예수교 선교사가 이곳에 들어와 이들을 개화시키려다 원주민들에게 살해당한 뒤로는 이 나라에 들어가는 이가 없었다. 남쪽에 있는 이리양離利讓 등의 종족은 불교를 숭상했으며, 사람들은 게으르고 가난했다.

명明나라 만력萬曆[85] 연간에 포르투갈 선박이 이 섬에 와서 통상하려다 해적들과 전쟁을 벌였다. 영국 사람들이 뒤이어 들어와 서남쪽 해안 붕쿨루[86]에 개항장을 연 지 2백여 년이 되었으며, 후추 무역을 했다. 건륭 연간에 비로소 두구와 정향나무를 심기 시작했으나, 후에 이 땅은 네덜란드에 넘겨주었다. 순치順治[87] 연간에 서쪽 해안에서 파당 항구를 열었고, 역시 동쪽 해안에서 팔렘방을 점령했다. 점령한 땅을 기반으로 도광道光[88] 연간에 비로소 섬 전체의 주인이 되었다. 이때부터 분쟁이 일어나기 시작해 원주민들과 오랫동안 싸웠지만, 군대를 모두 잃고 재차 싸운 뒤에야 비로소 승리를 거머쥐었다. 그런데 병사도 줄고 양식도 부족해져 결국 원주민들을 시켜 커피나무를 심게 하면서부터 토산물이 점차 늘어났다. 서북쪽의 각 금광만은 네덜란드의 소유가 되었다. 중국 배는 매년 한두 번 팔렘방에 가서 야모과·주석·후추 등의 산물을 구매했다. 중국인들에게 해변에서 시장을 열게 해 주었으나, 원주민들은 네덜란드의 통제 때문에 감히 멀리 나가지 못했다.

이 섬 부근에 있는 방카섬[89]은 수마트라의 동쪽에 위치하고, 땅이 척박하다. 홍석紅石과 주석이 많이 나는데, 매년 60만여 섬이나 산출되며, 네덜란드의 관할하에 있다. 광동廣東 가응주嘉應州 사람들이 대부분 이곳에서 주석 광산을 개발하는데, 세금이 무겁다. 방카섬에서 멀지 않은 곳에 있는 벨리퉁섬Pulau Belitung[90]은 해적들이 많아 항해하는 사람들이 어려워했다. 또 수마트라 서쪽에 있는 니아스섬[91]은 사람들이 어리석어 말레이 사람들이 이들을 잡아 노예로 팔았다. 이 땅 역시 물산은 풍부하나 안타깝게도 아직 개간한 사람이 없다.

英荷二夷所屬亞齊及三佛齊島

一

三國同島, 卽唐以前婆利洲地.
蘇門答剌, 今名亞齊. 三佛齊, 今名舊港.

謝淸高『海錄』曰: 三佛齊及蘇門答剌島在新柔佛島對渡. 舊柔佛爲英吉利
所據, 其土番徙新島, 周圍數百里. 由柔佛島對渡, 西南海中別峙一大洲, 九國
環之. 曰霤里, 曰錫里, 曰大亞齊, 曰小亞齊, 曰尼古巴拉, 曰蘇蘇, 曰叭噹, 曰
尼是, 曰茫古魯, 曰舊港, 曰龍牙, 九國同此一山. 亞齊及蘇蘇皆蘇門答剌故地,
舊港則三佛齊故地也.

霤里國在柔佛西南, 不與柔佛相連. 由柔佛渡海而南, 行約日餘可到. 疆域約
數百里, 風俗土產與柔佛同. 土番較强盛. 潮州人多貿易於此. 海東北爲琴山徑.

錫里國, 在霤里西北, 疆域風俗與霤里同, 由霤里買小舟沿海行約四日可到.
海東爲麻六甲. 由此又西北行約二日, 仍經紅毛淺. 土產魚肚·冰片·椰子·胡椒.

大亞齊國在錫里西北, 疆域稍大, 由紅毛淺外海西北行日餘卽到. 由國都向
西北陸行五六日, 水路順風一二日則至山盡處, 俱屬大亞齊. 風俗與無來由各
國同. 海東北岸爲沙喇我國, 山盡處則與新埠斜對. 土產金·冰片·沙籐·椰子·香
木·海菜.

尼古巴拉, 西南海中孤島也. 由亞齊山盡處北行少西, 順風約十一二日可到. 土番俱野人, 性情淳良. 日食椰子·熟魚, 不食五穀. 閩人居吉德者, 常偕吉德土番到此採海參及龍涎香. 其海道亦向西北行約旬日可到. 由此又北行, 約半日許, 有牛頭馬面山. 其人多人身馬面, 嗜食人. 海艘經過, 俱不敢近. 望之但見雲氣屯積. 天日晴朗, 遙見山頂似有火燄焉. 又北行旬日, 即到明牙喇海口. 若向北少西行, 順風六七日, 可到曼達喇薩.

小亞齊國, 一名孫支, 在大亞齊西. 由大亞齊西北行, 經山盡處轉東南行, 約日餘可到. 疆域亦數百里, 風俗與大亞齊同. 土産金·沙藤·胡椒·椰子·冰片.

蘇蘇國在小亞齊南, 水路順風約二日可到. 疆域·風俗·土産與小亞齊同.

叭當國在蘇蘇東南, 水路順風亦二日可到. 疆域·風俗與上略同. 海西別有一島, 爲呢是國.

呢是國, 又名哇德, 在蘇蘇·叭當二國之西, 海中獨峙一山. 民似中國而小, 常相攎掠販賣, 出入必持標鎗, 懼砲火. 不食五穀, 惟以西穀米合香蕉煎食. 年老者, 子孫則抱置樹杪, 環其下而搖之, 俟跌死而後已, 其滅倫理至於此極. 自此以西, 海中多大石, 風濤險阻, 故大西洋海舶往小西洋者, 必由叭當之西, 呢是之東.

茫古魯在巴當東, 水路順風, 約五六日可到. 陸路亦通, 但山僻多盜賊, 故鮮有行者. 沿海都邑近爲英吉利所奪, 國王移居山內. 然英吉利居此者不過數十人, 敘跛兵數百而已. 土産海參·丁香·豆蔲·胡椒·椰子·檳榔.

舊港國卽三佛齊也, 在茫古魯東, 疆域稍大. 由茫古魯東南行約三四日, 轉北入葛剌巴峽口, 順風行半日方出峽. 峽東西皆舊港國疆土. 峽西大山名網甲, 別峙海中, 山麓有文都·上盧寮·下盧寮·新港等處. 山南復有二小島, 一名空殼檳榔, 一名朱麻里, 皆産錫. 閩粵人到此採錫者甚衆. 文都有英吉利鎭守而榷錫稅. 凡採者俱向借資斧, 得錫則償之. 每百斤止給洋銀八枚, 無敢私賣. 國王所都在峽西, 由文都對海入小港, 西行四五日方至. 亦有荷蘭鎮守, 兩岸居民俱臨水起屋, 頗稱富庶. 國王殿廷爲三級. 每日聽政, 王坐於上, 次列各酋長, 庶民爭訟者俱俯伏於下. 體制嚴肅, 而民性兇惡, 多爲盜賊. 不知尊中國, 而畏荷蘭·英吉利如虎. 凡有誅求, 無敢違抗. 巫來由番皆然, 不獨此國也. 土產金·錫·沙籐·速香·降香·胡椒·椰子·檳榔·水鹿.

龍牙國在舊港北, 由峽口水路到此, 順風約三日. 由此北行日餘, 則爲柔佛. 西北行日餘, 則至霤里. 此山多木, 大者數十圍. 中華洋船至此多換桅柁. 凡霤里·錫里, 大抵皆巫來由種類, 唯大亞齊及蘇蘇, 民稍淳良, 餘俱兇惡, 盜劫爲生. 凡巫來由各國, 俱產黑燕窩·速香·降香·雞骨香·檳榔·椰子·海菜.

『地里備考』曰: 蘇麻答剌島, 亦曰蘇門答剌, 在南洋之極西. 緯度自北五度起至南五度止, 經度自東九十三度起至一百零三度止. 長約三千五百里, 寬約五百五十里, 煙戶六兆餘口. 本島地勢, 重岡疊領, 迤邐延袤, 其最大者曰柯非爾山, 曰古農哥孫巴拉山. 火山不一, 地震時作. 田土膴腴, 穀果豐稔. 叢林稠密, 禽獸蕃衍. 土產金·銀·銅·鐵·錫·硝磺·冰片·胡椒·椰子·甘蔗·藥材·沙穀米等物. 地氣互異, 每多陰雨. 商賈雲集. 本島疆域不屬別國管轄, 惟一處歸賀蘭國兼攝. 其自爲國者三: 曰亞齊, 在島之北, 疆域狹窄, 人煙稀疏. 都城建於西北, 屋宇樸陋, 街衢灣曲. 曰西亞哥, 在島東之西亞哥河兩岸, 數酋分攝, 各霸一方. 海濱之人, 多務劫掠. 都城貿易蕭條. 曰巴達斯, 在島西海濱, 與亞齊毗連, 數酋分攝, 不相統屬.

其歸賀蘭攝者: 一名巴當, 在島之西, 地勢褊小, 貿易則盛. 一名美囊加布, 在島之中. 一名巴棱邦, 在島之東. 田土肥饒, 稼穡豐茂. 一名郎崩, 在島之南, 地多洿澤, 人煙稀疏.

島之東西, 小島臚列, 各設酋長. 東島一名盧巴, 一名邦八爾, 一名靈安, 長

約一百八十里, 寬約一百里. 一名兵當, 長約一百里, 寬約四十里. 一名當容比
囊, 內有里約城, 商賈輻輳. 一名邦加, 長約五百四十里, 寬約一百五十里. 人
煙寥落, 錫礦繁衍. 一名比猻敦, 多産黑金. 西島一名英加諾, 回環約一百里,
田土膴腴, 地氣嚴寒. 一名波日, 又曰那掻. 島嶼甚多, 不産秔稻, 椰竹·沙穀米
等, 甚屬蕃衍. 一名波拉, 又曰細波拉. 島嶼不一, 大者長約三百里, 寬約六十
里. 一名細比盧, 長約二百七十里, 寬約四十里, 內有火山, 晝夜吐燄不熄. 一
名巴都, 一名尼亞斯, 長約一百八十里, 寬約六十里. 田土膏腴, 穀果豐稔. 一
名巴比, 一名巴比亞哥, 長約六十里, 寬約二十里.

『每月統紀傳』曰: 蘇門答剌大州嶼一帶皆山. 於其州中間, 分州兩分. 痩嶺磽
地, 只産錫·金·沙藤·胡椒·檳榔·椰子·冰片等貨. 英吉利人又種豆蔻·丁香樹, 其
金鳳有大聲名, 不勝其美. 土番皆馬萊西族類, 不勝數. 回民居住由來已久, 強悍
刁頑, 肆爲不法. 年年往默底那國, 拜其聖人穆罕默德鐵棺槨. 各處皆有小土酋,
沿溪居茅, 不善生理, 故上下窮苦. 唐時爲亞齊國, 權勢甚大, 今則西洋藩屬.

『外國史略』曰: 蘇門他拉, 此爲長島, 與牙瓦島以孫他海峽相隔. 長約
三千五百里, 闊約五百五十里, 地分三分. 東北甚低, 有血蠍, 産沙米穀米·安息
香. 大河由此入海, 海濱出胡椒, 地雖低, 無大澤. 西北高, 多出檳榔. 中多高山,
有千三百八十四丈. 山下廣坦, 暑月亦涼, 土人樂之. 亦多湖澤, 西則溪川四處
灌漑. 地常震, 火山出火漿. 又多金·銅·鐵·硫磺·石炭·石油·硝等物, 但居民未
悉採取之法. 金礦每年可出三萬兩. 遊山者或偶遇之, 有一塊重九兩者. 其穀僅
足居民食用. 惜地未開墾, 草木暢茂, 爲野獸之藪. 産胡椒·檳榔及冰片之樹. 計
冰片數斤, 必伐木三百株. 惟中國貴之, 每年運出六千六百五十斤. 耕田以水
牛, 林多象·犀·虎·猴·狒狒, 水中多蝦蟆·蛤·蜆·蠎·蝮, 林中有金雞·神鷹·鶴·鷄

鶋·鸚鵡. 運出之物如安息香·桂皮·綿花·加非等貨, 計萬萬石. 又有乳香·楠沈·紅木·烏木等料. 居民多蕪來由族類, 崇回回敎, 其敎師嚴禁鴉片及各葷物. 民色紫, 尊貴人以金鑲齒. 居民恒帶短刀, 有要事則誓諸墓, 以舊器爲盟. 在海口販人爲奴, 百姓不好城居, 自建鄉里竹葵爲寮. 食不用箸, 以手搏之. 飯惟魚·蝦·花椒等物. 以老男女爲醫生, 不必通其藝, 隨意令病者服藥. 敎外之人皆好賭博, 食鴉片. 海邊居民以搶劫商船爲事.

其內地民則樸實, 有大城曰黑囊加報城, 亦蕪來由族類. 此族人在元以前獨住穌門他拉一島, 後散布群島, 不啻千萬. 仍以此城爲聖域, 赴其廟以祀神. 地多產金, 居民皆造金器, 亦善造火器·火藥·短刀. 乾隆間, 土酋互相戰鬪. 嘉慶間, 請荷蘭兵助遏其敎師, 荷蘭遂據其地.

穌島有名之國曰亞珍, 或曰亞齊, 昔與中國通. 其君住草舍, 道甚微. 居民憚勞苦. 此國之南方, 有巴答蠻者, 雖向化, 辯字, 務農, 卻食人肉. 戰則虜人爲糧, 或父母老邁, 卽食其肉. 昔耶穌敎師至此欲化之, 爲土民所殺, 後遂無入境者. 在南方有離利讓等族類, 崇佛敎, 其民惰貧.

明萬曆間, 葡萄亞船到此島通商, 與海賊肇釁. 英人隨之, 在西南海邊開賓古林埠, 二百餘年, 以胡椒貿易. 乾隆年間, 始種丁香·豆蔲, 後以此地讓荷蘭. 順治年間, 在西海邊開巴當海口, 亦在東邊占巴林邦. 所據之地, 道光年間始爲全島之主. 由此釁起, 與土人久戰, 亡其軍, 再戰, 始勝之. 然耗兵糜餉, 始令民種加非樹, 土產日增. 惟西北各金山歸荷蘭. 唐船每年有一二到巴林邦口, 買沙藤·錫·胡椒等貨. 海邊又任漢人開市, 百姓爲荷蘭管束, 不敢遠出.

附近此島各地, 一曰罔加島, 在蘇門之東, 其地磽. 產紅石錫礦甚盛, 每年出六十萬餘石, 爲荷蘭所轄. 廣東嘉應州人多在此開錫山, 收餉頗重. 一曰北里屯島, 距罔加不遠, 多海賊, 航船者難之. 又蘇門西, 爲尼押群島, 居民愚蠢, 蕪來由虜賣之爲奴. 地亦豐盛, 惜無人開墾.

주석

1 　파리주婆利洲: 수마트라의 옛날 명칭이다.

2 　팔렘방Palembang: 원문은 '구항舊港'이다.

3 　빈탄섬Pulau Bintan: 원문은 '신유불도新柔佛島'로, 지금의 인도네시아에 위치한다.

4 　9개국: 원문은 '구국九國'이다. 그러나 실제 아래에서 열거하고 있는 국가는 11개국으로, 고증이 필요하다.

5 　리아우Riau: 원문은 '류리霤里'로, 지금의 인도네시아 리아우제도를 가리킨다.

6 　시악Siak: 원문은 '석리錫里'이다. 지금의 인도네시아 벵칼리스섬Pulau Bengkalis과 수마트라 동쪽 해안에 있는 시크강 일대를 가리킨다.

7 　쿠다라야Kuda Raja: 원문은 '대아제大亞齊'로, 지금의 인도네시아 수마트라섬 서북부에 있는 아체 특구를 가리킨다. 일명 가타랍야哥打拉夜라고도 한다.

8 　반다아체Banda Aceh: 원문은 '소아제小亞齊'이다. 지금의 수마트라섬 북부에 있는 토바호Danau Toba 서쪽 일대를 지칭하기도 한다.

9 　니코바르제도Nicobar Islands: 원문은 '니고파랍尼古巴拉'으로, 니과파군도尼科巴群島라고도 한다.

10 　사삭Sasak: 원문은 '소소蘇蘇'로, 사사沙沙라고도 한다. 지금의 인도네시아 수마트라섬 서쪽 해안에 위치한다.

11 　파당Padang: 원문은 '팔당叭噹'으로, 파동巴東이라고도 한다. 지금의 수마트라섬 서쪽 해안에 위치한다.

12 　니아스Nias: 원문은 '니시尼是'로, 니아사도尼亞斯島라고도 한다. 지금의 수마트라 서북부 해안 밖에 위치한다.

13 　븡쿨루Bengkulu: 원문은 '망고로茫古魯'로, 맹고로盟古魯라고도 한다. 지금

의 수마트라섬 서쪽 해안에 위치한다.

14 링가섬Pulau Lingga: 원문은 '룡아龍牙'로, 림가林加라고도 한다.

15 아체와 사삭은 … 옛 땅이다: 악록서사본에 따르면, 이 문장은 『해록』에
는 보이지 않는 내용으로 위원이 추가한 것으로 보고 있다.

16 싱가포르해협Singapore Strait: 원문은 '금산경琴山徑'이다.

17 믈라카Melaka: 원문은 '마륙갑麻六甲'이다.

18 중사군도中沙群島: 원문은 '홍모천紅毛淺'이다.

19 빙편冰片: 용뇌향이라고도 한다. 무색투명한 화합물로, 향료의 원료로
쓰거나 식중독, 곽란 따위에 약재로 사용된다.

20 슬랑오르Selangor: 원문은 '사라아국沙喇我國'이다.

21 피낭섬Pulau Pinang: 원문은 '신부新埠'이다.

22 야모과野木瓜: 원문은 '사등沙籐'으로, 심장을 강하게 하고 이뇨 작용에 효
과가 있다.

23 크다Kedah: 원문은 '길덕吉德'으로, 길타주吉打州라고도 한다. 지금의 말레
이시아에 위치한다.

24 그: 원문은 '기其'이다. 광서 2년본에는 '여輿'로 되어 있으나 악록서사본
에 따라 고쳐 번역한다.

25 걸어가면: 원문은 '행行'이다. 광서 2년본에는 이 글자가 없어 악록서사
본에 따라 고쳐 번역한다.

26 안다만제도Andaman Islands: 원문은 '우두마면산牛頭馬面山'으로, 안달만군
도安達曼群島라고도 한다.

27 벵골만Bay of Bengal: 원문은 '명아라해구明牙喇海口'로, 맹가랍만孟加拉灣이
라고도 한다.

28 타밀나두Tamil Nadu: 원문은 '만달나살曼達喇薩'로 마덕랍사馬德拉斯라고도
한다. 인도반도 남동쪽 끝에 위치하며 주도는 첸나이Chennai이다.

29 싱킬Singkil: 원문은 '손지孫支'로, 수마트라섬 토바호 주위 일대에 있다.

30 바투제도Kepulauan Batu: 원문은 '와덕哇德'으로, 파도군도巴都群島라고도 한
다. 지금의 수마트라섬 서쪽 해안의 니아스섬 관할 지역이다.

31 서곡미西穀米: 사고Sago로, 서미西米·사곡미沙穀米·사호미沙弧米라고도 한다. 사고는 사고야자나무에서 나오는 쌀알 모양의 흰 전분으로, 동양에서는 밀가루처럼 사용하고, 서양에서는 요리를 걸쭉하게 하는 데 사용한다.

32 인도양: 원문은 '소서양小西洋'이다.

33 세포이Sepoy: 원문은 '서파병敍跛兵'으로, 영국 동인도 회사에서 고용한 인도 병사를 말한다. 광서 2년본에는 '서敍' 자가 '영領' 자로 되어 있어 악록서사본에 따라 고쳐 번역한다.

34 정향丁香: 원산지는 말루쿠제도이며, 주요 산지는 말레이시아군도, 아프리카, 인도네시아, 베트남이다. 정향은 정향나무Syzygium aromaticum의 꽃봉오리를 따서 말린 것으로, 소화불량, 위장염에 효과가 있다.

35 붕쿨루: 원문은 '망고로茫古魯'이다. 광서 2년본에는 '고古' 자 한 글자로 표기되어 있어 악록서사본에 따라 고쳐 번역한다.

36 방카Bangka: 원문은 '망갑網甲'으로, 방가邦加라고도 한다.

37 문톡Muntok: 원문은 '문도文都'로, 문도文島, 문탁극門托克이라고도 한다. 지금의 인도네시아 방카섬 서북쪽 해안에 위치한다.

38 리앗섬Pulau Liat: 원문은 '상로요上盧寮'로, 리아도利阿島라고도 한다. 지금의 인도네시아 방카섬 동남쪽에 위치한다.

39 레파르섬Pulau Lepar: 원문은 '하로요下盧寮'로, 루파도累帕島라고도 한다. 지금의 인도네시아 방카섬 동남쪽에 위치한다.

40 숭아이리앗Sungai Liat: 원문은 '신항新港'으로, 렬항烈港이라고도 한다. 지금의 방카섬 동북부에 위치한다.

41 팡칼피낭Pangkalpinang: 원문은 '공각빈랑空殼檳榔'으로, 빈항檳港이라고도 한다. 방카섬 동북쪽 해안에 위치한다.

42 토보알리Toboali: 원문은 '주마리朱麻里'로, 도보리都保里라고도 한다. 지금의 방카섬 남쪽 해안에 위치한다.

43 속향速香: 용연향의 하나로, 황숙향黃熟香을 말한다.

44 계골향雞骨香: 『본초강목』에 따르면 침향나무를 도끼로 찍어 홈타기를

만들어 두면 오랜 세월을 지나는 동안 빗물에 젖으면서 향이 뭉친다. 이 가운데 굳고 검으며 속이 꽉 차서 물에 가라앉는 것을 침향이라 하고 물에 뜨는 것을 전향煎香이라고 한다. 전향 가운데서 생김새가 닭의 다리뼈처럼 생긴 것을 계골향이라 하는데, 불에 붙이면 아주 맑은 향기가 난다고 한다.

45 르당산Gunung Ledang: 원문은 '가비이산柯非爾山'으로, 취비이산臭非爾山이라고도 한다.

46 크린치산Gunung Kerinci: 원문은 '고농가손파랍산古農哥孫巴拉山'으로, 갈림지화산葛林芝火山이라고도 한다.

47 시악: 원문은 '서아가西亞哥'이다.

48 바탁Battak: 원문은 '파달사巴達斯'이다.

49 파당: 원문은 '파당巴當'이다.

50 미낭카바우Minangkabau: 원문은 '미낭가포美囊加布'로, 수마트라 중부에 위치한다.

51 팔렘방: 원문은 '파릉방巴棱邦'으로, 파림방巴林邦이라고도 한다.

52 람풍Lampung: 원문은 '랑붕郎崩'으로, 지금의 수마트라섬 서남쪽 해안에 위치한다. 광서 2년본에는 '빈랑檳榔'으로 되어 있어 악록서사본에 따라 고쳐 번역한다.

53 루팟섬Pulau Rupat: 원문은 '로파盧巴'로, 로팔魯八이라고도 한다. 지금의 수마트라섬 동쪽 해안 바깥에 위치한다.

54 빈탄섬: 원문은 '병당兵當'이다.

55 탄중피낭Tanjung Pinang: 원문은 '당용비낭當容比囊'이다.

56 리아우제도: 원문은 '리약성里約城'이다.

57 탄중피낭Tanjung Pinang에는 리아우제도가 있는데: 리아우제도Kepulauan Riau는 인도네시아의 섬으로, 행정상으로 리아우제도에 속하며, 리아우제도에서 가장 큰 도시는 빈탄섬에 있는 도시인 탄중피낭이다. 그러나 본문에서는 탄중피낭에 리아우제도가 있는 것으로 되어 있는데, 이는 실제 사실과 다르다.

58 방카섬: 원문은 '방가邦加'이다.

59 블리탕Belitang: 원문은 '비린돈比隣敦'이다.

60 응가노섬Pulau Enggano: 원문은 '영가낙英加諾'이다.

61 파가이슬라탄섬Pulau Pagai Selatan: 원문은 '파일波日'로, 파격색랍탄도帕格塞
拉坦島라고도 한다. 지금의 수마트라섬 서쪽 해안 밖에 위치한다.

62 나소Nassau: 원문은 '나소那搔'이다.

63 시푸라섬Pulau Sipura: 원문은 '파랍波拉'으로, 석파랍도錫波拉島라고도 한다.

64 시베룻섬Pulau Siberut: 원문은 '세비로細比盧'로, 서비로도西比路島라고도 한다.

65 바투제도: 원문은 '파도巴都'이다.

66 니아스: 원문은 '니아사尼亞斯'이다.

67 바비섬Pulau Babi: 원문은 '파비叭比'로, 지금의 수마트라섬 서북쪽 해안 밖
에 위치한다.

68 봉선화: 원문은 '금봉金鳳'으로, 봉숭아·금봉화金鳳花·지갑화指甲花라고도
한다. 줄기와 가지 사이에 꽃이 피면서 우뚝하게 일어서서 봉황새 형상
을 띤다 해서 봉선화라는 이름이 생겼다. 봉선화는 관상용·염색용·약
용으로 많이 쓰이는데, 특히 각혈, 간질, 관절염, 난산, 매독, 무좀 등의
치료에 도움이 된다.

69 메디나Medina: 원문은 '묵저나국默底那國'이다. 메디나는 사우디아라비아
서부 헤자즈 지방에 있는 이슬람교 제2의 성지이다.

70 무함마드Muhammad: 원문은 '목한묵덕穆罕默德'으로, 이슬람교도의 창시자
이다. 6세에 고아가 되어 친척의 손에 자랐으며, 610년 대천사 가브리
엘을 통해 신의 말씀을 계시받았다. 613년부터 전교에 들어가 이슬람
교를 세우고, 유일신을 정성을 다해 믿고 섬길 것을 강조했다. 630년부
터 군사적 원정을 통해 아라비아반도를 통일하고 이슬람 제국을 설립
했다.

71 수마트라: 원문은 '소문타랍蘇門他拉'으로, 소도蘇島, 소문蘇門, 소문답랍蘇
門答臘이라고도 한다.

72 자와섬Pulau Jawa: 원문은 '아와도牙瓦島'이다.

73 순다해협Selat Sunda: 원문은 '손타해협孫他海峽'이다.

74 사곡미: 원문은 '사미곡미沙米穀米'이나, 앞의 '미米' 자가 잘못 들어간 것 같다.

75 석탄: 원문은 '석탄石炭'이다. 광서 2년본에는 이 앞에 '등황等礦' 두 글자 가 더 있다.

76 냥兩: 1냥은 10돈으로, 약 37.5g 정도 된다.

77 개코원숭이: 원문은 '비비狒狒'이다.

78 기남침향奇楠沈香: 원문은 '남침楠沈'으로 최고급 진품 침향을 가리킨다. 기남침향은 '향중지왕香中之王', '약왕사향藥王麝香' 또는 '목왕침향木王沈香' 이라 지칭되기도 하며 식물 중의 다이아몬드라 평가받는다.

79 향이 강한 음식: 원문은 '훈물葷物'로, 오신五辛 혹은 오훈五葷이라고도 한 다. 오신채는 일반적으로 불교에서 엄금하는 것으로 알려져 있다. 오신 채란 파, 마늘, 부추, 달래, 흥거 이렇게 다섯 종류의 강한 자극이 있는 채소를 말하는데, 여기서는 향이 강한 음식으로 번역한다.

80 미낭카바우: 원문은 '흑낭가보성黑囊加報城'이다.

81 건륭乾隆: 청나라 제6대 황제인 고종高宗 애신각라홍력愛新覺羅弘曆의 연호 (1736~1795)이다.

82 가경嘉慶: 청나라 제7대 황제인 인종仁宗 애신각라옹염愛新覺羅顒琰의 연호 (1796~1820)이다.

83 아체Aceh: 원문은 '아진亞珍'이다. 지금의 수마트라섬의 아체 특구로, 주 요 도시인 반다아체만을 지칭하기도 한다.

84 바탁족Batak: 원문은 '파답만巴答蠻'으로, 서수마트라 중북부 토바호 주변 에 사는 원原말레이인을 말한다.

85 만력萬曆: 명나라 제13대 황제 신종神宗 주익균朱翊鈞의 연호(1573~1620)이다.

86 붕쿨루: 원문은 '빈고림賓古林'이다.

87 순치順治: 청나라 제3대 황제 세조世祖 애신각라복림愛新覺羅福臨의 연호 (1644~1661)이다.

88 도광道光: 청나라의 8대 황제 선종宣宗 애신각라민녕愛新覺羅旻寧의 연호

(1821~1850)이다.

89 방카섬: 원문은 '망가도罔加島'로, 민갑도悶甲島라고도 한다.

90 벨리퉁섬Pulau Belitung: 원문은 '북리둔도北里屯島'로, 물리동도勿里洞島라고 도 한다.

91 니아스섬: 원문은 '니압군도尼押群島'이다.

구 파리국 아체 및 팔렘방 연혁고

—

『양서梁書』에 다음 기록이 있다.

파리국은 광주廣州의 동남해東南海[1]에 위치하는데, 광주로부터 2달 걸리는 거리이다. 나라의 경계는 동서로 50일 거리이고, 남북으로 20일 거리이며 136개의 촌락이 있다. 기후가 한여름처럼 덥고, 곡식은 1년에 두 번 수확하며 초목은 항상 무성하다. 바다에서는 문라文螺(무늬가 있는 소라)와 자패紫貝가 난다. 감패라蚶貝羅라는 돌이 있는데, 처음에 캘 때는 말랑거리지만 그것을 새기고 깎아 물건을 만들어 말리면 단단해진다. 파리국 사람들은 길패吉貝[2]를 머리쓰개처럼 걸치고, 수만[3]을 만들어 입었다. 왕은 반사포班絲布[4]에 영락瓔珞[5]을 달아서 몸에 두르고, 머리에는 한 자 남짓 되는 고깔처럼 생긴 금관을 썼다. 칠보로 꿰어 만든 허리띠에 금으로 장식한 검을 차고 금으로 만든 보좌에 비스듬히 앉아 은등자에 발을 놓았다. 시녀들은 모두 금으로 만든 꽃과 갖은 보석으로 치장하고, 야크 털로 만든 떨이(白旄拂)와 공작선孔雀扇을 쥐고 있었다. 왕은 코끼리가 끄는 수레를 타는데, 수레는 갖가지 향목香木으로 만들었으며, 위에는 새의 깃털로 만든 덮개와 주렴을 설치했다. 수행원들이 나팔을 불고 북을 울렸다. 왕의 성은 카운딘야Kaundinya[6]로 예로부터 중국과 왕래한 적이 없었다. 슈도다나Śuddhodana[7]의 부인이 바로 이 나라 출신 여자라고 한다. 천감天監 16년(517)에 조공 왔다.

『명사明史』에 다음 기록이 있다.

수마트라[8]는 믈라카의 서쪽에 위치하며, 순풍을 타고 9일 밤낮이면 이를 수 있다. 혹자는 수마트라가 한漢나라 때는 조지條枝[9]라고 했고, 당나라 때는 파사국波斯國과 대식국大食國[10]의 영토였으며 서양으로 통하는 중요 길목이었다고 한다. 성조成祖[11] 초에 사신을 보내 성조의 즉위 조서를 내리며 그 나라에 고지했다.[12] 영락 원년(1403)에 사신을 보내 그 부족장에게 금실로 무늬를 짜 넣은 화려한 비단[13]을 하사했다. 환관 윤경尹慶을 자와로 사신 보내는 길에 그 나라에도 들르게 했다. 그러자 그 부족장이 사신을 보내 조공을 바쳤다. 이에 조서를 내려 그 부족장을 수마트라 국왕에 봉한 뒤로 수마트라는 매년 입조하여 조공했다. 또한 정화鄭和는 모두 세 차례 그 나라에 사신으로 갔다.

이보다 앞서 그 나라 왕의 부친이 이웃 나라 화면국花面國[14]의 왕과 싸우다 화살에 맞아 죽었다. 이때 왕자의 나이가 어렸기에, 한 어부가 나라 사람들을 이끌고 가 공격해서 화면왕花面王[15]의 머리를 베고 돌아왔다. 죽은 왕의 처는 그와 결혼하고 '노왕老王'이라 칭했다. 얼마 뒤 왕자가 장성하여 다시 노왕을 죽이고 그 자리를 이어받았다. 이때 정화가 그 나라에 갔다. 노왕의 동생 세콘다Sekonda[16]는 자신의 하사품이 없는 것에 분노하여 수만 명을 거느리고 습격했다. 정화는 부하 장병과 그 나라 사람들을 통솔해 그들을 방어하고 크게 물리치며 라무리 왕국Lamuri Kingdom[17]까지 추격해 그들을 잡아 돌아왔다.

선덕宣德 5년(1430)에 황제는 그쪽(外番) 사신들이 많이 오지 않자, 정화와 왕경굉王景宏[18]을 보내 여러 나라를 돌면서 조서를 반포했는데, 모두 20여 개국을 거쳐 갔다. 이듬해 수마트라는 두 차례 사신을 보내 공물을 바쳤다. 선덕 8년(1433)에 기린을 바쳐 왔다. 선덕 9년(1434)에 왕의 동생 합리지한哈利之漢이 조정에 들어왔다가 도성에서 죽었다. 성화 22년(1486)에 그 나라 사신이 광동에 왔지만, 담당 관리가 감합에 황제의 인장이 없는 것을 확인하고, 바로 표문을 창고에 넣어 둔 채 이들 사신을 돌려보냈다. 또한 이와는 별도로 사람을 보내 공물을 도성으로 보내왔지만, 하사품을 조금만 내렸다. 이 이후로 조공 사절단은 오지 않았다. 만력 연간에 이르러 그 나라는 국왕의 성이 두 번 바뀌었다. 처음에는 그 나라의 한 대신이 병권을 잡고 있었다. 대신에게는 흉악하고 간사한 노복이 한 명 있었는데, 노복이 주인에게 말했다.

"국왕의 주변에는 호위 무사가 적습니다. 또한 나리께서 대군을 이끌고 도성을 나가서 진수하려면 반드시 조정에 들어가 고해야 하니, 이때 소인 놈이 나리를 따르겠습니다. 나리께서 중요 사안이 있으니 좌우의 호위 무사를 물리쳐 달라고 하십시오. 그러면 소인 놈이 그 틈을 이용해 왕[19]을 찔러 죽이겠습니다."

노복은 왕을 죽이고 나서 큰소리로 외쳤다.

"왕이 무도하여 내가 왕을 죽였다. 이제 내 주인이 곧 왕이다. 감히 이견을 다는 자는 이 칼에 죽을 것이다."

사람들은 두려워 굴복하며 감히 어쩌지 못했다. 그 주인은 마침내 왕위를 찬탈하고 노복을 심복으로 삼은 뒤 병권을 그에게 맡겼다. 그로부터 얼마 지나지 않아 노복은 다시 주인을 시해하고 그를 대신해서 왕이 되었다. 그리고는 대대적으로 방위에 힘써 궁을 넓히고 6개의 문을 세워 사람들이 난입하지 못하게 만들었으니 공을 세운 귀족이라 하더라도 칼을 차고 입궁할 수 없었다. 왕은 외출할 때 코끼리를 타며, 코끼리에 정亭을 올리고 그 바깥쪽으로 휘장을 둘렀으며 이렇게 꾸민 상정象亭이 1백 개 남짓 되었는데, 이것은 사람들로 하여금 왕의 위치를 추측할 수 없게 하기 위해서이다.

이 나라의 풍속은 아주 순박하고 하는 말도 온화하고 유순한데 오직 왕만은 살육을 좋아했다. 1년에 10명 이상의 사람을 죽이고 그 피를 가져다가 몸을 닦으면서 이렇게 하면 질병을 제거할 수 있다고 말했다. 공물로는 보석·마노·수정·석청石青[20]·회회청回回青[21]·준마·무소·용연향·침향沈香·속향速香·목향木香[22]·정향·강진향·칼·활·주석·쇄복鎖服[23]·후추·소목蘇木[24]·유황 등이 있다. 화물선이 오면 값을 공평하게 매겨 무역했다. 땅이 척박해서 보리는 나지 않고 벼만 나며, 벼는 1년에 두 번 수확한다. 사방에서 상인들이 이곳에 몰려들었는데, 중국인이 이곳에 오는 것은 거리가 멀어도 가격이 높아 다른 나라에 비해 배로 이익을 남길 수 있기 때문이다. 기후는 아침은 여름 같고, 저녁은 가을 같으며, 여름에는 풍토병이 발생한다. 부인들은 나체로 다니고 허리 아래만 천 1길을 두른다. 나머지 풍속은 믈라카와 같다. 왕위를 찬탈하고 시해한 뒤 나라 이름을 아체라 바꾸었다. 또 수문달나須文達那[25]라는 나라가 있는데, 고대에는 어느 나라였는지 모르겠지만, 홍무洪武[26] 16년(1383)에 공물을 바치러 왔다. 누군가가 수문달나가 바로 수마트라이며, 홍무 연간에 처음 이름을 바꾸었다고 하나, 보내온 공물과 왕의 이름이 모두 달라 고증할 수 없다.

『황청통고皇清通考』「사예문四裔門」에 다음 기록이 있다.

아체는 인도양에 있는데, 전해 오는 말로는 옛날 수마트라의 국명이다. 명나라 만력 연간에 지금의 이름으로 바꾸었다. 그 나라 왕은 방위를 엄격하게 하고 궁을 넓히고 6개의 문을 세웠으며, 공을 세운 귀족이라 하더라도 칼을 차고 입궁하지 못하게 했다. 외출할 때는 코끼리를 타며, 코끼리에 정을 올리고 그 바깥쪽으로 휘장을 둘렀으며, 이렇게 꾸민 상정이 1백 개 남짓 되었는데, 이것은 사람들로 하여금 왕의 소재를 추측하지 못하게 하기 위해서라고 한다. 풍속에 남녀는 모두 긴 옷을 입고, 머리에는 흰 천을 두른다. 토산품으로는 서양포西洋布·정향·육두구[27]·안식향安息香[28]·소합유蘇合油[29] 등이 있다. 땅이 척박해서 보리는 나지 않고 벼만 나며, 벼는 1년에 두 번 수확한다. 공평하게 무역을 했기 때문에 중국 내지의 상선들이 자주 그곳에 가서 무역한다.

『송사宋史』에 다음 기록이 있다.

스리비자야Srivijaya[30]는 남만의 또 다른 종족이다. 참파국[31]과 이웃하고 첸라[32]와 사파闍婆[33] 사이에 위치하며 15개의 주를 관할한다. 이 땅에서는 홍등紅藤·자광紫礦·전침향箋沈香·빈랑 열매가 난다. 돈을 사용하지 않고 민간에서는 금이나 은으로 물품을 교역한다. 기후는 사계절 내내 덥고 춥지 않아서 겨울에도 눈이나 서리가 내리지 않는다. 사람들은 향유를 몸에 바른다. 이 땅에는 나무가 자라지 않으며 쌀과 청완두와 대두, 닭·생선·거위·오리가 나는데 중국과 아주 비슷하다. 화주花酒·야자주椰子酒·빈랑주檳榔酒·밀주蜜酒는 모두 누룩으로 빚은 술이 아닌데도 마시면 또한 취한다. 악기로는 소금小琴과 소고小鼓가 있으며, 곤륜노崑崙奴[34]들은 발로 땅을 구르고 장단을 맞추며 즐겼다. 문자는 산스크리트어를 사용하고 왕의 반지를 인장으로 사용한다. 중국 문자도 있지만, 상주문이나 표문을 올릴 때만 사용한다. 벽돌을 쌓아 만든 성은 둘레가 사방 수십 리에 달하고, 야자잎으로 지붕을 덮는다. 백성들은 성 밖에 흩어져 살고 있으며 조세를 납부하지 않는다. 대신 정벌이 있을 때 수시로 징발되어, 즉각 부족장을 불러 모아 인솔하게 하며 병기와 식량은 스스로 마련하게 했다. 바다로 나가 바람을 타고 20일 가면 광주에 이른다. 왕은 '잠비(詹卑)'라 부르며 백성들의 대다수는 성이 포씨蒲氏이다. 당나라 천우天祐 원년(904)과 송나라 건륭建隆 원년(960)에 조공 왔으며, 이후로 송나라가 멸망할 때까지 조공이 계속 이어졌다.

『명사』「삼불제전三佛齊傳」에 다음 기록이 있다.

스리비자야는 옛날에는 간타리干陀利[35]라 불리었다. 남조南朝 송宋 효무제孝武帝 때 자주[36] 사신을 보내 공물을 바친 적이 있다. 양梁 무제武帝 때는 여러 차례 사신이 왔다. 송나라 때는 스리비자야라 불렸으며 끊이지 않고 공물을 바쳐 왔다. 홍무 3년(1370) 태조가 행인行人 조술趙述을 보내 그 나라를 위무했다. 스리비자야는 이듬해 사신을 보내 표문을 올리고 명나라 사신을 따라 입조해 공물을 바쳤다. 조서를 내리고 『대통력大統曆』과 비단을 차등을 두어 하사했다. 그쪽 화물선이 천주泉州에 올 경우, 세금을 징수하지 말 것을 명했다. 당시 그 나라에는 세 명의 왕이 있었다. 홍무 8년(1375) 9월에 스리비자야는 사신을 파견하여 불름국拂菻國[37]에 갔던 초유사招諭使[38]를 따라 입공했다. 홍무 10년(1377)[39]에 사신을 파견해 무소·흑곰·화식조[40]·흰 원숭이·홍록앵무紅綠鸚鵡·붉은 거북의 등껍질[41]과 정향·빙뇌水腦 등의 물품을 바쳤다. 그 사자가 "선왕께서 돌아가셨지만, 승계한 왕자가 감히 왕위에 오르지 못하고 조정에 명을 청하고 있습니다"라고 했다. 이에 조정에서 조서를 내려 사신을 파견해 인장을 가지고 가서 칙명으로 그를 스리비자야 국왕에 봉했다. 이때 자와[42]는 강성해져 그 위세로 스리비자야를 이미 복속시킨 상태였다. 자와는 명나라가 스리비자야 국왕을 책봉해 스리비자야의 위치가 자신들과 대등해졌음을 듣고 분노하여 사람을 보내 명나라의 사신을 유인하여 죽였지만, 천자 역시 그 죄를 물을 수 없었다. 이때부터 스리비자야는 더욱 쇠락해져 조공 사절도 끊어지고 말았다. 홍무 30년(1397) 8월에 예부의 관원이 여러 번국[43]이 오랫동안 조공을 하지 않았다고 상주문을 올려 아뢰었다. 홍무제가 말했다.

"홍무 초에는 여러 번국이 끊이지 않고 조공 사절단을 보내왔는데, 근자에는 안남(즉 베트남)·참파국·첸라·섬라(즉 태국)·자와·대유구大琉球·스리비자야·보르네오[44]·파항[45]·파쿠안 파자자란Pakuan Pajajaran[46]·수마트라·서양 등 30개국만이 [조공을 보내오고] 있다. 호유용胡惟庸[47]이 난을 일으키자 스리비자야는 즉시 이간책을 내어 우리 사신을 속여 그곳에 이르게 했고, 이 소문을 들은 자와 국왕은 사람을 보내 스리비자야를 경계하고 타일러서 예의에 맞게 사신을 본조로 송환하게 했다. 이로부터 상인의 왕래가 가로막히고 나라 간의 의사소통이 막히게 되었다. 오직 안남·참파국·첸라·섬라·대유구만이 예전처럼 조공을 바쳐 왔고, 대유구는 또한 자제들을 보내 유학시켰다. 무릇 번국의 사신들이 올 경우 모두 예의를 갖추어 맞이했다. 우리가 보기에는 저들 나라에 박하게 대하지 않았는데, 저들 국가의 마음이 어떠한지는 모르겠구나. 지금 자와에 사신을 보내고자 하지만 스리비자야국이 중간에서 방해할까 걱정이구나. 듣건대 스리비자야국은 본래 자와의 속국이었다 하니 짐의 뜻을 적어 섬라국에 보내 자와에 전달케 하는 것이 좋겠다."

그런데 이 당시 자와가 스리비자야를 이미 격파하고 그 땅을 차지한 뒤 그 이름을 팔렘방으로 바꾼 뒤라 스리비자야는 결국 멸망했다. 나라에 대란이 일어나자 자와 역시 그 땅을 전적으로 소유할 수 없었다. 이곳에 흘러들어 와 살던 중국인들이 종종 들고일어나 이 땅을 차지했다. 양도명梁道明이란 자가 있는데 광주 남해현南海縣 사람으로 그 나라에서 오래 거주했다. 복건, 광동의 군민들로 바다로 나가 그를 따른 사람만 해도 수천 가구나 되었는데, 결국 그를 우두머리로 추대하여 한 곳을 통치하게 되었다. 마침[48] 지휘指揮[49] 손현孫鉉이 해외에 사신으로 갔다가 그의 아들을 만나 그를 데리고 함께 왔다. 영락 3년(1405)에 사신을 보내 칙서를 가지고 가서 그를 불러들여 양도명은 사신을 따라 함께 입조했다. 영락 4년(1406) 팔렘방의 우두머리 진조의陳祖義와 양도명은 각자 아들을 보내 입조시켰다. 진조의 역시 광동 사람으로 비록 조공은 보내왔지만, 해상에서 도적질을 했기에, 조공 사절단이 왕래할 때 이 때문에 고생했다. 영락 5년(1407) 정화가 서양에서 돌아오다가 사람을 보내 그를 어르고 달랬다. 진조의는 항복하는 척하면서 몰래 길을 막고 약탈하려 했다. 그런데 시진경施晉卿이 이 사실을 먼저 정화에게 알렸다. 진조의는 정화를 치러 왔다가 결국 사로잡혀 조정에 압송된 뒤 죽임을 당했다. 조정에서는 팔렘방에 선위사宣慰司[50]를 두고, 시진경을 선위사에 임명하며, 인장과 관대를 하사할 것을 명했다. 이로부터 여러 차례 입조하여 공물을 바쳤다. 그러나 시진경이 명나라 조정의 명을 받았다고는 하나 여전히 자와에 복속된 상태이고, 땅 또한 협소해 지난날 스리비자야에 비할 바가 아니었다. 가정嘉靖[51] 연간 말에 광동의 대도大盜 장련張璉이 난을 일으켰으나, 관군이 진압했다는 보고가 있었다. 만력 5년(1577) 팔렘방에 갔던 상인들은 이곳에서 장련이 시장을 열고 그들의[52] 우두머리가 된 것을 보았고, 또한 장주

漳州와 천주 사람들이 그를 많이 따르는 것을 보고 그를 중국 시박사市舶司[53]의 관리 같다고 했다. 팔렘방은 여러 이민족이 모이는 교통 중심지로서 자와의 서쪽에 위치하며 순풍을 타고 8일 밤낮이면 갈 수 있다. 15개의 주를 관할하고 토지는 비옥하여 농사짓기에 적합하다. "한 해 농사를 지으면 3년 먹을 돈이 나온다"라는 말이 있는데, 수확량이 풍부해 돈으로 바꿀 만큼 많다는 말이다. 사람들은 부유하고 음란함을 좋아한다. 또한 수전水戰에 뛰어나 인접 국가들이 두려워한다. 그 나라에는 물이 많아 오직 부족장들만 뭍에 살고 일반 서민들은 모두 물에서 살았다. 뗏목을 엮어 집을 짓고 말뚝에 묶어 두었다. 물이 불어나면 뗏목도 떠오르기 때문에 뗏목이 가라앉아 빠져 죽을 염려는 하지 않아도 되었다. 이사 가고 싶으면 말뚝만 뽑아 가면 되니 비용이나 힘이 들지 않았다. 아랫사람이 윗사람을 '잠비'라고 불렀는데, 잠비는 바로 임금과 같다. 후에 대부족장이 살고 있는 곳을 바로 잠비국Jambi[54]이라 불렀고, 기존의 도성을 팔렘방이라 고쳤다. 이 나라는 본래는 아주 부유했으나, 자와에 격파된 뒤로 점점 쇠락해져 상선도 거의 오지 않았다. 이곳의 풍속과 물산은 모두 『송사』에 자세하게 나와 있다.

『영애승람瀛涯勝覽』에 다음 기록이 있다.

팔렘방은 옛날에는 스리비자야라 불렸으며, 발림방渤淋邦이라고도 하는데 자와에 예속되어 있다. 팔렘방은 동쪽으로는 자와, 서쪽으로는 믈라카, 남쪽으로는 큰 섬과 인접해 있으며, 서북쪽 대해에서 상선을 타고 무시강Musi River 하구[55]로 들어갔다가 방카해협 서쪽[56]으로 가서, 작은 배를 갈아타고 입항해야 그 나라에 도착할 수 있다. 나라 사람들은 대부분 광동·장주·천주 사람들이 흘러들어 와 산다. 인구가 조밀하고 토지가 비옥해 농사짓기에 적합하다. 이곳 사람들은 도박을 즐겨 하는데, 예를 들어 파구把龜[57]·바둑·투계 등을 할 때도 모두 돈을 걸고 했다. 시장에서 교역할 때도 중국 동전이나 포목 등을 이용했다. 이 땅에서는 학정조鶴頂鳥[58]·황련黃連[59]·강진향·침수향沈水香·황랍黃蠟·화식조[60]·신록神鹿[61]이 난다. 신록은 그저 초목만을 먹고 비린 것을 가까이하지 않기 때문에 가축을 매어 놓아도 죽이지 않는다.[62] 소·양·돼지·개·닭·오리·야채와 과일은 자와와 같다.

명나라 장섭張燮[63]의 『동서양고東西洋考』에 다음 기록이 있다.

팔렘방은 옛날의 스리비자야국이다. 처음에는 간타리 혹은 발림渤淋이라 불리었고, 남중국해에 위치하며, 본래는 남만의 또 다른 종족으로 첸라와 자와 사이에 있었다. 왕을 잠비라 불렀기 때문에 지금 왕이 다스리는 지역을 잠비국이라 부른다.[64] 그러나 이전 수도가 자와에게 파괴되자 다시 이름을 팔렘방(舊港)이라 바꾸어 그곳의 잠비(新村)와 구분하고자 했다고 한다. 속칭 팔렘방[65]이라 한다. 그 땅은 예로부터 옥토로 이름나 있었으며, 상선이 와서 과일과 비단을 바치면 이에 상응하는 거래가 있었다. 잠비[66] 사람들은 물건값을 흥정할 때 금값으로 얼마에 해당하는지를 따지지만, 실제로는 금값이 아니라 후추로 환산한다. 예를 들면 금 2냥의 값어치는 후추 1백 섬으로 환산하는데, 대략 이와 같았다고 한다. 이국의 여자들을 사들이는 것을 좋아했기 때문에, 다른 나라에서는 주로 여자들을 싣고 와서 후추로 바꾸어 돌아갔다. 팔렘방에서는 연전鉛錢[67]을 사용했다. 스리비자야는 옛날에는 아주 번성했으나, 자와에 멸망당한 뒤로 눈에 띄게 쇠락해져 지금은 상인들도 거의 오지 않는다.

위원이 말한다.

스리비자야는 송나라 이후 신하의 예절로 중국을 섬겼다. 수마트라 역시 명나라가 망할 때까지 끊이지 않고 조공 물품을 바쳤다. 우리 청조에서만 왕회王會[68]의 그림에 보이지 않음을 보니 스리비자야가 이미 서양의 소굴이 된 지 오래되었음을 알겠다. 그 땅은 송나라 이전에는 파리주라 불렸는데, 양나라, 수나라, 당나라 때 모두 들어와 조공했다. 또한 『수서』『당서』에서는 파리국婆利國이라 했는데, 자오찌국에서 배를 타고 출발해 남쪽으로 태국[69]·클란탄Kelantan[70]을 지나가면 바로 그 나라에 도착한다. 나라의 경계는 동서로는 4개월 거리이고, 남북으로는 45일 거리이다. 태국은 고대의 프놈국Nokor Phnom으로 지금의 섬라暹羅이며, 클란탄은 지금의 조호르 등의 나라로, 지리적 위치가 비슷하다. 또한 당나라이후에는 파리국이 보이지 않고 송나라 이전에는 스리비자야가 보이지 않는데, 지금의 이곳이 옛날의 저곳으로 연혁이 서로 이어져 있다. 또 사서에 따르면 파리국은 동서남북으로 몇천 리나 되며, 남중국해에 위치한 대국이다. 이 섬 이외에는 더 큰 섬이 없으니 파리국의 옛 땅이라 할 만하다. 단언컨대 파리국은 『명사』에 나오는 라무리 왕국[71]·남무리南巫里[72]·라이드Lide[73]·아루Aru[74]·나구르Nagur[75] 등과 같은 작은 섬이 아니며 인구는 천여 가구 정도 된다. 『명사』에 이르기까지 왕기王圻의 오류를 답습하여[76] 수마트라를 고대의 대식국·파사국 등의 국가로 보고 있다. 오호라! 어찌하다 이 지경에 이르렀는가!

亞齊舊港即古婆利沿革考

一

『梁書』曰: 婆利國, 在廣州東南海州上, 去廣州二月日行. 國界東西五十日行, 南北二十日行, 有一百三十六聚. 氣暑如盛夏, 穀一歲再熟, 草木常榮. 海出文螺紫貝. 有石名蚶貝羅, 初採柔軟, 刻削爲物乾之, 遂堅. 國人披吉貝如帊, 及爲都縵. 王乃用班絲布以瓔絡繞身, 頭著金冠, 高尺餘, 形如弁. 綴以七寶帶·金裝劍, 偏踞金高坐, 銀蹬支足. 侍女皆爲金花雜寶之飾, 持白眊拂及孔雀扇. 王以象駕輿, 輿以雜香爲之, 上施羽蓋珠簾. 導衆吹螺擊鼓. 王姓陳憍如, 自古未通中國. 言白淨王夫人, 卽其國女. 天監十六年入貢.

『明史』: 蘇門答剌在滿剌加之西, 順風九晝夜可至. 或言, 卽漢條枝, 唐波斯·大食二國地, 西洋要會也. 成祖初, 遣使以卽位詔諭其國. 永樂元年, 遣使賜其酋織金文綺. 中官尹慶使爪哇, 便道復使其國. 其酋遣使朝獻. 詔封爲國王, 遂比年入貢. 而鄭和凡三使其國.

先是, 王之父與鄰國花面王戰, 中矢死. 王子年幼, 有漁翁率國人往擊, 馘其王而還. 王妻遂與之合, 稱爲老王. 旣而王子年長, 復殺老王而襲其位. 及是, 鄭和至其國. 老王弟蘇幹剌以頒賜不及己, 怒, 統數萬人邀擊. 和勒步卒及國人禦之, 大破賊衆, 追至南渤利國, 俘以歸.

宣德五年, 帝以外番貢使多不至, 遣和及王景宏遍歷諸國頒詔, 凡歷二十餘國. 明年, 遣使入貢者再. 八年, 貢麒麟. 九年, 王弟哈利之漢來朝, 卒於京. 成化二十二年, 其使者至廣東, 有司驗無印信勘合, 乃藏其表於庫, 却還其使. 別遣番人輸貢物京師, 稍有給賜. 自後貢使不至. 迨萬曆間, 國兩易姓. 初, 其國有大臣握兵權. 大臣有奴桀黠, 謂其主曰: "國王左右侍衛少. 主擁重兵出鎭, 必入辭, 請以奴從. 主言有機事, 乞屛左右. 奴乘間刺殺王." 大呼曰: "王不道, 吾殺王. 吾主卽王矣. 敢異議者, 血此刃." 衆懾服不敢動. 其主遂簒位, 任奴爲心腹, 委以兵柄. 未幾, 奴復弒主而代之. 乃大爲防衛, 拓其宮, 建六門, 不得闌入, 雖勳貴不得帶刀上殿. 出乘象, 象駕亭而帷其外, 如是者百餘, 俾人莫測王所在.

其國俗頗淳, 出言柔順, 惟王好殺. 歲殺十餘人, 取其血浴身, 謂可除疾. 貢物有寶石·瑪瑙·水晶·石靑·回回靑·善馬·犀牛·龍涎香·沈香·速香·木香·丁香·降眞香·刀·弓·錫·鎖服·胡椒·蘇木·硫磺之屬. 貨舶至, 貿易稱平. 地本瘠, 無麥有禾, 禾一歲二稔. 四方商賈輻輳, 華人往者, 以地遠價高, 獲利倍他國. 其氣候朝如夏, 暮如秋, 夏有瘴氣. 婦人裸體, 惟腰圍一布. 其他風俗, 類滿剌加. 簒弒後, 易國名曰亞齊. 又有須文達那者, 古不知何國, 洪武十六年來貢. 或言須文達那卽蘇門答剌, 洪武時初更, 然其貢物與王之名皆不同, 無可考.

『皇淸通考』「四裔門」: 亞齊在西南海中, 相傳舊爲蘇門答剌國. 明萬曆中乃易今稱. 其王嚴防衛, 拓宮殿, 建六門, 雖勳貴不得帶刀上殿. 出乘象, 象駕亭而帷其外, 如是者百餘, 俾人莫測王所在云. 風俗, 男女穿長衣, 頭纏白布. 土産西洋布·丁香·肉果·水安息·蘇合油之屬. 地本瘠, 無麥有禾, 一歲二稔. 市道稱平, 內地商船常往其地貿易.

『宋史』: 三佛齊國, 蓋南蠻之別種. 與占城爲鄰, 居眞臘·闍婆之間, 所管十五州. 土産紅籐·紫礦·箋沈香·檳榔子. 無緡錢, 土俗以金·銀貿易諸物. 四時之氣, 多熱少寒, 冬無霜雪. 人用香油塗身. 其地無木, 有米及靑白豆·雞·魚·鵝·鴨, 頗類中土. 有花酒·椰子酒·檳榔酒·蜜酒, 皆非麴蘗所醞, 飮之亦醉. 樂有小琴·小鼓, 崑崙奴踏曲爲樂. 國中文字用梵書, 以其王指環爲印. 亦有中國文字, 上章表卽用焉. 累甓爲城, 周數十里, 用椰葉覆屋. 人民散居城外, 不輸租賦. 有所征伐隨時調發, 立集酋長率領皆自備兵器糧糗. 泛海使風二十日至廣州. 其王號詹卑, 其國居人多蒲姓. 唐天祐元年·宋建隆元年皆來朝貢, 終宋世職貢不絶.

『明史』「三佛齊傳」: 三佛齊, 古名干陀利. 劉宋孝武帝時, 常遣使奉貢. 梁武帝時數至. 宋名三佛齊, 修貢不絶. 洪武三年, 太祖遣行人趙述詔諭其國. 明年, 遣使奉表, 隨入貢方物. 詔賜「大統曆」及綿綺有差. 其貨舶至泉州者, 命勿徵稅. 時其國有三王. 八年九月, 遣使隨招諭拂林國朝使入貢. 洪武十年, 遣使貢犀牛·黑熊·火雞·白猿·紅綠鸚鵡·龜筒及丁香·氷腦諸物. 其使者言先王歿, 嗣子不敢擅立, 請命于朝. 詔遣使齎印, 敕封爲三佛齊國王. 是時爪哇強, 已威服三佛齊而役屬之. 聞天朝封爲國王與己埒, 大怒, 遣人誘朝使邀殺之, 天子亦不能問罪. 自是其國益衰, 貢使遂絶. 洪武三十年八月, 禮官以諸蕃久缺貢, 奏聞. 帝曰: "洪武初, 諸蕃貢使不絶, 邇者安南·占城·眞臘·暹羅·爪哇·大琉球·三佛齊·浡泥·彭亨·百花·蘇門答剌·西洋等三十國. 以胡惟庸作亂, 三佛齊乃生間諜, 紿我使臣至彼, 爪哇王聞知, 遣人戒飭, 禮送還朝. 由是商旅阻遏, 諸國之意不通. 惟安南·占城·眞臘·暹羅·大琉球朝貢如故, 大琉球且遣子弟入學. 凡諸蕃國使臣來者, 皆以禮待之. 我視諸國不薄, 未知諸國心若何. 今欲遣使爪哇, 恐三佛齊中途阻之. 聞三佛齊本爪哇屬國, 可述朕意, 移諮暹羅, 俾轉達爪哇." 然是時爪哇已破三佛齊, 據其國, 改其名曰舊港, 三佛齊遂亡. 國中大亂, 爪哇亦不能盡有其地. 華人流寓者往往起而據之. 有梁道明者, 廣州南海縣人, 久居其國. 閩·粵軍民泛海從之者數千家, 遂推道明爲首, 雄視一方. 會指揮孫鉉使海外, 遇其子, 挾與俱來. 永樂三年, 遣使齎敕招之, 隨使入朝. 四年, 舊港頭目陳祖義·梁道明, 各遣其子來朝. 祖義亦廣東人, 雖朝貢而爲盜海上, 貢使往來者苦之. 五年, 鄭和自西洋還, 遣人招諭之. 祖義詐降, 而潛謀邀劫. 有施晉卿者, 告於和. 祖義來襲被擒, 獻於朝, 伏誅. 命設舊港宣慰司, 以晉卿爲使, 賜誥印及冠帶. 自是屢入貢. 然晉卿雖受朝命, 猶服屬爪哇, 其地狹小, 非故時三佛齊比也. 嘉靖末, 廣東大盜張璉作亂, 官軍已報克獲. 萬曆五年, 商人詣舊港者, 見璉列肆爲蕃舶長, 漳·泉人多附之, 猶中國市舶官云. 其地爲諸蕃要會, 在爪哇之西, 順風八晝夜可至. 轄十五洲, 土沃宜稼. 語云: "一年種穀, 三年生金." 言收獲盛而貿金多也. 俗富好淫. 習于水戰, 鄰國畏之. 地多水, 惟部領陸居, 庶居皆水居. 編筏築室, 繫之于椿. 水漲則筏浮, 無沈溺患. 欲徙則拔椿去之, 不費財力. 下稱其上曰詹卑, 猶國君也. 後大酋所居, 卽號詹卑國, 而故都則改爲舊港. 初本富饒, 自爲爪哇破滅, 後漸至蕭索, 商舶亦鮮至其地. 風俗物産俱詳『宋史』.

　　『瀛涯勝覽』: 舊港古號三佛齊, 曰渤淋邦, 隸爪哇. 東距爪哇, 西距滿剌加, 南距大山, 自西北濱海, 舶入淡港, 入彭家門裏易小舟入港, 達其國. 國人多廣東·漳·泉人流寓. 土沃人稠, 宜稼穡. 俗好賭博, 如把龜·奕棋·鬪雞, 皆索錢具也. 市亦用中國銅錢·布帛之類. 厥産鶴頂·黃連·降眞·沈水香·黃蠟·食炭·神鹿.

秖啖草木, 不近腥物, 雖繫之不死. 牛·羊·豬·犬·雞·鴨·蔬果之類, 與爪哇同.

明張燮『東西洋考』: 舊港古三佛齊國也. 初名干陀利, 又名渤淋, 在東南海中, 本南蠻別種, 居眞臘·爪哇之間. 王號詹卑, 故今王所部號詹卑國. 而故都爲爪哇所破, 更名舊港, 以別于彼之新村云. 俗名吉寧邦. 其地故稱沃土, 商舟至, 獻果幣, 有成數. 詹卑商量物價, 雖議償金多少, 然非償金, 實償椒也. 如值金二兩, 則償椒百石, 其大較云. 喜買夷婦, 他國多載女子, 易其椒以歸. 舊港則用鉛錢矣. 三佛齊夙稱蕃盛, 國破以後, 滿目蕭條, 賈人亦希造.

魏源曰: 三佛齊國, 自宋以來, 臣服中國. 蘇門答剌亦終明世職貢不衰. 國朝獨不列王會之圖, 則知爲西夷窟穴久矣. 其地自宋以前則爲婆利洲, 梁·隋·唐皆入貢. 而『隋』·『唐書』言婆利國, 自交趾浮海, 南過赤土·丹丹, 乃至其. 國界東西四月行, 南北四十五日行. 赤土卽古扶南, 今暹羅, 而丹丹卽今柔佛等國, 地望相準. 且唐以後無婆利, 宋以前無三佛齊, 今此昔彼, 亦沿革相承. 又史言婆利東西南北數千里, 爲海南大國. 舍是島外, 更無大洲, 足當婆利故壤者. 斷非『明史』南渤利·南巫里·黎伐·阿魯·那孤兒等小嶼, 居民千餘家之倫. 至『明史』沿王圻之謬, 以蘇門答剌爲古大食·波斯等國. 烏乎, 何以至是!

주석

1 동남해東南海: 광서 2년본에는 '광남해廣南海'로 되어 있으나, 『양서』에 근 거하여 '동남해'로 고쳐 번역한다.

2 길패吉貝: 솜이나 면화를 의미하는데 면화가 조개처럼 생겼다고 해서 '패貝' 자를 썼다고 한다.

3 수만: 원문은 '도만都縵'으로, 오늘날 동남아 지역 사람들이 입는 사룽 Sarung이다. 사룽은 긴 치마처럼 생긴 동남아 전통의 민속 의상에 해당 한다.

4 반사포班絲布: 여러 가지 색으로 염색한 면포를 말한다.

5 영락瓔珞: 원문은 '영락嬰絡'으로, 『양서』에 따라 '영락瓔珞'으로 고쳐 번역 한다. 영락은 고대의 목에 두르는 구슬을 꿰어 만든 장식품을 말한다.

6 카운딘야Kaundinya: 원문은 '진교여陳憍如'이다.

7 슈도다나Suddhodana: 원문은 '백정왕白淨王'으로, 정반왕淨飯王, 진정왕眞淨王, 가유왕迦維王이라고도 한다. 석가모니의 부친으로, 만년에는 불법에 귀 의했다.

8 수마트라: 원문은 '소문답랄蘇門答剌'이다. 광서 2년본에는 '소문차랄蘇門 剳剌'로 되어 있어 악록서사본에 따라 고쳐 번역한다.

9 조지條枝: 지금의 이라크Iraq에 해당한다.

10 파사국波斯國과 대식국大食國: 원문은 '파사·대식波斯·大食'이다. 악록서사 본에 따르면 고대 전적에 보이는 서남아시아의 페르시아, 서남아시아 의 사라센 제국 역시 서남아시아에 있지만, 남해 파사는 수마트라에 있 으며 남해 대식국은 싱가포르, 조호르 일대에 있다고 한다.

11 성조成祖: 명나라 제3대 영락제永樂帝 주체朱棣(재위 1402~1424)의 묘호이다.

12 성조成祖 초에 … 고지했다: 『태종실록太宗實錄』 권22 영락 원년 8월 계축 조에 따르면, 영락 원년(1403) 8월에 수마트라를 비롯해 자와, 촐라 등 여

러 나라에 사신을 보내 영락제의 즉위 조서를 내렸다.

13 금실로 무늬를 짜 넣은 화려한 비단: 원문은 '직금문기織金文綺'이다.

14 화면국花面國: 수마트라섬 서쪽에 있는 나구르국으로 추정된다.

15 화면왕花面王: 『영애승람』 「나고아국那孤兒國」에 다음 기록이 있다. "나구르 왕은 화면왕이라고도 한다. 나구르국은 수마트라 서쪽에 있으며 지리적으로 서로 이어져 있고 하나의 큰 산촌에 불과하다. 백성들이 얼굴에 3개의 꼭지가 달린 푸른 꽃을 그렸기 때문에 화면왕이라 부른다. 면적은 넓지 않고 백성들도 천여 가구이며 논이 적어 사람들은 대부분 물을 경작해서 살아간다. 쌀이 아주 적게 나고 양, 닭, 오리 등은 모두 있다. 말이나 행동은 수마트라와 비슷하며 토산품으로 별다른 것이 없는 작은 나라이다(那孤兒王, 又名花面王. 其地在蘇門答剌西, 地里之界相連, 止是一大山村. 但所管人民皆於面上刺三尖靑花爲號, 所以稱爲花面王. 地方不廣, 人民只有千餘家, 田少, 人多以耕陸爲生, 糧稀少, 猪羊鷄鴨皆有. 言語動靜與蘇門答剌國相同, 土無出産, 乃小國也)."

16 세콘다Sekonda: 원문은 '소간랄蘇幹剌'이다. 『영애승람』에는 "적장자인 세콘다는 사람들을 이끌고 달아났다. 스스로 인근 산에 성채를 세우고는 불시에 사람들을 이끌고 와서 침범해 부친의 원수를 갚았다(有嫡子名蘇幹刺領衆挈家逃去. 隣山自立一寨, 不時率衆侵復父讐)"라고 되어 있다. 이를 통해 볼 때 『영애승람』은 세콘다를 노왕의 동생으로 보고 있는 『명사』의 기록과는 달리 노왕의 적장자로 보고 있음을 알 수 있다.

17 라무리 왕국Lamuri Kingdom: 원문은 '남발리南渤利'로, 남발리南浡里라고도 한다. 반다아체 일대에 위치했다.

18 왕경굉王景宏: 왕경홍王景弘을 말한다. 복건성福建省 장평漳平 사람으로 홍무 연간에 입궁하여 환관이 되었다. 영락 3년(1405) 6월 이래로 정화와 함께 세 차례나 서양 여러 나라를 돌아다녀 왕삼보王三保라 불리었다. 이후 선덕 9년(1434)에 수마트라에 사신으로 갔다가 자와에서 죽었다. 그는 중국 역사에서 가장 위대한 항해가이자 외교가 중 한 명으로 평가받고 있다.

19 왕: 원문은 '왕王'이다. 광서 2년본에는 '지之'로 되어 있어 악록서사본에

따라 고쳐 번역한다.

20 석청石靑: 그림의 안료로 쓰는 쪽빛의 광물질을 말한다.

21 회회청回回靑: 도자기용의 청색 안료로, 이슬람에서 들어왔다고 해서 '회
회청'이라 불리게 되었다.

22 목향木香: 초롱꽃목 국화과에 속한 여러해살이풀로, 유럽과 북아시아가
원산지이다. 중국에서는 이를 토목향이라 불렀다.

23 쇄복鎖服: 쇄복瑣服, 쇄부瑣附라고도 하며, 새의 깃털로 짠 옷감을 말한다.

24 소목蘇木: 소방목蘇枋木·적목赤木·홍자紅紫라고도 한다.

25 수문달나須文達那: 지금의 수마트라이다. 수문달나는 원대元代의 명칭이다.

26 홍무洪武: 명나라 태조 홍무제洪武帝의 연호(1368~1398)이다.

27 육두구: 원문은 '육과肉果'로, 두구豆蔲 열매이다.

28 안식향安息香: 원문은 '수안식水安息'으로, 졸패나향拙貝羅香, 식향息香이라
고도 한다.

29 소합유蘇合油: 소합향蘇合香에서 나는 기름을 말한다.

30 스리비자야Srivijaya: 원문은 '삼불제三佛齊'이다.

31 참파국: 원문은 '점성국占城國'이다.

32 첸라: 원문은 '진랍眞臘'으로, '점랍占臘'이라고도 한다.

33 사파闍婆: 옛날 국명으로, 사파달闍婆達이라고도 한다. 지금의 인도네시
아 자와에 해당한다.

34 곤륜노崑崙奴:『제번지諸蕃志』에 따르면 곤륜국은 서쪽에 위치한 섬나라
로, 대다수가 야만족이며 피부는 검고 곱슬머리를 하고 있다. 중국에서
는 흑인을 통칭해서 곤륜노라 부르기도 하지만, 여기서는 동남아시아
에 살고 있는 이민족을 지칭한다.

35 간타리干陀利: 광서 2년본에는 '간干' 자가 '천干' 자로 되어 있어 악록서사
본에 따라 고쳐 번역한다.

36 자주: 원문은 '상䌷'이다. 광서 2년본에는 '상䌷'으로 되어 있어 악록서사
본에 따라 고쳐 번역한다.

37 불름국拂菻國: 동로마 제국을 지칭하는 말로, 한·위魏·진晉나라 때는 대

진국大秦國이라 불렸고, 당·송나라 때는 불름국이라 불렸으며, 수도는
콘스탄티노플(지금의 이스탄불)이었다.

38 초유사招諭使: 전쟁이나 반란으로 인하여 민심이 동요된 지역에 파견되
어 백성들을 설득하고 독려하는 임무를 수행한 임시 관직을 말한다.

39 10년(1377): 광서 2년본에는 '9년九年'으로 되어 있으나 역사적 사실에 따
라 고쳐 번역한다.

40 화식조: 원문은 '화계火雞'이다.

41 붉은 거북의 등껍질: 원문은 '구통龜筒'이다.

42 자와: 원문은 '조왜爪哇'이다. 광서 2년본에는 '조爪' 자가 '과瓜' 자로 되어
있어 악록서사본에 따라 고쳐 번역한다. 이하 동일하다.

43 번국: 원문은 '제번諸蕃'이다. 광서 2년본에는 '번蕃' 자가 '번番'으로 되어
있어 악록서사본에 따라 고쳐 번역한다. 이하 동일하다.

44 보르네오: 원문은 '발니浡泥'이다. 광서 2년본에는 '발浡' 자가 '발渤' 자로
되어 있어 악록서사본에 따라 고쳐 번역한다. 이하 동일하다.

45 파항: 원문은 '팽형彭亨'이다.

46 파쿠안 파자자란Pakuan Pajajaran: 원문은 '백화百花'이다. 서부 자와의 파자
자란Pajajaran 왕국을 가리킨다.

47 호유용胡惟庸: 호유용(?~1380)은 명나라 초기의 정치가로 안휘성安徽省 정
원定遠 사람이다.

48 마침: 원문은 '회會'이다. 광서 2년본에는 '증曾' 자로 되어 있어 악록서사
본에 따라 고쳐 번역한다.

49 지휘指揮: 군대의 관직인 지휘사指揮使를 말한다. 명대에는 내외 위소에
모두 지휘사를 두었다.

50 선위사宣慰司: 성省과 주州 사이의 군사 업무를 보던 감사 기구로 대개는
군민의 일을 보던 지방 행정 기구이다. 선위사는 금金나라 때 처음 설치
되었다가 원나라 때 전국적으로 설치되었으며, 명대와 청대에는 소수
민족 거주지에만 두었다.

51 가정嘉靖: 명나라 제12대 황제 세종世宗 주후총朱厚熜의 연호(1522~1566)이다.

52 그들의: 원문은 '번番'이다. 광서 2년본에는 '번番' 자가 '번番'으로 되어 있어 악록서사본에 따라 고쳐 번역한다.

53 시박사市舶司: 해상무역 관계의 사무를 담당한 관청으로 시박제거사市舶提擧司라고도 한다. 본래 무역세의 징수, 무역품 판매 허가증의 교부, 번박番舶의 송영 등의 사무를 관장하는 곳이지만, 명나라에서는 국초 이래 내지인의 해외 출항과 무역을 금지하는 해금 정책을 시행했기 때문에 시박사는 오로지 조공무역의 업무만을 담당했다. 명대에는 광주·천주·영파寧波에 시박제거사가 설치되어 광주는 서양 제국과, 천주는 류큐, 영파는 일본과의 조공무역을 주로 담당했다.

54 잠비국Jambi: 원문은 '첨비국詹卑國'으로, 지금의 인도네시아 잠비 일대를 가리킨다.

55 무시강Musi River 하구: 원문은 '담항淡港'으로, 수마트라섬에 위치한다.

56 방카해협 서쪽: 원문은 '팽가문리彭家門裏'이다. 광서 2년본에는 '문門' 자가 없어 악록서사본에 따라 고쳐 번역한다. 방카해협의 서쪽 하구, 즉 문톡 일대를 가리킨다.

57 파구把龜: 거북을 이용한 도박으로 보이나 구체적으로는 알 수 없다.

58 학정조鶴頂鳥: 『영애승람』에 따르면 "학정조는 오리보다 크고 털이 검으며, 목이 길고 부리가 뾰족하다(鶴頂鳥, 大於鴨, 毛黑, 頸長, 嘴尖)"고 한다.

59 황련黃連: 『영애승람』에는 '황속향黃速香'으로 되어 있다. 황속향은 황숙향黃熟香이라고도 하는데, 가라앉지 않은 침향을 말한다.

60 화식조: 원문은 '식탄食炭'으로, 타조목에 속한다. 『영애승람』에 따르면 "부리가 뾰족하고 온몸이 양털보다 조금 긴 털로 덮여 있으며, 푸른색이다. 다리가 검고 길며 발톱이 날카로워 사람의 배도 가를 수 있는데, 장이 나오면 그대로 죽는다. 숯을 먹는 것을 좋아해 화계라고도 불린다(嘴尖, 渾身毛如羊毛稀長, 靑色. 脚長鐵黑, 爪甚利害, 亦能破人腹, 腸出卽死. 好喫炭, 遂名火鷄)"고 한다.

61 신록神鹿: 맥貘(tapir)이다. 『영애승람』에 따르면, "신록은 큰 돼지만 하고 3길 정도 되며, … 주둥이가 돼지처럼 생겼으나 납작하지 않고, 네 발

역시 돼지 발처럼 생겼다(神鹿如巨猪, 高三尺許, … 嘴如猪嘴不平, 四蹄如猪蹄)"고
한다.

62 가축을 매어 놓아도 죽이지 않는다: 원문은 '수계지불사雖繫之不死'이다.
그러나 『영애승람』에는 이 문장이 없다.

63 장섭張燮: 광서 2년본에는 '장혁張奕'으로 되어 있어 악록서사본에 따라
고쳐 번역한다.

64 부른다: 원문은 '호號'이다. 광서 2년본에는 '위爲'로 되어 있어 악록서사
본에 따라 고쳐 번역한다.

65 팔렘방: 원문은 '길령방吉寧邦'이다.

66 잠비: 원문은 '첨비詹卑'이다. 광서 2년본에는 '거居' 자로 되어 있어 악록
서사본에 따라 고쳐 번역한다.

67 연전鉛錢: 광서 2년본에는 '동전銅錢'으로 되어 있어 악록서사본에 따라
고쳐 번역한다.

68 왕회王會: 옛날에 제후와 사방의 이민족, 속국들이 천자에게 조공하던
회합을 말한다.

69 태국: 원문은 '적토赤土'이다.

70 클란탄Kelantan: 원문은 '단단丹丹'이다.

71 라무리 왕국: 원문은 '남발리南渤利'로, 수마트라 서쪽에 위치한다. 뒤에
나오는 남무리와는 같은 나라이다.

72 남무리南巫里: 남무리국南無里國이라도 하는데, 고대의 국가명이다. 옛 땅
은 지금의 인도네시아 수마트라 서북쪽에 위치한다. 남무리국은 송대
사서에는 '남리藍里', 원대에는 '남리喃哩', 명대에는 '남발리南淳里', 청대에
는 '남발리南渤利' 혹은 남무리라고 적혀 있다.

73 라이드Lide: 원문은 '려벌黎伐'로, 광서 2년본에는 '리아梨我'로 되어 있어
악록서사본에 따라 고쳐 번역한다. 수마트라섬 서북쪽 해안의 매우레
우두섬Pulau Meureudu 혹은 시글리 부근에 있다고 한다.

74 아루Aru: 원문은 '아로阿魯'이다. 수마트라섬의 고대 국가 아루(고대 자와 명
칭으로는 하루Haru)의 음역으로, 옛 땅은 지금의 델리 하류 지역, 즉 지금의

델리와 메단Medan 일대를 가리킨다.

75 나구르Nagur: 원문은 '나고아那孤兒'이다.

76 『명사』에 … 답습하여: 『명사』「외국전」은 검토檢討 우동尤侗이 명대의 야사와 왕기의 『속통고續通考』를 바탕으로 편찬했다. 왕기의 『속통고』는 유럽과 동남아시아가 구분되어 있지 않고, 연안국과 섬나라가 구분되어 있지 않으며, 같은 섬과 같은 연해에 속하는 나라를 구분하지 않고 있는데, 위원은 여기서 바로 이 점을 말하고 있다.

네덜란드·포르투갈령 말루쿠

마로고馬路古, 목로각木路各, 마록가각摩鹿加各이라고도 한다.
원본에는 없으나, 지금 보충한다.

『명사』에 다음 기록이 있다.

말루쿠는 세상에 미류합米六合이라 알려져 있는 나라로, 남중국해[1]에
위치하며 아주 부유하기로 이름나 있다. 왕은 행차할 때 매우 화려하게
의장 행렬을 갖추고 휘하 사람들은 합장을 한 채 길옆에 엎드린다. 남자
들은 삭발을 하고 여자들은 머리를 틀어 올린다. 그 나라에 향산香山이
있는데, 비가 내린 뒤에 향 덩어리가 산에서 떨어져 나와 물길을 따라 사
방 천지에 가득해져 사람들이 주워 담아도 끝이 없었다. 왕은 그것을 집
에 가득 쌓아 두게 한 뒤 상선이 오기를 기다렸다가 팔았다. 동양에서는
정향이 나지 않고, 오직 이 땅에서만 산출되는데, 정향으로 사악한 기운
을 물리칠 수 있기 때문에 중국 사람들이 주로 사 갔다. 만력 연간에 포
르투갈이 공격해 왔는데, 전쟁에서 패한 왕이 항복하고 매년 정향을 공
물로 바치겠다고 하자, 포르투갈은 수비병을 두지 않고 그대로 떠나갔
다. 얼마 후에 네덜란드가 해상을 주름잡았는데, 포르투갈군이 말루쿠에

서 물러갔다는 사실을 알고 그 틈을 타서 곧장 성으로 가서 왕을 사로잡고 말했다.

"네가 나를 잘 섬겨 주인으로 모신다면 포르투갈에 대승할 수 있을 것이다."

왕은 하는 수 없이 다시 그들의 명을 따랐다. 이 소식을 들은 포르투갈은 대로하여 군사를 이끌고 이 나라를 공격해 왔다. 때마침 네덜란드가 이미 떠난 뒤라 포르투갈은 말루쿠를 격파하고 그 왕을 죽인 뒤 자신들이 신임하는 사람을 내세워 그곳을 다스리게 했다. 얼마 뒤에 네덜란드가 와서 다시 그 성을 치고 포르투갈이 세운 왕을 쫓아낸 뒤 이전 말루쿠 왕의 아들을 왕으로 세웠다. 이로부터 말루쿠는 매년 전쟁이 일어나 사람들이 목숨을 부지할 수 없었다. 중국인 이주민들이 두 나라를 찾아가 설득해 양국의 군사를 철수시키고 나라 안의 트르나테산Gunung Ternate[2]을 경계로 나누어 산 이북은 네덜란드가, 산 이남은 포르투갈이 차지함으로써 비로소 차츰 나라가 안정을 찾기 시작했지만, 말루쿠는 결국 이렇게 두 나라에 의해 분단되었다.

페르디난트 페르비스트Ferdinand Verbiest[3]의 『곤여도설坤輿圖說』에 다음 기록이 있다.

루손섬의 남쪽에 말루쿠제도가 있다. 이곳에서는 오곡이 나지 않고 사곡미가 나는데, 나무로 갈아 가루를 내어 사용한다. 정향나무와 후추나무가 자라는데, 이것은 다른 나라에서는 볼 수 없으며, 오직 이곳에서만 나뭇가지를 잘라 땅에 꽂으면 바로 살아났다. 성질이 아주 뜨거워 습기를 제거하며, 물이나 술과 함께 두면 순식간에 빨아들인다. 이들 나무 옆에는 풀이 자라지 않기 때문에 토착민들이 풀을 뽑고 싶을 때 나뭇가지를 잘라 땅에 꽂으면 풀이 바로 말라 죽는다. 또 이곳에는 특이한 양이 나는데, 수컷과 암컷 모두에서 젖이 나왔다. 또 아주 큰 거북이 있는데, 껍데기 하나에 사람 한 명이 들어갈 수 있어 가끔씩 적을 방어할 때 방패로 사용하기도 한다.

『지리비고』에 다음 기록이 있다.

말루쿠는 미륙합이라고도 하며 마로가사麼魯加斯라고도 하는데, 남중국해의 서쪽, 술라웨시섬Pulau Sulawesi[4]의 동쪽에 위치한다. 위도는 북위 3도에서 남위 10도까지이고, 경도는 동경 117도에서 130도까지이다. 섬이 많고 화산이 한두 개가 아니다. 때때로 지진이 나는데 매번 불시에 일어난다. 기후가 습하고 뜨거워 사람이 살기에 불편하다. 토양이 서로 달라서 토산물도 서로 다르다. 섬 가운데 어떤 섬은 부족장을 두어 관리하기도 하고, 어떤 섬은 네덜란드 총독이 통치하기도 한다. 큰 섬으로는 암본섬Pulau Ambon[5]이 있는데, 길이는 약 2백 리, 너비는 30리 정도 된다. 토양이 비옥하고 날씨가 뜨겁다. 토산품으로는 유황·정향·커피·인디고Indigo[6]·사곡미 등이 있다. 수목이 울창하기로는 동방에서 최고이다. 온갖 날짐승과 길짐승이 번식하고 어패류가 풍부하다. 스람섬Pulau Seram[7]은 길이가 약 750리, 너비가 약 150리 정도 된다. 산세가 높고 험하며 논과 밭이 비옥하다. 오곡과 갖은 과일이 풍성하게 무르익는다. 부족장들이 나누어 관리하고 각자 한 지역씩 다스린다. 부루섬Pulau Buru[8]은 섬 둘레가 약 170리 정도 된다. 면적은 약 사방 2,600리에 이른다. 산등성이와 언덕이 우뚝 솟아 있고 하천이 아주 많다. 토지가 비옥해서 곡식이 풍성하고, 새와 동물, 어패류가 아주 풍부하다. 부족장들이 나누어 관리하고 각자 한 지역씩 다스린다. 반다제도Kepulauan Banda[9]는 10개의 섬으로 구성되었고, 각 섬에는 모두 화산이 있어서 지진이 때때로 일어나고, 날씨도 안 좋아서 사람이 살기에 어려움이 있다. 나이라섬Pulau Naira[10]·론토섬Pulau Lontor[11]·아피산섬Pulau Gunung Api[12]·부루섬[13]·아이섬Pulau Ai[14]은 10개의 섬 가운데 큰 섬에 해당하는데 모두 네덜란드의 지배도 함께 받고 있다. 할마헤라섬Pulau Halmahera[15]은 일명 아랍마액랄阿拉馬厄辣이라고도 하며, 길이는 약 8백 리, 너비는 약 150리 정도이다. 영토가 여기저기 흩어져 있어 서로 접촉이 없다. 토지가 비옥하고 물산도 풍부하다. 날씨가 더워 살기가 불편하다. 섬은 세 곳의 지배를 받는다. 섬의 북부는 트르나테섬Pulau Ternate[16]에 속하며 부족장이 함께 다스리고, 섬의 남부는 티도레섬Pulau Tidore[17]에 속하며 부족장이 함께 다스리며, 섬의 중부는 본도의 부족장들이 나누어 관할하고 서로 간섭하지 않는다. 이 가운데 남부와 북부 두 지역은 도광 4년(1824)에 네덜란드 총독이 이곳에 주둔하면서부터 함께 지배를 받았다. 트르나테섬은 섬 둘레가 약 90리 정도 된다. 섬 안에 화산이 있어 밤낮으로 화염을 토해 낸다. 토지가 비옥하고, 금이 많이 난다. 섬은 부족장 한 명이 통치하고 네덜란드의 지배도 함께 받는다. 티도레섬은 길이가 약 10리이고, 너비는 약 8리 정도 된다. 이 섬은 트르나테섬에 비해 작지만, 사람들은 더 많고, 부족장 한 명이 통치하며 네덜란드의 지배도 함께 받고 있다. 바칸제도Kepulauan Bacan[18]는 길이가 약 2백 리, 너비가 약 40리이고, 논과 밭이 비옥하며, 곡식과 과일이 풍부하고, 금광이 많으며 부족장 한 명이 관리한다. 오비섬Pulau Obi[19]은 길이가 약 250리, 너비가 약 40리이고, 논밭에서 나는 토산물은 바칸제도와 비슷하며, 부족장들이 나누어 관리하고 각자 한 지역씩 다스린다. 미솔섬Pulau Misool[20]은 길이가 약 170리, 너비는 약 50리이며, 부족장들이 나누어 관할하면서 서로 간섭하지 않는다. 포포Popo[21]제도는 여러 섬을 통칭해서 부르는 이름으로, 큰 섬의 이름 역시 포포이며, 섬 둘레는 약 170리 정도이고, 부족장 한 명이 관할한다. 모로타이섬Pulau Morotai[22]은 길이가 약 220리, 너비가 약 60리이며, 논과 밭은 비옥하고 인구가 희박하며, 트르나테섬 부족장이 모로타이섬을 함께 다스린다.[23] 민기스군도Pulau Meangis[24] 역시 여러 섬을 통칭해서 부르는 이름이다. 이 가운데 큰 섬 세 개는 모두 민다나오섬Mindanao Island의 부족장이 함께 다스린다.

『외국사략』에 다음 기록이 있다.

동남아시아의 각 도서를 말루쿠제도[25]라고 하며, 일명 미락거美洛居라고도 한다. 땅이 척박해서 조나 고구마는 생산되는 반면 쌀은 전혀 나지 않는다. 화산이 많아 지진이 자주 발생해서 산이 계곡이 되고 계곡이 호수가 되는데, 이런 현상은 자주 볼 수 있다. 사람들은 순박하다. 이곳에서는 정향과 옥과玉果가 나서 멀리서 온 상인에게 내다 팔고 네덜란드와 왕래한다. 대부분 예수교를 믿으며 일부 무슬림들이 스스로 교파를 세웠다. 명나라 만력 연간에 포르투갈이 처음 와서 항구를 열고 이곳 왕과 싸웠으며, 스페인 병선도 와서 이 땅을 다투었다. 네덜란드도 기회를 틈타 이 섬을 점령했다. 후에 각 섬을 차지하게 된 네덜란드가 정향과 옥과의 무역을 독점했으며, 또한 토착민들을 회유해 정향나무를 모두 쳐내서 다른 나라가 사 갈 수 없게 만들었다. 또 열매가 너무 많이 열리면 가격이 떨어질 것을 걱정해 바로 열매를 소각했다. 매년 정향은 약 6천 섬, 옥과는 약 7천 섬, 육두구꽃은 약 2천 섬이 나는데, 절반 이상은 유럽 각 나라에 판다. 다른 섬들도 최근에 이 나무를 심어 결국 값이 떨어졌다. 네덜란드는 병사 수천 명을 암본섬으로 파견해 포대를 쌓았다. 반다제도와 스람섬은 북방의 황도黃道[26] 내에 위치하고, 트르나테섬은 화산섬이며,

큰 섬 할마헤라섬[27]은 대부분이 황무지이다. 술라제도Kepulauan Sula[28]·티도레·모로타이섬·바칸제도[29]에서는 좋은 품질의 단향檀香과 화목花木이 난다. 네덜란드의 속국들은 제도 내에 위치하며 면적은 16,400리이고, 인구는 14,644,000명으로, 모두 네덜란드의 명령을 따른다. 각 섬은 면적이 7,955리이고, 인구는 3,851,000명이다.

『만국지리전도집萬國地理全圖集』에 다음 기록이 있다.

말루쿠제도는 루손섬의 남쪽에 위치하며 섬 전체가 네덜란드의 지배를 받는다. 인구의 대부분이 예수교를 믿는다. 이 땅에서는 정향·옥과·두구·소목[30] 등의 물품이 난다. 각 섬의 총독은 암본섬[31]에 주둔한다. 북위 3도 40분, 동경 128도에 위치한다. 해구에 포대를 세웠다. 반다제도[32] 내에 화산이 있어서 늘 지진이 일어나며, 옥과 열매가 많이 열려 여러 나라가 사용하기에 충분했다. 큰 섬 스람섬에서는 사곡미가 나지만, 사람들이 경작을 하지 않기 때문에 다른 섬에서 사들인다. 사람들은 아직 야만적이고 개화되지 않았다. 작은 섬 트르나테섬은 낙토樂土로 이름나 있으며, 1년 내내 날씨가 따뜻하다. 그러나 섬 안의 화산이 한번 폭발하면 인근의 땅까지 모두 태워 버린다. 티도레섬에 부족장이 있는데, 할마헤라섬도 같이 다스렸다. 정향과 옥과가 산출되지만, 네덜란드 사람들이 판매를 허락하지 않았다. 바칸제도 또한 무슬림 부족장이 다스렸다. 명나라 융경隆慶[33] 연간에 포르투갈 선박이 처음 트르나테섬에 왔는데, 예기치 않게 스페인 사람들도 와 포르투갈과 접전을 벌였다. 태창泰昌[34] 연간에 네덜란드가 이 기회를 틈타 두 나라를 공격해서 주둔군을 몰아내고 통수권을 굳건히 지키며 2백 년 동안 무너지지 않았다. 그런데 판매하는 정향·두구 등의 산물로는 국비로 충당하기에도 부족하고, 또 다른 나라의 선박이 왕래하면서 매매하는 것을 차단했기 때문에 이로 인해 무역이 성하지 않았다.

또 다음 기록이 있다.

말루쿠제도의 서쪽에서 자와Jawa[35] 일대의 섬으로 가면 알로르섬Pulau Alor[36]·티모르섬Pulau Timor[37] 두 섬이 있는데, 토착민이 살고 있으며 외국과는 왕래하지 않았다. 알로르섬[38]은 네덜란드의 관할 항구도시 칼라바히 Kalabahi[39]로, 인구도 적고 물산도 적다. 티모르에서는 밀랍·단향이 산출되며, 동쪽은 포르투갈이 점거하고 있고, 서쪽은 네덜란드의 관할 항구도시 쿠팡Kupang[40]이, 서남쪽은 숨바섬Pulau Sumba[41]이, 북쪽은 플로레스섬 Pulau Flores[42]이, 서쪽으로는 숨바와섬Pulau Sumbawa[43]·롬복섬Pulau Lombok[44]·발리섬Pulau Bali[45] 등의 섬이 있다. 이들 섬 모두에서 쌀이 나고 사람들은 불교를 숭상하지만 개화되지는 않았다.

『매월통기전』에 다음 기록이 있다.

말루쿠섬과 파푸아섬Pulau Papua[46]은 모두 네덜란드 관할하에 있다. 이곳에서는 매년 수만 섬의 두구·정향이 산출되는데, 오직 네덜란드만이 가져갈 수 있다. 각[47] 섬은 돌산으로 이루어져 있어 쌀이 나지 않는다. 토착민들은 사곡미를 먹는데, 사곡미는 바로 나무의 골수이다. 사람들은 구세주 예수를 섬기며 하느님을 숭배하고 네덜란드와 왕래하며 지낸다. 이 나라 사람들은 모두 편안함만을 추구해 틈만 나면 꾀를 부리는 것이 안타깝다. 주도는 암본섬이며 네덜란드 총독이 관할하고 있다. 또 파푸아섬에 사는 토착민들은 아내를 맞이할 때 반드시 사람의 두개골을 예물로 주기 때문에 사람을 즐겨 죽이고 두개골을 귀하게 여기며, 얼굴이 검고 천성이 야만적이다. 앵무·말하는 새·여러 종류의 과일과 견과류가 난다. 토착민들이 두려워 상선들이 왕래하면서 무역을 하는 경우가 드물다. 도광 10년(1830) 네덜란드 국왕은 사람을 파견해 성에 포대를 세워 해구를 방어하고, 토착민들에게 논밭을 경작하고 일하는 것을 가르쳐 주면서 그들을 다스렸다.

또 다음 기록이 있다.

붕쿨루[48]와 파당 두 섬은[49] 서남쪽 해안에 위치하고,[50] 팔렘방[51]과 방카[52] 두 섬은 동북쪽 해안에 위치하는데, 모두 네덜란드령으로, 네덜란드는 이곳에 포대를 세우고 항구를 열었다. 한참 뒤에 산 안쪽에 사는 머리에 흰 천을 두른 이슬람교도와의 계속된 전투 때문에 그 지역 관부에서는 시시때때로 이들을 단속했다. 팔렘방과 방카는 계곡을 따라 층집을 짓고 모여 살았다. 광동의 선박이 항구[53]로 들어와 후추·등나무·주석 등의 물산을 구매했는데, 헐값에 물건을 강탈하듯 가져갔다. 붕쿨루는 앞서 영국의 속지였는데, 관청에서 쓰는 비용이 세금으로 거두는 수입보다 과했기 때문에 영국은 붕쿨루를 말루쿠와 바꾸었다. 붕쿨루에는 정향나무·후추 농장이 셀 수 없을 정도로 많아서 이것을 심는 사람만은 이익을 보지 못했다. 방카섬은 수마트라의 부속 도서로 해마다 몇만 섬의 주석이 산출되는데, 네덜란드에서 관리를 두어 판매했기 때문에 또한 광동 사람들이 주석 광산을 개척하기란 아주 어려웠다. 쌀이나 음식물은 모두 외국에서 운반해 왔는데, 아마도 이 땅이 돌산이기 때문일 것이다.[54]

또 다음 기록이 있다.

피낭섬[55] 역시 영국령으로 큰 섬에 붙어 있다. 건륭 연간에 영국인들이 이 땅을 개척하고, 후추와 정향 농원을 만들었기 때문에 슬랏과 피낭 섬의 집들은 아주 휘황찬란하다. 피낭섬의 남북으로 6개의 큰 섬이 있는데, 상이헤제도Kepulauan Sangihe,[56] 시아우섬Pulau Siau,[57] 방카섬, 술라제도,[58] 부통섬Pulau Butung,[59] 슬라야르섬Pulau Selayar[60]이 그것이다. 나머지는 기록하지 않는다.[61]

또 다음 기록이 있다.

빈탄섬[62]은 네덜란드령으로, 네덜란드는 산봉우리에 포대를 쌓고 큰 군영까지 두며 이곳을 지켰다. 이곳의 산물로는 후추 등이 있다. 조주부 潮州府 사람들은 농사도 짓고 장사도 했는데, 옛날에는 몇만 명이나 되었으나, 지금은 그 수가 점점 줄어들고 있다. 말레이 부족장들은 오직 각각의 작은 섬을 다스리고 있다. 말레이 종족들은 게을러서 가난하며, 이 땅에서는 쌀도 나지 않는다.

『지리비고』에 다음 기록이 있다.

술라웨시섬[63]은 남중국해의 서쪽에 위치하며, 보르네오섬Pulau Borneo[64]과 말루쿠제도 사이에 위치한다. 위도는 북위 2도에서 남위 6도까지, 경도는 동경 117도에서 123도까지이다. 남북의 거리는 약 1,700리이고, 동서의 거리는 약 7백 리이고, 인구는 3백만 남짓이다. 술라웨시섬은 땅이 여기저기 흩어져 있기 때문에 서로 접촉이 없다. 논과 밭이 아주 기름지고, 곡식과 과일이 가장 풍부하다. 수풀이 빽빽하고 좋은 품질의 나무가 많다. 날씨가 아주 뜨거운 반면 해풍은 시원하다. 이 땅에서는 금·철·유황·수정水晶·메벼·면화·정향·두구·오목·단향·야자·사곡미 등의 물산이 난다. 섬의 통치는 두 군데서 한다. 한 곳은 네덜란드에서 관리를 파견해

진수하고 다른 한 곳은 자체 부족장을 두어 관리하지만, 그래도 모두 네덜란드의 지배 아래 있다. 네덜란드에서 관리를 파견한 곳은 네 곳으로 다음과 같다. 첫째는 마카사르Makasar[65]로, 망가살茫加薩이라고도 하며 술라웨시섬의 서남쪽에 위치하는데, 무역이 성해서 상인들이 구름처럼 모여든다. 반타엥Bantaeng[66]은 술라웨시섬의 남쪽에 위치하며 마카사르에서 250리 떨어져 있다. 마로스Maros는 술라웨시섬의 북쪽에 위치하며[67] 마카사르에서 120리 떨어져 있다. 마나도Manado[68]는 술라웨시섬의 동북쪽에 위치하며 화물들이 모두 모이는 곳이다. 자체 부족장들을 세워 다스리는 곳은 몇 나라에 불과하지만, 서로 연맹을 맺고 지낸다. 파니波尼, 와팔瓦八, 노호盧呼, 마카사르,[69] 만달Mandal,[70] 파네트Panette,[71] 소핑Soping,[72] 석덕령昔德靈, 운쿠일라Unkuila,[73] 가아哥阿 등이 그것이다.

『명사』에 다음 기록이 있다.

통가오이Tongaoi[74]는 자와의 속국이다. 영토가 협소해 천여 가구 정도만 산다. 통가오이는 교활하고 힘이 센 조호르와 국경을 접하고 있어 이 때문에 자주 환란을 입었다. 후에 후한 예물을 바치고 혼인을 청해 조금 편안해졌다. 풍속은 자와와 비슷하고 여기서 나는 물산은 모두 조호르와 같다. 중국인이 가서 장사를 해도 아주 공평하게 무역했다. 조호르에게 멸망한 뒤로 장사하러 가는 사람 역시 드물어졌다. 또한 자와의 속국인 소길단蘇吉丹[75]은 후에 사길항국思吉港國[76]으로 와전되었다. 이들은 산중에서 살며 몇 개의 촌락에 불과하다. 또한 델리국Deli[77]·일라하치국日羅夏治國[78]은 모두 자와의 인근 국가로 영락永樂[79] 초에 처음으로 입조하여 공물을 바쳤다.

『명사』에 다음 기록이 있다.

합묘리合苗里[80]는 해상에 있는 작은 나라이다. 땅이 척박하고 산이 많으며 산 밖으로 큰 바다가 있어 어종이 아주 풍부하고, 사람들은 농사지을 줄 알았다. 영락 3년(1405)에 사신을 자와의 사신에게 딸려 보내 조공 왔다. 이 나라는 또 묘리무苗里務[81]라고도 불리는데, 루손섬과 가까워 상선들이 왕래하면서 나라가 점차 부유해졌다. 중국인이 이 나라에 들어가면 감히 속이거나 얕보지 않고 무역법을 아주 공평하게 적용했기 때문에 중국인은 이를 두고 "부자가 되려면 반드시 묘리무로 가야 한다"고 했다.

망건초뇌網巾礁腦[82]는 흉악하고 사납기로는 최고이며 해상에서 노략질을 하며 산다. 그리하여 합묘리의 상선조차도 [이 땅에 오는 경우가] 드물어 점점 더 가난하고 궁핍해졌다.

『해국문견록海國聞見錄』에 다음 기록이 있다.

루손섬의 하단은 레가스피Legaspi[83]와 접해 있으며 뱃길로는 12경更(약 24시간)이 걸린다. 카마리네스주Camarines[84]까지는 뱃길로 21경(약 42시간)이 걸린다. 두 곳은 중국인들이 루손섬에서 배를 타고 그곳까지 가서 무역한다. 레가스피의 동남쪽은 바다를 사이에 두고 5개의 섬과 마주 보고 있다. 이들 섬은 파나이Panay,[85] 오톤Oton,[86] 세부Cebu,[87] 삼보앙가Zamboanga,[88] 레이테로, 모두 토착민의 한 족속들이다. 산과 바다에서 나는 물산은 루손섬과 같다. 뱃길로 가려면 반드시 루손섬의 레가스피해를 경유해 남쪽으로 가야 한다. 뱃길로 루손섬에서 파나이까지는 10경(약 20시간), 오톤까지는 23경(약 46시간), 세부까지는 24경(약 48시간), 레이테까지는 58경(약 116시간)이 걸린다. 사람들은 모두 무지하다. 나라마다 각각의 부족장이 있어 자기 영토만은 확실하게 지킨다. 그 동남쪽에 있는 말루쿠[89]·통가

오이 두 섬은 동남쪽에 위치하며 그곳의 사람이나 물산은 거의 비슷하다. 뱃길로 루손섬에서 말루쿠까지는 174경(약 348시간, 약 15일)이 걸리고 통가오이까지는 210경(약 420시간, 약 18일 정도)이 걸린다.

위원이 말한다.

『곤여도설』과 『직방외기職方外紀』에서는 아시아대륙의 큰 섬으로 일본, 루손섬, 보르네오섬, 자와섬,[90] 수마트라섬, 스리랑카Sri Lanka,[91] 마로고(말루쿠) 일명 목로각이라고도 한다. 를 언급하고 있는데, 이들은 모두 서양의 상선들이 활발하게 왕래했던 지역이나, 마로고는 사서에 보이지 않는다. 사서에 따르면 미락거(말루쿠)는 포르투갈과 네덜란드 모두에게 점령당했는데, 이 사실 또한 『곤여도설』과 『직방외기』에는 보이지 않고 있는데, 음역으로 볼 때 마로고와 미락거는 의심의 여지 없이 같은 나라(즉 말루쿠)이다. 정기의와 합묘리는 또한 너무 작은 나라라 언급할 가치도 없다. 『명사』에는 이 외에도 람풍[92]·담파淡巴[93]·남무리·바그다드Baghdad[94]·고리반취古里班萃[95] 등 수십 개의 나라가 있는데, 그저 남중국해에 위치한다고 말하고 있을 뿐이다. 이들 나라는 애초에 영토라든가 나라의 연혁은 없고, 물고기나 잡고 사냥이나 하며 수상생활을 하는 사람에 불과해, 서양에서는 거들떠보지도 않은 것을 정화가 여러 왕회를 두루 돌아다니면서 사서에다 개략적으로 넣었다. 그러니 여기에 무슨 생각할 거리가 있겠는가? 생각할 거리가 뭐가 있겠는가? 청조에 들어 무역하는 이민족들 가운데 북대서양(西北洋)에 사는 사람들은 모두 서양 선박을 타고 와서 장사한 반면, 오직 동남아시아만은 중국 상선들이 그곳으로 가서 장사를 했는데, 겨울과 봄에 갔다가 여름 가을에 돌아왔다. 강희康熙[96] 초에 동양에 대한 해금이 풀렸지만, 여전히 동남아시아로 가는 것은 인정하지 않았다.

옹정雍正[97]·건륭 연간에 해금이 아주 느슨해지자 참게가 돛을 단 듯 익조가 선박을 몰듯 만 리里 밖에서 길을 재촉해 왔다. 그러나 내지의 상선들은 가장 멀리 가 봤자 인도나 동남아시아에서 그치고 인도양까지 가 본 경우도 없다. 명나라 태감太監 정화 역시 겨우 인도양까지만 가 봤을 뿐 대서양까지 간 적은 없었다. 그래서 지금 해양 국가를 기술하면서 동남양을 첫머리에 두고 『명사』에 보이는 작은 섬들은 모두 뺐다.

荷佛二夷所屬美洛居島

—

一作馬路古, 一作木路各, 一作摩鹿加各.
原無, 今補.

『明史』: 美洛居, 俗訛爲米六合, 居東海中, 頗稱饒富. 酋出, 威儀甚備, 所部合掌伏道旁. 男子削髮, 女椎結. 地有香山, 雨後香墮, 沿流滿地, 居民拾取不竭. 其酋委積充棟, 以待商舶之售. 東洋不産丁香, 獨此地有之, 可以闢邪, 故華人多市易. 萬曆時, 佛郎機來攻, 其酋戰敗請降, 歲以丁香充貢, 不設戍兵而去. 已, 紅毛番橫海上, 知佛郎機兵已退, 乘虛直抵城下, 執其酋, 語之曰: "若善事我, 我爲若主, 殊勝佛郎機也." 酋不得已, 復聽命. 佛郎機酋聞之大怒, 率兵來攻. 值紅毛番已去, 遂破美洛居, 殺其酋, 立己所親信主之. 無何紅毛番至, 又破其城, 逐佛郎機所立酋, 而立美洛居故王之子. 自是, 歲歲構兵, 人不堪命. 華人流寓者遊說兩國, 令各罷兵, 分國中萬老高山爲界, 山以北屬紅毛番, 南屬佛郎機, 始稍休息, 而美洛居竟爲兩國所分.

南懷仁『坤輿圖說』: 呂宋之南, 有木路各島. 無五穀, 出沙穀米, 是一木磨粉而成. 産丁香·胡椒二樹, 天下所無, 惟本處折枝插地即活. 性最熱, 袪濕氣, 與水酒同貯, 即吸乾. 樹旁不生草, 土人欲除草, 折其枝揷地, 草即立槁. 又產異羊, 牝牡皆有乳. 有大龜, 一殼可容一人, 或用爲盾以禦敵.

『地理備考』曰: 美洛居島亦號米六合, 亦號麼魯加斯, 在南洋之西, 塞勒卑斯島之東. 緯度自北三度起至南十度止, 經度自東一百十七度起至一百三十度止. 島嶼紛繁, 火山不一. 地震時作, 每有不虞. 地氣濕熱, 不便居棲. 田土互異, 土產各殊. 島中或設酋長管理, 或附賀蘭總兵統攝. 島之大者, 曰安波義那, 長約二百里, 寬約三十里. 田地肥饒, 地氣炎熱. 土產硫磺·丁香·加非·藍靛·沙穀米等物. 樹木充斥, 東方爲最. 禽獸蕃衍, 鱗介庶衆. 曰塞郎, 長約七百五十里, 寬約一百五十里. 山勢峻峭, 田土膴腴. 五穀百果, 靡弗豐登. 諸酋分攝, 各據一方. 曰布盧, 回環約一百七十里. 地面積方約二千六百里. 岡陵巍峨, 川河紛繁. 土肥穀豐, 毛羽鱗介充斥. 諸酋分攝, 各霸一方. 曰邦達, 內計十島, 皆有火山, 地震時作, 地氣不馴, 有礙居棲. 其內義辣·郎多義爾·古農阿比·不盧·阿義, 乃十島中之大者, 皆屬賀蘭國兼攝. 曰濟羅洛, 又名阿拉馬厄辣, 長約八百里, 寬約一百五十里. 境土錯落, 不相聯絡. 田土膴厚, 物產豐饒. 地氣炎熱, 不便居棲. 島分三屬. 北屬德爾那的島, 酋長兼攝, 南屬的德爾島, 酋長兼攝, 中爲本島諸酋分轄, 不相統屬. 其南北二處, 於道光四年有賀蘭國總兵駐箚於此, 始爲兼攝. 曰德爾那的, 回環約九十里. 內有火山, 晝夜吐燄. 田土膏腴, 金砂實繁. 島中一酋統攝, 亦歸賀蘭兼轄. 曰的德爾, 長約十里, 寬約八里. 本島較德爾那的雖小, 而庶民則過之, 一酋統攝, 亦屬賀蘭兼轄. 曰巴將, 長約二百里, 寬約四十里, 田土肥饒, 穀果豐茂, 金礦蕃衍, 一酋管理. 曰大科比, 長約二百五十里, 寬約四十里, 田地土產與巴將島相等, 諸酋分攝, 各霸一方. 曰迷索爾, 長約一百七十里, 寬約五十里, 諸酋分攝, 不相統屬. 曰波波, 乃衆島總名也, 大者亦名波波, 回環約百七十里, 一酋管屬. 曰麼爾帶, 長約二百二十里,寬約六十里, 田土膴腴, 人煙寥落, 歸於德爾那的島酋長兼攝. 曰門曰斯, 乃衆島總名也. 大者三島, 皆歸明達撓島酋長兼攝.

『外國史略』曰: 東南各嶼曰摩鹿加島, 一作美洛居. 地磽, 出粟·蕃薯, 竝無米. 多火山, 多地震, 山爲谷, 谷爲湖, 所常見也. 居民樸實. 出丁香·玉果, 出售遠商, 與荷蘭往來. 多奉耶穌之敎, 亦有回回族自爲敎門. 明萬曆間, 葡萄亞初到開埠, 與土君戰, 是班亞兵船亦爭此地. 荷蘭遂乘間而據是嶼. 後各島歸荷蘭, 包攬丁香·玉果之貿易, 且諭土民盡伐其樹, 令他國無可買處. 如結果太過, 恐以是減其價, 卽燒此果. 每年出丁香約六千石, 玉果約七千石, 豆蔻花約二千石, 大半售於歐羅巴各國. 他島近亦種是樹, 價終減焉. 荷蘭調軍士數千駐安本島, 築砲臺. 其班他, 悉蘭在北方黃道之內, 特那地乃火山島, 義籮羅大嶼大半荒蕪. 主拉島·地突島·摩得島·馬善布羅島, 出好檀香竝花木. 荷蘭各藩屬在群島之中, 廣袤方圓共萬六千四百里, 居民千四百六十四萬四千, 俱聽荷蘭之命. 各島廣袤方圓七千九百五十五里, 居民三百八十五萬一千口.

『萬國地理全圖集』曰: 摩鹿加群島在小呂宋之南, 全歸荷蘭轄. 居民大半奉耶穌敎. 地出丁香·玉果·豆蔻·蘇木等貨. 各島總帥駐在安門. 北極出三度四十分, 偏東一百二十八度. 海口建砲臺. 有萬他不離地, 內有火山, 常地震, 玉果豐結, 足以補列國之用. 西蘭長嶼出沙穀米, 但民不耕田, 故由他嶼運買. 其居民尙野, 未向化. 德拿地小嶼稱樂土, 周年天氣和暖. 但內地火山一動, 鄰地遍焚毀. 提讀島上有土君, 亦管義羅羅島. 也出丁香·玉果, 但荷蘭人不準運賣. 巴治安島又歸回回土君所治. 明隆慶年間, 葡萄牙人之船, 始到德島, 不期是班牙人亦至, 與葡接戰. 泰昌年間, 惟荷蘭乘機力攻兩國, 驅其駐防兵, 嚴守其權, 歷二百年不廢. 但所發賣丁香·豆蔻等物不足以資國費, 又絶他國船隻往來買賣, 是以生意不盛.

又曰: 摩鹿加之西至牙瓦島一帶嶼, 曰亞羅·地門律兩島, 土蠻人居住, 不與
外國交通. 武羅乃荷蘭埔頭, 少民人, 少物産. 地門出蠟·檀香, 東方葡萄牙居
之, 西則荷蘭之埔頭曰古邦, 西南曰檀香嶼, 北係佛理嶼, 西曰遜巴瓦·倫泊·巴
理等島. 皆出米, 居民尙奉佛教, 未向化.

『每月統紀傳』曰: 美洛居嶼等與巴布阿大洲, 皆荷蘭管下. 本産豆蔲·丁香,
每年數萬石, 惟荷蘭可載運出之. 各島等因山嶺多石, 故無米. 土番食沙穀米,
卽是樹髓. 居民事救世主耶穌, 崇拜上帝, 與荷蘭交友. 只恨人都安逸偸閑. 其
都會爲安門, 是荷蘭總管所治. 又有那巴布阿之土番, 欲娶妻必以人顱爲聘, 故
好殺人而寶其顱, 面黑性蠻. 有鸚鵡·言鳥·各類果食數種. 蓋土番可畏, 商舟往
貿易者鮮矣. 道光十年, 荷蘭王差人建砲臺城池以防海口, 教習土番耕田作工,
以調理之.

又曰: 萬古累·巴當二島在西南海濱, 巴鄰·綱甲二島在東北海濱, 爲荷蘭所
管, 建砲臺, 開埔頭. 因良久, 與山內之白頭回回僧戰鬪不息, 故其地官府時時
防範. 巴鄰·綱甲, 沿溪樓閣群居. 廣東船進港, 買胡椒·藤·錫等貨, 勒索太甚. 萬
古累先爲英國藩屬地, 因公費過于稅入, 故以麻剌甲邑易之. 萬古累地丁香樹·
胡椒園不勝數, 惟種之者無利. 綱甲嶼附蘇門答剌洲, 歲出錫幾萬石, 故荷蘭設
官發賣, 且廣東人開錫山甚難. 米·食物都由外國運出, 蓋其地爲石山而已.

又曰: 檳榔嶼亦是英國所管, 附大山. 乾隆年間, 英國人開此地方, 竝作胡
椒·丁香園, 故息力·檳榔嶼之屋, 不勝光耀. 島之南北, 大島六: 曰桑濟爾, 曰西

昂, 曰邦加, 曰書拉, 曰布敦, 曰薩拉夜爾. 餘不記.

又曰: 閩堂嶼是荷蘭所管, 有砲臺在山嶺, 及大營汛. 其産物爲胡椒等貨. 潮
州府人耕田買賣, 向有幾萬, 今其數漸減. 馬萊酉君惟治各小嶼. 因馬萊酉之族
類懶惰窮苦, 竝米皆無.

『地理備考』曰: 塞勒卑斯島在南洋之西, 婆羅·美洛居二島之間. 緯度自北
二度起至南六度止, 經度自東一百十七度起至一百二十三度止. 南北相距約
一千七百里, 東西相去約七百里, 煙戶三兆餘口. 本島地勢錯落, 不相聯絡. 田
土極腴, 穀果最豐. 叢林稠密, 木多上品. 地氣焻烈, 海風清涼. 土産金·鐵·硫磺·
水晶·秔稻·綿花·丁香·豆蔻·烏木·檀香·椰子·沙穀米各等物. 島中朝綱兩端. 一
係賀蘭派官鎮守, 一係自設土酋, 仍附賀蘭. 其賀蘭派官者有四. 一名馬加薩,
又名茫加薩, 在島之西南, 貿易興隆, 商買雲集. 一名賓達音, 在島之南, 去馬加
薩二百五十里. 一名馬羅斯, 在島之北, 去馬加薩一百二十里. 一名馬那多, 在
島之東北, 諸貨駢臻. 其自設土酋者數國, 互相結盟. 曰波尼, 曰瓦八, 曰盧呼,
曰馬加薩爾, 曰曼達爾, 曰達內德, 曰索兵, 曰昔德靈, 曰翁古宜辣, 曰哥阿.

『明史』: 丁機宜, 爪哇屬國也. 幅員甚狹, 僅千餘家. 柔佛黠而雄, 丁機宜與
接壤, 時被其患. 後以厚幣求婚, 稍獲寧處. 民俗類爪哇, 物産悉如柔佛. 華人
往商, 交易甚平. 自爲柔佛所破, 往者亦鮮. 又蘇吉丹, 爪哇屬國, 後訛爲思吉
港國. 在山中, 止數聚落. 又有碟里國·日羅夏治國, 皆近爪哇, 於永樂初入貢.

『明史』: 合苗里, 海中小國也. 土瘠多山, 山外大海, 饒有魚蟲, 人知耕稼.
永樂三年, 遣使附爪哇使臣朝貢. 其國又名苗里務, 近呂宋, 商舶往來, 漸成富

壤. 華人入其國, 不敢欺淩, 市法最平, 故華人爲之語曰: "若要富, 須往苗里
務." 有網巾礁腦者, 最兇悍, 海上行劫. 因是苗里務商舶亦稀, 地漸貧困.

『海國聞見錄』曰: 呂宋下接利仔發, 水程十二更. 至甘馬力, 水程二十一更.
二處漢人從呂宋舟楫往彼貿易. 利仔發之東南, 隔海對峙有五島. 曰班愛, 曰惡
黨, 曰宿務, 曰苗務煙, 曰網巾礁腦, 均土番族類. 山海所産, 與呂宋同. 水程必
由呂宋之利仔發海而南. 呂宋至班愛十更, 至惡黨二十三更, 至宿務二十四更,
至網巾礁腦五十八更. 人愚罔知識. 國各有酋, 惟謹守國土. 其東南又有萬老
高·丁機宜二島, 居于巳方, 國土人物産類相似. 水程呂宋至萬老高一百七十四
更, 至丁機宜二百一十更.

魏源曰: 『坤輿圖說』·『職方外紀』述阿細亞洲海中巨島, 曰日本, 曰呂
宋, 曰淳泥, 曰小爪哇, 曰蘇門答剌, 曰則意蘭, 曰馬路古, 一作木路各. 皆
西洋市舶所盛之區, 而馬路古不見於史. 史言美洛居爲佛郎機·荷蘭共據,
又不見於『圖說』·『外紀』, 其爲音譯相互無疑. 丁機宜·合苗里, 又小不足
道矣. 乃『明史』此外尙有覽邦·淡巴·南巫里·白葛達·古里班萃等數十國,
僅謂在東南海中. 初無疆里沿革, 不過漁獠蛋戶, 西洋所不屑顧, 而鄭和
遍致諸王會, 史乘槪列諸職方. 何足算哉? 何足算哉? 國朝互市諸番, 在西
北洋者, 皆夷船來市, 惟南洋則華船往市, 以冬春往, 夏秋歸. 康熙初, 開
東洋海禁, 尙未許赴南洋. 雍正·乾隆, 海禁大弛, 鱉帆鷁舶, 萬里遄征. 然
內地商船, 遠極印度·南洋而止, 無至小西洋者. 明太監鄭和亦僅遠至小西
洋, 無至大西洋者. 故今志海國以東南洋冠諸首, 而盡刪『明史』諸小島.

주석

1 　남중국해: 원문은 '동해東海'로 위치상 남중국해에 해당한다. 일본에서
　　는 남지나해, 베트남에서는 동해Biển Đông, 필리핀에서는 루손해, 혹은
　　서필리핀해West Philippine Sea로 부른다.

2 　트르나테산Gunung Ternate: 원문은 '만로고산萬老高山'으로, 덕나제德那第라
　　고도 하며, 말루쿠제도 내에 위치한다.

3 　페르디난트 페르비스트Ferdinand Verbiest: 원문은 '남회인南懷仁'이다.

4 　술라웨시섬Pulau Sulawesi: 원문은 '색륵비사도塞勒卑斯島'이다.

5 　암본섬Pulau Ambon: 원문은 '안파의나安波義那'로, 안본도安本島, 안문도安汝
　　島라고도 하는데, 지금의 인도네시아에 위치한다.

6 　인디고Indigo: 원문은 '남전藍靛'으로, 쪽빛 염료를 가리킨다.

7 　스람섬Pulau Seram: 원문은 '색랑塞郞'으로, 실란도悉蘭島·서란도西蘭島·사란
　　도斯蘭島라고도 한다.

8 　부루섬Pulau Buru: 원문은 '포로布盧'로, 포로도布魯島라고도 한다.

9 　반다제도Kepulauan Banda: 원문은 '방달邦達'로, 반타班他라고도 한다.

10 　나이라섬Pulau Naira: 원문은 '내의랄內義辣'로, 내랍도內拉島라고도 하며, 지
　　금의 반다제도 내에 위치한다.

11 　론토섬Pulau Lontor: 원문은 '랑다의이郞多義爾'로, 지금의 반다제도 내에 위
　　치한다.

12 　아피산섬Pulau Gunung Api: 원문은 '고농아비古農阿比'로, 지금의 반다제도
　　내에 위치한다.

13 　부루섬: 원문은 '불로不盧'이다.

14 　아이섬Pulau Ai: 원문은 '아의阿義'로, 지금의 반다제도 내에 위치한다.

15 　할마헤라섬Pulau Halmahera: 원문은 '제라락濟羅洛'이다.

16 　트르나테섬Pulau Ternate: 원문은 '덕이나적도德爾那的島'로, 특나지도特那地

島, 덕나지서德拿地嶼, 덕도德島, 덕나제德那第라고도 한다.

17 티도레섬Pulau Tidore: 원문은 '적덕이도的德爾島'로, 지돌도地突島, 제독도提讀島, 체다뢰蒂多雷라고도 한다. 지금의 말루쿠제도 내에 위치한다.

18 바칸제도Kepulauan Bacan: 원문은 '파장巴將'으로, 파장도巴漳島라고도 한다. 지금의 말루쿠제도 내에 위치한다.

19 오비섬Pulau Obi: 원문은 '대과비大科比'로, 구비도歐比島라고도 한다. 지금의 말루쿠제도 내에 위치한다.

20 미솔섬Pulau Misool: 원문은 '미색이迷索爾'로, 밀색이도密索爾島라고도 하며, 지금의 인도네시아 서뉴기니Western New Guinea에 위치한다.

21 포포Popo: 원문은 '파파波波'로, 지금의 말루쿠제도 내에 위치한다.

22 모로타이섬Pulau Morotai: 원문은 '마이대麼爾帶'로, 마득도摩得島, 마라태摩羅泰라고도 한다. 지금의 말루쿠제도 북단에 위치한다.

23 함께 다스린다: 광서 2년본에는 이 문장 뒤에 '불상통속不相統屬' 네 글자가 더 있다. 문맥이 통하지 않아 악록서사본에 따라 고쳐 번역한다.

24 민기스군도Pulau Meangis: 원문은 '문일사門日斯'이다.

25 말루쿠제도: 원문은 '마록가도摩鹿加島'이다.

26 황도黃道: 하늘에서 태양이 한 해 동안 지나가는 길을 말한다.

27 할마헤라섬: 원문은 '의라라도義羅羅島'로, 일명 자이롤로섬Djailolo Island이라고도 한다.

28 술라제도Kepulauan Sula: 원문은 '주랍도主拉島'로, 소랍蘇拉이라고도 한다.

29 바칸제도: 원문은 '마선포라도馬善布羅島'이다.

30 소목: 소방목·적목·홍자라고도 한다.

31 암본섬: 원문은 '안문安門'이다.

32 반다제도: 원문은 '만타불리지萬他不離地'이다.

33 융경隆慶: 명나라 제12대 황제 목종穆宗 주재후朱載垕의 연호(1567~1572)이다.

34 태창泰昌: 명나라 제14대 황제 광종光宗 주상락朱常洛의 연호(1620)이다.

35 자와Jawa: 원문은 '아와도牙瓦島'이다.

36 알로르섬Pulau Alor: 원문은 '아라亞羅'이다.

37 티모르섬Pulau Timor: 원문은 '지문률地門律'이다.

38 알로르섬: 원문은 '무라武羅'로, 아라亞羅의 오기이다.

39 칼라바히Kalabahi: 원문은 '포두埔頭'로, 알로르섬의 유일한 항구도시이다.

40 쿠팡Kupang: 원문은 '고방古邦'이다. 쿠팡은 인도네시아 티모르섬 서부에
위치한 도시로, 네덜란드와 포르투갈의 식민 통치 시대 때 중요한 항구
도시였다.

41 숨바섬Pulau Sumba: 원문은 '단향서檀香嶼'로, 송파도松巴島라고도 한다.

42 플로레스섬Pulau Flores: 원문은 '불리서佛理嶼'로, 불락리사도佛洛里斯島라고
도 한다.

43 숨바와섬Pulau Sumbawa: 원문은 '손파와遜巴瓦'로, 송파와도松巴哇島라고도
한다.

44 롬복섬Pulau Lombok: 원문은 '륜박倫泊'으로, 락막洛莫, 룡목도龍目島라고도
한다.

45 발리섬Pulau Bali: 원문은 '파리巴理'로, 파리도巴厘島라고도 한다.

46 파푸아섬Pulau Papua: 원문은 '파포아巴布阿'이다. 지금의 파푸아뉴기니
Papua New Guinea와 인도네시아의 서뉴기니주를 말한다.

47 각: 원문은 '각舍'이다. 광서 2년본에는 '곡舍'으로 되어 있어 악록서사본
에 따라 고쳐 번역한다.

48 붕쿨루: 원문은 '만고루萬古累'이다.

49 두 섬은: 원문은 '이도二島'이다. 붕쿨루와 파당 두 곳은 모두 수마트라섬
에 위치하기 때문에 여기서 '도島'는 '지地'로 해야 한다.

50 위치하고: 원문은 '재在'로, 광서 2년본에는 이 글자가 없어 악록서사본
에 따라 고쳐 번역한다.

51 팔렘방: 원문은 '파린巴鄰'으로, 지금의 인도네시아 수마트라섬의 성도
이며, 섬이 아니다.

52 방카: 원문은 '강갑綱甲'이다.

53 항구: 원문은 '항港'이다 광서 2년본에는 '강江'으로 되어 있어 악록서사
본에 따라 고쳐 번역한다.

54 방카섬은 … 때문일 것이다: 이 단락은 수마트라섬에 대해 이야기하고 있는 것으로 보아 이곳에 잘못 수록했다.

55 피낭섬: 원문은 '빈랑서檳榔嶼'이다.

56 상이헤제도Kepulauan Sangihe: 원문은 '상제이桑濟爾'로, 지금의 인도네시아 술라웨시주Sulawesi에 위치한다.

57 시아우섬Pulau Siau: 원문은 '서앙西昂'이다.

58 술라제도: 원문은 '서랍書拉'이다.

59 부퉁섬Pulau Butung: 원문은 '포돈布敦'으로, 지금의 인도네시아 동남쪽 술라웨시주에 위치한다.

60 슬라야르섬Pulau Selayar: 원문은 '살랍야이薩拉夜爾'로, 색랍아도塞拉亞島라고도 한다. 지금의 인도네시아 남술라웨시주에 위치한다.

61 피낭섬의 … 기록하지 않는다: 이 단락은 술라웨시주에 대해 이야기하고 있는데, 이곳에 잘못 수록했다.

62 빈탄섬: 원문은 '민당서閩堂嶼'이다. 빈탄섬이 말루쿠제도에서 아주 많이 떨어져 있음을 볼 때 이곳에 잘못 수록한 것 같다.

63 술라웨시섬: 원문은 '색륵비사도塞勒卑斯島'이다. 이 섬은 말루쿠제도 내에 있는 섬이 아니라 말루쿠제도의 서쪽에 있는 섬이다. 이 단락 역시 이곳에 잘못 수록한 것 같다.

64 보르네오섬Pulau Borneo: 원문은 '파라婆羅'이다.

65 마카사르Makasar: 원문은 '마가살馬加薩'이다.

66 반타엥Bantaeng: 원문은 '빈달음實達音'으로, 지금의 인도네시아 남쪽 술라웨시주 남단에 위치한다.

67 마로스Maros는 … 위치하며: 마로스는 원문이 '마라사馬羅斯'이다. 마로스는 우중판당 북쪽에 위치하기 때문에, "섬의 북쪽에 위치한다"가 "섬의 남쪽에 위치한다(在島之南)"로 바뀌어야 옳다.

68 마나도Manado: 원문은 '마나다馬那多'로, 만아노萬鴉老라고도 한다. 지금의 인도네시아 술라웨시주의 동북쪽 구석에 있다.

69 마카사르: 원문은 '마가살이馬加薩爾'이다.

70 만달Mandal: 원문은 '만달이릏達爾'이다.

71 파네트Panette: 원문은 '달내덕達內德'이다.

72 소핑Soping: 원문은 '색병索兵'이다.

73 운쿠일라Unkuila: 원문은 '옹고의랄翁古宜辣'이다.

74 통가오이Tongaoi: 원문은 '정기의丁機宜'로, 지금의 인도네시아 말루쿠제도 티도레섬Pulau Tidore에 위치한다.

75 소길단蘇吉丹: 자와의 속국으로 지금의 보르네오섬 서쪽에 위치한다.

76 사길항국思吉港國: 지금의 자와섬 동부 솔로강Solo River 하류 지역에 위치했다.

77 델리국Deli: 원문은 '설리국礁里國'으로, 수마트라에 있는 델리강의 하류에 위치했다.

78 일라하치국日羅夏治國: 자와섬의 메단Medan 혹은 자와섬 인근에 있었다고 하는데, 고증이 필요하다.

79 영락永樂: 명나라 제3대 황제 성조 주체朱棣의 연호(1403~1424)이다.

80 합묘리合苗里: 악록서사본에 따르면, 옛 땅은 자와섬 내에 있는 스마랑Semarang 동쪽에 있는 드막Demak으로 추정된다고 한다.

81 묘리무苗里務: 지금의 필리핀 민도로섬Mindoro Island으로, 『명사』에서 말하는 합묘리와는 다른 섬이다.

82 망건초뇌網巾礁腦: 문건초로蚊巾礁老·망균달로莽均達老라고도 하며 줄여서 초로礁老라고 한다. 지금의 필리핀 중부 비사야제도에 속한 레이테섬Leyte Island이다.

83 레가스피Legaspi: 원문은 '리자발利仔發'로, 지금의 필리핀 루손섬 동남쪽 해안에 위치한다.

84 카마리네스주Camarines: 원문은 '감마력甘馬力'이다. 지금의 필리핀 루손섬 동남쪽에 위치한다.

85 파나이Panay: 원문은 '반애班愛'로, 빈반내도賓班乃島라고도 한다.

86 오톤Oton: 원문은 '오당惡黨'이다. 지금의 필리핀에 위치한다.

87 세부Cebu: 원문은 '숙무宿務'이다.

88 삼보앙가Zamboanga: 원문은 '묘무연苗務煙'으로, 지금의 필리핀 민다나오 섬 서부에 위치한다.

89 말루쿠: 원문은 '만로고萬老高'이다.

90 자와섬: 원문은 '소조왜小爪哇'이다.

91 스리랑카Sri Lanka: 원문은 '칙의란則意蘭'이다. 인도양에 있는 섬나라이며 옛 이름은 실론Ceylon이다.

92 람풍: 원문은 '람방覽邦'으로, 수마트라섬 남부에 위치한다.

93 담파淡巴: 악록서사본에 따르면 지금의 말레이시아 담파호Danau Dampar 혹은 인도네시아 수마트라의 캄바강 유역을 지칭한다고 한다.

94 바그다드Baghdad: 원문은 '백갈달白葛達'로, 파격달巴格達이라고도 한다.

95 고리반췌古里班萃: 고리반졸古里班卒이라고도 한다. 지금의 수마트라섬 동쪽 해안 밖에 있는 랑쌍섬Pulau Rangsang으로 추정된다.

96 강희康熙: 청나라 제4대 황제 성조聖祖 애신각라현엽愛新覺羅玄燁의 연호(1662~1722)이다.

97 옹정雍正: 청나라 제5대 황제 세종世宗 애신각라윤진愛新覺羅胤禛의 연호(1723~1735)이다.

영국령 피낭섬Pulau Pinang

―

『명사』에 나오는 글람섬Pulau Gelam[1]인 것 같다.
원본에는 없으나, 지금 보충한다.

사청고의 『해록』에 다음 기록이 있다.

피낭은 해상의 섬으로, 포로빈랑布路檳榔,[2] 또는 빈랑사檳榔士[3]라고도 하는데, 건륭 연간에 영국이 개척한 곳이다. 슬랑오르[4]의 서북쪽 바다에 산처럼 우뚝 솟아 있으며 섬의 둘레가 사방 1백여 리 정도 된다. 중사군도에서 동남풍을 따라 약 3일 정도 가면 도착할 수 있고, 서남풍을 타고도 갈 수 있다. 원주민은 아주 드문데, 말레이 종족이 근간을 이루고 있다. 영국이 상인들을 불러 모아 점점 인구가 많아지고 물자도 풍부해졌다. 의식주는 모두 화려하고 출입할 때는 모두 마차를 이용한다. 영국인 주둔병이 2백~3백 명 정도 되고, 또 세포이도 천여 명이나 된다. 복건과 광동 사람으로 이곳에 와서 후추를 심은 이만 해도 만 명이 넘는다. 매년 술을 빚거나 아편을 판매하거나 도박장을 여는 사람들은 세금으로 은 10여만 냥을 냈다. 그러나 이 땅에서는 다른 물산이 없었기 때문에 오래 유지되기 어려웠던 것 같다.

하대경何大庚[5]의 『영이설英夷說』에 다음 기록이 있다.

영국은 옛날에는 나라가 서북쪽으로 수만 리 밖에 위치하며 광동 해역에서 아주 멀리 떨어져 있어 얼핏 중국의 직접적인 근심거리는 안 된다고 생각했다. 그런데 지금은 아주 빨리 군대를 옮겨 남쪽으로 왔는데, 무릇 동남아시아 연안 국가들, 멀리로는 방글라데시Bangladesh[6]·첸나이Chennai[7]·뭄바이Mumbai[8] 등, 가까이로는 클란탄[9]·트렝가누Terengganu[10]·조호르·미얀마[11] 및 해상의 스리비자야·자와·보르네오섬에 이르기까지 모두 영국의 협박에 굴복해 세금을 바치고 있다. 그 위세가 날로 막강해지고, 그 마음이 날로 교만해지고 있으니 어찌 만족할 날이 있겠는가? 광동 해역 가까이에 피낭이란 곳이 있는데, 란타우섬Lantau Island[12]과는 10일 정도의 거리에 있으며 3백 리의 비옥한 영토로 이루어져 있다. 복건과 광동 사람들은 그 땅에다 씨를 뿌리고 나무를 심어 땅에서 나는 이익을 모두 거두어들였는데, 수만에 그치지 않았다. 이 땅의 논밭에서는 1년에 두 번 수확하는데, 광동 사람들이 말하는 양미洋米가 바로 이것이다. 영국은 강력한 힘으로 이 땅을 점령하고 2천 명의 세포이를 뽑아 주둔시키면서 이 땅을 지켰다. 이 땅은 싱가포르Singapore[13]와 호각지세를 이루며, 결국 또 하나의 큰 도시가 되었다.

『명사』에 다음 기록이 있다.

벨리퉁섬[14]은 인도양(西南海)에 위치한다. 영락 3년(1405) 10월에 사신을 보내 조서를 가지고 가서 물품을 하사하며 그 나라를 위무했으나, 그 부족장은 끝내 조공하러 오지 않았다. 참파국의 바렐라곶Cap Varella[15]에서 배를 띄워 순풍을 타고 열흘 밤낮을 가면 글람에 이르는데, 그 서남쪽이 바로 벨리퉁섬이다. 벨리퉁섬은 높고 지대는 평평하며 토지가 비옥하여 수

확이 다른 나라의 배에 달한다. 글람은 아주 높고 넓으며 대나무와 나무가 많다. 원나라 때의 사필史弼[16]·고흥高興[17]이 자와를 정벌할 때 풍랑을 만나 이 섬 자락까지 이르렀는데,[18] 배가 많이 파손되어 곧바로 섬에 올라가 벌목하고 배를 다시 건조하여 마침내 자와를 무찔렀다. 병이 난 군사 1백여 명이 그곳에 남아 요양하면서 돌아오지 않았는데, 후에 이들이 자손을 널리 퍼뜨린 덕분에 이 땅에 중국인이 많아졌다.

원나라 왕대연汪大淵의 『도이지략島夷志略』에 다음 기록이 있다.
글람[19]은 산봉우리가 높고 나무가 조밀하고 땅이 척박해 곡식이 적게 나며, 날씨는 아주 덥다. 사람들은 사냥을 해서 먹고살았다. 원나라 지원至元[20] 초에 군사를 보내 자와를 치다가 섬 자락에서 풍랑을 만났는데, 번번이 배가 부서졌다. 요행히 배 한 척이 위험에서 벗어나 이 섬에 나무가 많은 것을 보고는 이곳에서 배 10여 척을 건조해서 표연히 떠나갔다. 병이 난 군사 1백 여 명은 돌아올 수 없어 결국 이 섬에 남았다. 그래서 지금 중국인들과 토착민이 함께 살고 있다. 살펴보건대 글람은 보르네오 칼리만탄[21]으로 가는 필수 경유지로, 섬이 높고 땅이 비옥한 것이 피낭 땅인 것 같다.

英夷所屬新埠島

—

疑卽『明史』之交欄山.
原無, 今補.

謝淸高『海錄』: 新埠, 海中島嶼也, 一名布路檳榔, 又名檳榔士, 英吉利于乾隆年間開闢者. 在沙剌我西北大海中, 一山獨峙, 周圍約百餘里. 由紅毛淺順東南風約三日可到, 西南風亦可行. 土番甚稀, 本巫來由種類. 英吉利招集商賈, 逐漸富庶. 衣食房屋俱極華麗, 出入悉用馬車. 有英吉利駐防番二三百, 又有敍跛兵千餘. 閩·粤到此種胡椒者萬餘人. 每歲釀酒·販鴉片及開賭場者, 榷稅銀十餘萬兩. 然地無別產, 恐難持久也.

何大庚『英夷說』: 英吉利者, 昔以其國在西北數萬里外, 距粤海極遠, 似非中國切膚之患. 今則駸駸移兵而南, 凡南洋瀕海各國, 遠若明呀喇·曼噠喇薩·孟買等國, 近若吉蘭丹·丁加羅·柔佛·烏土國, 以及海中三佛齊·葛留巴·婆羅諸島, 皆爲其所脅服, 而供其賦稅. 其勢日盛, 其心日侈, 豈有厭足之日哉? 近粤洋海島, 有名新埠者, 距大嶼山僅十日程, 沃土三百里. 閩·粤人在彼種植以盡地利者, 不啻數萬. 阡陌田園, 一歲再熟, 卽粤人所謂洋米是也. 英夷以強力據之, 撥敍跛兵二千駐防. 其地與新嘉坡相犄角, 居然又一大鎭矣.

『明史』: 麻葉甕, 在西南海中. 永樂三年十月, 遣使齎璽書賜物, 招諭其國, 其酋長迄不朝貢. 自占城靈山放舟, 順風十晝夜至交欄山, 其西南卽麻葉甕. 山峻地平, 田膏腴, 收獲倍他國. 交欄山甚高廣, 饒竹木. 元史弼·高興伐爪哇, 遭風至此山下, 舟多壞, 乃登山伐木重造, 遂破爪哇. 其病卒百餘, 留養不歸, 後益蕃衍, 故其地多華人.

元汪大淵『島夷志略』: 勾欄山, 嶺高而林密, 田瘠穀少, 氣候熱. 俗射獵爲事. 至元初, 軍士征闍婆, 遭風於山, 輒損舟. 一舟幸免, 見此山多木, 故於其地造舟十餘隻, 飄然長往. 有病卒百餘人不能去, 遂留山中. 今唐·番雜居. 源案: 交欄山爲往大爪哇婆羅洲必由之地, 又山高壤沃, 似卽新埠之地.

주석

1 글람섬Pulau Gelam: 원문은 '교란산交欄山'으로, 지금의 인도네시아 보르네오섬의 남쪽 해안 밖에 위치한다. 따라서 글람섬과 피낭섬은 그 위치가 다르나 위원은 같은 섬으로 보고 있다.

2 포로빈랑布路檳榔: 지금의 말레이시아 피낭섬을 가리킨다.

3 빈랑사檳榔士: 광서 2년본에는 '빈랑토檳榔土'로 되어 있으나 악록서사본에 따라서 고쳐 번역한다.

4 슬랑오르: 원문은 '사랄아沙剌我'로, 사라아국沙喇我國이라고도 한다.

5 하대경何大庚: 절강 산음山陰(지금의 소흥紹興) 사람이다. 임칙서가 광주에 와서 아편을 엄금했을 당시, 그는 광주 지부知府 여보순余保純과 마카오에 있던 도원道員(청대의 각 부府·현縣의 행정을 감찰하는 관리) 역중부易中孚의 수행원이자 막료로 활동했다.

6 방글라데시Bangladesh: 원문은 '명하라明呀喇'이다.

7 첸나이Chennai: 원문은 '만달라살曼噠喇薩'로, 마덕랍사馬德拉斯라고도 한다.

8 뭄바이Mumbai: 원문은 '맹매孟買'이다.

9 클란탄: 원문은 '길란단吉蘭丹'으로, 단단丹丹이라고도 한다.

10 트렝가누Terengganu: 원문은 '정가라丁加羅'로, 정갈노丁葛奴 혹은 정갈노丁噶奴라고도 하는데, 말레이반도 북동쪽에 위치한 주이다.

11 미얀마: 원문은 '오토국烏土國'이다.

12 란타우섬Lantau Island: 원문은 '대서산大嶼山'으로, 주강珠江 하구 바깥쪽에 있다.

13 싱가포르Singapore: 원문은 '신가파新嘉坡'이다.

14 벨리퉁섬: 원문은 '마엽옹麻葉甕'이다.

15 바렐라곶Cap Varella: 원문은 '영산靈山'이다. 지금의 베트남 중부 해안에 위치하는 께가곶Mũi Kê Gà이다.

16 사필史弼: 사필(1233~1318)은 원대 장군이자 정치가로, 자는 군좌君佐, 호는 자미노인紫微老人이다.

17 고흥高興: 원대 장군이자 정치가로, 채주蔡州 출신이다.

18 원나라 때의 … 이르렀는데: 『해국도지』 권12에 이에 관련된 내용이 자세히 보인다.

19 글람: 원문은 '구란산勾欄山'이다.

20 지원至元: 원나라 제1대 황제 세조世祖 쿠빌라이Qubilai의 연호(1264~1294)이다.

21 보르네오 칼리만탄: 원문은 '대조왜 파라주大爪哇 婆羅洲'로 지금의 보르네오섬 남부 지역인 칼리만탄을 가리킨다.

海國圖志
卷十六

해국도지
권16

—

소양邵陽 위원魏源 편집

본권에서는 동남양에 위치하는 오세아니아대륙의 지리, 역사, 풍속, 외모, 언어, 문화적 특색 및 영국과의 관계를 기술하고 있다. 아울러 오세아니아대륙 부근의 뉴기니·뉴브리튼·솔로몬·뉴질랜드·태즈메이니아·노퍽 등의 섬에 대해서도 살펴보고 있다. 특히 『지리비고地理備考』·『외국사략外國史略』·『만국지리전도집萬國地理全圖集』·『영환지략瀛環志略』 등에 기록된 오세아니아대륙과 관련된 사항을 인용, 소개하고 있다.

영국령 뉴홀랜드New Holland¹

—

영국령 뉴홀랜드²는 바로 오세아니아대륙Oceania³이다. 일명 오스트레일리아대륙Australia⁴인데, 유럽Europe의 오스트리아국Austria⁵과 동명이다. 만약 단지 뉴홀랜드(新荷蘭)라고 부르면 두 자와Jawa⁶[大新荷蘭·小新荷蘭]와 혼동되기 때문에, 지금『지리비고地理備考』속 오세아니아대륙(阿塞亞尼亞洲)의 명칭을 따른다. 사실 음은 비슷하지만 글자가 다르니, 오스트리아국(奧地利亞國)을 구새특리국歐塞特厘國이라고 하는 것과 같다. 대개『지리비고』에서는 이 대륙을 남양제도南洋諸島⁷ 여러 섬의 우두머리로 여겨 섬의 이름을 대륙의 이름으로 삼았다. 사실 아시아Asia 등은 모두 서양인이 뜻으로 이름을 지었기 때문에 출처가 없다. 천지사방 밖 세계에 대해서 성인은 논하지 않는 법이다.⁸ 우주의 거대함을 방관한 이상, 이름 역시 그 주인을 따르지⁹ 않을 수 없다.

『지리비고』에 다음 기록이 있다.

중앙오세아니아대륙¹⁰은 오스트레일리아¹¹라고도 하며, 또한 뉴홀랜드라고도 하는데,[12] 남태평양에 위치한다. 남위 10도에서 29도에 이르며, 동경 110도에서 152도에 이른다. 남북의 길이는 약 7,500리이며, 동서의 너비는 약 9,500리이고, 면적은 사방 385만 리이다.

또 다음 기록이 있다.

오세아니아대륙은 바로 남양제도로, 지금은 오대륙의 하나로 통칭된다. 먼바다에 섬들이 잇닿아 있고, 땅은 좁은데 나라는 많으며, 중앙의 가장 큰 오스트레일리아섬이 그 중심에 있다. 그 나머지 각 섬은 토산품이 풍부하고 종족이 다양하며 정치는 각각 다르다. 적도를 기준으로 위도는 북위 35도에서 남위 56도에 이르며, 경도는 파리Paris[13] 자오선Meridian[14]을 기준으로 동경 91도에서 105도에 이른다.

본 대륙은 동쪽으로 태평양Pacific Ocean,[15] 서쪽으로 인도양Indian Ocean, 남쪽으로는 남태평양,[16] 북쪽은 북태평양North Pacific Ocean[17]과 접하며, 아시아·아메리카America[18] 두 대륙에 걸쳐 있다.

본 대륙은 사면이 바다로, 뭇 섬들이 그 안에 여기저기 퍼져 있다. 계산해 보면, 뭇 섬들은 남북의 길이는 약 22,750리이고 동서의 너비는 약 41,000리 정도에 달하며, 전체 땅의 면적을 합산하면 사방 4,205,500리이다.

본 대륙의 땅은 세 구역으로 나뉜다. 서오세아니아[19]는 북위 12도에서 21도에 이르며 동경 93도에서 132도에 이른다. 크고 작은 수많은 섬이 그 안에 여기저기 퍼져 있다. 수마트라·자와·숨바와·티모르·말루쿠·술라웨시·보르네오·루손은 서쪽에 위치한 섬나라들이다. 중앙오세아니아는 오스트레일리아라고도 하며, 본 대륙의 중심이 되는 섬은 이른바 뉴홀랜드이다.[20] 북위 1도에서 남위 55도에 이르며, 동경 76도[21]에서 181도[22]에 이른다. 뉴기니New Guinea[23]·루이지아드Louisiade[24]·뉴브리튼New Britain[25]·솔로몬Solomon[26]·산타크루즈Santa Cruz[27]·바누아투Vanuatu[28]·누벨칼레도니Nouvelle Calédonie[29]·노퍽Norfolk[30]·뉴질랜드New Zealand[31]·태즈메이니아Tasmania[32] 등은 중앙에 위치한 섬나라들이다. 동오세아니아[33]는 북위 35도에서 남위 65도에 이르며, 동경 125도에서 서경[34] 105도에 이른다. 보닌제도Bonin Islands[35]·마리아나제도Mariana Islands[36]·팔라우제도Palau Islands[37]·캐롤라인제도Caroline Islands[38]·멀그레이브Mulgrave[39]·비티레부Viti Levu[40]·통가Tonga[41]·왈리스 푸투나Wallis et Futuna[42]·사모아Samoa[43]·케르마데크제도Kermadec Islands[44]·쿡제도Cook Islands[45]·투부아이제도Tubuai Islands[46]·타히티Tahiti[47]·투아모투제도Îles Tuamotu[48]·멘다냐제도Mendaña Archipelago[49]·하와이제도Hawaiian Islands[50]·사파랍대斯波拉大 등은 동쪽에 위치한 섬나라들이다. 세 지역으로 분포되어 있으나, 중앙의 오스트레일리아대륙을 중심으로 하기 때문에 오세아니아대륙이라는 명칭을 얻게 된 것이다.

본 대륙[51]의 인구는 약 2030만여 명이다. 풍속은 다양하며, 이슬람교·불교·다신교·기독교·자이나교Jaininsm[52]가 있어 각각 숭상하는 것을 따른다.

본 대륙의 통치 체제는 다른 대륙과 비교해 볼 때 별 차이가 없다. 통치자를 왕이나 황제[53]나 부족장이나 우두머리로 칭했는데, 대대로 세습되거나 백성들이 직접 우두머리가 되거나 하여 호칭이 각기 달라서 피차 같지 않았다.

본 대륙의 종족은 다양하며, 재주가 각기 달라서 다른 대륙과 비교했을 때 그 차이가 현저하다. 흑인은 오직 숲에 거주하며 특별히 하는 일도 없었고, 무릇 생활용품도 만들 줄 몰랐다. 말레이족은 일을 자못 부지런히 하여 농사를 짓거나 물고기를 잡거나 배를 몰거나 광물을 캐거나 해서 생활의 방도로 삼았다. 도기는 대부분 파푸아뉴기니Papua New Guinea[54]인이 만들었고, 대자리는 대부분 로투마Rotuma[55]인이 짰다. 술라웨시·포기사륵布基斯勒 및 자와 등 각 섬은 길쌈 실력이 최고여서 정교하고 섬세하게 천을 짰다. 비티레부·통가·타히티·투부아이 등의 섬도 제조에 뛰어났다. 무릇 금은 주조·옥석 공예·대나무 공예·상아와 무소뿔 조각하는 일을 도처에서 많이 볼 수 있다. 가장 뛰어난 이들은 보르네오·자와 및 폴리네시아Polynesia[56] 사람들이다.

오스트레일리아는 외부인의 발길이 거의 닿지 않아서 지금까지도 그곳 상황을 자세히 알 수 없다. 해변에 대해서도 아직 상세하지 않다. 그곳은 산등성이와 언덕이 잇닿아 있고, 인적이 드물다. 긴 강으로 혹스베리강Hawkesbury River,[57] 매쿼리강Macquarie River,[58] 라클런강Lachlan River[59]이 있는데, 모두 동쪽에 위치한다. 백반白礬·석탄·생철生鐵 등은 남쪽에서 주로산출된다. 초목과 꽃이 가득하며, 숲이 빽빽하여 온갖 짐승들이 번식한다. 기후가 서로 달라서 각 지역마다 차이가 있다. 북방은 몹시 무더워서 사람들이 견디지 못할 정도였고, 중앙은 온화해서 살기 좋으며, 남방은 춥기도 하고 덥기도 한 것이 유럽대륙과 비슷하다. 원주민은 재주가 없고 우둔하다. 명나라 말엽, 네덜란드인이 처음으로 이 땅을 발견했지만 얼마 뒤에 이 황무지를 내버렸다. 근 수십 년 동안 영국이 다시 죄수들을 이주시켜서 개간하고 정비했지만, 여전히 뉴홀랜드라는 명칭을 사용했으니, 클라파Kelapa[60]의 경우와는 다르다.[61] 전체 섬의 각 지역은 영국이 겸병해서 통치하기도 하고 부족장이 관할하기도 한다. 해변을 기준으로 동서남북의 이름이 다른데, 동쪽은 뉴사우스웨일스New South Wales[62]로, 부족장이 관할하는 지역이다. 그곳 사람들은 볼품없고, 거주지가 없으며 옮겨 다니는 것도 일정치 않다. 대개 홍수나 가뭄이 발생해야 이동했는데 우거진 밀림을 몰려다니는 코끼리 떼 같았다. 동남양 각 섬은 숲처럼 빽빽이 늘어섰지만, 보르네오·자와·일본처럼 큰 섬도 길이가 2천~3천 리에 불과하다. 다만 이 섬은 길이가 1만 리에 달하며 너비는 7천여 리로 별 속의 달과 같다.

적당히 춥고 더워서, 물산의 번식이 남극·북극의 빙해 불모지와는 비교할 바가 아니다. 그래서 마땅히 하나의 대륙으로 명명하여 유럽·아시아 등과 나란히 세워야 한다.[63] 영국령으로는 시드니Sydney[64]가 있는데 가옥이 웅장하고 아름다우며 무역이 나날이 흥성했고, 그 외 보터니만Botany Bay,[65] 뉴캐슬New Castle,[66] 파라마타Paramatta,[67] 저비스만Jervis Bay,[68] 매쿼리항Port Macquarie,[69] 필립항만Port Phillip Bay[70]이 있다. 서쪽에는 리우윈Leeuwin,[71] 애들레이드Adelaide,[72] 에인드라흐츠란트Eendrachtsland[73]가 있다. 남쪽은 모두 영국이 함께 통치하는 곳으로, 누이테스Nuytes,[74] 플린더스Flinders,[75] 바우딘Baudin,[76] 그랜트Grant[77]의 네 지역으로 나뉜다. 북쪽도 영국이 함께 통치하는 곳으로, 위트Witt,[78] 반디멘스랜드Van Diemen's Land,[79] 아넘랜드Arnhem Land,[80] 카펀테리아Carpentaria[81] 네 지역으로 나뉜다.

『외국사략外國史略』에 다음 기록이 있다.

남양제도에는 섬들이 가장 많고, 그 형세도 최대이다. 남위 12도 40분에서 북위 20도에 이르며, 동경 92도에서 134도에 이른다. 섬들이 각각 서로 연결되어 있으며, 모두 남북 황도대黃道帶[82] 안에 위치하기 때문에 기후와 산물의 정황이 비슷하다. 큰 산이 울창하고 고적이 많으며 산물도 상당한 가치가 있다. 여기에서 서쪽으로는 각 섬이 나뉘어 우뚝 솟아 있다. 첫 번째 부분은 수마트라섬Pulau Sumatra[83]·자와섬Pulau Jawa[84]·발리섬Pulau Bali[85]·롬복섬Pulau Lombok[86]으로, 동경 116도이며 토지가 비옥해서 사람들은 농업에 종사한다. 두 번째 부분은 술라웨시섬Pulau Sulawesi[87]으로, 여러 섬 가운데 위치하며 동쪽 경계는 부퉁섬Pulau Butung[88]·슬라야르섬Pulau Selayar[89] 등으로 이어지고, 모두 동경 116도에서 124도에 이른다. 보르네오섬 역시 이 경도 안에 위치하며 종족이 다양하다. 세 번째 부분에 속하는 섬은 동경 124도에서 130도에 이르며, 북위 2도에서 남위 10도에 이른다. 대부분 야만인이지만 그중 개화된 자들은 또한 기독교를 신봉하며 사곡미沙穀米[90]를 먹고 정향과 옥과玉果[91] 등의 산물이 난다. 네 번째 부분은 루손제도로, 미곡이 나며 사람들은 상당히 개화되었고 지진이 많이 발생한다. 다섯 번째 부분은 스리랑카Sri Lanka[92]와 오인도제도[93]로, 두 종족이 있다. 한 종족은 각 해변에 거주하는데, 신장이 작고 피부가 자줏빛이며 머리는 길다. 또 한 종족은 원주민으로, 검은 얼굴에 긴 곱슬머리로 체구가 작고 미개하며 숲속에 거주한다.

　동남쪽 크고 작은 섬들을 모두 계산해 보면, 촘촘히 위치하여 상당수에 이른다. 그 중앙의 대지로 오스트레일리아대륙만 한 것은 없다. 전체 면적은 사방 15만 리 정도이며, 남위 10도에서 40도에 이르고 동경 112도에서 154도에 이른다. 이 땅에는 지항支港이 많지 않고, 강과 하천도 적으며 해변에는 높은 산봉우리들이 있다. 땅은 평평하고 넓으며 초원이 광활하다. 그곳을 유람한 자들은 많지만, 결국 그 내지의 형세를 자세하게 알지는 못한다. 북방은 황도에 가까워서 날씨가 상당히 덥고, 남방은 추워서 물이 얼어 얼음이 맺힌다. 내지는 지대가 낮으며, 여름에는 대부분 동북풍과 동남풍 등이 불고 겨울에는 대부분 서북풍과 서남풍 등이 분다. 날씨가 춥고 따뜻한 것이 다른 나라와 달라서 왕왕 여름과 겨울이 상반된다. 비록 가뭄이 오래 지속되어도 이슬이 떨어지고 풍토병도 없어서, 이곳에 오는 외부인들은 모두 잘 적응한다. 나무는 대략 4,200종으로, 높이가 50길이나 되어 배를 만들고 집 짓기에 편리하다. 여러 해 전에 이 땅은 잡초만 무성했다. 후에 영국인이 채소·남과南果·포도·여지 등을 심어 모두 번성했는데, 특히 화초가 아름답다. 논밭에 댈 물이 부족하여, 오직 보리는 심을 수 있지만 벼를 재배하기에는 적합하지 않다. 들짐승이 많고 가축은 없었는데, 영국 선박이 소·말·양·돼지를 싣고 와서 나날이 번식했다. 새는 앵무새와 물총새가 대부분이다. 바다 생물로는 조개·바지락·소라·방게가 대부분이고 물고기와 자라는 드물다. 원주민은 상당히 비루해서 옷도 집도 없고, 숲속을 분주히 돌아다닌다. 외국인을 만나기만 하면 술과 음식을 달라고 해서 취하면 잠들어 버린다. 기독교도들이 교화시키려 했지만 끝내 변하지는 않았다. 명 만력 33년(1605), 네덜란드가 처음 이 땅에 왔는데 황무지라서 항구를 건설할 수 없어 그대로 이곳을 떠났다. 그래서 이 섬은 지금까지 여전히 신하란新荷蘭(뉴홀랜드)이라는 명칭을 지니고 있는데, 보르네오·자와를 지칭하는 신하란이 아니다. 건륭 42년(1777)에 영국 해군 장교가 멀리서 이곳에 찾아와 상황을 두루 살펴보았다. 건륭 52년(1787)에 도형·유형(徒流刑)에 처해진 죄수들을 이곳 해변가 보터니항⁹⁴으로 호송하여 배치할 것을 논의했고, 이후로 원주민들이 비로소 이 땅을 함께 개척했다. 도광 연간, 사방에 두루 성읍을 건설하고 항구를 열고 목장을 만들고 밭을 개간하고 열심히 일하면서 투자를 아끼지 않았다. 또 내지에 농경에 적합한 토지가 있는 것을 살펴보고 농사짓는 이들을 불러들였는데, 해마다 인원이 점점 늘어났다. 가장 중요한 땅은 뉴사우스웨일스⁹⁵로, 동쪽 해변가 부근이며 중간에 척박한 산이 있지만, 사방이 평평하고 목장이 꽤 넓어서 가축을 기르기에 충분했다. 매년 양털을 깎아 본국으로 운반했으며, 그것으로 짠 나사羅紗⁹⁶가 7만 섬에 달했다. 아울러 음식을 끓일 때 양 기름을 사용했다. 도광 18년(1838), 밭 5,400경을 일구어 좁쌀·보리·귀리·메밀·네덜란드 감자를 생산했는데, 모두 341,000섬이었다. 가뭄을 만나면 먹을 것이 부족하여 반드시 다른 지역에서 운반해 왔다. 도광 19년(1837)에 인구가 모두 114,300명이나 되었다. 도광 18년(1836)에 수입한 물건 가격이 은 450만 냥이었고,

수출한 양모·고래기름 등의 가격은 은 220만 냥이었으며, 운행한 배는 292척이었다. 도광 19년(1837)에 수입한 물건 가격은 은 669만 냥이고, 수출한 것은 은 282만 냥이었으며, 운행한 배는 563척이었다. 그 후로 상인들은 불성실하고, 외지인들이 제멋대로 사들이고 팔아대는 바람에 여러 점포가 돌연 도산했으며, 은행[97]도 본래의 기능을 유지할 수 없었다. 물가가 떨어지자 상인은 망하고 사람들은 가난해졌다. 마침 영국의 재주 있는 사람이 대책을 강구하여 상황을 바로잡아서 개선하니 점차 예전대로 돌아갔다.

영국인들은 군대를 배치하여 이 땅을 관리했으며, 병사들은 3년에 한 번씩 교대했다. 파견한 문관文官은 많지 않았고, 향신鄕紳과 공회公會의 역할은 모두 양민들에게 맡겼다. 도광 4년(1824)에 급료는 15만 냥이었다. 도광 20년(1840)에는 204만 냥이었는데, 지금은 또 삭감되었다. 뉴사우스웨일스의 형세는 북아메리카[98]와 비슷하니 대국이라 할 만하다. 지금의 개간과 건설로 백 년 후에는 마땅히 동남양에서 제일 넓고 번성한 땅이 되리라 짐작된다. 대도시로 시드니[99]가 있는데, 남위 33도 51분에서 동경 151도 16분에 이르고, 인구는 26,000명이며 도시가 아름답고 거리가 넓다. 해안의 물이 깊어서 배를 정박할 수 있다. 파라마타[100] 항구는 인구가 3천 명이다. 멜버른Melbourne[101] 관할의 필립항Port Phillip[102]은 사방이 산과 물로 경치가 유달리 청아하고 아름답다. 도광 17년(1835)에 비로소 이 지역을 건설하여 이미 널리 건물을 지었다.

남쪽 속지는 동경 132도에서 141도에 이르며, 면적은 1150만 경頃으로, 땅이 평평하고 초목은 자라지 않는다. 가까운 곳에 항구를 세웠으며, 인구는 1만 명이 넘지 않는다. 지금 개간을 하여 물산이 나날이 증가하고 있다. 관청 소재지는 애들레이드[103]이다.

서쪽 속지는 남위 31도에서 35도, 동경 115도에서 129도에 이른다. 도광 19년(1837)에 이 땅을 개간하기 시작했으나, 해변에 모래가 많아 산물은 없었다. 인구는 수천 명으로, 스완강Swan River[104] 가에 거주한다.

북쪽 속지는 카펀테리아만Gulf of Carpentaria[105]에 위치하며, 도광 18년(1836)에 건설한 항구이다. 날씨와 산물은 모두 남태평양의 섬들과 차이가 없고, 해삼이 많이 나며 산에서는 정향이 난다. 원주민은 피부가 검다. 에싱턴항Port Essington[106]이 있는데, 인구는 적다.

태즈메이니아섬Tasmania Island[107]은 남위 41도 20분에서 43도 40분, 동경 144도 40분에서 148도 20분에 이른다. 면적은 1,155리이며, 땅이 비옥하고 관개시설이 되어 있어 목재와 오곡이 상당히 많이 난다. 매년 생산하는 보리는 21,000섬 남짓이다. 기르는 말은 모두 2,034필이고, 소는 84,476마리이고, 양은 1,232,511마리이다. 인구는 45,000명이다. 도광 18년(1836)에 수입한 물건은 모두 은 210만 냥어치이고, 수출한 물건은 174만 냥어치이며, 운행한 배는 370척이다. 수출한 고래기름 가격은 은 26만 냥어치이고, 양모는 513,000냥어치이다. 애석하게도 중심부만을 개간하느라 두루 개간하지는 못했다. 중앙 대도시는 호바트Hobart[108]로, 인구는 14,382명이다. 론서스턴Launceston[109]의 인구는 6천 명으로, 이곳 역시 번화한 항구이다. 영국에서 갓 도착한 죄수들은 대부분 돈이 없었다. 호바트와 론서스턴 두 곳에서 은행을 개설했기 때문에 수시로 돈을 빌려주어 그곳 사람들을 지원했다. 부속 섬인 퍼노제도Furneaux Group[110]는 영국 죄수들이 모여 있는 곳으로, 그 땅에서는 삼麻이 난다.

『만국지리전도집萬國地理全圖集』에 다음 기록이 있다.

남아시아는 뉴홀랜드[111]와 오세아니아제도[112]로 나뉘는데, 섬의 수가 무수히 많다. 이곳의 경우 서양 선원이 가장 먼저 발견했고, 스페인과 네덜란드 등의 나라가 처음으로 이곳에 들어왔다. 백여 년 전에는 이곳을 아는 사람이 없었다. 영국 선박이 풍토와 인심, 형세를 알아보고 새로운 땅이 무수하다는 것을 조사해 내어 죄수들을 이주시킨 곳이 뉴홀랜드이다. 민간인들도 있었는데, 원래 살던 땅에 먹을 것이 없어 기꺼이 먼 바다를 건너 이곳에 와서 황무지를 개간하고 황폐한 땅을 일구었다. 후에 또 다른 나라 사람들이 점포를 받아 이주하기를 원했다. 특히 선교사들은 그들의 나라를 떠나와서 예수 복음의 진리를 전했다. 게다가 포경선이 항해하며 돌아다니다가 이 섬과 교류를 했다. 지금은 이 섬의 형세를 두루 알게 되어서 그 지리에 대해 기록한다.

뉴홀랜드는 남위 10도에서 38도, 동경 115도에서 150도에 이르며, 면적은 사방 9백만 리이다. 오직 그 해변에 대해서는 알지만, 내지에는 인적이 닿지 않았다. 강과 하천은 많지 않으며, 양쪽 변경은 건조하고 메마른 지역이다. 모든 산 중에서 가장 높은 것은 30길에 달한다. 날씨가 상당히 건조하고, 황폐한 불모지이다. 짐승은 북쪽 지방의 짐승과 전혀 다르게 생겼다. 원주민들은 천성이 금수와 같으며, 풀과 과일만을 먹고 나무 위에서 산다. 백인들과 왕래할 때는 술 마시고 취하여 진창에 구르기도 한다. 옷은 입지 않는다. 남자는 여자를 가축처럼 다루어 심하게 매질하고 학대하며, 화가 나면 죽여 버린다. 영국의 새로운 이주민들은 이 땅에 와서 보리·조·벼를 심고 면양을 길러서 장사가 나날이 커지고 번성했다. 면양의 솜털이 섬세해서 그것으로 나사[113]를 짠다. 사람들은 양젖을 얻고 털은 판다. 수출 물품은 매년 은 280만 냥어치에, 수입 물품은 매년 4백만 냥어치이다. 각각 새로 개척한 땅에 사는 사람들은 10만이 넘지 않는다. 도시로는 시드니가 있는데, 잭슨항Port Jackson[114]에 위치하며 뉴홀랜드에 속한 항구로 통상이 활발하다. 이주해 온 죄수들은 그 풍속이 사치스럽고 거만했는데, 이곳 사람들 역시 그 해악에 물들어 도道에서 점점 멀어졌다. 어느 때는 호탕하게 쓸데없는 소비를 하여 돈을 물 쓰듯 했고, 어느 때는 점포를 닫고 쉬어서 돈이 부족했다. 항구의 인구는 2만 명으로, 대부분 장사를 한다. 내지의 마을은 많은 편이지만 인구가 한정되어 농사짓는 이들은 드물고 목축을 중요하게 여긴다. 해마다 새 거주민들이 이사해서, 60년이 지난 후에 이 땅은 대국이 되었다. 그 당시 남태평양 지역은 반드시 영국의 명령을 따르고 권력에 복종해야 했다. 그 선박은 지금 광주부까지 와서 교역한다.

남태평양 해안의 개간지에는 또한 여러 건물을 새로 지어 도시로 삼았다. 이주해 오는 사람들이 점차 증가하고 외국과 장사도 하여 오래지 않아 대국이 되었다. 서쪽에 개척한 새로운 땅은 오직 강가의 한 곳뿐이었다. 처음에 도착한 사람이 일을 했으나 뜻대로 되지 않자 지금은 실망해서 결코 비용을 들여 땅을 개간하지 않는다. 그 북쪽 경계는 황도에 가까워서 날씨가 상당히 덥다. 그러나 그 땅에서 생산을 할 수 있기 때문에 영국은 강한 병사를 파견해 주둔시켰다. 지금은 온 땅이 황무지이지만 바닷가 돌 속에서는 해삼·해초·제비집 등이 난다. 원주민은 야만적이며 길들여지지 않았다.

태즈메이니아섬[115]은 뉴홀랜드[116] 동남쪽으로, 남위 40도 42분에서 43도 43분에 이르고 동경 148도 22분이며, 전체 면적은 사방 81,000리이다. 오곡과 감자, 각종 채소가 난다. 거주민은 농사뿐 아니라 고래잡이도 중요하게 여긴다. 연해 항구는 셀 수 없을 정도로 많으며 교역이 왕성하다.

뉴질랜드[117]는 남쪽의 두 섬으로, 해협[118]을 사이에 두고 있다. 남위 34도에 동경 160도에서 178도에 이르고, 전체 면적은 사방 186,000리이다. 산봉우리가 구름에 닿을 정도로 높고 눈이 겹겹이 에워싸고 있으며, 늪지에서는 물이 샘솟는다. 원주민은 잔인하고 살인을 좋아하여 다른 부족과 원수를 지면 항상 복수하며, 제멋대로 날뛰고 거리낌 없이 행동하여 많은 사람을 두렵게 한다. 당시 예수회 선교사들이 그 땅에 들어가 교화를 하며 노인과 어린아이에게 복음을 전파했고, 이 미개한 사람들에게 농사짓고 물품을 만들게 하여 인육을 먹는 폐해를 없앴다. 땅이 비옥해서 마·곡식·채소 등이 난다. 그래서 영국에서 사람들을 이주시켜 그 지역 부족장에게 밭을 구입하여 새로운 땅을 두루 개간했다. 프랑스 역시 이런 방식을 따라서 이 땅을 차지했다. 많은 포경선이 차례대로 이 항구에 들어와서, 물물교환하는 식으로 조총과 융단을 각종 식료품과 바꾸었다. 원주민들도 배에 올라 선원이 되기도 했지만, 성격이 사나워서 가까이하기 어려웠다.

앞서 언급한 각 지역은 모두 영국이 군대를 주둔시키고 관리를 파견했다. 그들 부족장이 다스리는 곳은 어수선하고 기강이 무너진 상태였다. 그중에 또한 부족장이 없는 야만인들은 모두 숲속에 흩어져서 짐승처럼 떼 지어 살았다. 동남쪽 바다에 있는 섬으로는 뉴기니[119]·뉴아일랜드[120]·솔로몬[121]·뉴헤브리디스New Hebrides[122] 등의 제도가 셀 수 없을 정도로 많다. 그곳의 산은 높으며 화산 봉우리도 있다. 다만 거주민들은 얼굴이 검고 몸이 작으며, 힘이 세고 난폭해서 교류할 방법이 없어 이 섬의 형세만을 알 뿐이다.

태평양[123]은 망망하여 한번 바라보면 아득히 멀고 넓어서 끝이 없다. 많은 제도는 분산되어 있어 촘촘하지 않고, 대부분 협소한 땅으로 사방에 산호와 넓적한 큰 돌이 있어서 가까이 접근하기에 상당히 어렵다. 그 산에서는 야자·토란·감자·병과餠果가 난다. 거주민은 일하지 않고 한가로이 지내며, 구름 한 점 없이 맑고 화창하여 옷도 많이 필요하지 않다. 원래부터 일하지 않고 오직 즐길 뿐이었다. 그 풍속은 아직 개화되지 않았지만, 그중 한 부족은 선량해서 충고를 하면 말을 들었다. 예수회 선교사가 또 이 섬에 와서 하늘의 도를 가르치고 어리석음을 깨우쳐 그 마음에 빛을 비추어 복음으로 이끌었다. 뜻하지 않게 원주민들 스스로 그들의 숭배 대상[124]을 모두 버렸으니, 진실로 신의 힘이 무궁하여 야만인의 마음을 감화시켰다고 할 수 있다.

　제도 중에 가장 큰 섬은 타히티[125]로, 풍경이 상당히 아름답다. 거주민과 부속 섬들은 기독교를 신봉하여 가르침에 따라 그 뜻을 높여서 학교를 증설했다. 하와이[126]는 폴리네시아[127]에서 가장 넓으며, 역시 정교正敎를 믿는다. 가경 17년(1812)에 예수를 받들어 사악함을 버리고 올바른 길로 들어서서 획일화되었다. 지금 이 섬의 거주민은 크게 증가하고 있지만, 원주민은 점차 줄고 있다. 이 섬의 왕은 무관을 양성하여 훈련시키고, 또한 전함을 널리 바다로 내보내 정찰하게 했다. 학교가 도처에 있어서 어리석음을 깨우쳐 주었다. 이 제도의 거주민은 몸은 바르고 단정하지만, 속마음은 상당히 잔인하다. 캐롤라인제도가 섬이 가장 많고, 그 안에 사는 부족은 상당히 재주가 있어서 간혹 선박이 오게 되면 그들과 통상했다. 마리아나제도[128]는 스페인에게 점령당했는데, 강제로 거주민들에게 가톨릭을 믿게 하자 죽음을 불사하며 따르지 않았다. 이 밖에도 또한 많은 섬이 있는데, 대부분 생산되는 것이 야자뿐이다. 거주민은 상당히 적으며[129] 외국과 교류를 하지 않았다. 프랑스는 도광 22년(1842)에 마르키즈제도Îles Marquises[130]를 점령하여 새로운 땅으로 삼았는데, 다만 그 상황이 어떠했는지는 알 수 없다. 수년 후에나 그 상황을 기록하는 것이 가능할 것이다.

『영환지략瀛環志略』에 다음 기록이 있다.

오스트레일리아는 일명 뉴홀랜드로, 아시아 동남쪽 바다 파푸아섬 Papua Island[131]의 남쪽에 위치하며, 둘레는 약 1만여 리이다. 이 섬에서 태평양으로 나가 동쪽으로 가면 남·북아메리카 서쪽 경계에 도달한다. 이 땅은 예로부터 외지고 황폐하여 다른 지역과 교류하지 않았다. 이전 명대에 스페인 왕이 사신 페르디난드 마젤란Ferdinand Magellan[132]을 파견하여 아메리카 남서쪽에서 항해하여 다시 신대륙을 발견했다. 여러 달 항해하다가 문득 큰 땅을 발견하고, 별천지로 여겼다. 땅이 황폐하고 거칠며 인적이 드물었고, 밤에 불을 피우면 어지러이 날려서 불의 섬[133]으로 명명했다. 또한 사신 마젤란의 이름을 따서 마젤라니카Magellanica[134]로도 불렸다. 스페인 사람들은 이로써 항해에 능한 것으로 과장되었지만, 일찍이 그 땅을 개척하지는 않았다. 후에 네덜란드인이 동쪽으로 와서 남양제도를 개척하고 이리저리 땅을 빼앗으며 마침내 이곳 해변에 이르렀다. 이어 항구를 건설하여 오스트레일리아로 명명했으며, 뉴홀랜드로도 불렀다. 오래지 않아 프랑스[135]에게 빼앗겼는데, 프랑스인도 얼마 후 이 땅을 버리고 떠나갔다. 마지막으로 영국이 차지했는데, 땅이 넓어서 작정하고 개간했다. 우선 죄수들을 이곳으로 유배시켜서 둔전屯田을 했다. 본국에서 직업이 없는 빈민으로 살길을 찾고자 하는 이들 또한 실어 날랐다. 다른 나라 백성들도 터를 받고자 하는 자들이 있으면 받아들였다. 땅이 적도 남쪽에 위치하여 날씨가 덥고 건조하다. 해변은 대부분 땅이 평평하고, 높은 산봉우리도 30길 정도에 불과하다. 강과 하천이 상당히 적으며, 잡목과 잡초들, 우거진 덤불숲이 끝이 없다. 새와 짐승의 생김새는 기괴하여 다른 지역과 다르다. 원주민은 검은 얼굴에 머리를 풀어헤치고 나체로 다니며, 풀뿌리와 산열매를 먹고 나무에 집을 짓는다. 술을 주면 마시자마자 취해 진흙 속에 드러눕는데, 돼지가 진흙을 뒤집어쓴 것 같았다. 남자는 여자를 가축처럼 대해서 화가 나면 바로 죽여 버린다. 영국 이주민은 해변의 습지를 개간하여 보리와 조를 심었다. 풀이 무성해서 양을 치는데 번식이 빠르고, 양털이 가늘고 부드러워 양모를 짤 수 있다. 현재 인구는 10만 명이 채 안 되지만, 매년 수출하는 양모는 그 가격이 은 2백여만 냥에 달한다. 많은 물건이 구비되어 있지 않아서 일용품은 모두 다른 지역에서 들여왔다. 영국인은 동쪽 해구에 시드니라는 도시를 세웠는데 인구는 2만 명이다. 포경선이 늘 모여들어 정박했고, 교역이 크게 흥성했다. 유배되어 온 사람들은 본래 불량한 이들로, 마시고 도박하며 방탕하고 사치스러웠는데, 그러한 습성이 하나의 기풍이 되었다. 이 땅에 이주해 온 양민들 역시 자못 그러한 습속에 물들었다. 남쪽 지역은 남태평양에 잇닿아 있는데, 영국인들이 새로 사람들을 이주시켜 이미 취락을 이루었다. 서쪽 지역 역시 하나의 터를 닦아 놓았으며, 하천과 강가에 위치한다. 북쪽 지역은 적도에 가까워서 날씨가 상당히 무덥고, 해삼·해초·제비집이 난다. 영국인은 육군을 파견하여 주둔시켜 침탈을 막았다. 헤아려 보면, 오스트레일리아 전체 땅에서 영국인이 경작한 네 곳은 해변의 작은 땅으로 전체 땅의 1~2푼에 불과하다. 내지는 깊숙한 초원과 잡목이 무성한 숲으로 그 깊이를 헤아릴 수 없으며, 원주민은 짐승과도 같아서 늙어 죽을 때까지 왕래하지 않는다. 그곳의 풍토를 알아볼 방법이 없을 뿐 아니라 산천 형세 역시 수레를 타고 직접 가서 볼 도리가 없다. 영국인은 이 땅이 비록 황량하지만 백여 년 후에는 마땅히 대국이 되어 남태평양의 각 섬들이 속국처럼 예속될 것이라고 생각한다. 근래 남아시아[136]로 명명했다.

살펴보건대, 이곳은 바로『직방외기職方外紀』에서 언급한 5번째 대륙으로, 진륜형陳倫炯[137]이 말한 인적이 닿지 않은 곳이다. 야만인과 짐승이 사는 곳으로, 예로부터 우매했다. 스페인이 기이한 세상을 찾았을 뿐 아니라 네덜란드·프랑스인들이 이 바닷가에 이르렀다. 영국인은 온갖 궁리를 다 해 이 땅을 경영했으니, 원대한 계획을 잘 실행했다고 할 수 있다.[138]

英夷所屬新阿蘭島

—

英夷所屬外新阿蘭島, 卽阿塞亞尼亞洲. 一名澳大利亞洲, 但與歐羅巴之奧地利亞國同名. 若但呼新荷蘭, 又與兩爪哇相混, 故今從『地理備考』阿塞亞尼亞洲之名. 其實音近字殊, 猶之奧地利亞國, 一作歐塞特釐國也. 蓋『地理備考』以此洲爲南洋諸島之統領, 故以島名爲州名. 其實亞細亞等皆夷人以意命名, 非有故實. 六合之外, 聖人不論. 旣放觀宇宙之大, 不得不名從主人也.

『地理備考』曰: 中阿塞亞尼亞州, 又名奧斯達拉里亞, 亦名大新阿蘭, 在南洋之中. 緯度自南十度起至二十九度止, 經度自東一百十度起至一百五十二度止. 南北相距約七千五百里, 東西相去約九千五百里, 地面積方三百八十五萬里.

又曰: 阿塞亞尼亞州卽南洋諸島, 今合稱爲五州之一也. 重洋疊嶼, 地狹國多, 而以中央之最大奧斯達里亞島爲主. 其餘各島土産豐饒, 黎庶不一, 政治各殊. 緯度距赤道自北三十五度起至南五十六度止, 經度巴黎斯午線東九十一度起至一百零五度止.

本州東枕大海, 西接印度海, 南連南大海, 北界北大海, 暨亞細亞·亞美里加二州.

本州四面皆海, 衆島散布於中. 合計衆島南北相距約二萬二千七百五十里, 東西相去約四萬一千里, 統計地面積方約四百二十萬零五千五百里.

本州地分三域. 一名西亞塞亞尼亞, 緯度自北十二度起至二十一度止, 經度自東九十三度起至一百三十二度止. 島嶼紛繁, 散布其中. 曰蘇麻答剌·曰爪哇·曰松巴瓦·地門·曰美洛居·曰塞勒卑斯·曰婆羅·曰呂宋, 此西方諸島國也. 一名中阿塞亞尼亞, 又名奧斯達拉里亞, 卽本州之主島所謂大新阿蘭者也. 緯度自北一度起至南五十五度止, 經度自東七十六度起至一百八十一度止. 其諸島曰新爲義亞·曰盧義西阿達·曰新北勒達尼亞·曰薩羅蒙·曰北盧斯·曰基羅斯·曰新加勒達尼亞·曰諾爾佛爾克·曰新塞蘭地亞·曰疊門尼亞, 此中央諸島國也. 一名東阿塞亞尼亞, 緯度自北三十五度起至南六十五度止, 經度自東一百二十五度起至西一百零五度止. 各島曰慕寧窩爾加尼各·曰馬黎亞納·曰巴勞·曰加羅黎訥·曰慕爾加拉威·曰維的·曰當加·曰花和爾尼·曰合麼阿·曰給爾馬的·曰古各·曰都波哀·曰達義的·曰包麼度·曰門達那·曰合威·曰斯波拉大, 此東方諸島國也. 三域紛布, 而以中央之奧斯達里亞洲爲主, 故得阿塞亞尼亞州之名.

本州人民約計二京零三億餘口. 風敎不一, 曰回敎·曰釋敎·曰諸神敎·曰耶蘇公敎·曰加爾威諾敎, 各從所尙.

本州朝綱, 視別州無異. 其中稱王稱漢稱酋稱長, 或歷代相傳, 或庶民自立, 稱謂各殊, 彼此不同.

本州人民不一, 技藝各殊, 視他州迥別. 其黑人惟林是居, 無所事事, 凡日用器物, 槩不知造. 其馬來人稍爲辛勤, 或佃·或漁·或駕舟·或開礦, 以爲養生之計. 至若陶器, 多造於巴布阿西亞人, 簟席, 多編於羅都馬人. 其塞勒卑斯·布基

斯勒及爪哇等各島織紡最優, 工作細致. 其維的·當加·達義的·都波哀等各島,
工作製造亦屬精良. 凡鎔造金銀·琢磨玉石·刊斲竹木·雕刻牙角, 在在不乏. 其
最精者, 乃婆羅·爪哇及布里內西亞各島之人.

　　外人罕到, 迄今尙莫能悉. 至於海濱, 亦未甚詳. 其岡陵重疊, 人跡罕至. 河
之長者, 曰好給斯巴黎, 曰馬加里亞, 曰拉支蘭, 皆在東方. 其白礬·煤炭·生鐵
等物, 多產於南方之中. 草木花卉, 靡弗充斥, 叢林稠密, 禽獸蕃衍. 地氣互異,
各有不同. 北方酷熱, 人莫能堪, 中央溫和, 甚便居棲, 南方或寒或暑, 與歐羅
巴州相等. 技藝缺乏, 土人愚魯. 明朝末年, 有荷蘭人始尋得此地, 旋以其荒蕪棄
去. 近數十年, 英國復徙流民開墾創造, 故猶存新阿蘭之名, 示別于葛留巴也. 通島
各地, 有屬英吉利兼攝, 有爲酋長管理. 海濱有東西南北之號, 其東方又名南新
牙利斯, 乃酋所屬地方. 人民鄙陋, 居無廬舍, 遷徙靡常, 蓋洪荒甫闢, 榛狉之象
也. 東南洋各島林立, 然至大如婆羅·爪哇·日本皆不過長二三千里止. 獨此島長將
萬里, 廣七千餘里, 如星中之月. 且寒暑適平, 物產繁殖非南極·北極下冰海不毛之
比. 故當命爲一州, 與歐羅巴·亞悉亞等竝峙焉. 其屬英吉利者曰昔德內, 屋宇壯
麗, 貿易日盛, 曰波德尼卑, 曰女加斯德爾, 曰巴拉馬大, 曰日爾非斯, 曰馬加
利, 曰非里卑. 西方曰留溫, 曰厄德黎, 曰音達拉至. 南方皆屬英吉利兼攝, 地
分四, 曰奴宜德斯, 曰非狣德爾, 曰波定, 曰加蘭. 北方皆屬英吉利兼攝, 地分
四, 曰維德, 曰彎疊門, 曰阿爾內音, 曰加爾奔達里.

　　『外國史略』曰: 南洋群島最多, 形勢最大. 南極出地十二度四十分及北極
二十度, 偏東自九十二度至一百三十四度. 各相連, 皆在南北黃道帶內, 故其天
氣物產情形皆相似. 大山茂簌, 竝多古蹟, 產物甚貴. 由此而西, 各島分峙. 第
一帶爲蘇門他拉島·牙瓦島·巴里島·倫薄島, 偏東一百一十六度, 土地豐盛, 居
民務農. 第二帶爲西里白, 在群島之中, 東界係補東島·撒剌益等島, 皆延偏東

一百一十六度及一百二十四度. 婆羅島亦在此度內, 所居族類不一. 第三帶島自偏東一百二十四度及一百三十度, 北極出自二度及南極十度. 大半皆蠻, 其中有向化者, 亦奉耶蘇之教, 食物係沙穀米, 産丁香·玉果等物. 第四帶係呂宋群島, 出米穀, 居民頗向化, 多地震. 第五帶係錫蘭山竝五印度群島, 族內有兩種. 其一居各海邊, 身短·色紫·髮長. 其二係土民, 黑面, 髮卷而長, 體短且蠻, 居林內.

總計東南島嶼, 棋布星羅. 其中央大地, 無如奧大利亞洲者. 廣袤方圓約十五萬里, 南極出地自十度至四十度, 偏東自一百一十二度及一百五十四度. 此地支港不多, 江河亦少, 海邊有山嶺. 其地平坦, 廣有草場. 巡遊者雖多, 終不知其內地形勢之詳. 其北方近黃道, 天氣甚熱, 南方則冷, 水凝冰結. 內地低, 夏時多東北·東南等風, 冬時多西北·西南等風. 天氣之寒暖, 與別國不同, 往往冬夏相反. 雖長亢旱, 而其露如滴, 且無煙瘴, 故外人至者, 皆服水土. 樹木約四千二百種, 高約五十丈, 便於建船屋. 數年前, 其地惟出蕎. 後英人種蔬菜·南果·葡萄·荔枝等樹, 皆蕃盛, 尤美花卉. 因缺水灌漑, 惟可植麥, 不宜禾. 多野獸, 無牲畜, 英船載牛馬羊豕至, 日加蕃殖. 鳥多鸚鵡·翠翎之屬. 海族多蛤蜆螺螃而少魚鱉. 土人極卑陋, 無衣無宇, 奔走林內. 遇外國人惟求酒食, 醉卽安睡. 雖耶蘇門徒教化, 終無改變. 明萬曆三十三年, 荷蘭初到此, 因其荒蕪不足開埠, 遂去. 故其島至今尙有新荷蘭之稱, 非婆羅·爪哇之新荷蘭也. 迨乾隆四十二年, 英國水師官遠尋至此, 徧覽情形. 乾隆五十二年, 議將徒流之人, 押配海邊之陂他尼港, 自後土民始同開墾. 道光年間, 四方徧建城邑, 開港口, 築草場, 闢田畝, 事勤作, 不惜耗費. 更察內地有壤土, 招農工, 年年增益. 其最重之地, 曰新瓦里士, 係東海邊之部, 中間磽山, 而四面平坦, 牧場甚廣, 足養牲畜. 每年剪羊毛運回本國, 織造呢羽約七萬石. 竝煎用其油. 道光十八年, 墾田五千四百頃, 出粟米·大麥·燕麥·菽麥·荷蘭薯, 共三十四萬一千石. 遇亢旱則居民食物不足, 必由他地運入. 道光十九年, 居民共十一萬四千三百口. 道光十八年, 運入之貨值銀四百五十萬兩, 運出之羊毛·鯨魚油等值銀二百二十萬兩, 船二百九十二隻. 道光十九年, 運進貨價值銀六百六十九萬兩, 運出者銀二百八十二萬兩, 船五百六十三隻. 其後商賈不誠實, 外人濫賒·濫賣, 諸行忽倒, 銀局不能守舊. 物價皆落, 商廢民貧. 賴英國才人設法整頓補救, 漸復如舊.

英人調兵帥管理此地, 其戍兵三年一易. 所派文官不多, 其鄉紳公會皆良民所擇. 道光四年, 餉銀十五萬兩. 二十年, 二百零四萬兩, 今又消減矣. 新瓦里土形勢似北亞默利加, 足爲大國. 此時開墾創建, 料百年後當爲東南洋第一廣大繁盛之地矣. 都會曰悉尼城, 南極出地三十三度五十一分, 偏東百五十一度十六分, 居民二萬六千, 城美街廣. 海隅水深, 可泊船. 巴拉馬他海港, 居民三千. 默布尼所屬之菲立港, 山水四周, 景尤清妙. 道光十七年, 甫建此邑, 已廣築屋宇.

南邊藩屬地, 偏東自百三十二度及百四十一度, 廣袤方圓千一百五十萬頃, 平坦不生草木. 近地開埠, 民不過萬. 此時開墾, 産物日增. 會城曰亞得害.

西邊藩屬地, 南極出三十一度及三十五度, 偏東自百一十五度及百二十九度. 於道光十九年始開此地, 瀕海多沙, 竝無産物. 居民數千口, 住鴻鵠河邊.

北方藩屬地在甲賓他海隅, 乃道光十八年所開之埠. 天氣·物産俱與南海島無異, 多産海參, 山內出丁香. 土壤面黑. 港曰益生頓, 居民少.

地面島, 南極出地四十一度二十分至四十三度四十分, 偏東一百四十四度四十分及一百四十八度二十分. 廣袤方圓一千一百五十五里, 係豐盛灌漑之地, 所出木料·五穀甚多. 每年出麥二萬一千餘石. 所養之馬共二千零三十四匹, 牛八萬四千四百七十六頭, 羊百二十三萬二千五百一十一頭. 居民四萬五千. 道光十八年, 運入之貨共計銀二百一十萬兩, 運出者百七十四萬兩, 船三百七十隻. 運出之鯨魚油價值銀二十六萬兩, 縣羊毛五十一萬三千兩. 惜僅開闢中央, 未能徧墾. 中央都會曰何巴邑, 居民萬四千三百八十二口. 老新屯邑居民六千口, 亦繁盛之港. 英國新到之氓, 大半無銀. 因在兩邑開銀局, 隨時借貸, 以扶其民焉. 所附之佛里那嶼, 係流徒所集, 地出麻.

『萬國地理全圖集』曰: 南亞齊亞地, 分荷蘭大山與大海洋之群島, 繁絮如微塵之數. 至其列地方, 西國船戶首先尋得者, 呂宋·荷蘭等國爲首. 前百有餘年, 無人知此等地. 迨及英國船隻詢問風土人情形勢, 察出新地無數, 則將其罪犯徒流之新荷蘭. 亦有閭閻之民, 在本地無食物, 甘心涉重海來此開荒地, 辟草萊. 後又異國之民, 願受一廛而爲氓. 別有教師, 離本地以傳耶穌福音之理. 又有捕鯨魚之船隻巡駛往來, 與該嶼結交. 於今通知其形勢, 而識其地理矣.

新荷蘭, 南極出自十度至三十八度, 偏東自一百十五度至一百五十度, 延袤方圓九百萬方里. 惟知其海邊, 但其中地無人蹟到也. 其江河不多, 兩邊乾涸之土. 所有山嶺, 最高者三十丈. 天氣暴燥, 赤地窮髮. 所有禽獸, 與北地毫無同形焉. 其土民素性近於禽獸, 惟以草果爲食, 以樹枝爲棲. 但與白面人往來之際, 則飲酒醉, 輾轉泥淖內. 不穿衣服. 男用其女若畜生, 痛打惡待, 怒則殺之. 英國之新民到此地者, 種麥粟米, 牧縣羊, 生意日廣日盛. 毳毛最細, 以織呢絨. 居民得其奶而賣其毛. 所運出者每歲價銀二百八十萬兩, 所運進之物每年四百萬兩. 其居民在各新處不上十萬. 其都乃悉尼, 在廣海門, 係屬大地之港口, 通商不少. 但其流徒之匪, 風俗奢囂, 居民亦染其毒而離道遠焉. 有時浩蕩虛費, 揮金如土, 有時行鋪閉歇, 銀錢缺乏. 海口居民二萬丁, 大半務商. 內地部落雖多, 人戶有限, 務農者鮮, 以放牧爲要. 年年搬進新民, 則六十年後, 此地乃大國. 彼時全南海之地, 必遵其命而服其權焉. 其船隻現赴到廣州府貿易矣.

南海邊所闢之處, 尙新建屋數間, 而謂之邑. 所移人戶漸增, 又與外國經商, 故未久而成大國. 在西邊之新地, 惟江邊一處. 初到之民, 行事不如願, 現時失望, 竝不得使費以開阡陌也. 其北界近於黃道, 天氣暴熱. 但其土能産物, 故英國調勁兵駐箚. 此時遍地荒蕪, 但海濱之石中, 出海參·海菜·燕窩等物件. 其土人野心不馴焉.

地闊島, 荷東南形勢, 南極出四十度四十二分至四十三度四十三分, 偏東自一百四十四度二十二分, 袤延方圓八萬一千方里. 出五穀及薯及各項蔬菜. 其居民不獨務農, 乃以捕鯨爲重. 沿海港口多不勝數, 貿易富庶.

新西蘭, 乃南方兩島, 隔以海峽. 南極出自三十四度, 偏東自一百六十度至一百七十八度, 袤延方圓一十八萬六千方里. 峰高及雲, 雪疊環繞, 水澤湧泊. 其土民很心好殺, 與異族常結仇報復, 狷獗放蕩, 令衆人驚畏. 此時耶蘇之門徒, 進其地以敎化之, 將福音傳其老幼, 又令此野人務農作工, 以除其食人肉之弊. 其地豐盛, 出麻·穀·菜等物. 是以英國遷移人口, 向其土君買田, 遍開新地. 佛蘭西亦效法而占據此方. 所有捕鯨之船, 節次赴此港口, 包兌包送, 以鳥鎗絨氈易各項食物. 其土人亦登其船而爲水手, 但性悍難近也.

前所言之各地方, 全數歸英國調兵派官. 彼土君所管治者, 泯泯棼棼, 綱紀摧殘. 其中亦有蠻無主, 皆散林內, 如獸結群. 東南海之島, 如新危尼·新耳蘭·撒羅門·新希伯等群島, 繁不勝數. 其山高, 亦有出火之峰. 但其居民黑面短身, 倚強恃暴, 無交通之理, 只知此島之形勢而已.

其大洋海茫茫, 一望無涯. 所有各群島疏散不密, 大半褊小之地, 四圍有珊瑚·石盤, 近之甚難. 其山出椰子·芋·薯·餠果. 居民以逸待勞, 晴朗和暢, 衣服不多. 旣無務事, 惟取樂而已. 其風俗未向化, 但其中有族循良, 諫行言聽. 耶蘇學生又至其島, 敎以天道, 開其茅塞, 發光其心, 而引向福音. 不期土人自將其菩薩一切舍棄, 眞可謂神力無窮, 蠻心感化也.

其群島最大之嶼, 稱曰阿他害地, 風景淸美. 居民與所屬各嶼, 欽奉耶穌, 向風慕義, 增設學校. 阿歪希乃繁多群島之最廣, 亦歸正敎. 嘉慶十七年, 奉敎主耶穌, 棄邪歸正, 畫一無異. 今時此島之居民大興, 但人戶漸減. 其王養弁兵, 操演練習, 亦有師船遍海巡駛. 學校遍地, 開諭敎蒙. 其群島之居民形體正端, 但心內埋毒很. 加羅林群島最多, 中有族頗會技藝, 偶有船隻與之通商. 其賊群島被是班牙所占據者, 強其居民奉敎, 效死不從. 此外尙有多嶼, 大半所出物件, 椰子而已. 居民最少, 與外國絶交. 佛蘭西國於道光二十二年占據馬耳其沙之群島以爲新地, 但未知其情形何如. 付之數年後可也.

『瀛環志略』曰: 澳大利亞, 一名新荷蘭, 在亞細亞東南洋巴布亞島之南, 周廻約萬餘里. 由此島泛大洋海東行, 卽抵南·北亞墨利加之西界. 其地亘古窮荒, 未通別土. 前明時, 西班牙王遣使臣墨瓦蘭由亞墨利加之南西駛, 再尋新地. 舟行數月, 忽見大地, 以爲別一乾坤. 地荒穢無人迹, 入夜燒火亂飛, 命名曰火地. 又以使臣之名, 名之曰墨瓦蠟尼加. 西班牙人以此侈航海之能, 亦未嘗經營其地也. 後荷蘭人東來, 建置南洋諸島, 展轉略地, 遂抵於海濱. 乃建設埔頭, 名之曰澳大利亞, 又稱新荷蘭. 旋爲佛郞西所奪, 佛人尋棄去. 最後英吉利得之, 因其土地之廣, 堅意墾闢. 先流徙罪人於此, 爲屯田計. 本國無業貧民願往謀食者, 亦載以來. 他國之民願受一廛者, 聽之. 地在赤道之南, 天氣炎燥. 海濱多平土, 山嶺高者不過三十丈. 江河絶少, 雜樹荒草, 灌莽無垠. 鳥獸形狀詭譎與別土異. 土番黑面披髮裸體, 食草根山果, 結巢於樹. 予之酒, 一飮卽醉臥泥中, 如豕負塗. 男役女若畜, 怒輒殺之. 英人流寓者, 墾海濱濕土, 種麥與粟. 草肥茂, 牧羊孳乳甚速, 毛毳細軟, 可織呢絨. 現居民不足十萬, 每年運出之羊毛值銀二百餘萬兩. 百物未備, 日用之需, 皆從別土運往. 英人於東海口建會城曰悉尼, 居民二萬. 捕鯨之船, 時時收泊, 貿易頗盛. 而流徙之戶本莠民, 飮博蕩侈, 相習成風. 流寓良民, 亦頗染其俗. 南境濱大南海, 英人新徙人戶, 已成聚落. 西境亦創置一廛, 在江河之濱. 北境近赤道, 天氣酷熱, 産海參·海菜·燕窩. 英人派陸兵駐守, 以防侵奪. 計澳大利亞一土, 英人四境所耕收, 僅海濱片土, 不過百之一二. 其腹地則奧草叢林, 深昧不測, 土番如獸, 老死無往來. 不特風土無從探訪, 卽山川形勢, 亦無由乘軺歷覽. 英人謂此土雖荒曠, 而百餘年後當成大國, 南海諸番島當聽役屬如附庸也. 近命名曰南亞細亞.

    案: 此卽『職方外紀』所云第五大洲, 陳資齋所謂人跡不到處也. 野番獸處, 亘古昏蒙. 西班牙搜奇天外, 荷·佛蠻觸海隅. 英人極意經營, 可謂好勤遠略矣.

주석

1 뉴홀랜드New Holland: 원문은 '신아란도新阿蘭島'이다.

2 뉴홀랜드: 원문은 '외신아란도外新阿蘭島'이다. 뉴홀랜드는 일반적으로 신하란新荷蘭으로 번역하며 오스트레일리아를 말한다. 위원이 '외外' 자를 첨가한 이유는 대신하란으로 불리는 보르네오섬과 소신하란으로 불리는 자와섬을 오스트레일리아와 구별하기 위해서이다.

3 오세아니아대륙Oceania: 원문은 '아새아니아주阿塞亞尼亞洲'이다. 악록서사본에 따르면, 일반적으로 '대양주大洋洲'로 번역한다. 위원은 오스트레일리아를 오세아니아대륙으로 오인했는데, 사실 오스트레일리아는 일반적으로 단지 오스트레일리아대륙과 그 부근의 태즈메이니아 등의 섬을 가리키며, 오세아니아대륙의 일부분에 해당된다. 광서 2년본에는 '아새아니주阿塞亞尼洲'로 되어 있으나, 악록서사본에 따라 고친다. 이하 동일하다.

4 오스트레일리아대륙Australia: 원문은 '오대리아주澳大利亞洲'로, 오사달랍리아奧斯達拉里亞라고도 한다.

5 오스트리아국Austria: 원문은 '오지리아국奧地利亞國'이다.

6 자와Jawa: 원문은 '조왜爪哇'이다. 광서 2년본에는 '과왜瓜哇'로 되어 있는데, '조왜'의 오기이다. 이하 동일하다.

7 남양제도南洋諸島: 여기에서는 남태평양제도 외에 동남아시아 여러 섬까지 포함한다.

8 천지사방 밖 … 논하지 않는 법이다: 이 문장은 『장자』「제물론齊物論」의 "천지사방 밖에 다른 세계가 없는 것은 아니지만, 성인은 그런 것에 대하여 논하지 않는다(六合之外, 聖人存而不論)"에 보인다.

9 이름 역시 그 주인을 따르지: 원문은 '명종주인名從主人'으로, 『춘추곡량전春秋穀梁傳』「환공桓公 2년」에 나오는 말이다. '명종주인'은 사물事物이

란 원래 주인의 이름을 따라 짓게 된다, 즉 사물의 명칭은 그것의 소재지나 나라에서 부르는 방식을 따라야 한다는 말이다.

10 중앙오세아니아대륙: 원문은 '중아새아니아주中阿塞亞尼亞州'이다. 광서 2년본에는 '아새아니주阿塞亞尼洲'로 되어 있으나, 악록서사본에 따라 고친다.

11 오스트레일리아: 원문은 '오사달람리아奧斯達拉里亞'이다. 광서 2년본에는 '오사달람리奧斯達拉里'로 되어 있으나, 악록서사본에 따라 고친다.

12 또한 뉴홀랜드라고도 하는데: 원문은 '역명대신아란亦名大新阿蘭'이다. 악록서사본에 따르면, 이 여섯 자는 위원이 첨가한 것이라고 한다.

13 파리Paris: 원문은 '파리사巴黎斯'이다.

14 자오선Meridian: 원문은 '오선午線'으로, 자오선子午線을 가리킨다. 자오선은 경도를 결정하는 기준이다.

15 태평양Pacific Ocean: 원문은 '대해大海'이다.

16 남태평양: 원문은 '남대해南大海'이다.

17 북태평양North Pacific Ocean: 원문은 '북대해北大海'이다.

18 아메리카America: 원문은 '아미리가亞美里加'이다. 광서 2년본에는 앞에 '아亞'가 없으나, 악록서사본에 따라 고친다.

19 서오세아니아: 원문은 '서아새아니아西亞塞亞尼亞'이다. 지금의 인도네시아와 필리핀을 가리킨다. 광서 2년본에는 '서아새아니西亞塞亞尼'로 되어 있으나, 악록서사본에 따라 고친다.

20 오스트레일리아라고도 하며 … 이른바 뉴홀랜드이다: 원문은 '우명오사달람리아, 즉본주지주도소위대신아란자야又名奧斯達拉里亞, 卽本州之主島所謂大新阿蘭者也'이다. 이상 22자는 위원이 임의로 덧붙인 것이다. 광서 2년본에는 이 가운데 '람拉'과 '아亞'가 없으나, 악록서사본에 따라 고쳐 번역한다.

21 76도: 마땅히 110도라고 해야 한다.

22 181도: 동경은 본초자오선을 기준으로 동쪽으로 180도까지의 경도를 가리키므로, 이 부분에는 오류가 있다.

23 뉴기니New Guinea: 원문은 '신위의아新爲義亞'이다. 지금의 파푸아뉴기니와 인도네시아의 서뉴기니Western New Guinea이다.

24 루이지아드Louisiade: 원문은 '로의서아달盧義西阿達'이다.

25 뉴브리튼New Britain: 원문은 '신북륵달니아新北勒達尼亞'이다. 뉴브리튼은 지금의 비스마르크제도Bismarck Archipelago이다. 광서 2년본에는 '신북륵 달니新北勒達尼'로 되어 있으나, 악록서사본에 따라 고친다.

26 솔로몬Solomon: 원문은 '살라몽薩羅蒙'이다.

27 산타크루즈Santa Cruz: 원문은 '북로사北盧斯'이다.

28 바누아투Vanuatu: 원문은 '기라사基羅斯'이다.

29 누벨칼레도니Nouvelle Calédonie: 원문은 '신가륵달니아新加勒達尼亞'이다. 광서 2년본에는 '신가륵달니新加達尼'로 되어 있으나, 악록서사본에 따라 고친다.

30 노퍽Norfolk: 원문은 '낙이불이극諾爾佛爾克'이다.

31 뉴질랜드New Zealand: 원문은 '신새란지아新塞蘭地亞'이다. 악록서사본에 따르면, 이 명칭은 『지리비고』에서는 본래 '달사마니아達斯馬尼亞'라고 했는데, 위원이 원서의 해석에 근거하여 비교적 보편적으로 사용되는 지명으로 바꾼 것이라고 한다. 광서 2년본에는 '신새란지新塞蘭地'로 되어 있으나, 악록서사본에 따라 고친다.

32 태즈메이니아Tasmania: 원문은 '첩문니아疊門尼亞'이다. 광서 2년본에는 '첩문니疊門尼'로 되어 있으나, 악록서사본에 따라 고친다.

33 동오세아니아: 원문은 '동아새아니아東阿塞亞尼亞'이다. 멜라네시아Melanesia·미크로네시아Micronesia·폴리네시아의 여러 태평양제도를 가리킨다. 광서 2년본에는 '동아새아니東阿塞亞尼'로 되어 있으나, 악록서사본에 따라 고친다.

34 서경: 원문은 '서西'로, 광서 2년본에는 이 글자가 없으나, 문맥상 악록서사본에 따라 보충해서 번역한다.

35 보닌제도Bonin Islands: 원문은 '모녕와이가니각慕寧窩爾加尼咯'이다. 악록서사본에 따르면, 보닌제도(오가사와라제도小笠原諸島)는 오가사와라군도小笠原群

島와 가잔열도火山列島, 이오섬硫黃島 등 크고 작은 섬을 포함하는데 위원이 일본으로 잘못 고쳐 놓았다고 한다. 광서 2년본에는 '일본日本'으로 되어 있으나, 악록서사본에 따라 고쳐 번역한다. 오가사와라제도는 행정구역상 도쿄에 속하지만, 지리학적으로는 오세아니아대륙에 속한다.

36 마리아나제도Mariana Islands: 원문은 '마려아납馬黎亞納'이다.

37 팔라우제도Palau Islands: 원문은 '파로巴勞'이다.

38 캐롤라인제도Caroline Islands: 원문은 '가라려눌加羅黎訥'이다.

39 멀그레이브Mulgrave: 원문은 '모이가랍위慕爾加拉威'이다. 지금의 마셜제도 Marshall Islands와 길버트제도Gilbert Islands 일대이다.

40 비티레부Viti Levu: 원문은 '유적維的'이다. 지금의 남태평양 피지Fiji제도에서 가장 큰 섬이다.

41 통가Tonga: 원문은 '당가當加'이다.

42 왈리스 푸투나Wallis et Futuna: 원문은 '화화이니花和爾尼'이다. 프랑스령으로, 남태평양에 위치하며 왈리스섬과 푸투나섬으로 이루어져 있다.

43 사모아Samoa: 원문은 '합마아合麼阿'이다. 사모아제도로 지금의 서사모아와 동사모아이다.

44 케르마데크제도Kermadec Islands: 원문은 '급이마적給爾馬的'이다.

45 쿡제도Cook Islands: 원문은 '고각古咎'이다. 광서 2년본에는 '고명古名'으로 되어 있으나, 악록서사본에 따라 고친다.

46 투부아이제도Tubuai Islands: 원문은 '도파애都波哀'이다. 광서 2년본에는 '도랑애都浪哀'로 되어 있으나, 악록서사본에 따라 고쳐 번역한다.

47 타히티Tahiti: 원문은 '달의적達義的'이다.

48 투아모투제도Îles Tuamotu: 원문은 '포마도包麼度'이다.

49 멘다냐제도Mendaña Archipelago: 원문은 '문달나門達那'로, 지금의 마르키즈제도와 워싱턴제도Washington Islands이다.

50 하와이제도Hawaiian Islands: 원문은 '합위合威'이다.

51 본 대륙: 원문은 '본주本州'이다. 광서 2년본에는 '본주각도本州各島'로 되어 있으나, 악록서사본에 따라 고친다. 이하 동일하다.

52 자이나교Jaininsm: 원문은 '가이위락교加爾威諾教'이다.

53 황제: 원문은 '한漢'이다. 악록서사본에 따르면, '한漢'은 『지리비고』에는 원래 '제帝'로 되어 있는데, 아마도 위원이 '한汗'으로 고친 것을 '한漢'으로 잘못 판각한 것 같다고 한다.

54 파푸아뉴기니Papua New Guinea: 원문은 '파포아서아巴布阿西亞'이다.

55 로투마Rotuma: 원문은 '라도마羅都馬'로, 지금 피지의 속령이다. 광서 2년본에는 '라마도羅馬都'로 되어 있으나, 악록서사본에 따라 고친다.

56 폴리네시아Polynesia: 원문은 '포리내서아布里內西亞'이다. 오세아니아 동부, 태평양 여러 섬의 총칭이다.

57 혹스베리강Hawkesbury River: 원문은 '호급사파려好給斯巴黎'이다.

58 매쿼리강Macquarie River: 원문은 '마가리아馬加里亞'이다. 광서 2년본에는 '아' 자가 없으나 악록서사본에 따라 고쳐 번역한다.

59 라클런강Lachlan River: 원문은 '랍지란拉支蘭'이다.

60 클라파Kelapa: 원문은 '갈류파葛留巴'로, 지금의 인도네시아 자카르타이다.

61 명나라 말엽 … 경우와는 다르다: 이 부분에 해당되는 원문 49자는 위원이 첨가한 것이다.

62 뉴사우스웨일스New South Wales: 원문은 '남신아리사南新牙利斯'이다.

63 대개 홍수나 가뭄이 발생해야 … 세워야 한다: 이 부분에 해당되는 원문 91자 역시 위원이 첨가한 것이다.

64 시드니Sydney: 원문은 '석덕내昔德內'이다.

65 보터니만Botany Bay: 원문은 '파덕니비波德尼卑'이다.

66 뉴캐슬New Castle: 원문은 '녀가사덕이女加斯德爾'이다.

67 파라마타Paramatta: 원문은 '파랍마대巴拉馬大'이다.

68 저비스만Jervis Bay: 원문은 '일이비사日爾非斯'이다.

69 매쿼리항Port Macquarie: 원문은 '마가리馬加利'이다.

70 필립항만Port Phillip Bay: 원문은 '비리비非里卑'이다.

71 리우윈Leeuwin: 원문은 '류온留溫'이다.

72 애들레이드Adelaide: 원문은 '액덕려厄德黎'이다.

73 에인드라흐츠란트Eendrachtsland: 원문은 '음달랍지音達拉至'이다.

74 누이테스Nuytes: 원문은 '노의덕사奴宜德斯'이다.

75 플린더스Flinders: 원문은 '비린덕이非燐德爾'이다.

76 바우딘Baudin: 원문은 '파정波定'이다.

77 그랜트Grant: 원문은 '가란加蘭'이다.

78 위트Witt: 원문은 '유덕維德'이다.

79 반디멘스랜드Van Diemen's Land: 원문은 '만첩문彎疊門'이다. 지면도地面島,
   범적문范迪門이라고도 하며, 1853년(『해국도지』 100권본 출판 1년 후)에 태즈메
   이니아섬으로 명칭을 바꿨다.

80 아넘랜드Arnhem Land: 원문은 '아이내음阿爾內音'이다.

81 카펀테리아Carpentaria: 원문은 '가이분달리加爾奔達里'이다.

82 황도대黃道帶: 지구가 태양을 도는 큰 궤도가 황도이며, 황도를 중심으
   로 해서 남북으로 9도씩 모두 18도 너비가 되는 띠 모양의 천구 범위를
   황도대라고 한다.

83 수마트라섬Pulau Sumatra: 원문은 '소문타랍도蘇門他拉島'이다.

84 자와섬Pulau Jawa: 원문은 '아와도牙瓦島'이다.

85 발리섬Pulau Bali: 원문은 '파리도巴里島'이다.

86 롬복섬Pulau Lombok: 원문은 '륜박도倫薄島'로, 롬복섬이다. 소순다열도의
   일부로, 동쪽으로 롬복해협을 끼고 발리섬이, 서쪽으로 알라스해협Alas
   Strait을 끼고 숨바와섬Pulau Sumbawa이 위치한다.

87 술라웨시섬Pulau Sulawesi: 원문은 '서리백西里白'이다.

88 부퉁섬Pulau Butung: 원문은 '보동도補東島'이다.

89 슬라야르섬Pulau Selayar: 원문은 '살랄익撒剌益'이다.

90 사곡미沙穀米: 서미西米·서곡미西穀米·사호미沙弧米라고도 하며, 바로 사고
   Sago이다. 사고는 사고야자나무에서 나오는 쌀알 모양의 흰 전분으로,
   동양에서는 밀가루처럼 사용하고, 서양에서는 요리를 걸쭉하게 하는
   데 사용한다.

91 옥과玉果: 육구肉寇·가구륵迦拘勒·두구豆蔻·육과肉果·정두육頂頭肉이라고도

한다.

92 스리랑카Sri Lanka: 원문은 '석란산錫蘭山'이다.

93 오인도제도: 몰디브Maldives·안다만제도Andaman Islands·니코바르제도 Nicobar Islands 등을 가리킨다.

94 보터니항: 원문은 '피타니항陂他尼港'으로, 보터니만 북쪽 연안에 위치한다. 광서 2년본에는 '니尼'가 '칠七'로 되어 있으나, 악록서사본에 따라 고친다.

95 뉴사우스웨일스: 원문은 '신와리사新瓦里士'이다.

96 나사羅紗: 원문은 '니우呢羽'로, 양털에 무명이나 인조견 등을 섞어서 짠 두터운 혼성 모직물을 가리킨다.

97 은행: 원문은 '은국銀局'이다. 은국은 당시 영국 죄수들이 이주해 왔을 때 그들 대부분 돈이 없었기 때문에 돈을 빌려주어 이주민들의 정착을 지원했다.

98 북아메리카: 원문은 '북아묵리가北亞默利加'이다.

99 시드니: 원문은 '실니성悉尼城'이다.

100 파라마타: 원문은 '파랍마타巴拉馬他'이다.

101 멜버른Melbourne: 원문은 '묵포니默布尼'이다.

102 필립항Port Phillip: 원문은 '비립항菲立港'이다.

103 애들레이드: 원문은 '아득해亞得害'이다.

104 스완강Swan River: 원문은 '홍곡하鴻鵠河'이다.

105 카펀테리아만Gulf of Carpentaria: 원문은 '갑빈타해우甲賓他海隅'이다.

106 에싱턴항Port Essington: 원문은 '익생돈益生頓'이다.

107 태즈메이니아섬Tasmania Island: 원문은 '지면도地面島'이다.

108 호바트Hobart: 원문은 '하파읍何巴邑'이다.

109 론서스턴Launceston: 원문은 '로신둔읍老新屯邑'으로, 오스트레일리아 태즈메이니아주 북부의 항구이다.

110 퍼노제도Furneaux Group: 원문은 '불리나서佛里那嶼'이다. 광서 2년본에는 '나리불那里佛'로 되어 있으나, 악록서사본에 따라 고친다.

111 뉴홀랜드: 원문은 '하란대산荷蘭大山'으로, 오스트레일리아이다

112 오세아니아제도: 원문은 '대해양지군도大海洋之群島'이다.

113 나사: 원문은 '니융呢絨'이다.

114 잭슨항Port Jackson: 원문은 '광해문廣海門'이다.

115 태즈메이니아섬: 원문은 '지민도地閩島'이다. 광서 2년본에는 '지문도地問島'로 되어 있으나, 악록서사본에 따라 고친다.

116 뉴홀랜드: 원문은 '하荷'로, 오스트레일리아를 가리킨다. 광서 2년본에는 '해海'로 되어 있으나, 악록서사본에 따라 고친다.

117 뉴질랜드: 원문은 '신서란新西蘭'이다. 광서 2년본에는 '서西'가 '하荷'로 되어 있으나, 악록서사본에 따라 고친다.

118 해협: 원문은 '해협海峽'이다. 광서 2년본에는 '협峽'이 '협陜'으로 되어 있으나, 악록서사본에 따라 고친다.

119 뉴기니: 원문은 '신위니新危尼'이다.

120 뉴아일랜드: 원문은 '신이란新耳蘭'이다.

121 솔로몬: 원문은 '살라문撒羅門'이다. 광서 2년본에는 '신살라문新撒羅門'으로 되어 있으나, 악록서사본에 따라 고친다.

122 뉴헤브리디스New Hebrides: 원문은 '신희백新希伯'이다. 뉴헤브리디스제도로, 지금의 바누아투이다. 광서 2년본에는 '희백希伯'으로 되어 있으나, 악록서사본에 따라 고친다.

123 태평양: 원문은 '대양해大洋海'이다.

124 숭배 대상: 원문은 '보살菩薩'이다.

125 타히티: 원문은 '아타해지阿他害地'이다.

126 하와이: 원문은 '아왜희阿歪希'이다.

127 폴리네시아: 원문은 '번다군도繁多群島'이다.

128 마리아나제도: 원문은 '적군도賊群島'로, '적賊' 자는 마젤란 등이 그 지역 사람들을 비하해서 표현한 단어이다.

129 적으며: 원문은 '소少'이다. 광서 2년본에는 '다多'로 되어 있으나, 악록서사본에 따라 고쳐 번역한다.

130 마르키즈제도Îles Marquises: 원문은 '마이기사지군도馬耳其沙之群島'이다.

131 파푸아섬Papua Island: 원문은 '파포아도巴布亞島'이다. 뉴기니섬으로, 이리 안섬Irian Island이라고도 한다.

132 페르디난드 마젤란Ferdinand Magellan: 원문은 '묵와란墨瓦蘭'이다. 마젤란 (1480?~1521)은 포르투갈 출신의 스페인 항해가이자 탐험가이다. 인류 최초의 세계 일주 항해자로 마젤란해협과 태평양, 필리핀, 마리아나제도 등을 명명했다.

133 불의 섬: 원문은 '화지火地'이다. 티에라델푸에고제도Tierra del Fuego를 가리키며, 마젤란이 1520년에 이 제도를 방문하면서 붙인 이름이다. 이 섬은 매우 추운 곳이지만 원주민들은 반나체로 생활했기 때문에 모닥불을 항상 피울 수밖에 없었다. 마젤란이 이 모습을 보고 이름을 붙인 것이다. 이 섬은 원래 '연기의 땅'으로 불렸으나, 나중에 '불의 땅'으로 바뀌었다.

134 마젤라니카Magellanica: 원문은 '묵와랍니가墨瓦蠟尼加'로, 티에라델푸에고 제도이다.

135 프랑스: 원문은 '불랑서佛郞西'이다.

136 남아시아: 원문은 '남아세아南亞細亞'이다.

137 진륜형陳倫炯: 원문은 '진자재陳資齋'로, 자재資齋는 진륜형의 호이다.

138 살펴보건대 … 할 수 있다: 이상은 서계여의 안을 위원이 정리한 것이다.

부록
부속 도서

—

『외국사략』에 다음 기록이 있다.

뉴기니섬은 신위닉新爲匿이라고도 하고 신의내新義內라고도 하며, 동남쪽에 위치한다. 전체 면적은 13,000리이고, 인구는 50만 명이다. 산이 상당히 높고, 산봉우리에는 눈이 쌓여 있어 바다 멀리서도 볼 수 있다. 또한 화산과 용암이 있다. 사람들은 농사짓는 법을 모르며, 모두 검은 얼굴에 곱슬머리이고 옷을 입지 않으며 성격이 금수와 같아서 해안에 올라오는 자가 있으면 즉시 죽여 버렸다. 내지에서 어떤 산물이 나는지는 알 수 없다. 네덜란드인이 이곳에 항구를 건설했는데, 기후와 풍토에 적응하지 못하여 주둔군이 대부분 장독으로 사망했다. 갑판선이 이 섬을 지날 때혹 원주민이 와서 대모·사금을 피륙·의복과 바꾸기도 한다. 그러나 받은의복은 입지 않고 나체로 돌아다니기를 좋아한다. 또한 많은 섬이 있지만 모두 황폐하여 사람이 살지 않는다.

『외국사략』에 다음 기록이 있다.

뉴질랜드섬[1]은 남위 34도 25분에서 47도 19분에 이르며, 동경 166도에서 179도에 이른다. 전체 면적은 사방 4,291리이며, 인구는 약 15만 명이다. 섬 남쪽에 산이 많고 날씨는 추우며 산물은 적다. 만력 연간에 네덜란드 선원이 처음 이 섬에 왔다. 건륭 연간에는 영국인이 배를 몰고 비로소 이 섬에 다다랐다. 고래가 구름처럼 모여 있어서, 사람들이 내키는 대로 포획했다. 시장에는 과일이 없고 밭에도 곡식이 없으며 양·돼지·소 등의 짐승도 없고 사람들은 풀뿌리와 나뭇잎을 먹었다. 이후 나무를 베어 집을 짓고 밭을 일구고 채소밭을 가꾸며, 과실수·감자·보리·곡식·채소를 심고 가축을 기르면서 원주민은 음식을 익혀 먹기 시작했다. 산의 높이는 1,475길에 달한다. 원주민은 힘이 세고 건장하며 용감하게 행동하고 용모가 반듯하며 성품 역시 선량하다. 부근에 여러 섬이 또한 많지만 모두 척박한 황무지이며 원주민들은 야수와도 같다.

『지리비고』에 다음 기록이 있다.

뉴기니섬[2]은 파포아서아도巴布阿西亞島[3]라고도 한다. 남태평양의 중앙, 뉴홀랜드 북쪽에 위치한다. 남위 1도에서 10도에 이르고, 동경 128도에서 147도에 이른다. 길이는 약 3,600리이며, 너비는 9백 리 정도이다. 산세가 험준하고 수풀이 빽빽하다. 섬에는[4] 외부인이 거의 간 적이 없어서 지금까지도 여전히 그곳에 대해 알 수 없다. 해변에 대해서도 자세히 알 수 없다. 땅에서는 야자·바나나·사곡미 등이 난다. 사람들은 소박하고 꾸밈이 없으며, 날마다 크고 작은 배를 만들어 생계를 꾸린다. 전체 섬은 네 명의 부족장이 나누어 다스린다. 나머지 각 섬으로, 고비Goby,[5] 살라와티Salwatty,[6] 가먼Gamen,[7] 바탄타Batanta,[8] 프리윌Freewill,[9] 댐피어Dampier,[10] 스하우턴Schouten,[11] 아루Aru[12]가 있으며, 그 안에는 와이게오Waigeo[13]라는 섬이 있는데, 적덕이的德爾 부족장이 도맡아 다스린다.

『지리비고』에 다음 기록이 있다.

루이지아드섬은 남태평양 중앙, 뉴기니섬 동쪽에 위치한다. 남위 8도에서 12도에 이르며, 동경 148도 20분에서 152도 10분에 이른다. 지세가 떨어져 있어 서로 접촉이 없다. 거주민은 모두 인육을 먹는다. 섬의 상세한 상황에 대해서 외부인은 아직 자세하게 알 수 없다. 큰 섬으로는 로셀Roselle,[14] 성애남聖挨南, 당트르카스토D'Entrecasteaux,[15] 수에스테Sueste,[16] 트로브리안드Trobriand[17]가 있다.

『지리비고』에 다음 기록이 있다.

뉴브리튼[18]은 남태평양 중앙, 루이지아드섬 북쪽에 위치한다. 남위 4도에서 6도 25분에 이르며, 동경 146도에서 150도에 이른다. 지세가 떨어져 있어 서로 접촉이 없다. 화산이 한두 개가 아니며, 밤낮으로 용암을 분출한다. 수풀이 빽빽하고 짐승이 가득하다. 사람들이 많고 천성이 사납다. 큰 섬으로, 뉴브리튼은 비납납比拉拉이라고도 하고, 뉴아일랜드[19]는 당파랍當巴拉이라고도 하고, 요크York[20]는 아가마대亞加馬大라고도 하며, 뉴하노버New Hanover[21]가 있다. 그 나머지는 상당히 작아서 여기에 다 기록하지 않는다.

『지리비고』에 다음 기록이 있다.

솔로몬섬[22]은 뉴조지아New Georgia[23]라고도 하고 남태평양 중앙, 뉴기니섬 동쪽에 위치한다. 남위 4도에서 12도에 이르고, 동경 152도에서 161도에 이른다. 섬들이 늘어서 있고, 수목은 빽빽하다. 인구가 많고, 일정한 주거지 없이 옮겨 다닌다. 큰 섬으로, 부카Buka,[24] 부건빌Bougainville,[25] 산타이사벨Santa Isabel,[26] 조지아섬,[27] 과달카날Guadalcanal,[28] 산크리스토발San Cristóbal[29]이 있다. 세사가섬Sesarga Island[30]은 비록 작지만, 화산이 용암을 거세게 분출한다.

『지리비고』에 다음 기록이 있다.

북로사도北盧斯島는 산타크루즈[31]라고도 한다. 남태평양의 중앙, 솔로몬섬의 남쪽에 위치한다. 남위 8도 30분에서 12도 15분에 이르며, 동경 163도 20분에서 167도 40분에 이른다. 지세[32]가 떨어져 있어 서로 접촉이 없다. 큰 섬은 7개이고, 내지에 화산이 하나 있어 거세게 용암을 분출한다.

또한 다음 기록이 있다.

바누아투섬Vanuatu Island[33]은 뉴헤브리디스[34]라고도 하며, 그랜드시클라디스Grande Cyclades[35]라고도 한다. 남태평양 중앙, 뉴홀랜드 동쪽에 위치한다. 남위 14도 29분에서 20도 4분에 이르고, 동경 165도에서 168도에 이른다. 그 안에 21개의 섬이 있다. 큰 섬은 9개로, 이스피리투산투Espírito Santo,[36] 말레쿨라Malekula,[37] 샌드위치Sandwich,[38] 에로망고Erromango,[39] 탄나Tanna,[40] 세인트바르톨로메오Saint Bartolomeo,[41] 오로라Aurora,[42] 펜테코스트Pentecost,[43] 에로망가Erromanga[44]가 있다.

『지리비고』에 다음 기록이 있다.

누벨칼레도니섬[45]은 남태평양 중앙, 뉴헤브리디스[46] 서남쪽에 위치한다. 남위 19도 37분에서 22도 30분에 이르며, 동경 161도 17분에서 163도 53분에 이른다. 길이는 약 8백 리이며, 너비는 약 150리이다. 인구는 15,000명이다. 땅이 척박하여 경작하기에 적합하지 않다. 사람들은 볼품없으며 거주지가 일정치 않다. 사방에 작은 섬들이 한둘이 아니며, 큰 섬으로 누벨칼레도니,[47] 로열티Loyalty,[48] 보터니카Botanica,[49] 아누노Anuno[50]가 있다.

『지리비고』에 다음 기록이 있다.

노퍽섬[51]은 남태평양 중앙, 누벨칼레도니와 뉴질랜드[52] 두 섬 사이에 위치한다. 남위 29도, 동경 165도 49분에 위치하며, 상당히 작은 편에 속한다. 토지가 비옥하여 과일과 곡식이 풍성하고, 기후는 온화하다. 가운데 3개의 섬이 있는데, 노퍽,[53] 네핀Nepean,[54] 필립Phillip[55]이다.

『지리비고』에 다음 기록이 있다.

뉴질랜드[56]는 달사마니아라고도 하며, 남태평양 남쪽에 위치한다. 남위 34도에서 47도에 이르며, 동경 164도에서 178도에 이른다. 두 지역으로 나뉘는데, 북섬North Island[57]은 북달사마니아라고도 하며, 남섬South Island[58]은 남달사마니아라고도 한다. 북달사마니아는 길이가 1,800리에 너비는 570리이다. 인구가 많고 상당히 큰 편에 속한다. 토지가 비옥하며 숲이 빽빽하다. 기후는 상당히 덥지만, 바닷바람은 맑고 시원하다. 여러 부족장이 나누어 다스리면서 서로 간섭하지 않는다. 남달사마니아는 길이가 2천 리에 너비는 5백여 리이다. 인구가 적으며, 토지는 척박한 편이다. 남북의 거주민들은 성품이 상당히 흉악하고 악독해서 서로 잔인하게 죽인다. 풍속은 보잘것없고 예법은 전혀 없다. 사방에 섬들이 아주 많은데, 큰 섬으로 브로턴Broughton,[59] 바운티Bounty,[60] 캠벨Campbell,[61] 오클랜드 Auckland,[62] 매쿼리[63]가 있다.

『지리비고』에 다음 기록이 있다.

태즈메이니아섬[64]은 남태평양 뉴홀랜드 남쪽에 위치한다. 남위 40도 42분에서 43도 38분에 이르며, 동경 142도 22분에서 146도 5분에 이른다. 남북 간 거리는 630리이고, 동서 간 거리는 550리이다. 토지가 비옥하여 곡식과 과일이 풍성하다. 수풀은 빽빽하고, 짐승은 가득하다. 땅에서는 구리·철·명반·옥·운석·석탄 등이 나며, 기후는 온화하다. 이 섬은 영국이 나누어 다스리는데, 9개의 속지로 분류했다. 큰 지역으로 호바트[65]가 있으며, 리치먼드Richmond[66]·론서스턴[67] 두 곳이 그다음이다.

본 섬에 속한 섬들은 한두 개가 아니다. 브루니Bruny,[68] 마리아Maria,[69] 사라Sarah,[70] 퍼노Furneaux,[71] 킹King[72]이 큰 섬에 속한다.

附近此洲各島

—

『外國史略』曰: 新危尼島, 一作新爲匿, 一作新義內, 在東南. 廣袤方圓萬三千里, 居民五十萬. 山甚高, 峰積雪, 海中可遙見之. 亦有火山·火漿. 民不知耕, 皆黑面鬈髮, 不著衣, 性如禽獸, 有人上岸卽殺之. 其內地不知何産. 荷蘭人於此開埠, 不服水土, 守兵多殞於煙瘴. 甲版船過此島時, 卽有土蠻來, 以玳瑁·金沙, 易布匹·衣服. 然所給之衣裳, 亦不穿用, 好裸身巡遊. 尚有多嶼, 悉荒蕪無人.

『外國史略』曰: 新西蘭島, 南極山地自三十四度二十五分至四十七度十九分, 偏東自百六十六度及百七十九度. 廣袤方圓四千二百九十一里, 居民約十五萬. 島南多山, 天氣冷, 産物少. 萬曆間, 荷蘭水手初到此島. 乾隆間, 英人駛船始抵此. 鯨魚雲集, 恣人所捕. 而市皆無果, 田皆無穀, 獸無羊·豕·牛, 民食草根樹葉. 於是伐木構屋, 墾田治圃, 種果樹·蕃薯·麥·穀·蔬菜, 置牲畜, 土民始火食. 山高千四百七十五丈. 土蠻力健, 勇於作爲, 形貌平正, 性亦良善. 附近群嶼尙多, 皆荒地不毛, 土蠻如野獸.

『地理備考』曰: 新義內島, 一作巴布阿西亞島. 在南洋之中, 新阿蘭島之北. 緯度自南一度起至十度止, 經度自東一百二十八度起至一百四十七度止. 長約三千六百里, 寬約九百里. 山勢峻峭, 叢林稠密. 島中外人罕到, 迄今尙莫能悉. 至於海濱, 亦未甚詳. 土産椰·蕉·沙穀米等物. 人民樸陋, 逐日建篷造船, 營生謀食. 通島分爲四酋管轄. 其餘各島曰閣必, 曰薩爾瓦地, 曰加門, 曰巴定打, 曰非里威里, 曰當必, 曰書敦, 曰阿路, 內有一島曰外去, 歸于的德爾酋長統攝.

『地理備考』曰: 盧義西阿達島在南洋之中, 新義內島之東. 緯度自南八度起至十二度止, 經度自東一百四十八度二十分起至一百五十二度十分止. 地勢錯落, 不相聯絡. 居民皆食人肉. 島中備細, 外人尙莫悉其詳. 島之巨者, 曰羅塞爾, 曰聖挨南, 曰音德里加斯德, 曰雛斯地, 曰多羅皮安.

『地理備考』曰: 新北勒達尼亞島在南洋之中, 盧義西阿達島之北. 緯度自南四度起至六度二十五分止, 經度自東一百四十六度起至一百五十度止. 地勢錯落, 不相聯絡. 火山不一, 晝夜吐燄. 叢林稠密, 禽獸充斥. 人民紛繁, 性兇猛. 島之大者, 曰新北勒達尼亞, 又名比拉拉, 曰新義爾蘭達, 又名當巴拉, 曰約爾各, 又名亞加馬大, 曰新阿諾威爾. 其餘頗小, 茲不悉載.

『地理備考』曰: 薩羅蒙島, 又名新日爾治亞, 在南洋之中, 新義內島之東. 緯度自南四度起至十二度止, 經度自東一百五十二度起至一百六十一度止. 島嶼臚列, 樹木稠密. 人煙紛繁, 遷徙無常. 島之巨者, 曰布加, 曰布加音威里, 曰三大義薩白爾, 曰日爾日亞, 曰瓜達爾加納爾, 曰三幾里斯多望. 其西薩爾加島雖小, 火山吐燄猛烈.

『地理備考』曰: 北盧斯島, 又名三達古盧斯. 在南洋之中, 薩羅蒙島之南. 緯度自南八度三十分起至十二度十五分止, 經度自東一百六十三度二十分起至一百六十七度四十分止. 地勢錯落, 不相聯絡. 島之大者七, 內有火山一座, 吐燄猛烈.

又曰: 基羅斯島, 又名新里比里大, 亦號大西加拉德. 在南洋之中, 新阿蘭島之東. 緯度自南十四度二十九分起至二十度四分止, 經度自東一百六十五度起至一百六十八度止. 中有二十一島. 大者九, 曰斯必里多三多, 曰馬里哥羅, 曰三都義至, 曰義諾忙各, 曰達納, 曰三巴爾多羅米阿, 曰澳羅拉, 日本德哥斯的, 曰義羅忙加.

『地理備考』曰: 新加勒德尼亞島在南洋之中, 新基羅斯島之西南. 緯度自南十九度三十七分起至二十二度三十分止, 經度自東一百六十一度十七分起至一百六十三度五十三分止. 長約八百里, 寬一百五十里. 煙戶一萬五千口. 地瘠不毛, 不宜種植. 人民鄙陋, 遷徙無常. 四面小島不一, 大者曰阿塞爾瓦多略, 曰羅牙爾地, 曰波大尼加, 曰阿奴諾.

『地理備考』曰: 諾爾弗爾亞克島在南洋之中, 新加勒德尼垃達斯馬尼亞二島之間. 緯度在南二十九度, 經度在東一百六十五度四十九分, 甚屬細小. 田土肥饒, 果穀豐登, 地氣溫和. 中有三島, 曰諾爾弗爾克, 曰尼比安, 曰非里卑.

『地理備考』曰: 新塞蘭地亞, 又名達斯馬尼亞, 在南洋之南. 緯度自南

三十四度起至四十七度止, 經度自東一百六十四度起至一百七十八度止. 分而

爲二, 曰義加那馬惟, 又名北達斯馬尼亞, 曰達爲不那母, 亦號南達斯馬尼亞.

其北達斯馬尼亞, 長一千八百里, 寬五百七十里. 人煙紛繁, 頗屬強大. 田土膏

腴, 樹林稠密. 地氣酷熱, 海風淸涼. 諸酋分攝, 不相統屬. 其南達斯馬尼亞, 長

二千里, 寬五百餘里. 人煙稀少, 田土較瘠. 南北居民, 性甚兇很, 互相殘殺. 風

俗鄙陋, 禮法全無. 四面島嶼甚多, 大者曰布路敦, 曰半的, 曰金卑里, 曰阿加

泠, 曰馬加里.

『地理備考』曰: 疊捫尼亞島在南洋新阿蘭之南. 緯度自南四十度四十二分

起至四十三度三十八分止, 經度自東一百四十二度二十二分起至一百四十六

度五分止. 南北相去六百三十里, 東西相距五百五十里. 田土肥饒, 穀果豐登.

叢林稠密, 禽獸充斥. 土産銅·鐵·礬·玉·雲石·煤炭等物, 地氣溫和. 其島爲英吉

利兼攝, 分列九屬. 大者曰何罷爾, 其利至蒙·老者斯敦二處則次之.

　本島所屬島嶼不一. 曰布路尼, 曰馬里亞, 曰沙剌, 曰付爾諾, 曰經, 乃其大

者也.

주석

1 뉴질랜드섬: 원문은 '신서란도新西蘭島'이다. 광서 2년본에는 '서西'가 '아阿'로 되어 있으나, 악록서사본에 따라 고친다.

2 뉴기니섬: 원문은 '신의내도新義內島'이다.

3 파포아서아도巴布阿西亞島: 광서 2년본에는 '파포아서도巴布阿西島'로 되어 있으나, 악록서사본에 따라 고친다.

4 섬에는: 원문은 '도중島中'이다. 광서 2년본에는 '도島'로 되어 있으나, 악록서사본에 따라 고쳐 번역한다.

5 고비Goby: 원문은 '각필閣必'이다.

6 살라와티Salwatty: 원문은 '살이와지薩爾瓦地'이다.

7 가먼Gamen: 원문은 '가문加門'이다.

8 바탄타Batanta: 원문은 '파정타巴定打'이다.

9 프리윌Freewill: 원문은 '비리위리非里威里'이다.

10 댐피어Dampier: 원문은 '당필當必'이다.

11 스하우턴Schouten: 원문은 '서돈書敦'이다.

12 아루Aru: 원문은 '아로阿路'이다.

13 와이게오Waigeo: 원문은 '외거外去'이다.

14 로셀Roselle: 원문은 '라새이羅塞爾'이다.

15 당트르카스토D'Entrecasteaux: 원문은 '음덕리가사덕音德里加斯德'이다.

16 수에스테Sueste: 원문은 '수사지雖斯地'이다.

17 트로브리안드Trobriand: 원문은 '다라피안多羅皮安'이다.

18 뉴브리튼: 원문은 '신북륵달니아도新北勒達尼亞島'이다. 광서 2년본에는 '신북륵달니新北勒達尼'로 되어 있으나, 악록서사본에 따라 고친다.

19 뉴아일랜드: 원문은 '신의이란달新義爾蘭達'이다.

20 요크York: 원문은 '약이각約爾各'이다. 아카마테섬Acamate Island이라고도 한다.

21 뉴하노버New Hanover: 원문은 '신아낙위이新阿諾威爾'이다. 광서 2년본에는 '낙諾'이 '호浩'로 되어 있으나, 악록서사본에 따라 고친다.

22 솔로몬섬: 원문은 '살라몽도薩羅蒙島'이다.

23 뉴조지아New Georgia: 원문은 '신일이치아新日爾治亞'이다. 광서 2년본에는 '신일이치新日爾治'로 되어 있으나, 악록서사본에 따라 고친다.

24 부카Buka: 원문은 '포가布加'이다.

25 부건빌Bougainville: 원문은 '포가음위리布加音威里'이다.

26 산타이사벨Santa Isabel: 원문은 '삼대의살백이三大義薩白爾'이다.

27 조지아섬: 원문은 '일이일아日爾日亞'이다.

28 과달카날Guadalcanal: 원문은 '과달이가납이瓜達爾加納爾'이다.

29 산크리스토발San Cristóbal: 원문은 '삼기리사다망三幾里斯多望'이다.

30 세사가섬Sesarga Island: 원문은 '서살이가도西薩爾加島'이다.

31 산타크루즈: 원문은 '삼달고로사三達古盧斯'이다.

32 지세: 원문은 '지세地勢'이다. 광서 2년본에는 '지기地氣'로 되어 있으나, 악록서사본에 따라 고쳐 번역한다.

33 바누아투섬Vanuatu Island: 원문은 '기라사도基羅斯島'이다.

34 뉴헤브리디스: 원문은 '신리비리대新里比里大'로, 그랜드시클라디스라고 도 하며, 지금의 바누아투이다.

35 그랜드시클라디스Grande Cyclades: 원문은 '대서가랍덕大西加拉德'이다.

36 이스피리투산투Espírito Santo: 원문은 '사필리다삼다斯必里多三多'이다. 광서 2년본에는 '사필리다斯必里多'로 되어 있으나, 악록서사본에 따라 고쳐 번역한다.

37 말레쿨라Malekula: 원문은 '마리가라馬里哥羅'이다.

38 샌드위치Sandwich: 원문은 '삼도의지三都義至'이다.

39 에로망고Erromango: 원문은 '의락망각義諾忙咎'이다.

40 탄나Tanna: 원문은 '달납達納'이다.

41 세인트바르톨로메오Saint Bartolomeo: 원문은 '삼파이다라미아三巴爾多羅米阿' 이다. 광서 2년본에는 '삼파이다라아三巴爾多羅阿'로 되어 있으나, 악록서

사본에 따라 고쳐 번역한다.

42 오로라Aurora: 원문은 '오라랍澳羅拉'이다.

43 펜테코스트Pentecost: 원문은 '본덕가사적本德哥斯的'이다.

44 에로망가Erromanga: 원문은 '의라망가義羅忙加'이다.

45 누벨칼레도니섬: 원문은 '신가륵덕니아도新加勒德尼亞島'이다.

46 뉴헤브리디스: 원문은 '신기라사도新基羅斯島'이다.

47 누벨칼레도니: 원문은 '아새이와다략阿塞爾瓦多略'이다.

48 로열티Loyalty: 원문은 '라아이지羅牙爾地'이다.

49 보터니카Botanica: 원문은 '파대니가波大尼加'이다.

50 아누노Anuno: 원문은 '아노낙阿奴諾'이다.

51 노펙섬: 원문은 '낙이불이아극도諾爾弗爾亞克島'이다. 광서 2년본에는 '낙
   이불극도諾爾弗克島'로 되어 있으나, 악록서사본에 따라 고쳐 번역한다.

52 뉴질랜드: 원문은 '달사마니아達斯馬尼亞'이다. 달사마니아는 태즈메이니
   아의 음역으로 사용되나 이곳에서는 뉴질랜드로 보고 있다. 광서 2년
   본에는 '달사마니達斯馬尼'로 되어 있으나, 악록서사본에 따라 고쳐 번역
   한다. 이하 동일하다.

53 노펙: 원문은 '낙이불이극諾爾弗爾克'이다. 광서 2년본에는 '낙이불극諾爾
   弗克'으로 되어 있으나, 악록서사본에 따라 고쳐 번역한다.

54 네핀Nepean: 원문은 '니비안尼比安'이다.

55 필립Phillip: 원문은 '비리비非里卑'이다.

56 뉴질랜드: 원문은 '신새란지아新塞蘭地亞'이다. 광서 2년본에는 '신새란지
   도新塞蘭地島'로 되어 있으나, 악록서사본에 따라 고쳐 번역한다.

57 북섬North Island: 원문은 '의가나마유義加那馬惟'로, 뉴질랜드 북섬이다. 광
   서 2년본에는 '의가야마유義加耶馬惟'로 되어 있으나, 악록서사본에 따라
   고쳐 번역한다.

58 남섬South Island: 원문은 '달위불나무達爲不那毋'로, 뉴질랜드 남섬이다.

59 브로턴Broughton: 원문은 '포로돈布路敦'이다.

60 바운티Bounty: 원문은 '반적半的'이다.

61 캠벨Campbell: 원문은 '금비리金卑里'이다.

62 오클랜드Auckland: 원문은 '아가령阿加泠'이다.

63 매쿼리: 원문은 '마가리馬加里'이다.

64 태즈메이니아섬: 원문은 '첩문니아도疊捫尼亞島'이다. 광서 2년본에는 '첩
    문니도疊捫尼島'로 되어 있으나, 악록서사본에 따라 고쳐 번역한다.

65 호바트: 원문은 '하파이何罷爾'이다. 오스트레일리아 태즈메이니아주의
    관청 소재지이다.

66 리치먼드Richmond: 원문은 '리지몽利至蒙'이다. 오스트레일리아 태즈메이
    니아주 동남부의 도시이다.

67 론서스턴: 원문은 '로자사돈老者斯敦'이다.

68 브루니Bruny: 원문은 '포로니布路尼'이다.

69 마리아Maria: 원문은 '마리아馬里亞'이다.

70 사라Sarah: 원문은 '사랄沙剌'이다.

71 퍼노Furneaux: 원문은 '부이락付爾諾'이다. 오스트레일리아 태즈메이니아
    주 동북 해안 밖의 바스해협Bass Strait 동쪽 끝에 위치한다.

72 킹King: 원문은 '경經'이다. 오스트레일리아 바스해협 서쪽 끝, 태즈메이
    니아주 서북 해안 밖에 위치한다.

海國圖志
卷十七

해국도지
권17

—

소양邵陽 위원魏源 편집

본권에서는 동아시아 섬나라 일본의 지리, 역사, 풍속, 문화적 특색을 서술하고 있다. 특히 전반부에는 해방海防과 관련해서 일본 왜구의 전법과 이에 대한 대책 등을 상세하게 소개하고 있다. 다른 나라에 비해 많은 분량을 할애하고 있는 것에서 일본을 매우 중요시했음을 알 수 있다. 부록으로는 동남아시아의 여러 섬에 대해 소개하고 있다. 여기에서는 중국 정사 기록을 비롯해 『무비지武備志』, 『계사류고癸巳類稿』, 『곤여도설坤輿圖說』, 『만국지리전도집萬國地理全圖集』, 『지리비고地理備考』, 『외국사략外國史略』 등 다양한 서적을 인용, 소개하고 이들 기록에 대한 위원 자신의 독창적인 견해와 비평을 함께 싣고 있다.

원본에는 없으나, 지금 보충한다.

일본

—

무릇 해방海防과 관련이 없는 전대의 기록은 수록하지 않는다.

『명사明史』에 다음 기록이 있다.

일본은 옛날 왜倭 노국奴國[1]이다. 당나라 함형咸亨[2] 연간에 일본으로 변경했는데, 동쪽 바다의 해가 뜨는 곳에 가깝다고 하여 그 이름을 붙였다.[3] 땅은 바다로 둘러싸여 있는데, 다만 동북쪽만은 높은 산으로 경계를 이루고 있다. 5기畿[4]·7도道[5]·3도島[6]가 있으며, 모두 115개 주州로 587개 군을 거느리고 있고, 작은 나라는 모두 복속하고 있다. 나라는 작은 것이 1백 리里 정도이고 큰 것도 5백 리를 넘지 않는다. 호戶도 작은 것은 1천 정도이고 많아도 1만~2만을 넘지 않는다. 나라의 군주는 대대로 왕王으로 성姓을 삼았으며, 군신 또한 세습했다.

송나라 이전에는 모두 중국과 내왕하며 조공朝貢이 끊이지 않았다. 다만 원나라 세조世祖가 여러 차례 사신을 파견해 불렀으나 오지 않았기에 마침내 범문호范文虎[7] 등에게 명하여 수군 10만을 거느리고 정벌하게 했는데, 고류야마五龍山[8]에 이르러 폭풍우를 만나 전군이 모두 물에 빠졌다.

이후 마침내 원나라가 끝나도록 서로 왕래하지 않았다.

　명나라가 흥기하고 중국의 병란兵亂을 틈타 여러 차례 해변의 주현州縣을 노략질했다. 홍무洪武[9] 2년(1369) 사신을 파견해 조서를 내려 중국에 들어와 노략질한 연유를 질책했으나, 일본은 명命을 받들지 않고 여전히 침략했다. 여러 차례 공물을 바치러 들어왔으나 모두 표문을 올리지 않아 그대로 내쳐졌다. 홍무 20년(1387) 강하후江夏侯 주덕흥周德興[10]을 복건福建에 보내고, 신국공信國公 탕화湯和[11]를 절강浙江에 보내 해안 방어를 정비하게 했다. 복건에 명해 해선海船 1백 척을 준비하고 광동에는 그 두 배의 배를 준비하게 했다. 마침 호유용胡惟庸[12]이 반역을 도모해 일본의 도움을 빌리고자 했다. 이에 그 왕이 승려 여요如瑤[13]를 파견해 4백여 명의 병졸을 거느리고 조공을 사칭해서 거대한 초를 바쳤는데, 그 속에 화약과 도검을 숨겼다. 그러나 이미 호유용이 실패해서 사전에 발각되어 마침내 일본과 단절할 것을 결의하고는 오로지 바다를 방비하는 데 힘썼다. 후에 『조훈祖訓』[14]을 저술해서 정벌하지 않아야 할 나라[15] 15개를 열거했는데, 일본이 포함되어 있다.

　영락永樂[16] 초기에 처음으로 표문을 올리고 공물을 바쳤다. 그때, 쓰시마對馬와 이키壹岐[17] 등 여러 섬의 도적들이 연해에 거주하는 백성을 약탈하자 유지를 내려 그 왕에게 도적들을 체포하게 했다. 왕이 군사를 보내 그 무리를 체포해서 우두머리 20명을 바쳤다.[18] 이로부터 자주 들어와 공물을 바쳤으며, 또한 빈번하게 포획한 왜구를 바쳤다. 또한 표문을 올려 말하기를 "섬의 무뢰배가 도적질을 하는 것은 실로 신臣이 아는 바가 아니오니 원하옵건대 죄를 용서해 주십시오"라고 했다. 그러나 왜구는 여전히 끊이지 않았다.

　영락 17년(1419) 요동遼東 총병관總兵官 유강劉江[19]이 망해과望海堝[20]에서 왜구를 크게 무찔렀다. 이로부터 왜구의 노략질이 드물게 되었으며, 조공 사절 또한 이르지 않았다.

정통正統 4년(1439)과 8년(1443), 왜선 40척이 잇달아 태주台州²¹와 해녕海寧²²을 노략질했다. 이에 앞서 홍희洪熙²³ 연간에 황암黃巖²⁴과 용암龍巖²⁵ 사람 두 명²⁶이 요역으로 인해 배반하고 왜구에 들어가서 그들을 위해 길잡이를 했다.

왜인은 성정이 간교해서 때로는 방물과 무기를 싣고 해변에 출몰했는데, 틈만 생기면 그 무기를 들고 거침없이 침입해서 약탈하고 그렇지 못하면 그 방물을 펼쳐서 조공이라고 칭하니 동남 연해안의 근심거리였다. 조공 사신 역시 여러 차례 사람을 죽이고 법을 어겼으며, 와서 공물을 바치는 자들은 모두 호시互市²⁷에서 이익을 얻고자 연해의 간교한 토호들과 내통해서 한편으로 조공을 바치면서 한편으로는 노략질을 했다. 가정嘉靖 27년(1548), 순무 주환朱紈²⁸이 엄히 거듭 금지해서 내통하는 자를 참수했다. 이로 말미암아 절강, 복건의 토호 중 평소 왜구와 내통하던 자들은 이익을 잃고서 원망했다. 주환은 또한 여러 차례 조정에 상소를 올려 명문가가 왜구와 내통하고 있다는 상황을 소상히 밝히니 이로 인해 복건, 절강 사람들이 다 그를 증오했다.

복건 사람 순무어사巡撫御史 주량周亮이 주환을 비난하는 상소를 올려 순무를 순시巡視로 고쳐서 그 권한을 줄일 것을 요청하자, 그 무리가 조정에서 이를 좌지우지해서 마침내 그 요청대로 되었다. 또한 후에 주환의 관직을 박탈하고 멋대로 사람을 죽였다는 죄를 뒤집어씌워 주환은 스스로 목숨을 끊었다. 이로부터 4년간 순무를 두지 않아 해금은 다시 느슨해져 문란함은 더욱 심해졌다.

선조先祖²⁹의 제도에 따르면 절강에 설치된 시박제거사市舶提擧司³⁰는 중관中官[31]으로 하여금 이를 주관하게 하고 영파寧波에 주재하게 했다. 선박이 도착하면 그 값어치를 계산했는데, 이를 통제하는 권한은 황제에게 있었다. 세종世宗[32] 대에 이르러 전국을 진수鎭守하던 중관을 다 폐지하고 아울러 시박사도 폐지하자 연해의 간교한 사람들이 마침내 이익을 장악했다. 처음에는 여전히 상인이 무역을 주관했으나 외국과의 교류를 엄격히 금지하자 마침내 고관의 가문으로 옮겨 가니 가격을 속이는 일이 점차 심해졌다. 요구를 서두르면 강압적인 말로 협박하거나 듣기 좋은 말로 속여서 "우리는 결코 너희에게 가격을 속이지 않아"라고 했다.

왜인들은 재산을 다 잃고 돌아갈 수 없게 되자 깊은 원한을 품었다. 게다가 아주 간악한 무리인 왕직汪直,[33] 서해徐海,[34] 진동陳東, 마엽麻葉 등은 평소 왜인 속에 은신하고 있었는데, 내지에서 활개를 칠 수 없게 되자 모두 섬으로 숨어들어서는 왜인들의 모의를 주도해서 그들을 유인해 들어와 노략질을 했다. 바다로 나온 대도적은 마침내 왜인의 복장과 깃발을 모방해 착용하고는 선단을 나누어 내지를 약탈했다. 왜구의 피해가 날로 심해지자 조정에서는 논의해서 다시 순무를 설치하기로 했다. 가정 31년(1552) 7월 첨도어사僉都御史[35] 왕여王忬[36]를 임명했으나 왜구의 세력은 이미 박멸할 수 없게 되었다.

이에 앞서 명나라 초에는 연해의 요충지에 위소衛所를 설치하고 군선軍船을 건조해서 도사都司·순시·부사副使 등 관리에게 통솔해서 단속을 빈틈없이 하게 했다. 그런데 태평한 날이 지속됨에 따라 선박이 손상되고 대오가 느슨해졌다. 그래서 비상시에는 어선을 모집해 망을 보거나 경비를 서게 했다. 병사들은 평소 훈련을 받지 않았고 선박도 군사 전용이 아니어서 왜구의 배가 다가오는 것을 보면 언제나 소문만 듣고 달아나 숨었다. 게다가 상부에서도 그들을 통솔하고 제어하지 못했기 때문에 도적의 범선이 향하는 곳은 닥치는 대로 심하게 파괴되었다.

가정 32년(1553) 3월 왕직은 여러 왜구와 결탁해서 대거 들어와 약탈했는데, 수백 척의 군선이 바다를 덮을 정도로 늘어서서 다가왔다. 절동浙東·절서浙西, 강남江南·강북江北의 연해 수천 리는 동시에 경보가 울렸다. 왕직 등은 창국위昌國衛[37]를 격파했다. 4월 태창太倉[38]을 침략했으며 상해현上海縣[39]을 격파하고, 강음江陰[40]을 약탈했고 사포乍浦[41]를 공격했다. 8월에는 금산위金山衛[42]를 약탈하고 숭명崇明·상숙常熟·가정嘉定[43]을 침략했다.

가정 33년(1554) 정월, 왜구는 태창에서 소주蘇州까지 노략질을 하고 송강松江을 공격했으며 다시 장강 북쪽으로 달려 통주通州·태주泰州[44]에 육박했다. 4월 가선嘉善을 함락하고 숭명을 격파했으며, 다시 소주에 육박해서 숭덕현崇德縣[45]을 침입했다. 6월에는 오강吳江[46]을 경유해서 가흥嘉興[47]을 약탈하고는 되돌아와서 자림柘林[48]에 주둔했다. 적군은 종횡무진 움직여 마치 무인지경에 들어가는 것 같았다. 이에 왕여도 손쓸 도리가 없었다. 얼마 지나지 않아 왕여는 대동순무大同巡撫로 전임되고 이천총李天寵[49]으로 하여금 대신하게 했다. 또한 병부상서 장경張經[50]에게 명해 군무軍務를 총괄하게 했다. 이리하여 사방에서 대대적으로 병사를 징발해 협력해서 토벌해 나갔다.

당시 왜구는 천사와川沙窪·자림을 소굴로 삼아 사방에 출몰해서는 노략질을 일삼았다. 이듬해(1555) 정월 도적들은 배를 탈취해서 사포·해녕을 침범하고 숭덕을 함락시켰으며, 방향을 돌려서 당서塘栖[51]·신시新市[52]·횡당橫塘[53]·쌍림雙林[54] 등지를 노략질하고 덕청현德淸縣[55]을 공격했다. 5월에 다시 새로운 왜구와 합류해 느닷없이 가흥을 침범해서 왕강경王江涇에 이르렀는데 여기에서 장경에게 일격을 당해 1,900여 명의 수급이 잘려 나가고 나머지는 자림으로 달아났다. 그 외의 왜구는 다시 소주 경계를 내키는 대로 침략하고 나아가 강음·무석에까지 이르러 태호太湖 주변에 출몰했으나 이를 막을 수 있는 방도가 없었다.

대체로 진짜 왜구는 10분의 3에 지나지 않았고 10분의 7은 왜구를 추종하는 자들이었다. 왜구는 싸우게 되면 약탈한 포로들을 군대의 선봉에 세웠는데 규율이 엄격해서 사람들은 모두 죽음에 이르렀다. 그런데 관군은 평소 나약하고 비겁해서 왜구가 이르는 곳마다 무너져 달아났다. 이에 황제는 공부시랑工部侍郞 조문화趙文華[56]를 보내 군의 실정을 감독하고 시찰하게 했다. 조문화는 탐욕스러워 공과 죄를 뒤집어 놓았기 때문에 전군의 기강은 더욱 무너졌다. 장경과 이천총이 모두 체포되고 주충周珫[57]과 호종헌胡宗憲[58]이 그 자리를 대신하게 되었다. 다음 달 주충도 파면되고 양의楊宜[59]가 대신하게 되었다.

이즈음 도적들의 세력이 점차 불어나 강남·강북, 절동·절서는 이미 유린당하지 않은 곳이 없었다. 새로운 왜구도 점점 더 늘어나 매번 스스로 배에 불을 지르고는[60] 육지에 올라 위협하고 약탈을 했다. 항주杭州에서부터 서쪽으로 순안淳安을 약탈하고 휘주의 흡현歙縣으로 돌진해서 적계績溪·정덕旌德에 이르렀다. 그리고 경현涇縣을 지나 남릉南陵으로 진격해 마침내 무호蕪湖에 도달해서는 남쪽 강가를 불사르고 태평부로 달려가 강녕진江寧鎭을 공략하고 곧바로 남경南京을 침략했다. 왜구는 붉은색 옷에 누런 두건을 쓰고 무리를 통솔해서 대안덕문大安德門을 침범했다. 그리고 협강夾岡에 이르러 말릉관秣陵關[61]을 달려서 빠져나갔으며, 율수溧水[62]를 경유해 율양溧陽·의흥宜興[63]을 거침없이 약탈했다. 관군이 태호로부터 출발했다는 소식을 듣고 마침내 무진無進[64]을 지나 무석無錫[65]에 이르러서 혜산惠山[66]에 주둔했다. 하루 밤낮에 180여 리를 달려 호서滸墅[67]에 이르러 관군에게 포위되었다. 관군은 추격해서 양림교楊林橋[68]에서 따라잡아 왜구를 섬멸했다. 이 싸움에서 도적은 60~70명[69]에 지나지 않았으나 수천 리를 경유하면서 살육당하거나 싸움에서 부상당한 자는 거의 4천 명에 이르렀으며, 80여 일이 지나서야 비로소 소멸되었다. 이는 가정 34년(1555) 9월의 일이다.

응천순무應天巡撫 조방보曹邦輔[70]가 승전보를 올리니,[71] 조문화가 이 공을 시기했다. 왜구의 소굴이 도택陶宅에 있었기에 이에 절강·직예의 병사를 대대적으로 모집해서 호종헌과 함께 몸소 이들을 인솔했다. 또한 조방보와 연합해 토벌할 것을 약속하고 길을 나누어 함께 나아가 송강의 전교甎橋에 진영을 설치했다. 왜구가 모두 날쌔게 공격해 오니 마침내 크게 패해 조문화의 기세는 꺾이고 적들의 기세는 더욱 등등해졌다. 10월 왜구는 악청樂清[72]에서 연안으로 올라가 황암·선거仙居[73]·봉화奉化[74]·여요餘姚·상우上虞[75]를 거침없이 약탈해 죽거나 포로로 잡힌 자가 헤아릴 수 없었다. 승현嵊縣에 이르러 마침내 섬멸되었으나 역시 2백 명이 채 안 되었다. 돌아보면 삼부三府[76]까지 깊숙이 들어와 50여 일이 지나서야 비로소 평정된 것이다.

이에 앞서 한 무리가 산동성 일조日照[77]에서 동안위東安衛[78]를 거침없이 약탈하고 회안淮安[79]·공유贛榆·술양沭陽·도원桃源[80]에 이르렀다. 청하清河[81]에 이르러서는 비로 인해 길이 막혀 서주徐州[82]·비주邳州[83]의 관군에게 섬멸되었다. 역시 수십 명에 불과했으나 천 리에 걸쳐 손해를 끼쳤으며, 천여 명을 살육했으니 그 흉폭함이 이와 같았다. 그런데 조문화가 전교에서 패한 이래 왜구의 기세는 성해져 자림에서 주포周浦[84]로 이동해서는 천사川沙[85]의 구 소굴 및 가정·고교高橋에 머물고 있던 자들과 함께 움직이지 않았다. 다른 침범자는 침범하지 않는 날이 없었으나 조문화는 왜구가 종식되었다고 하고 조정에 돌아갈 것을 요청했다.

이듬해(1556) 2월 양의를 파면해서 호종헌으로 대신하고 완악阮鶚[86]에게 절강을 순무하게 했다. 이에 호종헌은 사신을 파견해 일본 국왕에게 도서 지역에서 노략질을 엄금하고 오랑캐와 내통한 간상奸商들을 소환하는 등 공을 세우면 죄를 용서해 준다는 칙유를 내려 줄 것을 요청했다. 교지를 받고 호종헌은 영파의 제생諸生[87]인 장주蔣洲와 진가원陳可願을 파견했다. 이리하여 진가원이 돌아와서 다음과 같이 보고했다.

"저 나라의 오도五島[88]에 이르러 왕직[89]과 모해봉毛海峰[90]을 만났습니다. 그들이 말하기를 일본은 내란이 일어나 국왕과 재상이 모두 죽었기 때문에[91] 여러 섬은 통제가 되지 않고 있습니다. 모름지기 섬들에 두루 황상의 유지를 내려야 그들의 침범을 막을 수 있다고 합니다. 또한 말하기를 사쓰마슈薩摩洲 사람[92]이 있어 비록 이미 배를 타고 침입해 노략질을 한 적이 있으나 본심은 아니며 조공과 호시를 원하고 있습니다. 사쓰마는 해적을 죽이고 스스로 충성을 바칠 것을 원한다고 합니다. 이에 장주를 남겨서 각 섬에 유지를 전하게 하고 저를 돌려보냈습니다."

호종헌이 보고하자 병부에서 다음과 같이 언급했다.

"왕직 등은 본래 편제된 백성이다. 이미 귀순하고자 한다면 즉시 무력을 해제해야 마땅함에도 불구하고 이에 대해서는 전혀 언급하지 않으면서 호시를 열고 조공을 허락해 주기만 바라고 있다. 은근히 속국屬國인 척하면서도 그 간교함은 헤아리기 어렵다. 마땅히 총독에게 명해 국위를 선양하게 해서 엄격히 방비를 강화해야 한다. 그리고 왕직 등에게 격문을 보내, 주산舟山[93]의 여러 도적의 소굴을 완전히 토벌해서 충성심을 스스로 밝히도록 해라. 그 결과 연해 지역이 평안하게 되면 저절로 은상恩賞이 있을 것이다."

이에 그렇게 하게 했다.

당시 양절(절동·절서) 지역은 모두 왜구의 피해를 입었는데, 특히[94] 자계慈谿[95]는 불에 타거나 살육당한 것이 참혹했으며, 여요가 그 뒤를 이었다. 절서[96]의 자림·사포·오진烏鎭·조림皁林 일대는 모두 도적의 소굴이 되어 전후로 가담한 자가 2만여 명에 이르자 가정제는 호종헌에게 명해서 신속하게 대책을 강구하게 했다. 7월 호종헌이 상주했다.

"도적의 괴수 모해봉은 진가원이 돌아오고 나서 한 차례 주산에서 왜구를 격파했고 다시 역표瀝表에서 격파했습니다. 게다가 그들 일당을 파견해 각 섬을 회유하여 잇달아 귀순했으니 큰 상을 내려 주시기를 간청합니다."

병부는 호종헌에게 명해서 재량껏 적절하게 처리하게 했다. 마침 그때 서해·진동·마엽 등이 바야흐로 군사를 연합해서 동향桐鄕[97]을 공격해 에워쌌는데, 호종헌이 계략을 세워 이들을 이간질하자 서해가 마침내 진동과 마엽을 사로잡고 투항했다. 호종헌은 사포에서 진동과 마엽의 남은 무리를 모조리 섬멸했다.[98] 얼마 지나지 않아 다시 양장梁莊에서 서해를 물리치니 서해도 또한 목이 잘리고 잔당은 모두 소멸되었다.

이리하여 강남·절서의 왜구들은 거의 평정되었지만, 강북의 왜구는 단양丹陽[99]을 침략하고 나아가 과주瓜洲[100]를 약탈하고 조운선漕運船[101]을 불태웠다. 이듬해 봄 다시 여고如皐·해문海門[102]을 침범하고 통주를 공격했으며 양주揚州·고우高郵[103]를 약탈하고 보응寶應[104]으로 들어갔다. 마침내 회안부淮安府를 침략하고 묘만廟灣[105]에 모여들었는데 해를 넘기고서야 겨우 평정되었다. 절동의 왜구는 주산을 점거하고 있었는데, 역시 전후로 해서 관군의 공격을 받았다.

이에 앞서 장주가 여러 섬을 돌면서 널리 유지를 전하다가 분고豊後[106]에 이르러 억류되자, 승려에게 명해 야마구치山口[107] 등 섬에 가서[108] 노략질을 금지하라는 유지를 전하게 했다. 이에 야마구치 도독 미나모토 요시나가源義長[109]는 자문咨文[110]을 갖추고, 피랍되어 온 사람들을 송환했는데, 자문에는 국왕의 인장이 사용되었다. 분고 태수太守 미나모토 요시시게源義鎭[111]는 승려 도쿠요德陽 등을 보내 지방의 물산을 바치고 표문을 올려서 사죄하고, 감합勘合을 발급받아 조공을 다시 할 수 있기를 요청하며 장주를 되돌려 보냈다.

이전에 양의는 정순공鄭舜功[112]을 파견해 바다로 나가 상황을 살피게 했는데, 일행이 분고섬에 이르자 도주도 승려 세이주淸授를 보내 정순공의 배를 타고 와서 사죄하며 말했다.

"전후에 걸쳐 침범한 것은 모두 중국의 간상들로 그들이 여러 섬의 오랑캐 무리를 은밀히 끌어들인 것으로서 요시시게 등은 실로 알지 못하는 바입니다"

이에 호종헌은 다음과 같은 상주를 올렸다.

"장주는 사명을 받들고 2년간 분고와 야마구치 2개 섬에 머물렀는데, 공물은 가지고 있지만 국왕의 인장도 감합도 없거나, 혹은 국왕의 인장은 있으나 국왕의 서명이 없어, 모두 조정의 법도를 위배하고 있습니다. 그러나 저들은 이미 공물을 바치러 왔으며 게다가 약탈한 사람들을 돌려보내 왔으니 실로 죄를 두려워해서 은혜를 빌고자 하는 뜻이 있습니다. 아무쪼록 예禮에 따라 사절을 보내 요시시게와 요시나가에게 유지를 전하고 일본 왕에게 유지를 전하게 해서 난을 일으킨 우두머리들과 중국의 악당들을 잡아서 바치면 비로소 조공을 허락한다고 하십시오."

황제가 조서를 내려 허락했다.

왕직이 해상의 섬을 점거하고 있을 때, 그 일당 왕오王澉·섭종만葉宗滿·사화謝和·왕청계王淸溪 등도 각각 무리를 거느리고 왜구를 끌어들여 우두머리가 되었다. 조정에서는 백작伯爵 작위와 1만 금의 상금을 내걸고 그들을 포섭하려고 했지만, 결국 달성하지 못했다. 그러나 이즈음에 이르러 내지 관군도 매우 방비를 잘 갖추어 왜구가 비록 함부로 날뛰기는 했으나, 대부분 죽임을 당해 섬 전체에 한 사람도 살아 돌아오지 못하는 경우도 있어 종종 왕직을 원망[113]하게 되자 왕직은 점차 자연히 불안해졌다. 호종헌은 왕직과 동향[114] 사람으로 왕직의 어머니와 처자식을 항주에 머물게 하고, 장주를 파견해서 가족의 서신을 전해 주고 그를 불러들이려고 했다. 왕직은 가족이 확실히 무사함을 알고 크게 마음이 흔들렸다. 요시시게 등도 중국에서 호시를 허가하자 또한 기뻐했다. 이리하여 큰 배를 준비해서 일당인 젠묘善妙 등 40여 명을 파견해서 왕직 등을 따라 공물을 바치고 무역을 하게 했다. 가정 36년(1557) 10월 초, 그들은 주산의 잠항岑港[115]에 도착했다. 관원들은 왜구가 침입해 온 것으로 생각해 군사적 방비를 펼쳤다. 왕직은 왕오를 파견해 들어가서 호종헌을 만나게 했는데, 호종헌은 즉시 왕오를 돌려보냈다. 왕직이 또한 고관 1명을 인질로 요구하자 즉시 지휘指揮[116] 하정夏正에게 명해서 가게 했다. 왕직이 신용할 수 있다고 여겨 마침내 섭종만·왕청계와 함께 왔다. 호종헌은 크게 기뻐하고 예를 다해 매우 정중하게 맞이했다. 그런데 항주에서 절강 순안어사巡按御史 왕본고王本固[117]를 만나게 했는데, 왕본고가 하급 관리에게 처리하게 했다.[118] 왕오 등은 이 소식을 듣고 크게 분노해서 인질로 잡고 있던 하정을 찢어 죽이고는 배를 불태우고 산에 올라 잠항을 점거해서 견고하게 방비했다.

해를 넘겨서(1558) 새로운 왜구가 대거 몰려와 여러 차례 절동의 3군三郡[119]을 노략질했다. 잠항에 있던 왕오 일당은 서서히 가매柯梅[120]로 이동해서 배를 건조해 바다로 달아났다. 호종헌은 이를 추격하지 않았다. 11월 왜구는 돛을 올려 출범해서 남쪽으로 떠나 천주泉州의 오서浯嶼¹²¹에 정박하고 동안同安·혜안惠安·남안南安¹²² 등의 현을 약탈하고 복녕주福寧州¹²³를 공격해서 복안福安·영덕寧德¹²⁴을 격파했다. 이듬해(1559) 4월 왜구는 마침내 복주를 포위해서 1개월이 지나도록 포위를 풀지 않았다. 복청·영복永福 등 여러 성시城市는 모두 공격을 받아 파괴되었다. 왜구는 홍화興化¹²⁵까지 세력을 확대해 장주漳州¹²⁶로 돌진했다. 이리하여 왜구의 환난은 모두 복건으로 옮겨져 조주潮州·광주廣州 일대에서도 또한 잇달아 왜구의 경고가 보고되었다. 가정 40년(1561)에 이르러 절동·강북의 여러 왜구가 점차로 평정되었다. 호종헌은 얼마 안 되어 어떤 사건에 연좌되어 체포되었다. 이듬해(1562) 11월, 왜구는 흥화부를 함락하고 대규모 살육과 약탈을 하고 이동¹²⁷해서 평해위平海衛¹²⁸를 점거하고는 움직이지 않았다. 처음 왜구가 절강을 침범했을 때 주·현·위소의 성城 백여 곳을 파괴했으나 부府의 성을 파괴한 적은 없었다. 이에 이르러 천지가 진동하니 급히 유대유俞大猷¹²⁹·척계광戚繼光¹³⁰·유현劉顯¹³¹ 등 여러 장수를 모집해서 연합해 토벌하게 해서 그들을 격파했다. 다른 주·현을 침범한 자들도 여러 장수에게 격파되어 복건도 평정되었다.

그 후 광동의 대도大盜 증일본曾一本¹³²·황조태黃朝太 등은 왜인을 끌어들여 도움을 받지 않음이 없었다. 융경隆慶¹³³ 연간에 갈석碣石¹³⁴·갑자甲子¹³⁵ 등 여러 위·소를 격파했다. 이윽고 화주현化州縣과 석성현石城縣¹³⁶을 침범하고, 금낭소錦囊所¹³⁷·신전위神電衛¹³⁸를 함락시켰다. 오천吳川¹³⁹·양강陽江¹⁴⁰·무명茂名¹⁴¹·해풍海豊¹⁴²·신녕新寧¹⁴³·혜래惠來¹⁴⁴ 등 여러 현이 모두 불에 타고 약탈되었다. 방향을 돌려 뇌주부雷州府·염주부廉州府·경주부瓊州府 3군의 경계에 침입하여 또한 화를 입었다. 만력萬曆¹⁴⁵ 2년(1574) 절동의 영파부·소흥부·태주부·온주부 4군을 침범하고 또한 광동의 동고석銅鼓

石[146]·쌍어소雙魚所를 함락시켰다. 만력 3년(1575) 전백電白[147]을 침범했다. 만력 4년(1576) 정해定海[148]를 침범했다. 만력 8년(1580) 절강의 구산韭山[149] 및 복건의 팽호彭湖[150]·동용東涌[151]을 침범했다. 만력 10년(1582) 온주溫州를 침범하고 또한 광동성을 침범했다. 만력 16년 절강을 침범했다. 그러나 당시 변경을 지키던 관리들은 가정 연간의 전화를 교훈 삼아 해방을 매우 견고하게 했기 때문에 왜적들은 침범해 와도 번번이 실패했다. 광동을 침범한 적들은 단민蜑民[152] 양본호梁本豪가 내통했기 때문에 그 세력은 더욱 창궐했다. 총독 진서陳瑞는 군세를 결집해서 이를 공격해 1,600여 명의 목을 베고 선박 1백여 척을 침몰시켰으며 양본호도 참수했다. 이리하여 황제는 교묘郊廟[153]에 제사를 지내고 승리를 널리 알리며 경축했다.

일본에는 예전에 왕이 있었고 그 아래에 '관백關白'[154]이라는 자가 가장 높았는데, 그즈음 야마시로슈山城州[155]의 우두머리 노부나가信長[156]가 관백을 맡았다.[157] 노부나가는 어느 날 사냥을 나갔다가 나무 아래 누워 자고 있는 한 사람을 만났는데, 그 사람이 놀라 일어나다 노부나가와 부딪히고 말았다. 그를 잡아서 힐문하니 스스로 다이라노 히데요시平秀吉[158]로, 사쓰마슈[159] 사람의 노복이라고 하는데, 힘이 강하고 민첩했으며 말재주가 뛰어났다. 노부나가가 보고서 마음에 들어 말을 기르게 하고 이름을 기노시타 사람(木下人)[160]이라고 했다. 후에 점차 중책을 맡게 되어 노부나가를 위해 계책을 세워 20여 주를 병합해서 마침내 셋쓰攝津[161]의 진수대장鎭守大將이 되었다. 노부나가의 참모에 아기지阿奇支[162]라는 자가 있었는데, 노부나가에 죄를 지어, 노부나가는 히데요시에게 명해 군사를 이끌고 토벌하게 했다. 그런데 갑자기 노부나가는 부하인 아케치明智[163]에게 살해당했다.[164] 히데요시는 바야흐로 아기지를 공격해 무너트리려던 참이었는데, 변고를 듣고는 부장 유키나가行長[165] 등과 함께 승세를 타고 군사를 돌려서 아케치를 주살[166]하니 위세와 명성은 더욱 울려 퍼졌다. 이윽고 히데요시는 노부나가의 셋째 아들[167]을 폐하고서 관백을 참칭하고 노부나가의 무리를 다 가지게 되었다. 때는 만력 14년(1586)의 일이다.

이리하여 히데요시는 더욱더 군대를 훈련시켜 66개 주를 정복하고 또한 류큐琉球·루손(呂宋)·태국(暹羅)·포르투갈(佛郎機) 등 여러 나라를 위협해서 모두 공물을 바치게 했다. 국왕이 거주하는 산성山城을 고쳐서 대규모 전각을 축조하고 광대한 성곽을 쌓아 궁전을 세웠다. 그중 9층에 달하는 누각도 있었는데, 그 안은 여인과 진귀한 보물로 채워져 있었다. 군법을 엄격하게 적용해 군대가 나아감에 전진할 뿐 후퇴는 없었으며, 이를 위반한 경우에는 자식이나 사위라고 해도 반드시 죽이니, 이로 인해 가는 곳마다 대적할 자가 없었다.

1592년에 연호를 분로쿠文祿로 변경하고서 아울러 중국을 침략하고 조선을 멸망시키려는 야심을 가졌다. 그래서 이전 왕직 잔당을 불러 심문해 중국인이 왜인을 호랑이와 같이 무서워한다는 것을 알고는 기세가 더욱 오만해졌다. 점점 더 군대를 정비하고 함선을 수리하며 가신들과 도모해서 중국 북경에 들어갈 때는 조선인을 길잡이로 삼고 절강·복건의 연해 군현으로 들어갈 때에는 중국인을[168] 길잡이로 삼고자 했다. 류큐에는 정보가 새는 것을 우려해서 입공하지 못하게 했다.

동안 사람 진갑陳甲이란 자가 류큐에서 장사를 했는데, 일본이 중국에 해가 될 것을 우려해 류큐의 장사長史 정형鄭迴[169]과 도모해서 책봉을 청하는 사절과 함께 입공해서 그 사정을 보고했다. 진갑은 또한 고향으로 돌아가 복건순무 조참로趙參魯에게 그 일을 진술했다. 가정제가 조참로의 보고를 듣고 병부兵部에 하문하자 병부에서 조선 왕에게 자문을 보냈다. 조선 왕은 단지 중국으로 들어가는 길잡이가 되는 것은 무고라고 오로지 변론할 뿐, 또한 일본이 조선을 도모하려 한다는 것을 알지 못했다.

처음 히데요시는 널리 여러 다이묘의 병사를 징집하고 3년 치 군량을 비축해서 몸소 중국을 침범하려고 했다. 마침 그의 아들[170]이 죽었는데, 곁에는 형제도 없었다. 이전 분고 도주의 아내를 빼앗아 첩으로 삼았는데,[171] 그 후환을 우려했다. 게다가 여러 다이묘는 히데요시가 자신들을 잔혹하게 대함을 원망하며 모두 "이번 거사는 중국[172]을 침략하는 것이 아니라 우리를 치려는 것이다"라고 하여 각자 다른 뜻을 품고 있었기 때문에 히데요시는 감히 몸소 출정하지 못했다.

만력 20년(1592) 4월, 가토 기요마사加藤淸正[173]·고니시 유키나가小西行長· 소 요시토모宗義智,[174] 그리고 승려 겐소元蘇·소이쓰宗逸 등을 파견해서 함선 수백 척을 거느리고 쓰시마섬에서 바다를 건너 조선의 부산釜山[175]을 함락하고 승승장구해서 5월에는 임진강을 건너 개성開城을 약탈하고 부대를 나누어 풍덕豊德 등 여러 군을 함락시키자, 조선은 왜구의 소문만 듣고도 무너졌다. 기요마사 등이 마침내 왕도王都[176]를 압박하니 조선 왕 이연李眧[177]은 도성을 버리고 평양으로 달아났다. 다시 의주로 달아나 중국에 사신을 파견해 빈번히 사태의 위급함을 알렸다.

왜구가 마침내 왕도에 들어가 왕비와 왕자를 사로잡고 달아나는 조선 왕을 추격해 평양에 이르러 병사들에게 멋대로 약탈을 하게 했다. 7월 부총병副總兵 조승훈祖承訓[178]에게 명해 구원하러 가게 해서, 왜군과 평양성 밖에서 싸웠지만 크게 패하고 조승훈은 겨우 몸만 살아 나왔다. 8월 조정에서는 병부시랑 송응창宋應昌[179]을 경략사經略使[180]로 삼고 도독 이여송李如松[181]을 제독으로 삼아 군사를 거느리고 가서 왜구를 토벌하게 했다.

당시 영하寧夏의 반란[182]이 아직 평정되지 않았는데 조선에서 변고가 일어났기 때문에 병부상서 석성石星[183]은 계책을 내지 못하고 왜인을 설득할 수 있는 자를 모집해 정탐하려고 했다. 이에 가흥 사람 심유경沈惟敬[184]이 모집에 응했다. 석성은 임시로 유격장군의 직함을 주고 이여송의 수하로 파견했다. 이듬해 이여송의 군대가 평양에서 크게 승리해 조선은 잃었던 4개 도[185]를 모두 수복했다. 이여송은 승세를 타고 벽제관碧蹄館[186]으로 진격했으나 패하고서 군사를 퇴각시켰다.

이에 히데요시를 책봉해서 입공시키자는 논의가 제기되었다. 조정에서는 심유경에게 화의의 국면을 성사시켜 사태를 수습하고자 했다. 이 일은 『명사』 「조선전」에 상세히 실려 있다. 얼마 후 히데요시가 사망하자(1598) 여러 왜인은 배를 타고 모두 돌아갔고 조선의 환난도 평안해졌다. 그런데 관백이 동쪽 나라(조선)를 침략하고 나서 전후 7년간 죽은 병사가 수십만이고 소비한 군량은 수백만 냥에 이르렀지만, 조정과 조선에서는 마침내 승산은 없었다. 관백의 죽음으로 인해 병난兵難이 비로소 멈추게 되었던 것이다. 여러 왜인 또한 모두 퇴각해 열도의 본거지[187]를 지킴에 따라 동남 지역은 서서히 편안히 잠잘 수 있는 날이 오게 되었다. 히데요시는 무릇 2대 만에 망했다.

명나라가 끝날 때까지 왜인과의 교통은 매우 엄격하게 금지했다. 마을 백성들은 서로[188] 욕을 할 때 '왜놈'이라고 손가락질하기에 이르렀으며 심지어는 이로써 어린아이의 울음도 멈추게 했다고 한다.

『무비지武備志』[189]에 다음 기록이 있다.

왜이倭夷는 호접진蝴蝶陣[190]에 능숙해서 적진과 마주해서는 부채를 휘두르는 것을 신호로 한다. 한 사람이 부채를 휘두르면 무리는 모두 칼을 뽑아 들고 일어나 허공을 향해 빠르게 휘두른다. 이에 우리 병사들이 당황해서 머리를 들면 아래에서부터 베어 온다. 또한 장사진長蛇陣[191]을 쳐서 선두에서 백각기百脚旗¹⁹²를 휘날리면,¹⁹³ 그 뒤를 따라 생선을 엮어 놓은 듯이 전진하는데, 가장 용맹한 자가 선봉과 후미에 서고 중간에는 모두 용맹하고 약한 자가 서로 섞여 있었다.

매일 닭이 울면 일어나서 땅에 웅크리고 앉아 모여서 밥을 먹는다. 밥을 먹고 나면 왜이의 수장은 높은 자리에 앉고 무리는 모두 명령을 듣는다. 끼고 있던 장부를 펼쳐 보며 오늘은 모처를 약탈하는데, 아무개를 대장으로 삼고 아무개를 대원으로 삼는다. 대원은 30인을 넘지 않으며 각 부대는 서로 1, 2리 거리를 두고서 해라海螺를 부는 것을 신호로 삼아 서로 들으면 즉시 합류해서 돕는다. 또한 2, 3인이 1부대인 경우도 있는데, 이들은 칼을 휘두르며 횡행한다. 저녁 무렵이 되면 돌아와서 각자 약탈한 재물을 바치는데 절대 은닉하는 일은 없다. 왜이의 수장은 그 많고 적음을 헤아려서 득실을 따지며, 매번 부녀자를 노획해서 밤이 되면 반드시 주색에 취해서 잠이 든다. 약탈이 끝날 즈음에는 불을 질러 태워 버려 연기와 불빛이 하늘을 밝히니, 백성들이 그 잔혹함에 치를 떨고서야 왜적은 철수해 갔다.

나는 우리 백성들에게 맞서 싸우지 말고 오로지 이 기술을 사용하게 하려 한다. 왜적이 민간에 와서 술과 음식을 먹을 때 먼저 우리 백성에게 먹어 보게 한 후에 음식을 먹는 것은 독을 탔는지 우려해서일 것이다. 마을 길을 지나감에 외진 곳에 들어가지 않는 것은 매복을 우려해서일 것이다. 성벽을 따라서 가지 않는 것은 성 위에서 벽돌이나 돌을 던지는 것을 우려해서일 것이다. 행진할 때는 반드시 일렬로 길게 서서 천천히 질서 정연하게 걷기 때문에 수십 리에 걸쳐 있어도 근접할 수 없고, 수십 일을 달려도 지치지 않는다. 진을 펼치면 반드시 사방으로 흩어지기 때문에 포위하기 어렵다. 적진을 만나면 반드시 먼저 한두 사람을 보내 뛰어울렸다가 쭈그려 엎드리기 때문에 우리의 화살과 돌, 화포는 허공을 가르게 된다. 진영을 공격할 때는 반드시 정탐병이 먼저 움직이고, 움직인 후에 돌진하기 때문에 승승장구한다. 싸움이 무르익으면 반드시 사방에서 매복해 일어나 갑자기 우리 진영의 후방을 에워싸기 때문에 우리 군은 당황해서 무너진다. 매번 양 떼를 몰고, 부녀자들을 공격하는 것과 같은 괴이한 술책을 써서 먼저 깜짝 놀라게 해서 우리의 눈을 현혹시킨다. 저들은 병장기로 쌍칼을 부리는 데 익숙해 위에서 유인하고 아래에서 반대로 공략해 오니 상대하기가 어렵다. 당파창鏜鈀鎗[194]을 느닷없이 던지기 때문에 예측할 수가 없다. 활이 크고 화살은 길며 사람에게 근접해서 발사하기 때문에 쏘기만 하면 명중했다. 종적을 감출 때는 나아가 공격할 때이고, 요란스러운 때에는 달아나 숨은 것이다. 그래서 항상 [타고 온] 배를 마구 부숴 숨은 것처럼 보이고는 갑자기 금산金山의 포위망을 뚫었고, 대나무 사다리를 만들어 공격하는 것처럼 보이고는 순식간에 승산勝山으로 달아난다. 들판으로 달아나면 성을 공격하려는 것이고, 물로 달려가면 노를 잡고자 하는 것이다. 때로는 함정을 파서 속여 빠뜨리고, 때로는 벼 줄기를 묶어 달아나는 것을 막고, 때로는 대꼬챙이를 심어서 도망가는 자를 찔렀다. 항상 옥백玉帛·금은·부녀자를 미끼로 삼았기 때문에 우리 군을 유인해 함정에 빠져들게 할 수 있고, 가볍게 우리 군의 추격을 따돌릴 수 있었다.[195] 포로는 반드시 배를 가르고 혀를 묶어 왜인인지 아닌지 식별할 수 없게 했기 때문에 돌아오는 길에 죽었다.

소굴 부근의 거주민에게는 은혜를 베풀었기 때문에 허와 실을 꿰뚫고 있었다. 투항한 포로 중 장인은 후하게 상을 주었기 때문에 기계를 쉽게 마련했다. 간첩으로 우리 사람을 이용했기 때문에 따져 묻기가 어려웠다. 길잡이로 우리 사람을 이용했기 때문에, 나아가고 물러나는 데 익숙

했다. 먹고 자는 데에는 반드시 벽을 부수고서 거처했으며, 높은 곳에 올라 망을 보았기 때문에 습격해서 이길 기회가 없었다. 간혹 일단 이중으로 포위를 당해도 위조한 수급[196]을 미끼로 삼아 달아났다. 혹은 도롱이를 걸치고 갓을 쓰고 있으니 밭을 갈고 있는 장저長沮와 걸닉桀溺[197] 같았으며, 혹은 머리에 운건雲巾을 쓰고 모시 신을 신고는 도성의 저잣거리를 유유히 거닐기 때문에 우리 군사로 하여금 어리석게 왜적에 투항하게[198] 하거나 혹은 의심해서 양민을 죽이게 하기도 했다. 수전은 본래 능숙하지 않으나 빈 배를 연결하는 데 능해서 가느다란 대나무 발을 쳐서 우리의 선봉을 엉뚱한 곳에 발사하게 하고, 부녀자를 바치고 금은 비단을 보내 미끼로 해서 우리의 후방 추격을 따돌렸다. 무릇 배의 둘레를 따라 좌우에 모두 포백·이불·요를 감싸고 이를 적셔서 화공을 막아 냈다. 서로 싸우는 사이에 혹은 이봉利蓬[199]을 부착해서 날아서 넘는데, 천둥과 번개가 치듯이 휩쓸고 간다. 왜구들은 우리 백성을 포로로 잡아서 길잡이로 삼거나 물을 길어 오게 했다. 아침과 저녁 무렵 나가고 들어올 때 명부에 따라 이름을 불렀다. 매 처에서 하나의 부채를 장부로 삼아 성명[200]을 기재하고 반을 나누어 점검을 했다. 진짜 왜구는 매우 적어 선봉은 수십 명에 불과했다. 왜구가 섬에 귀환하면 모두들 손님이 왔다고 했다. 무릇 우리 병사에 의해 생포되거나 살해된 자는 숨기며 발설하지 않고, 이웃도 잘 모르기 때문에 오히려 축하를 하기도 했다.

또 다음 기록이 있다.

일본의 배 만드는 기술은 중국과는 다르다. 반드시 큰 나무로 목판을 만들어 서로의 이음매를 꼭 맞게 하는데 쇠못을 사용하지 않고 오직 철편鐵片을 사용해서 연결한다. 동유桐油를 먹인 마 줄기를 사용하지 않고

단지 짧은 수초를 사용하여 틈새가 새는 것을 막을 뿐이다. 따라서 공력
이 많이 필요하고 목재도 많이 들어 큰 역량이 없으면 만들기가 쉽지 않
다. 무릇 중국을 노략질하는 자는 모두 그 섬의 빈민이다. 종래 왜국倭國
에서 만든 선박이 천백 척에 이른다고 하는 것은 모두 허풍일 뿐이다. 선
박 중 큰 것은 3백 명, 중간 정도는 1백~2백 명, 작은 것은 40~50명, 혹은
70~80명을 수용할 수 있다. 그 형태는 낮고 좁아서 커다란 배를 만나면
위를 보며 공격하기도 어렵고, 쟁기[201]처럼 파듯이 공격하는 것도 어려웠
다.[202] 그래서 광선廣船[203]과 복선福船[204]을 만나면 모두 두려워했다. 그런데
광선은 옆 부분이 담장과 같이 돌출되어 있어 더욱 두려워했다. 왜선의
밑바닥은 평평하여 파도를 가르고 나갈 수 없었고, 돛대의 정중앙에 베
로 만든 돛을 달았는데, 중국처럼 치우치지 않았다. 돛대의 돛은 항상 움
직이고 있어 중국처럼 고정되어 있지 않았다. 오직 순풍이 불어야만 했
으며, 만약 바람이 없거나 역풍이 불게 되면 모두 돛이 쓰러지고 노가 제
멋대로 움직여 배를 조종해서 지탱할 수가 없었다. 그러므로 왜선은 바
다를 지나갈 때는 한 달여가 아니면 불가했다. 지금은 그렇지 않아서 복
건·절강[205] 연해의 간민이 외국에서 배를 사서 바닥을 이중으로 붙여 만
들어 바다를 건너온다. 그 배의 밑부분은 뾰족해서 파도를 헤칠 수 있어
옆에서 부는 바람이나 맞바람[206]에도 문제없이 나아갈 수 있어 며칠이면
곧 도달한다.

유정섭兪正燮[207]의 『계사류고癸巳類稿』에 다음 기록이 있다.
만력 연간 대만은 일본의 왜구에 점거를 당했다. 만력 말년에 네덜란
드 홍모인이 서양에서 와서 마카오[208]를 점거하고자 했으나 이루어지지
않다. 이에 팽호를 점거하고자 했으나 역시 이루어지지 않자 남쪽의

말루쿠Maluku[209] 및 클라파Kelapa[210]를 점거해서는 아편으로 클라파를 유혹했다. 클라파인들은 모두 온몸이 황폐해져 움직일 수 없게 되어 네덜란드에 종속되었다. 이윽고 네덜란드는 정예 병사를 모집해 마카오를 공격했으나 전투에서 패하자 배를 타고 동쪽으로 달아났다. 팽호에 이르러 사람을 시켜 복건순무에게 뇌물을 후하게 주고 이탈리아인[211]이 마카오에 거주할 수 있도록 도와준 옛일을 거론하며 필사적으로 팽호를 얻고자 했다. 복건순무가 사람을 시켜 잘 타이르자 대만을 점거한 일본에 의탁해 매년 사슴 가죽 3만 장을 바칠 테니 대만에서 통상무역을 하게 해달라고 요구했다. 마침 대만에 거주하던 일본의 왜구는 새롭게 천주교를 받들고 있었기 때문에 마침내 이를 수락했다. 적감성赤嵌城[212]을 세워 거주하니 지금의 안평진安平鎭이 바로 이것이다.[213] 네덜란드는 이미 땅을 획득하자 곧 여러 차례 일본의 왜구와 전쟁을 벌였는데, 왜구는 이미 그 종교에 물들어 싸움에서 이기지 못하고 모든 무리가 동쪽으로 떠나면서 심하게 분노해 무리 중에 천주교를 받아들인 자들을 주살하고 아울러 류큐를 복속시켰다. 그런데 네덜란드는 대만을 점거해 있는 중에 프레드릭 코엣Fredrik Coyet[214]왕[215]을 두어 역시 동쪽에 대한 관심을 버리지 않았다.

정지룡鄭芝龍[216]은 복건 사람이다. 일본인의 사위가 되어 대만에 거주했다. 일본이 동쪽으로 돌아가자, 정지룡의 선단 무리는 바다를 주름잡았다. 청조 순치 2년(1645), 정지룡이 안평安平에서 표를 올리고 투항하자 그의 아들 정성공鄭成功[217]은 달아나서 바다로 들어가 만년에 선단 수백 척을 거느리고 대만을 공격했다. 네덜란드는 중과부적으로 인해 마침내 대만을 떠나 클라파로 갔다. 대만인들은 여전히 그 종교를 믿는 자를 '교책敎冊'이라고 했는데, 정성공은 이들을 모두 제거했다. 강희 초기 정극상鄭克塽[218]이 항복하자 청조의 조정에서는 대만을 방기할 것을 논의했는데, 시랑施琅[219]이 힘써 다투며 말하길 "이는 네덜란드를 도와주는 것입니다"라고 하자 마침내 군현을 설치하니 그 공이 지금까지 이르고 있다.

진륜형의 『해국문견록海國聞見錄』에 다음 기록이 있다.

조선은 천지의 동북 45도[220]에 위치하며, 그 남쪽의 바다를 경계로 해서 일본의 쓰시마섬이 있는데, 조선에서 순풍을 타고 하룻밤이면 도착할 수 있다. 쓰시마섬에서 남쪽과 북동쪽[221] 일대의 72개 섬은 모두 일본 왜노의 땅이다. 그런데 중국과 통상무역을 하는 곳은 오직 나가사키 섬 하나이다.[222] 나가사키는 곡물 생산이 부족해서 인구를 부양하기 어려웠다. 그래서 무역을 개시해 공가公家에 들어가 매년 말 획득한 이익을 계산해서 나가사키의 호구에 따라서 골고루 나누어 주었다. 국왕은 나가사키의 동북쪽에 거주하고 있다. 육로로는 거의 한 달이 걸리며, 지명을 미야코都[223]라고 하는데, 번역하면 경사京師라는 말이다. 왕은 중국식 의관과 복식을 하고 있으며 나라에서는 중국의 문자를 배웠으나 일본식 발음으로 읽는다. 생사여탈의 권한과 군국의 정사는 상장군上將軍[224]이 장악하고 있다. 왕은 정치에 관여하지 않고 단지 봉록을 받고 산과 바다의 공물을 받았으며, 때때로 상장군의 조알을 받았을 뿐이다. 정권 쟁탈을 하더라도 왕을 다투는 것이 아니라 상장군을 다툴 뿐이다. 왜인의 기록에 따르면 개국한 이래 대대로 왕을 섬겼다고 한다. 이전 상장군이 일찍이 왕의 지위를 찬탈한 적이 있는데 산과 바다의 공물貢物이 산출되지 않고 오곡이 열리지 않으며 음양의 기운이 조화롭지 않았다. 이에 물러나 신하의 지위에 거하니 예전과 같이 질서의 조화를 회복했기 때문에 오늘날에도 감히 망령되이 왕의 지위를 넘보는 일은 없다. 관직은 모두 대대로 세습하며 중국의 제도를 본받아 1천 섬을 받는 자사刺史(다이묘大名에 해당)를 두었는데, 봉록을 후하게 지급했기 때문에 법을 어기는 일이 드물었다. 그리고 매년 모두 한 명의 가관街官을 천거한다. 가관은 향보鄉保²²⁵와 같은 것으로서 매년 수당으로 50금을 지급받았는데, 직무는 단순하고 한가로웠다. 문예文藝에 통달한 자를 고결한 인사로 여겨 예로써 우대하고 요역을 면해 주었다.

풍속으로는 청결을 숭상하여 거리를 틈틈이 쓸고 닦았다. 부부는 함께 식사를 하지 않으며, 먹고 남은 음식은 노복조차도 버렸다. 부자는 솜으로 만든 방석에 앉았으며, 가난한 자는 지푸라기로 만든 방석에 앉았다. 각 가정에서는 사용하는 다다미²²⁶의 다과에 따라서 호구를 계산했다. 남녀의 의복은 옷깃이 크고 소매가 넓으며, 여성의 옷은 한층 더 길어 땅에 끌리고 화려한 색채의 화초 문양을 그려 염색을 했다. 속옷²²⁷은 비단 폭을 이용해 허리에 두르고, 발에는 짧은 버선을 신고 신을 끈다. 남자들은 허리띠를 묶고서 칼을 차며, 수염을 깎고 정수리까지 머리를 미는데, 이마는 귀밑머리를 남겨 두고는 뒤로 눕히며, 너비는 1치 남짓하고 뒤로 잡아당겨서 묶어 긴 머리를 손질했다. 여자들은 연지를 하지 않고 분을 바르며, 생화를 꽂지 않고 비녀와 귀고리를 하지 않으며, 대모玳瑁로 만든 공예품을 꽂았다. 윤기가 나는 검은 머리는 매우 아름다웠는데, 매일 머리를 감았으며 가남향과 침향을 태운 연기를 씌우고 앞뒤로 당겨서 묶었다. 손발톱은 길지 않았는데 아마 때가 끼는 것을 우려했던 것 같다. 남녀의 이목구비와 살결은 또한 주변 오랑캐와는 견줄 바가 아니었다. 사람들의 성씨는 모두 복성이며, 단성인 것은 서복徐福²²⁸이 데리고 온 어린 남녀이다. 서복이 거주한 곳을 서가촌徐家村이라고 하며, 그 무덤은 웅지산熊指山²²⁹ 아래에 있다. 풍속으로 불교를 숭상하며 중국의 스님을 공경한다. 조상을 받들며 때때로 무덤과 초막집을 청소했다.

그러나 웅지산이라는 곳은 역시 그 소재지를 알 수 없기 때문에 견강부회해서 만들어 낸 것 같다. 법은 매우 엄격해서 사람들은 다투는 법이 없고 말이 조용했으며 하인을 부를 때에는 손바닥을 치면 알아들었다. 사람을 사고파는 일이 없으며, 고용 기간이 만료되면 즉시 돌아갔다. 거느리는 속국이 2개 있는데, 북쪽의 쓰시마섬은 조선과 경계를 하고 있어 조선이 쓰시마섬에 공물을 바치면²³⁰ 쓰시마섬은 일본에 공물을 바쳤다. 남쪽의 사쓰마²³¹는 류큐와 경계를 하고 있는데 류큐가 사쓰마에 공물을 바치면 사쓰마는 일본에 공물을 바치니 두 섬의 왕은 모두 일본의 통제를 받았다. 기후는 산동·강소·절강과 비슷하다. 나가사키는 보타普陀²³²와²³³ 동서로 서로 마주 보고 있으며, 해로로 약 40경(약 80시간) 걸린다. 하문廈門에서 나가사키까지는 약 72경(약 144시간, 약 6일)이 걸린다. 북풍에는 오도문五島門²³⁴에서 나아가고 남풍에는 천당문天堂門²³⁵에서 나아간다. 쓰시마섬을 등지고 정면에는 등주登州가 있고 사쓰마를 등지고 정면에는 온주와 태주가 있다. 육지에서는 금·은·동·칠기·자기·지전紙箋·화훼·염색 안료 등을 산출하며, 바다에서는 용연향龍涎香²³⁶·복어·해삼·해초²³⁷ 등을 산출한다. 사쓰마는 산이 높고 바위가 험준하며, 계곡이 깊고 물이 차갑기 때문에 칼이 매우 예리하다. 또한 말을 생산하고 있으며, 사람들은 건장하다. 가정 연간의 왜구는 바로 사쓰마 사람들이다. 일본은 원래 영가永嘉²³⁸에서 조공무역을 했는데, 왜의 어부 18명이 풍랑을 만나 중국에 표류하자 간교한 자들이 이들을 끌어들여 난을 일으켰다. 수염을 깎고 이마를 삭발²³⁹하고는 먼 곳의 토속어를 섞어서는 서로 돌아가며 약탈을 했는데, 사람들은 왜노라고 일컬었다. 이들을 사로잡으니 겨우 18명이었다. 중국에서 시박사를 폐지함에 따라 우리(중국)가 저쪽으로 가는 것은 허락했지만, 지금 감히 저쪽에서 오는 경우는 없다. 보타에서 나가사키를 가는데 비록 동서 정방향에 위치해 있어도 곧장 바다를 가로질러 건너가기에는 풍랑이 매우 험했다. 속담에 따르면 "일본은 재화를 좋아해서 오도를 그냥 지나가기가 어렵다"고 한다. 하문에서 나가사키로 가는데 남풍을 타고 가면 대만의 계롱산雞籠山[240]이 보이며, 북쪽으로 미강양米糠洋·향심양香蕈洋에 도달한다. 다시 사쓰마의 오야마大山·천당天堂[241]을 지나면 방위가 딱 정침正針이 된다. 강양과 심양은 바닷속의 수면이 마치 쌀겨(糠粃)와 같고 수포가 마치 버섯균(蕈菌)과 같다고 해서 미강양과 향심양이라고 불리게 되었다. 사쓰마에서 남쪽으로 류큐가 있는데, 동남쪽[242]에 위치하며 배로 68경(약 136시간)이 걸리는데, 주잔 왕국中山王國[243]이 바로 이것이다. 중국의 한자를 사용하며 사람들은 유약하고 나라는 가난하다. 동그릇·종이·자개·대모를 생산했으나 교역을 하지는 않았다. 일본·류큐의 동쪽은 바닷물이 모두 동으로 흐르니 이른바 미려尾閭[244]라고 한다.

페르디난트 페르비스트Ferdinand Verbiest[245]의 『곤여도설坤輿圖說』에 다음 기록이 있다.

일본은 바다 가운데 있는 하나의 거대한 섬나라로 길이는 3,200리이며, 너비는 6백 리에 불과하다. 현재 66개의 번국이 있는데, 각 나라에는 주인이 있다. 풍속으로 강력함을 숭상하여 비록 총왕總王[246]이 있으나 권력은 항상 강신强臣[247]에 있으며, 백성들은 대체로 무예를 익히고 문을 익히는 일은 드물다. 토산물로 은·철·좋은 칠漆을 생산한다. 왕은 아들이 태어나 20세 이상이 되면 왕위를 양도한다. 이 나라는 보석을 중시하지 않고 단지 금·은 및 옛 도자기를 중시한다.

『황청통고皇淸通考』「사예문四裔門」에 다음 기록이 있다.

일본은 예전 왜 노국이다. 당나라 함형 초기에 국호를 일본으로 변경했다. 혹자는 일본은 본래 작은 나라로, 왜국에 병합되었기 때문에 그 국호를 사용하게 되었다고 한다. 나라는 동쪽 바다 가운데에 있는데, 동북쪽으로 높은 산을 경계로 하고 있다. 지형은 동쪽이 높고 서쪽이 낮은데, 그 형세가 잠자리와 같아서 예전에는 잠자리국[248]이라고도 했다. 5기·7도·3도·115개 주가 있으며, 모두 587개 군을 거느린다. 크고 작은 섬으로 되어 있는데, 큰 경우에도 중국의 일개 촌락에 지나지 않는다. 속국으로 무릇 수십 개의 나라가 있다. 천황은 개벽한 이래 대대로 이어져 바뀌지 않았으며, 국사에 관여하지 않고 군사를 관할하지도 않으며 단지 국왕(쇼군)으로부터 공양을 받을 뿐이었다. 국왕은 국사를 돌보며 병권을 장악하는데, 세력의 강성함과 쇠약함에 따라 교체되어 항구적이지 않았다. 관백이라는 관직이 있어 중국의 승상 직위와 같은데, 대대로 교체되며 국정과 병권을 좌우했다. 다이라平·미나모토源[249]·후지(와라)滕(原)·다치바나橘 4개의 성씨는 일본의 권문귀족으로 서로 다투어 국왕을 차지했다. 그러나 군장君長을 주고받은 절차는 단지 일본 승려 조넨奝然[250]의 기록에 보일 뿐이다. 『오처경吾妻鏡』이라는 서책이 있는데 52권으로 구성되어 있다. 안토쿠천황安德天皇[251] 지쇼治承[252] 4년(1180)에서 시작해서 가메야마인천황龜山院天皇[253] 분에이文永[254] 3년(1266)에 이르기까지 무릇 87년간의 작은 일은 상세하게 큰일은 소략하게 기록하고 있다. 이언공李言恭[255]이 편찬한 『일본고日本考』[256]는 일본의 역사를 비롯해 풍속 등을 매우 상세하게 기록하고 있는데, 왕실의 계보는 명확하지 않다. 대대로 전해 오는 바에 따르면 국왕은 왕을 성으로 삼았으며,[257] 나가사키의 동북쪽에 거처했는데, 그곳의 이름을 미야코라고 했으니 번역하면 경사라는 의미이다. 나가사키에서 미야코까지는 육로로 거의 1개월이 걸리며, 요동에서는 멀고 복건·절강에서는 가깝다. 역사서에 따르면 대방군帶方郡[258]에서 왜국에 도착하기까지 바닷길을 따라가는데, 조선을 지나 때로는 남쪽으로 향하고 때로는 동쪽으로 향해 3개의 바다를 건너고 7개 나라를 지나 무릇 12,000리[259]를 지나서야 그 나라에 도착할 수 있다고 한다. 또한 말하길 왜국은 낙랑군樂浪郡[260] 및 대방군에서 모두 12,000리 떨어져 있고, 회계會稽[261]의 동쪽에 있으며 담이儋耳[262]와는 서로 가깝다고 한다. 단지, 그 나라의 수도에 이르는 것만을 가지고 이야기했기 때문에 이같이 우회한 것이다. 가령 일본에 속한 쓰시마섬과 조선은 단지 하나의 바다를 사이에 두고 있어 순풍을 타고 가면 하룻밤 안에 도착할 수 있다. 예전 조선 선조宣祖 시기 도요토미 히데요시가 군사를 일으켜 7년간 계속된 전쟁으로 조선 팔도가 거의 함락될 뻔한 적이 여러 차례 있었다. 조선이 청조에 귀의하자 왜인들은 두려워 떨면서 숨을 죽였다.

숭덕崇德[263] 4년(1639), 일본 도주島主[264]는 시마오 곤노스케嶋雄権之助[265]·아리타 모쿠베有田杢兵衛[266] 등에게 명령해서 조선에 친서親書를 전해 다음과 같이 말했다.

"작년 대군大君[267]이 질병에 걸려 오랫동안 정사를 돌보지 못했습니다만, 올해 봄에 비로소 치유되었습니다. 대군의 좌우에서 일을 보는 사람들이 귀국(조선)의 산물을 필요로 하는 것이 매우 많으나, 근래 귀국 산물의 수량이 적고 또한 중국과의 교역로도 단절되어 대군의 좌우에서 필요한 것을 충당할 도리가 없습니다. 바라옵건대 귀국은 을해년(1625?) 이후 공급하지 않은 물건을 하나하나 보급해 주십시오. 그런 후에 양국의 관계는 우려하는 일이 없을 것입니다. 사쓰마슈薩摩州[268]의 태수는 류큐와 화친을 맺고, 히젠슈肥前州의 태수는 남만과 화친을 맺어 매년 얻는 바가 헤아릴 수 없습니다. 도주는 귀국과 화친을 맺고 있는데, 얻는 바가 거의 없으니 두 주의 태수를 어찌 볼 수 있겠습니까!"

　조선 국왕은 이 친서를 받아보고는 왜의 사정을 헤아릴 수 없으니 변경의 신하들에게 칙령을 내려 방비를 강화해서 뜻하지 않은 변란에 대비하게 했다. 이때, 일본이 비록 기회를 엿보고 움직였지만, 조선이 아직 병란을 입지 않은 것은 모두 명나라의 위엄이 다가올 것에 두려워 떨었기 때문이다. 숭덕 7년(1642) 2월 일본의 군주는 아들[269]을 낳았기 때문에 사당을 짓고 복을 빌기 위해 조선에서 제기를 구하고자 했다. 숭덕 8년(1643) 3월 일본은 다시 조선에 사신을 파견해서 고하길, 태어난 아들에게 군주의 예를 갖추어 친서와 함께 조선 국왕의 날인만 있는 빈 문서를 요구했다. 쓰시마섬의 도주 소宗[270]가 통신사를 파견해 일본에 가서 축하를 하고 상황을 파악할 것을 요청하자 윤허했다.

　순치 이후 단지 무역은 허가했으나 조공은 받아들이지 않았다. 무역 또한 단지 중국의 상선이 일본에 갈 뿐, 왜선이 중국에 오는 일은 없었다. 중국과 무역을 하는 나가사키섬은 온갖 물산이 모이는 곳으로 상인들이 통행했다. 이 외에 71개의 섬이 있는데 쓰시마섬에서 남쪽과 동쪽은 모두 일본 땅이다. 이 나라는 동銅이 풍부한데, 청조에서 동전을 주조하는 데 필요한 재료는 운남에서 산출되는 동 외에 일본의 동을 사들였다. 안휘·강서·강소·절강 등 성은 매년 443만여 근의 수량을 관상官商을 설치해 선박 16척에 모두 내지의 비단·생사·면화·설탕·약을 가지고 가서 무역했다. 상인이 구리를 매매할 때에는 반드시 왜의 증명서에 의거해서 증빙으로 삼았다. 또한 정해진 액수 외에 추가로 지급하는 부가 증명은 1, 2백 상자에 머물며, 2, 3년을 사용하면 곧 폐지했다. 사쓰마薩摩[271]의 기세에 의지해 와카사若狭[272]·하카타博多[273]의 백성은 서로 긍지를 갖고 장사를 해서 백만의 자본을 축적했다. 이즈미슈和泉州[274]는 살림살이가 부유하고²⁷⁵ 중국 풍습을 지니고 있다. 사쓰마의 에이穎娃²⁷⁶는 사람들이 예의를 알고 법을 어기는 것을 엄격하게 다스렸다. 유독 기이紀伊²⁷⁷의 두타승頭陀僧²⁷⁸ 3,800방房은 자못 오랑캐와 같이 살육을 일삼았다.²⁷⁹ 여러 주·군郡은 야마구치·분고·이즈모出雲²⁸⁰의 세 군문軍門에서 통솔했다. 세 군문은 서로 쟁탈해서 나라를 셋으로 나누었다. 그리고 분고가 유독 강했으나, 모두 야마시로山城의 군주에 복속했다.²⁸¹ 명대 왜구로 들어온 자들은 사쓰마·히고肥後²⁸²·나가토長門²⁸³ 사람들이 많았다. 상선이 모이는 곳에는 내부에 간교한 자가 유인을 하기 마련이다. 인물이 수려하고 기후는 강소·절강과 비슷하다. 산물로는 오금五金²⁸⁴·자기·칠기가 있다. 금·종이·말 등은 사쓰마슈가 유명하다. 이 지역에서는 구리가 산출되고 대장장이가 모여 있어 칼이 가장 예리하기 때문에 왜인이 선호해서 차고 다녔다. 용연향 및 해삼·전복 등은 모두 바다에서 산출된다. 거느리는 속국으로 북쪽의 쓰시마섬은 조선과 접하고 있으며, 남쪽의 사쓰마슈는 류큐와 접하고 있다. 쓰시마섬은 등주와 정면으로 향해 있고, 사쓰마슈는 온주·태주와 정면으로 향해 있다. 나가사키와 보타는 동서 방향으로 마주하고 있다. 이쪽에서 저쪽으로 가기 위해서는 바닷길로 40경(약 80시간)이 걸린다. 하문에서 나가사키에 도착하기 위해서는 북풍을 타고는 오도를 경유해 들어가며, 남풍을 타고는 천당을 경유해 들어가는데, 바닷길로 72경(약 144시간) 정도 걸린다. 해로를 리로 계산할 수는 없으나 뱃사람들은 대략 하루 밤낮을 10경(약 20시간)으로 보고 있으므로 경으로 리를 기록했다고 한다.

『오문기략澳門紀略』에 다음 기록이 있다.

일본국은 천주교를 가장 엄격하게 금지하고 있다. 해구海口인 갈라파

葛羅巴[285] 항구에는 길 입구에 돌로 십자가를 새겨 놓고 무사들이 칼을 뽑은 채 길에 서 있었는데, 그 나라에서 장사하는 사람들은 반드시 십자가가 새겨진 길을 밟고서 들어갔다. 만일 이를 거부하는 경우에는 즉시 목을 베었다. 또한 예수의 석상을 성문에 묻어 놓고[286] 이를 밟게 했기 때문에 서양 선박은 감히 그 나라에 가서 장사를 할 수 없었다.

『만국지리전도집萬國地理全圖集』[287]에 다음 기록이 있다.

일본국은 본래 세 개의 섬으로 이루어져 있는데, 중산中山[288]이 가장 광대하다. 그 내부에는 역시 왕도가 있으며 해변의 강 지류에는 곳곳에 항구가 있다. 내지에는 산이 많고 금과 구리가 산출된다. 그러나 토양이 척박한데도 본토인들은 육식을 좋아하지 않아 닭과 돼지를 기르지 않고 오직 농사에만 힘쓴다. 광산에서는 각종 광물이 나오며, 나라 사람들은 매우 정교하게 갱도를 팠다. 일본인은 중국인과 다르며 용모나 말소리 또한 다르다. 비록 중국의 글자를 사용하고 중국인의 예를 배웠으나 사고방식은 전혀 다르다. 체형은 크지 않고 눈이 깊게 들어가 있으며 코는 납작하다. 앞머리를 밀고 뒷머리를 길게 기른 후에 묶어 짧게 정리해서 머리 위에 올린다. 긴 도포를 입고 아울러 바지를 입지 않으며 발에는 가죽신을 신었다. 주로 먹는 음식은 단지 쌀밥과 채소·어류·자라였다. 다만 술을 지나치게 많이 마셔 술주정을 하거나, 간음이 매우 심해서 창기娼妓가 거리에 넘쳤다. 신분에는 존귀와 비천이 있었다. 나라 사람들은 아버지의 직업을 계승해서 대대로 변함이 없었다.[289] 작위를 세습해 왕으로부터 책봉을 받아서는 각각 도검을 차고 스스로 열국을 다스렸다. 다만 반드시 도성에 와서 몸소 인질이 되거나 혹은 자손을 뽑아 인질로 했다. 왕에서 서민에 이르기까지 각각 정해진 규율을 준수했으며, 왕이라 하더라도 제멋대로 사치해서 유희를 즐길 수 없었으며, 대신들이 이를 단속했다. 따라서 나라의 주인은 궁궐 내의 포로와 같았으며, 내각대학사 역시 스스로 주도하지 못하고 마침내 규율과 관례에 따라 통제를 받았다. 제후들의 행동거지 및 침식은 오직 예로써 규정했다. 다만, 서민들은 자의적으로 행동했으나, 만약 법을 어기게 되면 법률에 따라 엄격하게 처리되어 조금도 관용을 베풀지 않았다. 단지, 의를 알았으나 결코 인을 알지는 못했기 때문에 백성들은 두렵고 무서워했으나 결코 공경하고 사랑하지는 않았다. 예로부터 두 명의 왕이 나라를 다스렸다. 예전 진짜 왕이 나타나 신권을 잡고 궁전 내에서 승려와 같이 생을 보냈으니 단지 목우木偶와 다름이 없었다. 그다음 왕은 병권을 잡고 정무를 관할했다. 백성은 모두 2천만 명 정도였다. 사·농·공·상의 경우에는, 종종 신분을 뛰어넘는 사람이 있었다. 세 개의 섬은 대부분 척박한 땅으로 부지런히 경작하지 않으면 굶어 죽을 정도였다. 장인은 칠기·고운 비단을 만들었는데, 중국에서도 구하기 힘들었다. 상인들은 본국의 연해를 돌아다니며 장사를 했다. 명나라 시기 널리 통상의 길이 열렸다. 그러나 일본은 천주교 때문에 사이가 틀어져 포르투갈과 전쟁을 했는데 네덜란드의 도움을 받아 승리했다. 이로써 천주교 세력을 소멸시키고 곳곳에 있는 외국인을 다 쫓아냈다. 이로부터 이후 백성들은 불교에 귀의했다. 오직 네덜란드와 청나라 사포에서 오는 선박만이 승인을 받아 나가사키에서 무역을 했는데, 엄격하게 관리했다. 전체 거주민은 대단히 많아 헤아릴 수 없었다. 불행히도 여러 차례 화재 혹은 지진의 피해를 입어 가옥이 쓰러져 온통 건물 잔해가 산을 이루었다. 신왕神王은 교토京都에 거주하였는데, 이곳은 사당과 사찰의 땅으로 승려와 도사가 대단히 많았다. 연해의 항구가 적지 않은데 가장 넓고 큰 것은 오사카大阪[290]이다.

『순향췌필尊郷贅筆』[291]에 다음 기록이 있다.

노감국魯監國[292]이 항해할 때 신하 완진阮進[293]이 일본에 군사를 요청하고자 해서 사신으로 파견되어 보타[294]의 경전을 예물로 가지고 갔다. 승려 담미湛微가 이전에 일본에서 왔기 때문에 동반해서 갔다. 완진이 일본에 도착하자 그 나라에서는 처음에 경전이 왔다는 소식을 듣고 매우 기뻐했으나 담미라는 이름을 듣고는 크게 놀라며 "이 중이 돌아왔으니 빨리 죽여야 한다"라고 했다. 이에 칙명을 받지 않고 경전을 호위해서 돌아왔다. 그 이유를 물으니 담미라는 중은 일찍이 천주교에 입당했는데 도주했다가 돌아왔다는 것이다. 이에 앞서 서양인이 천주교로써 그 나라 사람들을 유혹해 각각 비술秘術을 전수했다. 민간 규방에서는 크게 난리가 났다. 일단 천주교에 들어가면 삶과 죽음과도 바꾸지 않았다. 교주는 마침내 간교한 재주를 부려 무리를 규합해서 난리를 일으키니 그 나라에서는 대대적으로 군사를 징발해서 이들을 박멸했다.[295] 이로부터 서양인을 단호하게 끊고 동판으로 천주의 형태를 새겨서 왕래가 빈번한 큰 거리에 놓았다. 무릇 각 나라 사람으로 왕래하는 자는 반드시 이를 밟고서 지나가야만 했다. 옷 주머니에 혹 서양 물건이나 서양 화책을 휴대하고 다니다가 조사해서 나오게 되면 선박에 탄 모두를 주살했다. 장린백張遴白의 『봉사일본기략奉使日本紀略』에 보인다.

『지리비고地理備考』에 다음 기록이 있다.

일본국은 아시아의 동쪽에 있으며 북위 29도에서 47도에 위치하고, 동경 126도에서 148도에 위치해 있다. 사면이 바다로 둘러싸여 있으며, 동북에서 서남의 거리는 약 5,800리, 동서의 거리는 약 9백 리가 된다. 국토의 면적은 사방 약 28만 리이며, 인구는 3천여만 정도이다. 지형은 산이 높고 가파르며 산봉우리가 첩첩이 늘어서 있다. 많은 산 중에는 밤낮으로 쉬지 않고 불을 토해 내거나 빙설이 녹지 않고 쌓여 있으며 수목이 울창한 곳도 있어 풍경이 두루 독특하다. 강과 호수가 매우 많으며 땅은 비옥하고 윤택하다. 긴 강은 5개가 있는데, 요도가와강淀川,[296] 덴류강天龍川,[297] 아라카와강荒川,[298] 도네강利根川,[299] 시나노강信濃川[300]이 있다. 호수로서 큰 것이 4개가 있는데, 하치로가타호八郎潟,[301] 스와호諏訪湖,[302] 가스미가우라호霞ヶ浦,[303] 이나와시로호猪苗代湖[304]가 있다. 토양이 비옥하고 삼림이 울창하다. 이곳에서는 금·은·동·철·주석·납·생사·차·옻칠·대나무·장뇌·면화·문석紋石·마노·자기 등을 산출한다. 날씨가 변덕스러우며 추위와 더위도 모두 심하다. 폭풍과 지진이 시도 때도 없이 발생한다. 왕의 지위는 오직 남자만이 계승할 수 있다. 신봉하는 종교는 신도神道[305]·불교·유교 세 가지이다. 유교를 신봉하는 자는 그 수가 거의 없다. 기예가 출중하여 공방이 대단히 많다. 오직 중국과 조선,[306] 네덜란드와만 무역을 하며 항구는 한 곳이 아니지만, 규슈섬[307]에서만 객선이 드나드는 것을 허용했다. 나라는 72개 부로 나누어져 있으며 제일 큰 군의 명칭은 에도江戶[308]로 나라의 수도로서 무사시슈武藏州[309]에 있다. 이 외 또한 홋카이도北海道[310] 및 쿠릴열도, 사할린[311]의 남부는 모두 일본의 영토에 속한다.

『지리비고』에 다음 기록이 있다.

남양의 북쪽에 있는 오가사와라제도小笠原諸島[312]는 네 개로 이루어져 있다. 첫째는 오가사와라군도小笠原群島[313]이며, 89개의 섬이 있다. 둘째는 이오열도硫黃列島[314]이며, 여기에는 화산이 있다. 셋째는 동방군도東方群島,[315] 넷째는 서방군도西方群島[316]이다. 토양은 척박하며, 기후는 차갑고 더워 모두 일본과 유사하다. 스스로 부락을 이루고 있어 관할을 받지 않는다. 마리아나제도Mariana Islands[317]는 루손섬[318] 동북에 있으며, 북위 12도 30분에서 20도 13분에 이르고, 동경 141도에서 143도에 이르고 있다. 토양은 비옥하며 곡식과 과일이 풍성하게 열린다. 기온은 온화하고 바닷바람은 청량하다. 여기에는 17개의 섬이 있는데 대부분은 스페인[319]령이다. 여러 섬 중에서 단지 5개 섬에서만 사람들이 거주하며 모두 남쪽에 있는데, 섬의 이름은 괌섬Guam Island[320](또는 샌환섬San Juan Island[321]), 티니언섬Tinian Island,[322] 사이판섬Saipan Island,[323] 아그리한섬Agrihan Island,[324] 아�’카오섬Assumpcao Island[325]이다.

『외국사략外國史略』에 다음 기록이 있다.

대청국의 동쪽에는 일본국이 있다. 북위 30도에서 42도에 위치하며, 동경 120도에서 143도에 위치한다. 면적은 사방 12,500리이며, 인구는 3500만 명이다. 53개 군과 9개 주로 나뉘어 있다. 이 외에 또한 도서가 많다. 일본국과 바다를 사이로 떨어져 있는 쿠릴열도Kuril Islands[326] 또한 일본의 관할에 속한다. 일본은 산이 가파르고 메마르며, 기름진 땅이 많지 않다. 지진이 빈번하고 높은 산봉우리에 쌓인 눈은 사면을 에워싸고 있는데 겨울과 여름에도 녹지 않는다. 금과 구리를 산출하며, 보석도 많고 미곡·무·차·면화·생사·장뇌가 많으나 사용하기에는 부족하다. 백성들은 고기를 즐겨 먹지 않아 목축은 매우 적다. 다만 중국인이 항구에서 가축을 기르는 것은 허용하고 있으며, 산에는 멧돼지·사슴·곰·이리 등이 있다. 산수는 수려하다. 일본은 고대에 중국의 유민이 와서 개간하였고 본토인과 서로 섞여 각지에서 지역의 우두머리가 권력을 잡고 자주 싸움을 벌여 백성들의 삶은 불안정했다.

일본과 중국은 왕래가 많지 않았다. 원나라 세조 때 일본이 조공을 바치지 않는 것을 힐책해서 전선을 정비해 공격했으나 갑자기 광풍이 불어 해안에 도착한 자들이 모두 죽었다. 훗날 일본의 해적은 절강·강소 등지를 점거 약탈했으며, 조선[327]을 침략해서 쌓인 원한이 2백 년에 이르고 있다. 대대로 세습되는 쇼군이 전권을 장악해 이로 말미암아 일본의 군주는 유명무실한 존재이다. 명나라 세종 가정 20년(1541), 서양 선박 수 척이 일본 해안에 도착해서 일본인과 무역을 했다. 선교사가 천주교를 전파해서 천주교를 믿는 신자가 수만 명에 이르렀다. 후에 스페인[328]도 와서 통상무역을 열었다. 무역을 한 지 오래지 않아 네덜란드가 일본에 이르러서 매우 활발히 통상무역을 했다. 마침 일본 쇼군 다이라노 히데요시[329]는 조선을 침략해서 크게 승리를 했다. 이에 스스로 교만해져 각 섬의 주인을 모두 굴복시키고 전권을 장악했다. 갑자기 군사를 거느리고 본국으로 돌아가 그 군주를 감금하고 단지 궐내에서 비빈들과만 왕래하는 것을 허용하고 외부와 접촉을 하지 못하게 했다. 열국의 제후는 매년 6월 가족을 동반하고 도성에 갔다가 돌아올 때는 처자식을 인질로 남겨 두게 했다.[330] 또한 명령을 내려 천주교를 믿는 백성을 엄격하게 단속해서 수만 명을 죽였으며, 천주교는 마침내 금지되었다. 명나라 회종懷宗[331] 19년(1644), 에도 막부의 쇼군은 서양 상선을 영원히 금지해서 본토 항구에 오는 것을 승인하지 않았다. 후에 마카오 공사가 와서 협상을 시도했으나 즉시 죽이고 단지 부하 선원만 돌려보냈다. 스페인 상선이 일본국에 도착했으나 사람과 물자 모두 들어가지 못했다. 모든 선원 중 천주교를 믿는 자는 즉시 사형죄로 다스렸다. 또한 나라 사람이 외국에 출입하는 것을 엄격하게 금지하고 위반한 자는 사형에 처했다. 난민이나 폭풍을 만나 표류해 온 이방인은 돌아갈 때까지 감금하고 더불어 그 친척 혈육의 왕래를 허용하지 않아 이국의 풍속이 뒤섞이지 않게 했다. 네덜란드 및 중국 상인인 한인 그리고 선원 또한 소주小洲³³²에서 본토인과 접촉하는 것을 엄격하게 금지했다. 3년에 한 번씩 네덜란드 공사는 도성(에도)에 가서 쇼군을 알현했다. 에도로 가는 도중 길가의 방비를 엄격히 해서 돌아다니는 것을 허용하지 않았다. 만약 타국 선박이 도착하면 전력을 다해 이를 막았는데, 신속하게 물러나지 않으면 즉시 화포로 포격을 가했다. 도광道光³³³ 17년(1837), 미국³³⁴ 선박이 폭풍으로 표류한 일본인 7명을 태우고 일본으로 향했는데, 거의 다 와서 해를 입었다. 도광 26년(1846), 미국·프랑스·덴마크³³⁵ 등 나라의 공사가 항구에 와서 화친조약을 협상했으나 역시 거절당했다. 단지 쓰시마섬만이 조선과 무역을 하고 있었으나 역시 얼마 가지 않아 왕래가 단절되었다.

일본은 동방에서 땅이 가장 척박하고 물산도 많지 않으며 단지 황금·홍동紅銅만을 산출한다. 백성들의 습속은 근면하며 품성은 완고하다. 매양 사소한 일에도 목숨을 가벼이 여기기 때문에 군주도 역시 백성을 지푸라기 보듯 하며, 타인의 가난과 고통을 보아도 역시 구원의 손길을 내밀지 않았다. 창기가 대단히 많고 결혼·상례·제사는 중국과 서로 비슷하다. 신분이 높은 자는 항상 검을 두세 자루 차고 다니는데, 자고 먹고 할 때도 풀어 놓지 않았다. 심적으로 괴로움이 있으면 할복해서 죽었다. 사람 됨됨이가 성실하고 속임이 없어 일단 일을 맡으면 끝날 때까지 그만두는 법이 없었다. 손재주가 정교하고 신속해서 화포花布·칠기漆器·비단 등의 제품은 매우 뛰어났다. 머리를 미는데 단지 정수리 부분은 남기며, 웃옷의 길이는 다리까지 이른다. 가난한 자는 바지를 입지 않고 여름에는 벌거벗었다. 여자들의 의상은 남자들과 다르지 않으며, 생김새는 대체로 루손과 같고 중국과는 다르다. 야채와 어류를 많이 먹으며 가축을 기르지 않는다. 틈틈이 차를 마시지만, 중국의 찻잎만 못하다. 말소리는 중국과 다르지만, 중국의 한자와 서책을 가지고 사람을 가르쳤다. 중국의 문자 외에 네덜란드의 학술을 배우는데, 이로써 의학·천문·지리 등 모든 분야에 걸쳐 배우지 않은 것이 없어 총명함은 중국 선비를 능가했다. 특히 자모字母를 사용하는 경우, 지식인은 곧 이를 베껴서 일본 발음에 맞게 음역했다. 일본국은 학문을 중시하지만, 관료는 대부분 세습되기 때문에 학문에 능통한 자라 해도 오히려 봉록이 없었다.

외국과의 무역은 활발하지 않아 무역선은 단지 매년 네덜란드 선박 1척, 중국 선박 5척, 류큐 선박 역시 10척을 넘지 않았다. 백성들은 연해에서 현지의 화물을 사고팔 뿐이며, 간혹 도주가 쇼군에게 진공할 물건을 실었다. 최대 항구는 오사카이다. 그런데 매년 태풍으로 사라지는 배가 5분의 1 정도였다. 대체로 건조된 선박은 본래 견고하지 않아 풍랑을 헤쳐 나가기가 어려웠다. 군주가 상인들이 본토에서 멀리 떠나는 것을 우려했기 때문에 선박을 견고하게 건조하지 못하게 했던 것이다. 차라리 본국 백성이 물에 빠지는 것을 볼지언정 법을 세워 보호하고 구하려 하지 않았다. 연해민은 대부분 어업에 종사해서 일상적으로 물고기를 먹었다. 고래를 포획해서는 고기를 먹고 그 기름을 사용했다. 불교 외에 옛날부터 전해지는 신도를 숭상하는 승려가 가장 많았다. 관청은 법률을 집행하는 데 조금도 관대하지 않았다. 죄인은 일단 범죄를 의심받게 되면 즉시 원해서 자결함으로써 굴욕을 받지 않으려고 했다.

전국은 7도, 68개국, 604개 군, 13,000개 읍, 909,858개 향, 146개 포대, 신묘神廟[336] 27,700칸間, 불묘佛廟 22,580칸으로 나뉘어 있다. 북쪽의 산은 만주와 대치하고 있어 대부분 아직 개간되지 않았다. 본토인은 미개하며 흑룡강의 어피부魚皮部[337]와 같은 계통이다. 최근 경작지가 점차로 확대되고 산물도 점차 많아지고 있다. 그 외 쓰라지마섬連島[338]을 개척해서 본토인과 무역을 하며 역시 관을 설치해 다스리고 있다. 나라의 쇼군이 주재하는 곳은 에도만 일각[339]에 있다. 거주하는 백성은 백여만 명이고 그 궁전의 주위 2, 3리에는 쇼군의 총애를 받는 비빈이 헤아릴 수 없이 많다. 시가지는 정비되어 있는데, 지진을 우려해서 목조 건물을 지었기 때문에 화재가 많이 발생했다. 묘廟는 매우 웅장하고 아름다우며, 거주하는 백성은 50만 명이고 물건을 만드는 데 뛰어나고 또한 저서가 많았다. 읍의 승려는 약 8천 명이며, 귀천에 관계없이 멀리 사묘寺廟에 가서 향을 태우는 자가 헤아릴 수 없다. 오사카는 이 나라의 큰 해상 관문으로 상인들이 운집한다. 나가사키[340]항은 네덜란드·중국인이 모이는 곳으로 더욱 통상에 편리했으나, 금지하는 예가 엄격했기 때문에 매년 줄어들었다.

이 나라는 예전 왕이 전권을 잡았을 때부터 죽이고 살리는 것은 반드시 법률에 따랐다. 6명의 대신이 법률을 장악하고 군주를 견제했다. 만약 회의에서 이치에 합당하지 않다고 하고 무리 또한 반대하면 반드시 자결함으로써 그 죄를 받아들였다. 국왕은 이름만 전국의 주인으로 실상은 스스로 마음대로 할 수 없었다. 왕비는 매우 많아 990명을 거느렸는데, 단 사람들의 이목을 우려해 궁궐을 벗어날 수 없었다. 또한 몸이 더럽혀지는 것을 우려해 땅을 밟지 않았다. 자기와 의복은 한번 사용하면 반드시 모두 버렸다. 쇼군은 매년 공물을 바치고 신과 같이 공경했다. 다만, 이익은 적고 권한도 미약해 마치 우상과 같았으며, 쇼군의 심복으로 정탐하는 자가 항상 군주의 좌우에 있었다. 만약 관례에 벗어나는 일이 있으면 즉시 쇼군에게 고해서 언제나 그 제재를 받았다. 남녀는 모두 군주가 될 수 있었으나 반드시 평소 품성이 겸손하고 근면해야 비로소 즉위할 수 있었다. 제후는 각각 자신의 영지를 다스리는데, 쇼군은 살펴서 실책이 있으면 즉시 상주해서 탄핵했다. 해상 관문은 모두 쇼군이 파견한 관리가 정사를 장악해 책임이 막중했다. 만약 주야를 불문하고 최선을 다해 방비를 하지 않으면 죄를 짓는 일이 많았다. 제후들은 대부분 협소한 지역을 다스렸으나 도성에서 사용하는 경비가 너무 많았다. 지방 재정은 충분하지 않았으며, 또한 부유해서 배반할 것을 우려했기 때문에 그 처자식을 도성에 머무르게 해서 본궁에 구속하고 있다가 법을 어기면 즉시 죽였다. 그래서 제후들은 근면하게 정사를 돌보았으며, 쇼군은 의도적으로 그들을 억압했다. 나라 사람들이 복종하지 않으면 쇼군 또한 폐해를 입었다. 각 제후는 매년 반드시 도성에 가서 멀리서 배알하고, 순종을 다했다. 그러나 백성들은 또한 법률의 준엄함에 안존했다. 군사는 약 10만으로 보병이 3만, 기병은 3천이었다. 다만, 군사 훈련을 받지는 않았지만, 전쟁이 있으면 제후들은 368,000명을 모집할 수 있었다. 군선의 절반은 부서지고 절반은 물이 새서, 단지 도검의 날카로움과 군령의 엄격함에 의지할 뿐이었다. 서민은 4, 5품으로 나뉘어 의복과 도검 등은 각 품에 따라 분별되었다. 신분이 가장 미천한 자는 피장皮匠[341]으로 다른 신분의 사람들과 왕래를 할 수 없었다. 총체적으로 일본의 무용武勇은 아시아대륙에서 여러 나라를 초월했다. 단 금지하는 예가 지나치게 엄격해 군주와 오작五爵은 이하 각 품 사람들을 노예처럼 여겼다.

『외국사략』에 다음 기록이 있다.

류큐는 일본의 남쪽에 있으며 모두 37개 섬으로 이루어져 있다. 그중 8개 섬은 대만의 동북쪽에 있다. 고구마·쌀·설탕 등 재화를 생산하며, 산지는 척박하다. 거주민의 체형은 일본인과 같다. 다만 대부분 얼굴색이 밝았으며 교제하고 널리 베푸는 것을 좋아하며, 아량이 넓고 자혜로웠다. 신분이 높은 자는 한자를 알고 중국어를 배웠다. 복주福州[342]를 경유해 교토에 조공을 바쳤는데,[343] 일본 사쓰마의 군주가 자못 이를 힐책해서 또한 징세를 매우 무겁게 해 매년 반드시 설탕 몇만 섬을 바쳐야 했다. 서양의 갑판선이 그 나라에 오면 국왕은 이를 후하게 대접해서 가령 배가 손상되었으면 보수하고 보내 주었다. 인구는 약 60만 명으로 대부분 농업에 종사했으며 가난한 자는 어업에 종사했다. 귀천에 관계없이 무기를 휴대하지 않았으며 단지 법률을 세워 사람들을 단속했다. 가옥은 매우 아름다웠으나 매우 비좁았다. 류큐는 배로 자주 대해를 건너 복주에 이르렀으며 또한 일본과도 무역을 했는데, 이는 조선이 일본에게 조공한 것과 같은 상황이다.

황종희黃宗羲의 『행조록行朝錄』에 다음 기록이 있다.

명말 해적 중에 주최지周崔芝[344]라는 자가 있었는데, 복청福淸[345] 사람이다. 어려서 글을 공부했으나 성공하지 못하고 길을 떠나 바다로 들어가 도적이 되었다. 이 사람은 기지를 발휘해 일찍이 일본을 왕래했다. 활을 잘 쏘기로 유명해 일본 사쓰마 도주와 부자의 연을 맺었다. 일본은 36개 섬이 있는데, 각 섬은 각각 왕이 다스렸다. 이른바 도쿄東京는 곧 나라의 주인이다. 나라의 주인을 경주京主라고 하는데, 실권이 없는 지위를 쥐고 있을 뿐이다. 일국의 권력은 쇼군이 장악하고 있다. 36개국의 왕은 즉 제후의 직위이다. 여러 섬 중에서 사쓰마의 왕이 가장 강했으나 왕과 쇼군은 머리와 꼬리 같았다. 주최지는 이미 일본을 잘 알고 있었기 때문에 해상에서도 뜻대로 되지 않는 것이 없었다. 한참 후 귀순시켜 황화관黃華關[346]의 파총把總[347]에 임명해 상선을 감시하게 했다. 을유년(1645) 가을 당왕唐王 융무제隆武帝[348]가 수군도독을 하사해서 황빈경黃斌卿[349]을 도와 주산에 주둔하게 했다. 그해 겨울 주최지가 사람을 파견해 사쓰마섬에 이르러 중국의 변란을 호소하고 원하건대 일려一旅350의 군사라도 빌려주어 제나라가 위나라를 구하고,351 진나라가 초나라를 구한352 고사를 바란다고 했다.

쇼군은 흔쾌히 이듬해 4월 병사 3만 명을 보내고 모든 전함과 군수 물자 기구는 직접 그 나라의 여분의 물자를 취해서 대군이 중국에서 수년간 사용할 것을 제공한다고 약조했다. 그리고 나가사키353에서 도쿄에 이르는 3천여 리의 치도馳道·교량·역참·공관을 다시 수리 정비해서 중국의 사신이 이르기를 기다렸다. 주최지는 크게 기뻐하고 쇼군이 좋아할 만한 옥으로 만든 공예품을 넉넉히 준비했다. 참모 임약무林籥舞 임학무林學舞라고도 한다. 를 사절로 해서 4월 11일 동쪽으로 가게 했다. 임약무가 막 출항하려고 하는데 황빈경이 막으며 말했다. "대사마大司馬 여황余煌354이 보내온 서신에 따르면 이참에 오삼계吳三桂355가 지속적으로 청조에 군사를 요청했다고 한다." 주최지가 분노해서 복건으로 들어갔다. 복주는 이미 파괴되고 정지룡은 투항했다.

정해년(1647) 3월 주최지는 해구·진동鎭東 2개 성을 공격하고 그의 양아들 임고林皋를 보내 안창왕安昌王을 따라서 일본에 군사를 요청했으나 목적을 이루지 못하고 돌아왔다. 무자년(1648), 어사 풍경제馮京第356가 황빈경과 모의해서 동생 황효경黃孝卿과 함께 일본에 가서 나가사키 섬에 이르렀으나 그 왕이 상륙을 허락하지 않았다. 애초에 서양인으로 천주교를 믿는 자들이 일본에 들어가 그 나라를 혼란에 빠트려, 일본은 군사를 동원해 천주교인들을 모두 주살하고 섬 입구에서 그들의 배를 불태우고 서양인의 왕래를 단절시켰다. 그리고 큰길 가운데 동판을 놓고 그 위에 천주교상을 새겨서 이를 밟게 했다. 주머니에 서양 물건이 하나라도 있으면 반드시 찾아내서 가차 없이 죽였다. 서양인이 다시 큰 배에 포를 싣고 와서 일본을 곤란하게 했지만, 일본은 이를 거부했다. 비로소 하루 만에 물러났는데, 마침 풍경제가 이르렀기 때문에 일본은 외국(서양)과 마찬가지로 경계를 엄격히 했던 것이다. 풍경제는 포서包胥의 고사[357]를 흉내 내서 배 위에서 조복을 입고 절하며 통곡하길 그치지 않았다. 마침 도쿄에서 행부行部, 즉 중국의 순방어사巡方御史와 같은 관리를 파견했는데, 대머리에 가마[358]를 타고 있었다. 풍경제는 혈서를 전했다. 사쓰마 왕은 나가사키 왕이 중국을 거부했다는 말을 듣고 이르기를 "중국에 변란이 일어났으나 우리는 구휼할 여유가 없다. 그런데 그 사신으로 하여금 우리 나라에서 통곡을 하게 하니 우리 나라의 부끄러움이다"라고 하고 쇼군에게 진언해서 각 섬의 죄인들을 징발해서 군사를 보낼 것을 논의했다고 했다. 풍경제가 돌아왔다. 일본은 홍무전洪武錢[359] 수십만을 보냈다. 대체로 그 나라는 스스로 동전을 주조하지 않고 중국의 옛 동전을 사용했는데,[360] 주산의 홍무전을 사용한 것은 이런 이유이다. 그런데 황효경이 상선을 빌려서 나가사키 섬에 머물렀다. 나가사키 섬은 관기가 많은데 모두 저택에서 거주했다. 창문이 없고 비단 휘장으로 구분해 개인 방으로 삼았다. 달밤이 되면 각 방은 형형색색의 화려한 등을 달고 기생들은 각각 비파를 타는데 중국에서는 볼 수 없는 것이었다. 황효경은 즐거워 군사를 요청하러 온 것도 잊어 그 나라에 무시를 당했으며, 그 나라도 군사를 보내려는 의지가 더욱 없어졌다.

기축년[361](1649) 겨울, 승려 담미가 일본에서 와서 탕호백蕩胡伯 완진에게 군사를 요청했으나 승인하지 않은 이유를 진술했는데, "역시 금은보화는 군사를 움직이는 데 부족합니다. 일본은 무엇보다 불경을 공경하니 진실로 보타산의 장경藏經을 예물로 바치면 반드시 군사를 보내 줄 것입니다"라고 했다. 완진은 정서후定西侯 장명진張名振[362]과 함께 노감국에게 상소를 올려 징파장군澄波將軍 완미阮美를 사절로 삼으니 왕이 몸소 연회를 베풀었다. 11월 초하루 보타를 출발해서 10일[363] 오도산五島山에 이르렀는데, 나가사키와는 서로 가까운 거리였다. 이날 밤 태풍이 불어 검은 파도가 하늘을 뒤덮고 두 마리 붉은 물고기가 하늘로 솟구쳐 올랐다 내렸다 하여 배는 나가야 할 바를 몰랐다. 12일 산을 보고 조타수가 놀라 말하길 여기는 조선의 지경地境이라고 했다. 돛을 돌려 남쪽으로 해서 다음 날에야 나가사키에 들어갔다. 무릇 상선이 나라에 도착하면 관례에 따라 작은 배를 타고서 출입을 감시하는데, 이를 반선班船이라고 한다. 완미가 불교 경전을 바치고 군사를 요청한다고 아뢰자 왕이 듣고 매우 기뻐했으나, 배 안에 담미가 타고 있다는 것을 알고는 크게 놀랐다. 애초에 담미는 일본에 있었다. 나가사키 섬에는 3개의 큰 사찰이 있는데, 하나는 남경사南京寺로 중국의 북쪽 승려가 거주했고, 하나는 복주사福州寺로 복건·절강·광동의 승려가 거주했으며, 하나는 일본사日本寺로 일본국의 승려가 거주했다. 남경사 주지의 이름은 여정如定으로 시문과 서화에 능통해 일본 사람들이 존중했고, 담미도 스승으로 삼았다. 담미는 능력이 스승만 못한 데다가 교활하고 변덕스러웠다. 담미는 이전에 비천腠泉[364]이라는 이름의 섬에 갔는데, 그 섬은 중국인의 왕래가 없어 시문과 서화의 좋고 나쁨을 판별할 수 없었다. 담미는 망령되이 스스로 대단한 척하며 악필의 서찰과 민간 가요를 보고 금사자존자金獅子尊者라고 서명했다. 이 소식이 도쿄에까지 전해지자 쇼군이 이를 보고 "이는 필시 서양인으로 천주교를 신봉하는 자가 우리 나라에 잠입한 것이니 급히 체포하라"라고 명했다. 이윽고 그가 강서 출신의 승려인 것을 알고서 바다 건너로 추방했다. 일본은 중국의 승려를 죽일 수 없어 법을 어긴 자는 추방하는 데 그쳤으나 다시 올 경우에는 죽였다. 배에 동승했을 때, 담미는 이 일을 계기로 자연스럽게 일본과 맺어지기를 바랐으나, 이때에 완미는 비로소 속았다는 것을 알고 마침내 경전을 싣고 돌아왔다. 그런데, 일본은 간에이寬永³⁶⁵에 들어선 지 30여 년이 지나 모후母后³⁶⁶가 계승했다가 그 아들³⁶⁷이 복벽해서 연호를 의명義明³⁶⁸으로 바꾸고서 태평한 날이 지속되었다. 그는 시서·법첩法帖³⁶⁹·명화名畫·골동품·『십삼경十三經』·『십칠사十七史』를 대단히 좋아해서 훗날 천금의 가치를 지닌 것도 지나치게 많이 쌓아 두어 그 가치가 1, 2백 금에 지나지 않았다. 그러므로 평소 병란의 일을 돌보지 않고 본국의 일 또한 소홀히 했는데 어찌 바다 건너 남을 위해 원수를 갚겠는가? 설령 서양의 일이 없었더라도 역시 반드시 도와주지 않았을 것이다.

『영환지략瀛環志略』에 다음 기록이 있다.

오스트레일리아 동쪽·북쪽에서 남쪽에 이르기까지, 북아메리카의 서쪽 경계까지를 태평양이라 하는데 바닷길은 수만 리이고 도서는 매우 드물어 수천 리를 지나 하나의 섬을 만난다. 그 섬은 사방에 반석盤石이 많으며 또한 산호가 많아 선박이 가까이 가다 좌초하기 쉽기 때문에 다가가기 어렵다. 대양의 풍랑은 매우 고요해서 서양인들은 태평양이라고 부른다. 각 섬의 날씨는 맑고 따스하며 기후 풍토는 온화하고 아름답다. 야자와 감자·고구마 등이 나며 과실이 풍요로워 먹거리를 제공해 주고 있다. 원주민은 풀을 짜서 옷을 만들어 몸을 가린다. 성격은 유순하고 지혜로워 호전적인 서쪽 원주민과는 다르다. 근래 예수회 신부들이 그 지역을 방문해 그들에게 권해서 풍속을 바꾸어 천주교로 개종한 사람이 많다. 섬 이름은 다 알 수 없으나 영국인들이 종교적인 일에 따라 이름을 붙였다.

첫째는 회군도會群島³⁷⁰로 예수회가 들어갔다는 의미이다. 섬 중에서 큰 것은 타히티Tahiti[371]이다. 부근에 여러 섬이 대단히 많은데, 이 섬을 으뜸으로 한다. 지형은 산수가 수려하고 자연 경관이 사람이 살기에 적합하다. 원주민은 예수교를 독실하게 믿으며 널리 예배당[372]을 세웠다. 또한 하와이Hawaii[373] 역시 큰 섬으로 부속 도서가 매우 많으며, 국왕이 있다. 가경嘉慶[374] 연간 나라 전체가 예수교를 신봉하여 예배당이 더욱 많다. 그 왕은 군비에 대한 지식도 많아 항상 군선을 타고 바다를 순행했다.

둘째는 우군도友群島로 예수회와 친구가 되었다는 의미이다. 원주민은 용모가 단정하고 지모가 있으며, 예수회 무리가 때때로 그 지역을 방문해 교화했다. 캐롤라인제도Caroline Islands[375]가 있어 부속 섬이 가장 많은데 그중 한 종족은 예술에 매우 정통했다. 상선이 우연히 그곳을 지나가다가 또한 정박해 무역을 했다.

셋째는 적군도賊群島[376]로 선한 부류가 아니라는 의미이다. 각 섬은 대체로 스페인이 점거해서 서양인이 천주교를 권유했지만, 원주민이 따르지 않아 마침내 서로 공격하여 싸움이 그치지 않았다. 이 외 작은 섬이 또한 많은데 이름은 다 열거할 수 없다. 토산물로는 단지 야자가 있으며 인구가 매우 적고 다른 나라와 왕래를 하지 않는다. 도광 22년(1842) 프랑스가 마르키즈제도Îles Marquises[377]를 새롭게 개척했으나 풍토에 대해서는 상세하지 않다.

살펴보건대 사해四海 중에서 태평양이 가장 크니, 즉 중국의 동해에서 곧장 아메리카의 서쪽 지경에 이른다. 4만 리 망망대해에 그다지 넓은 땅도 없고 도서 역시 새벽 별처럼 듬성듬성 있다. 서양인이 전하는 기록에 따르면 각 섬의 풍토와 인류는 아시아 남양제도보다 훨씬 뛰어나다고 한다. 그러나 배로 우연히 갔기 때문에 간략해서 상세하지 않다. 대체로 동쪽으로 해서 길을 가면 바닷길로 10여만 리 정도이며 서쪽으로 해서 길을 가면 반드시 남아메리카의 티에라델푸에고제도Archipiélago de Tierra del Fuego[378]를 지난다. 길은 험하고 멀며 또한 이익도 그다지 많지 않아 상선이 오는 경우는 드물다. 오직 포경선만이 언제나 대양을 누비며 가지 않는 곳이 없어 제도에도 여러 차례 와서 다소 그 소식을 듣게 되었을 뿐이다.[379]

세계의 4개 대륙은 모두 주위가 수만 리에 이른다. 다만, 중국의 남양은 많은 섬이 빙 둘러 별처럼 늘어서 있고 바둑알처럼 놓여져 있으면서 끊어져 있거나 이어져 있다. 큰 섬은 수천 리이며, 작은 섬은 수백 리 혹은 수십 리에 이른다. 야만족들이 그곳에 모여 살고 울창한 숲이 끊임없이 이어져 자연적으로 부락을 형성하고 있다. 이 인종을 통틀어서 말레이(巫來由) 무래유無來由라고도 한다. 라고 한다. 또한 자와(繞阿), 즉 조아爪亞이다. 부기스(武吃) 무길無吉이라고도 한다. 도 있다. 서한 시기 이들 야만족이 비로소 공물을 바치기 시작했다. 당 이후 광동에 상선이 무리를 이루어 모여들었다. 명나라 초기 태감 정화鄭和 등을 파견해 항해해서 초무招撫하자 조공하러 오는 나라가 더욱 많아졌다. 중엽 이후 유럽 여러 나라가 동쪽으로 와서 각 섬의 해안을 점거하고 항구를 세워 만물을 유통시켰다. 이에 여러 섬의 물산이 중국에 넘쳐흘렀다. 복건과 광동 백성은 배를 만들어 바다를 건너 떼로 몰려가 토지를 매입하고 아내를 맞이하고 해서 머물며 돌아오지 않았다. 예를 들면 루손·클라파[380] 등의 섬에는 복건과 광동에서 온 유이민이 적어도 수십만 명을 내려가지 않았다. 남양은 또한 칠곤七鯤[381]·주애珠崖[382]의 부속도서로 유럽의 동도주東道主[383]이다.

고정림顧亭林의 『천하군국이병서天下郡國利病書』에 다음 기록이 있다.

왜 노국은 삼한三韓[384] 인근에 있는 나라이기 때문에 이름을 한중韓中이라고 한다. 왜는 후에 스스로 그 이름을 꺼려 해서 국호를 일본으로 변경했다. 동남쪽 대해 가운데 섬에 의거해서 거주하고 있다. 면적은 사방 수천 리이다. 5기가 있어 야마시로, 야마토太和,[385] 가와치河內, 셋쓰, 이즈미和泉라고 하며, 모두 53개의 군을 거느리고 있다. 7도가 있는데, 도카이도東海道는 116개 군을 거느리고 있고, 난카이도南海道는 48개 군을 거느리고 있다. 생각건대, 일본에서 출판한 『화한기년和漢紀年』에 따르면 그 나라는 본래 '화和'라고 했고, 중국인들은 속칭 왜라고 했다. 일본이라는 명칭도 중국인들이 부르는 바로 그 나라는 오늘날에도 스스로 야마토라고 하지 일본이라고 하지 않는다. 사이카이도西海道는 93개 군을 거느리며, 도산도東山道는 122개 군을 거느린다. 호쿠리쿠도北陸道[386]는 30개 군을 거느리며, 산요도山陽道는 69개 군을 거느리고, 산인도山陰道는 52개 군을 거느린다. 3개의 섬이 있으니, 이키섬壹岐島,[387] 쓰시마섬對馬島, 살펴보건대, 『해국문견록』에 따르면 일본은 3개의 큰 섬이 늘어서 있으며, 그 북쪽에 있는 것을 쓰시마라고 한다. 여기에서 말하는 쓰시마는 단지 2개의 군을 거느린다. 대체로 쓰시마는 본래 북쪽 경계의 작은 섬의 이름이었는데 후에 마침내 북쪽 경계의 전체를 가리키게 되었다. 나는 일찍이 일본인이 저술한 「광대마도부廣對馬島賦」를 본 적이 있는데, 문선체文選體의 시문을 모방해서 문체가 매우 아름다웠다. 스스로 주석을 달아 말하기를 섬이 작아 옮기 부족했기 때문에 '광廣'이라고 했다고 하니 또한 하나의 증거이다. 다네가섬種子島[388]이다. 각각 2개의 군을 거느리며, 모두 부속 도서이다. 커다란 군이라고 해도 중국의 촌락에 불과하다. 호수는 7만여이고 세금을 납부하는 장정은 80만여 명 정도이다.

국왕은 하나의 혈통으로, 대대로 바뀌지 않았다. 최초에는 아메노미나카누시天御中主[389]라고 불렀는데, 쓰쿠시築紫[390]의 히무카이궁日向宮[391]에 거처했다. 그의 아들은 천재운존天材雲尊392이라고 불렸는데, 이로부터 모두 미코토尊('신'이라는 의미)를 호칭으로 삼았다. 전하여 23대393의 히코나기사미코토彦瀲尊394의 넷째 아들에 이르러 진무천황神武天皇395이라고 부르며 야마토슈大和州396 가시하라궁橿原宮397으로 옮겼다. 전하여 엔유천황円融天皇398에 이르러 무릇 41대에 다시 수도를 야마시로국山城國으로 옮겼다.

이 나라의 문무 관리는 모두 세습 관리이다. 양한 시기부터 비로소 중국과 교류했다. 위진 시기 이후 중국에서 불교의 오경五經을 받아들여 불교가 성행했다. 당나라 정관貞觀399 연간 일찍이 사절단을 파견해 회유했다. 송나라 초기 국승 조넨을 파견해 배를 타고 와 공물을 바쳤다. 송 태종은 자색 가사를 하사하고 후하게 위무했다. 이 나라는 이미 64대를 전하고 있다. 살펴보건대 『후한서後漢書』에 따르면 왜는 한의 동남쪽 대해 가운데에 있고 섬에 의지해 거주하며 무릇 백여 국이 있다. 한 무제가 위씨 조선을 멸망시킨 후 한과 교류한 나라는 30개국 정도이다. 대왜왕은 야마타이국邪馬臺國에 거주했는데, 남자는 모두 얼굴이나 몸에 문신을 했다. 남녀의 구별이 없고 음식은 손으로 먹으며 맨발로 다니는 것을 좋아했다고 한다. 일본은 한나라 시기에는 결코 하나의 나라가 아니었으며 풍속은 여러 주변 오랑캐 섬과 다르지 않았다. 문자와 관제는 양한 시기 중국과 교류하면서부터 비로소 이를 배우게 되었다. 여기에서 64대라고 하는 것은 거슬러 올라가면 은殷·주周 시기에 해당한다. 그 국왕의 모든 이름은 중국과 문화를 교류한 이후에 새롭게 단장한 것이다. 원대 왕운王惲의 『범해소록泛海小錄』에 따르면 쓰시마섬을 지나 6백 리를 가다 다시 이키섬에서 4백 리를 가면 미야우라宮浦400 입구에 들어간다. 그리고 또 270리를 가면 삼신산三神山에 도착한다. 그 산은 험준하며 수많은 봉우리가 에워싸고 있는데, 바다 한가운데에서 보면 우뚝 솟아오른 푸른 연꽃 같다. 산꼭대기에는 잡목이 없으며 단지 매화·대나무·영약靈藥·소나무·전나무·사라나무 등이 있다.

거주민은 대부분 서씨徐氏 성으로 스스로 말하길 서복의 후손이라고 한다. 바다의 여러 섬 중에서 이곳이 가장 풍광이 수려하며 면적이 넓다. 『십주기十洲記』에 따르면 해동 북쪽 해안의 부상扶桑·봉래蓬萊[401]·영주瀛州는 둘레가 천 리에 이른다고 한다. 내가 생각하건대 삼신산은 본래 도사가 과장해서 지어낸 말로 이를 이용해 주인[402]을 속인 것이다. 과연 일본 부근의 작은 섬이라고 한다면 일본 배가 바다를 왕래하던 중에 어찌 이를 찾지 못했겠는가? 『후한서』 「왜국전」에 따르면, 회계군會稽郡의 바다 저편에 이주夷洲[403] 및 단주澶洲[404]가 있다. 진시황제가 도사 서복을 보내 어린 남녀 수천 명을 거느리고 바다로 나가 봉래의 신선을 찾았지만 만나지 못하자 서복은 처벌될 것을 두려워해 감히 돌아가지 못하고 마침내 이곳 섬에 머물렀다. 그의 자손은 대대로 이어져 수만 가에 이르렀는데, 사람들은 때때로 회계의 저자에 온다고 한다. 왕운의 『범해소록』에서 말하는 삼신산도 이주, 단주와 같은 섬일지도 모르며, 결국 삼신산의 이름이 견강부회되었다는 것은 의심할 여지가 없다. 천주 사람 제군提軍 진자재陳資齋 진륜형陳倫烔이다. 는 어려서 일찍이 상선을 타고 일본에 가서 그 나라의 풍토를 매우 잘 알고 있다. 그에 따르면 일본인은 모두 복성인데, 단성인 사람은 서복과 같이 간 어린 남녀뿐이다. 서복이 거주하는 지역의 이름을 서가촌이라고 하며, 그 집은 웅지산 아래에 있다고 한다. 서가촌과 웅지산은 일본의 어느 곳인지 알 수 없다. 대체로 중국인이 왜의 땅에 들어간 것은 서복으로부터 비롯되어 그 유민은 해를 거듭함에 따라 번창해서 마침내 나라 전체에 흩어져 퍼진 것이다. 왜인이 중국 문자를 아는 것은 당연히 서복[405]이 가르쳐 주었을 것이다. 특히 바다 너머 먼 오랑캐 땅은 초거軺車[406]가 드물고 왕래하는 자는 상인들뿐으로 그 자초지종을 다 살필 수는 없다.

살펴보건대, 일본의 세 섬은 홍콩의 영국 지도에 쓰시마섬 서쪽의 사쓰마섬이 나가사키 큰 섬의 서북쪽에 위치해 있다고 하는데, 이는 큰 오류이다. 영국 오랑캐들이 아직 일본에 가 보지 못했기 때문에 동양의 형세를 제대로 이해하지 못한 상태에서 알지 못하면서 안다고 여기니 이것이 그중 하나이다. 대체로 사쓰마는 살사마薩峒馬로서 일본의 남쪽에 위치한다. 명말 왜구는 이 섬의 사람이다. 그 북쪽에 나가사키가 있으며 나가사키의 동북[407]쪽으로 왕도가 있다. 또한 북쪽으로 쓰시마섬이 있고 그 북쪽으로 조선이 있다.

日本島國

—

凡前史無關海防者不錄.

『明史』: 日本古倭奴國. 唐咸亨中, 改日本, 以近東海日出而名也. 地環海,
惟東北隅大山. 有五畿·七道·三島, 共一百十五洲, 統五百八十七郡, 其小國皆
服屬焉. 國小者百里, 大不過五百里. 戶小者千, 多不過一二萬. 國主世以王爲
姓, 群臣亦世官.

宋以前皆通中國, 朝貢不絶. 惟元世祖數遣使招之不至, 乃命范文虎等帥舟
師十萬征之, 至五龍山遭暴風, 軍盡沒. 終元世未相通也.

明興, 乘中國用兵, 屢寇海濱州縣. 洪武二年, 遣使頒詔書, 且詰其入寇之
故, 日本不奉命, 侵掠如故. 屢入貢, 皆無表, 却之. 二十年, 命江夏侯周德興往
福建, 信國公湯和往浙江, 整飭海防. 命福建備海舟百艘, 廣東倍之. 會胡惟庸
謀逆, 欲藉日本爲助. 其王遣僧如瑤率兵卒四百餘人, 詐稱入貢, 且獻巨燭, 藏
火藥·刀劍其中. 旣至而惟庸敗事露, 乃決意絶日本, 專務海防. 後著祖訓, 列不
征之國十五, 日本與焉.

永樂初, 始通表貢. 時對馬·壹岐諸島, 賊掠濱海居民, 諭其王捕之. 王發兵

捕其衆, 繫其魁二十人以獻. 自是頻入貢, 亦頻獻所獲海寇. 且表言島上無賴鼠竊者, 實非臣所知, 願貸罪. 然海寇猶不絶.

十七年, 遼東總兵官劉江, 大破之于望海堝. 自是寇掠爲稀, 貢使亦不至.

正統四年·八年, 倭船四十艘, 連寇台州·海寧. 先是洪熙時, 黃巖·龍巖民二人, 困徭役叛入倭, 爲之鄕導.

倭性黠, 時載方物戎器出沒海濱, 得間則張其戎器, 肆侵掠, 不得則陳其方物, 稱朝貢, 東南海濱患之. 其貢使亦屢殺人犯法, 其來貢者皆利互市, 交通沿海奸豪, 故且貢且寇. 嘉靖二十七年, 巡撫朱紈乃嚴爲申禁, 斬其交通者. 由是, 浙閩大姓素爲倭內主者, 失利而怨. 紈又數騰疏于朝, 顯言大姓通倭狀, 以故閩浙人咸惡之.

巡撫御史周亮, 閩産也, 上疏詆紈, 請改巡撫爲巡視, 以殺其權, 其黨在朝者左右之, 竟如其請. 後又奪執官, 羅織其擅殺罪, 紈自殺. 自是不置巡撫者四年, 海禁復弛, 亂益滋甚.

祖制浙江設市舶提擧司, 以中官主之, 駐寧波. 海舶至則平其直, 制馭之權在上. 及世宗盡撤天下鎭守中官, 幷撤市舶, 而濱海奸人遂操其利. 初猶市商人爲之主, 已而嚴通番之禁, 遂移之貴官家, 而負其直者愈甚. 索之急則以危言嚇之, 又以好言紿之, 謂吾終不負若直.

倭喪其貨不得返, 已大恨. 而大奸若汪直·徐海·陳東·麻葉輩素窟穴其中者, 以內地不得逞, 悉逸海島中, 爲倭主謀, 誘之入寇. 而海中巨盜, 遂襲倭服飾·旗號, 幷分艘掠內地. 倭患日劇, 于是廷議復設巡撫. 三十一年七月, 乃以僉都御史王忬任之, 而勢已不可撲滅.

先是國初沿海要地建衞所, 設戰船, 董以都司·巡視·副使等官, 控制周密. 及承平久, 船敝伍虛. 及遇警, 乃募漁船以資哨守. 兵非素練, 船非專業, 見寇舶至, 輒望風逃匿. 而上又無統帥御之, 以故賊帆所指, 無不殘破.

三十二年三月, 汪直勾諸倭大舉入寇, 連艦數百, 蔽海而至. 浙東·西, 江南·北, 濱海數千里同時告警. 破昌國衛. 四月, 犯太倉, 破上海縣, 掠江陰, 攻乍浦. 八月, 劫金山衛, 犯崇明及常熟·嘉定.

三十三年正月, 自太倉掠蘇州, 攻松江, 復趨江北, 薄通·泰. 四月, 陷嘉善, 破崇明, 復薄蘇州, 入崇德縣. 六月, 由吳江掠嘉興, 還屯柘林. 縱橫來往, 若入無人之境. 忬亦不能有所爲. 未幾, 忬改撫大同, 以李天寵代之. 又命兵部尙書張經總督軍務. 乃大徵兵四方, 協力進剿.

是時, 倭以川沙窪·柘林爲巢, 抄掠四出. 明年正月, 賊奪舟犯乍浦·海寧, 陷崇德, 轉掠塘栖·新市·橫塘·雙林等處, 攻德淸縣. 五月, 復合新倭, 突犯嘉興, 至王江涇, 乃爲經擊斬一千九百餘級, 餘奔柘林. 其他倭復肆掠蘇州境, 延及江陰·無錫, 出入太湖, 莫有御之者.

大抵眞倭十之三, 從倭者十之七. 倭戰則驅其所掠之人爲軍鋒, 法嚴, 人皆致死. 而官軍素懦怯, 所至潰奔. 帝乃遣工部侍郎趙文華督察軍情. 文華婪, 顚倒功罪, 諸軍益解體. 經·天寵幷被逮, 代以周珫·胡宗憲. 逾月, 珫罷, 代以楊宜.

時賊勢蔓延, 江南·北·浙東·西旣無不遭其蹂躪. 新倭來益衆, 每自焚其舟, 登岸劫掠. 自杭州西剽淳安, 突徽州歙縣, 至績溪·旌德. 過涇縣, 趨南陵, 遂達蕪湖, 燒南岸, 奔太平府, 犯江寧鎭, 徑侵南京. 倭紅衣黃蓋, 整衆犯大安德門. 及夾岡, 乃趨秣陵關而去, 由溧水流劫溧陽·宜興. 聞官兵自太湖出, 遂越武進, 抵無錫, 駐惠山. 一晝夜奔一百八十餘里, 抵滸墅, 爲官軍所圍. 追及于楊林橋, 殲之. 是役也, 賊不過六七十人, 而經行數千里, 殺戮戰傷者幾四千人, 歷八十餘日始滅. 此三十四年九月事也.

應天巡撫曹邦輔以捷聞, 文華忌其功. 以倭之巢於陶宅也, 乃大集浙·直兵, 與宗憲親將之. 又約邦輔合剿, 分道幷進, 營於松江之甎橋. 倭悉銳來衝, 遂大敗, 文華氣奪, 賊益熾. 十月倭自樂淸登岸, 流劫黃巖·仙居·奉化·餘姚·上虞, 被殺掠者無算. 至嵊縣乃殲之, 亦不滿二百人. 顧深入三府, 歷五十日始平.

其先一枝自山東日照流劫東安衛, 至淮安·贛榆·沭陽·桃源. 至淸河阻雨, 爲徐·邳官兵所殲. 亦不過數十人, 流害千里, 殺戮千餘, 其悍如此. 而文華自甎橋之敗, 見倭寇勢甚, 其自柘林移于周浦, 與泊於川沙舊巢及嘉定·高橋者自如. 他侵犯者無虛日, 文華乃以寇息請還朝.

明年二月, 罷楊宜, 代以宗憲, 以阮鶚巡撫浙江. 於是宗憲乃請遣使諭日本國王, 禁戢島寇, 招還通番奸商, 許立功免罪. 旣得旨, 遂遣寧波諸生蔣洲·陳可願往. 及是, 可願還言. “至其國五島, 遇汪直·毛海峰. 謂日本內亂, 王與其相俱死, 諸島不相統攝. 須遍諭乃可杜其入犯. 又言, 有薩摩洲者, 雖已揚帆入寇, 非其本心, 乞通貢互市. 願殺賊自效. 乃留洲傳諭各島, 而送可願還.” 宗憲以聞, 兵部言: “直等本編民. 旣稱效順, 卽當釋兵, 乃絶不言及, 第求開市通貢. 隱若屬國然, 其奸叵測. 宜令督臣振揚國威, 嚴加備御. 移檄直等, 俾剿除舟山諸賊巢以自明. 果海疆廓淸, 自有恩賞.” 從之.

時兩浙皆被倭, 而慈谿焚殺獨慘, 餘姚次之. 浙西柘林·乍浦·烏鎭·皁林間, 又皆爲賊巢, 前後至者二萬餘人, 命宗憲亟圖方略. 七月, 宗憲言. 賊首毛海峰自陳可願還, 一敗倭寇于舟山, 再敗之瀝表. 又遣其黨招諭各島, 相率效順, 乞加重賞. 部令宗憲以便宜行. 是時, 徐海·陳東·麻葉, 方連兵攻圍桐鄕, 宗憲設計間之, 海遂擒東·葉以降. 盡殲其餘衆于乍浦. 未幾, 復蹴海于梁莊, 海亦授首, 餘黨盡滅.

江南·浙西諸寇略平, 而江北倭則犯丹陽及掠瓜洲, 燒漕艘者. 明春復犯如皐·海門, 攻通州, 掠揚州·高郵, 入寶應. 遂侵淮安府, 集于廟灣, 逾年乃克. 其浙東之倭, 則盤踞於舟山, 亦先後爲官軍所襲.

先是, 蔣洲宣諭諸島, 至豊後被留, 轉令僧人往山口等島, 傳諭禁戢. 于是山口都督源義長具咨送還被掠人口, 而咨乃用國王印. 豊後太守源義鎭遣僧德陽等具方物, 奉表謝罪, 請頒勘合修貢, 送洲還.

前楊宜所遣鄭舜功出海哨探者, 行至豐後島, 島主亦遣僧清授附舟來謝罪, 言: "前後侵犯, 皆中國奸商, 潛引諸島夷衆, 義鎭等實不知." 於是宗憲疏陳其事, 言: "洲奉使二年, 止歷豐後·山口二島, 或有貢物而無印信勘合, 或有印信而無國王名稱, 皆違朝典. 然彼旣以貢來, 又送還被掠人口, 實有畏罪乞恩意. 宜禮遣其使, 令傳諭義鎭·義長, 轉諭日本王, 擒獻倡亂諸渠, 及中國奸宄, 方許通貢." 詔可.

汪直之踞海島也, 與其黨王滶·葉宗滿·謝和·王淸溪等, 各挾倭寇爲雄. 朝廷至懸伯爵·萬金之賞以搆之, 迄不能致. 及是內地官軍頗有備, 倭雖橫, 亦多被剿戮, 有全島無一人歸者, 往往怨直, 直漸不自安. 宗憲與直同郡, 館直母與其妻孥于杭州, 遣蔣洲賫其家書招之. 直知家屬固無恙, 頗心動. 義鎭等以中國許互市, 亦喜. 乃裝巨舟, 遣其屬善妙等四十餘人, 隨直等來貢市. 于三十六年十月初, 抵舟山之岑港. 將吏以爲入寇也, 陳兵備. 直乃遣王滶入見, 宗憲立遣之. 直又邀一貴官爲質, 卽命指揮夏正往. 直以爲信, 遂與宗滿·淸溪偕來. 宗憲大喜, 禮接之甚厚. 令謁巡按御史王本固于杭州, 本固以屬吏. 滶等聞, 大恨, 支解夏正, 焚舟登山, 據岑港堅守.

逾年, 新倭大至, 屢寇浙東三郡. 其在岑港者, 徐移之柯梅, 造新舟出海. 宗憲不之追. 十一月, 賊揚帆南去, 泊泉州之浯嶼, 掠同安·惠安·南安諸縣, 攻福寧州, 破福安·寧德. 明年四月遂圍福州, 經月不解. 福淸·永福諸城, 皆被攻燬. 蔓延于興化, 奔突于漳州. 其患盡移于福建, 而潮·廣間, 亦紛紛以倭警聞矣. 至四十年, 浙東·江北諸寇以次平. 宗憲尋坐罪被逮. 明年十一月, 陷興化府, 大殺掠, 移據平海衛不去. 初倭之犯浙江也, 破州縣衛所城以百數, 然未有破府城者. 至是遠近震動, 亟徵兪大猷·戚繼光·劉顯諸將合擊, 破之. 其侵犯他州縣者, 亦爲諸將所破, 福建亦平.

其後, 廣東巨寇曾一本·黃朝太等, 無不引倭爲助. 隆慶時, 破碣石·甲子諸衛所. 已犯化州·石城縣, 陷錦囊所·神電衛. 吳川·陽江·茂名·海豐·新寧·惠來諸縣, 悉遭焚掠. 轉入雷·廉·瓊三郡境, 亦被其患. 萬曆二年犯浙東寧·紹·台·溫四郡, 又陷廣東銅鼓石·雙魚所. 三年犯電白. 四年犯定海. 八年犯浙江韭山及福建彭湖·東涌. 十年犯溫州, 又犯廣東. 十六年犯浙江. 然是時疆吏懲嘉靖之禍, 海防頗飭, 賊來輒失利. 其犯廣東者, 爲蜑賊梁本豪勾引, 勢尤猖獗. 總督陳瑞集衆軍擊之, 斬首千六百餘級, 沈其船百餘艘, 本豪亦授首. 帝爲告謝郊廟, 宣捷受賀云.

日本故有王, 其下稱關白者最尊, 時以山城州渠信長爲之. 偶出獵, 遇一人臥樹下, 驚起衝突. 執而詰之, 自言爲平秀吉, 薩摩州人之奴, 雄健矯捷, 有口辯. 信長見而悅之, 令牧馬, 名曰木下人. 後漸用事, 爲信長畫策, 奪幷二十餘州, 遂爲攝津鎮守大將. 有參謀阿奇支者, 得罪信長, 命秀吉統兵討之. 俄信長爲其下明智所弑. 秀吉方攻滅阿奇支, 聞變與部將行長等, 乘勝還兵誅之, 威名益振. 尋廢信長三子, 僭稱關白, 盡有其衆. 時爲萬曆十四年.

于是益治兵, 征服六十六州, 又以威脅琉球·呂宋·暹羅·佛郎机諸國, 皆使奉貢. 乃改國王所居山城爲大閤, 廣築城郭, 建宮殿. 其樓閣有至九重者, 實婦女珍寶其中. 其用法嚴, 軍行有進無退, 違者雖子婿必誅, 以故所向無敵.

乃改元文祿, 幷欲侵中國, 滅朝鮮而有之. 召問故時汪直遺黨, 知唐人畏倭如虎, 氣益驕. 益大治甲兵, 繕舟艦, 與其下謀, 入中國北京者用朝鮮人爲導, 入浙·閩沿海郡縣者用唐人爲導. 慮琉球泄其情, 使毋入貢.

同安人陳甲者, 商于琉球, 懼其爲中國害也, 與琉球長史鄭迥謀, 因進貢請封之使, 具以其情來告. 甲又旋故鄉, 陳其事于巡撫趙參魯. 參魯以聞, 下兵部, 部移咨朝鮮王. 王但深辨鄉導之誣, 亦不自知其謀己也.

初秀吉廣徵諸鎮兵, 儲三歲糧, 欲自將以犯中國. 會其子死, 旁無兄弟. 前奪豊後島主妻爲妾, 慮其爲後患. 而諸鎭怨秀吉之虐己也, 咸曰: "此擧非侵大唐, 乃襲我耳." 各懷異志, 由是, 秀吉不敢親行.

二十年四月, 遣其將淸正·行長·義智, 僧元蘇·宗逸等, 將舟師數百艘, 由對馬島渡海陷朝鮮之釜山, 乘勝長驅, 以五月渡臨津, 掠開城, 分陷豐德諸郡, 朝鮮望風潰. 淸正等遂逼王京, 朝鮮王李昖棄城奔平壤. 又奔義州, 遣使絡繹告急.

倭遂入王京, 執其王妃·王子, 追奔至平壤, 放兵淫掠. 七月命副總兵祖承訓赴援, 與倭戰于平壤城外, 大敗, 承訓僅以身免. 八月, 中朝乃以兵部侍郎宋應昌爲經略, 都督李如松爲提督, 統兵討之.

當是時, 寧夏未平, 朝鮮事起, 兵部尙書石星, 計無所出, 募能說倭者偵之. 于是嘉興人沈惟敬應募. 星卽假遊擊將軍銜, 送之如松麾下. 明年如松師大捷于平壤, 朝鮮所失四道幷復. 如松乘勝趨碧蹄館, 敗而退師.

於是封貢之議起. 中朝彌縫惟敬以成款局. 事詳「朝鮮傳」. 久之, 秀吉死, 諸倭揚帆盡歸, 朝鮮患亦平. 然自關白侵東國, 前後七載, 喪師數十萬, 糜餉數百萬, 中朝與朝鮮迄無勝算. 至關白死, 兵禍始休. 諸倭亦皆退守島巢, 東南稍有安枕之日矣. 秀吉凡再傳而亡.

終明之世, 通倭之禁甚嚴. 而閭巷小民, 至指倭相詈罵, 甚以嚇其小兒女云.

『武備志』: 倭夷慣爲蝴蝶陣, 臨陣以揮扇爲號. 一人揮扇, 衆皆舞刀而起, 向空揮霍. 我兵倉皇仰面, 則從下砍來. 又爲長蛇陣, 前耀百腳旗, 以次魚貫而行, 最強爲峰, 最強爲殿, 中皆勇怯相間.

每日鷄鳴起, 蟠地會食. 食畢, 夷酋據高坐, 衆皆聽令. 挾冊展視, 今日劫某處, 某爲長, 某爲隊. 隊不過三十人, 每隊相去一二里, 吹海螺爲號, 相聞卽合救援. 亦有二三人一隊者, 舞刀橫行. 薄暮卽返, 各獻其所劫財物, 毋敢匿. 夷酋較其多寡而贏縮之, 每擄婦女, 夜必酒色酣睡. 劫掠將終, 縱火以焚, 煙焰燭天, 人方畏其酷烈, 而賊則抽去矣.

愚紿我民, 勿使邀擊, 專用此術. 賊至民間, 遇酒饌先令我民嘗之, 然後飲食, 恐設毒也. 行衢陌間, 不入委巷, 恐設伏也. 不沿城而行, 恐城上抛磚石也. 其行必單列而長, 緩步而整, 故占數十里莫能近, 馳數十日不爲勞. 布陣必四五分裂, 故不能圍. 對營必先遣一二人跳躍而蹲伏, 故能空竭吾之矢石火砲. 衝陣必伺人先動, 動而後突入, 故乘勝長驅. 戰酣必四面伏起, 突遶陣後, 故令我軍驚潰. 每用怪術, 若結羊·驅婦之類, 當先以駭觀, 故吾目眩. 而彼械乘慣雙刀, 上誑而下反掠, 故難格. 鈀鎗不露竿, 突忽而擲, 故不測. 弓長矢巨, 近人則發之, 故射命中. 歛跡者, 其進取也, 張圍者, 其逃遁也. 故常橫破舟以示遁, 而突出金山之圍, 造竹梯以示攻, 而旋有勝山之去. 將野逸則逼城, 欲陸走則取棹. 或爲穽以詐坑, 或結稻桿以絆奔, 或種竹簽以刺逸. 常以玉帛·金銀·婦女爲餌, 故能誘引吾軍之進陷, 而樂罷吾軍之邀追. 俘虜必開膛而結舌, 莫辨其非倭, 故歸路絶.

恩施附巢之居民, 故虛實洞知. 豐賞降虜之工匠, 故器械易具. 細作用吾人, 故盤詰難. 向導用吾人, 故進退熟. 宿食必破壁而處, 乘高而瞭, 故襲取無機. 間常一被重圍矣, 餌以僞馘而逸之. 或披簑頂笠, 沮溺於田畝, 或雲巾紵履, 蕩遊於都市, 故使我軍士或愚而投賊, 或疑而殺良. 江海之戰, 本非其長, 亦能聯虛舟, 張弱簾, 以空發吾之先鋒, 捐婦女, 遺金帛, 以餌退吾之後逐. 凡舟之裾牆, 左右悉裹布帛·被褥而濕之, 以拒焚擊. 交鬨間, 或附篷而飛越, 卽雷震而風靡矣. 寇虜我民, 引路取水. 早暮出入, 按籍呼名. 每處爲簿一扇, 登寫姓名, 分班點閘. 眞倭甚少, 不過數十人爲前鋒. 寇還島, 皆云做客回矣. 凡被我兵擒殺者, 隱而不宣, 其隣不知, 猶然稱賀.

又曰: 日本造船與中國異. 必用大木取方, 相思合縫, 不使鐵釘, 惟聯鐵片.

不使麻筋桐油, 惟以短水草塞罅漏而已. 費功甚多, 費材甚大, 非大力量未易造也. 凡寇中國者, 皆其島貧人. 向來所傳倭國造船千百隻, 皆虛誑耳. 其大者容三百人, 中者一二百人, 小者四五十人, 或七八十人. 其形卑隘, 遇巨艦難於仰攻, 苦於犁沈. 故廣福船皆其所畏. 而廣船旁陡如垣, 尤其所畏者也. 其底平不能破浪, 其布帆懸於桅之正中, 不似中國之偏. 桅帆常活, 不似中國之定. 惟使順風, 若遇無風·逆風, 皆倒桅蕩櫓, 不能轉戧. 故倭船過洋, 非月餘不可. 今若易然者, 乃福·浙沿海奸民買舟與外海, 貼造重底, 渡之而來. 其船底尖能破浪, 不畏橫風鬪風, 行使便易, 數日卽至也.

俞正燮『癸巳類稿』: 萬曆中, 臺灣爲日本倭所據. 末年荷蘭紅毛人自西洋來, 欲據香山不可. 則據澎湖又不可, 乃南據美洛居及葛留巴, 以鴉片煙誘葛留巴. 葛留巴人俱朧腑不能動, 役於荷蘭. 旣而荷蘭聚集精銳攻香山, 戰敗圍帆東走. 至澎湖, 使人行重賄於福建巡撫, 援意大里亞人居香山故事, 以求澎湖必得. 巡撫使人善諭之, 則投日本於臺灣, 歲納鹿皮三萬, 求臺灣互市也. 適日本倭居臺灣者, 新奉天主教, 遂許之. 築赤嵌城以居, 今安平鎭是也. 荷蘭旣得地, 卽數數與日本倭搆爭, 倭旣染其教, 爭不勝, 盡屬東去, 憤甚, 盡誅其人之習天主者, 幷約束琉球. 而荷蘭據有臺灣, 置揆一王, 亦不後東.

鄭芝龍者閩人也. 爲日本婿, 家于臺灣. 日本之東歸也, 芝龍以舟楫人衆橫於海. 大淸順治二年, 芝龍自安平奉表降, 其子成功逃入海, 晚年率舟師數百艘攻臺灣. 荷蘭寡不敵衆, 遂去而伺於葛羅巴. 臺灣人猶有習其教者, 曰教冊, 成功則盡除之. 康熙初, 鄭克塽降, 廷議棄臺灣, 施琅力爭曰, "是資荷蘭也." 卒置郡縣, 功施至今.

陳倫炯『海國聞見錄』曰: 朝鮮居天地之艮方, 其南隔一洋, 日本國屬之對馬

島, 順風一夜可抵. 自對馬島而南, 寅甲卯東方一帶七十二島, 皆日本倭奴之地
也. 而與中國通貿易者, 惟長崎一島. 長崎産乏粟菽, 難供食指. 開貿易, 入公
家, 通計歲終所獲利, 就長崎按戶口均分. 國王居長崎之東北. 陸程近一月, 地
名彌耶穀, 譯曰京. 王服中國冠裳, 國習中華文字, 讀以倭音. 予奪之權, 軍國
政事, 柄於上將軍. 王不干預, 僅食俸米, 受山海貢獻, 上將軍有時朝見而已.
易代爭奪, 不爭王而爭上將軍. 倭人記載, 自開國以來, 世守爲王. 昔時上將軍,
曾篡奪之, 山海貢物不産, 五穀不登, 陰陽不順. 退居臣位, 然後順若如故, 至
今無敢妄冀者. 官皆世官世祿, 遵漢制, 以刺史千石爲名, 祿厚足以養廉, 故少
犯法. 卽如年僉, 擧一街官. 街官者, 鄉保也, 歲給養贍五十金, 事簡而閒. 通文
藝者爲高士, 優以禮, 免以徭.

俗尙潔淨, 街衢時爲拭滌. 夫妻不共湯羹, 飲餘婢僕尙棄之. 富者履坐絮席,
貧者履坐薦蓆. 各家計攤毯踏棉之多寡爲戶口. 男女衣服, 大領闊袖, 女加長以
曳地, 畫染花卉文采. 褲用帛幅裏繞, 足著短襪以曳履. 男束帶以挿刀, 髡鬢而
薙頂, 額畱鬖髮至後枕, 闊寸餘, 向後一挽而繫結, 髮長者修之. 女不施脂而傅
粉, 不帶鮮花, 剪綵簪珥, 而挿玳瑁. 綠髮如雲, 日加滌洗, 熏灼楠沈, 髻挽前後.
爪甲無痕, 惟恐納垢. 其男女眉目肌理, 亦非諸番所能擬. 人皆覆姓, 其單姓者,
徐福配合之童男女也. 徐福所居之地, 名曰徐家村, 其塚在熊指山下. 俗尊佛,
尙中國僧. 敬祖先, 時掃墳壟. 然所云熊指山者, 亦未知其所在, 則猶或出於附
會也. 法最嚴, 人無爭鬪, 語言寂寂, 呼僮僕, 鳴掌, 則然諾. 無售買人口, 傭工
期滿, 卽歸. 所統屬國二, 北對馬島, 與朝鮮爲界, 朝鮮貢於對馬, 而對馬貢於
日本. 南薩峒馬, 與琉球爲界, 琉球貢於薩峒馬, 而薩峒馬貢於日本, 二島之王
俱聽指揮. 氣候與山東·江·浙齊. 長崎與普陀東西對峙, 水程四十更. 廈門至長
崎七十二更. 北風從五島門進, 南風從天堂門進. 對馬島坐向登州, 薩峒馬坐
向溫·台. 地産金·銀·銅·漆器·磁器·紙箋·花卉·染印, 海産龍涎香·鰒魚·海參·佳

蔬等類. 薩峒馬山高巉巖, 溪深水寒, 故刀最利. 兼又産馬, 人壯健. 嘉靖間, 倭寇者, 薩峒馬是也. 日本原市舶永嘉, 因倭之漁者十八人, 被風入中國, 奸人引之爲亂. 髠鬚薙額, 雜以遠處土語, 遞相攘掠, 輩稱倭奴. 及就擒, 僅十八人. 隨禁市舶中國, 聽我往彼, 至今無敢來者. 普陀往長崎, 雖東西正向, 直取而渡橫洋, 風浪巨險. 諺云: “日本好貨, 五島難過.” 廈門往長崎, 乘南風, 見臺灣雞籠山, 北至米糠洋·香蕈洋. 再見薩峒馬大山·天堂, 方合正針. 糠·蕈二洋者, 洋中水面若糠粃, 水泡若蕈菌, 呼之爲米糠洋·香蕈洋. 薩峒馬而南, 爲琉球, 居於乙方, 計水程六十八更, 中山國是也. 習中國字, 人弱而國貧. 産銅器·紙·螺甸·玳瑁, 無可交易. 至日本·琉球而東, 水皆東流, 所謂尾閭也.

南懷仁『坤輿圖說』: 日本乃海內一大島, 長三千二百里, 寬不過六百里. 今有六十六州, 各有國主. 俗尚强力, 雖有總王, 權常在强臣, 其民多習武, 少習文. 土産銀·鐵·好漆. 其王生子, 年二十以上, 以王讓之. 其國不重寶石, 惟重金·銀及古窯器.

『皇淸通考』「四裔門」: 日本, 古倭奴國. 唐咸亨初, 更號日本. 或云日本乃小國, 爲倭所倂, 故冒其號. 國在東海中, 東北限大山. 其地東高西下, 勢若蜻蜓, 古亦曰蜻蜓國. 有五畿·七道·三島·一百十五州, 統五百八十七郡. 皆依水嶼, 大者不過中國一村落而已. 屬國凡數十國. 有天皇者, 自開闢以來, 相傳弗易, 不與國事, 不轄兵馬, 惟世享國王供奉. 有國王者, 受國事, 掌兵馬, 盛衰强弱, 更替不常. 有官名關白者, 如中國丞相職, 代相更替, 專國政兵馬. 平·源·滕·橘四姓, 爲日本巨族, 相竊據爲國王. 然君長授受次序, 僅見于日本僧甯然所紀. 有『吾妻鏡』一書, 五十二卷. 始安德天皇治承四年, 訖龜山院天皇文永三年, 凡八十七年, 事識其小而略其大. 李言恭撰『日本考』, 紀國書·土俗頗詳, 而世系弗晰. 相傳國王以王爲姓, 居長崎島之東北, 地名彌耶穀, 譯曰京. 從長崎至彌耶穀, 陸行近一月, 去遼東遠而閩浙邇. 史稱從帶方至倭國, 循海水行, 歷朝鮮國, 乍南乍東, 渡三海, 歷七國, 凡一萬二千里, 然後至其國. 又言去樂浪郡及帶方郡, 竝一萬二千里, 在會稽東, 與儋耳相近. 就至其國都而言, 故紆迴如此. 若日本所屬之對馬島, 與朝鮮僅隔一洋, 順風一宿可抵. 昔朝鮮國王李昖時, 關白興師, 七載不解, 八道幾沒者屢矣. 自內附本朝, 倭人震懾帖息.

崇德四年, 日本島主令平智連, 滕智繩等致書朝鮮云: "去年大君有疾, 久不聽政, 今春始瘳. 大君左右用事之人, 需索貴國土産甚多, 近來貴國土産數少, 且唐代交易之路又絶, 大君左右所求, 無以應之. 望將貴國乙亥以後, 未給之物, 一一補給. 然後兩國可保無虞矣. 薩摩州太守主和琉球, 肥前州太守主和南蠻, 每歲所得不貲. 島主主和貴國, 而所得零星, 以視二州爲何如哉!" 朝鮮國王奏其書, 言倭情叵測, 應令邊臣戒飭防守, 以備不虞. 是時, 日本雖觀釁而動, 而朝鮮究未被兵者, 皆震懾天威所致. 七年二月, 日本君以生子, 故建祠祈福, 索助祭器于朝鮮. 八年三月, 日本復遣告朝鮮, 令致書所生之子如君例, 兼索朝鮮國王空白印紙. 宗請遣使往日本致賀儀, 藉觀形勢, 許之.

順治以後, 惟通市不入貢. 其市亦惟中國商船往, 無倭船來也. 其與中國貿易, 在長崎島, 百貨所聚, 商旅通焉. 外此有七十一島, 自對馬島而南·而東, 皆日本地也. 國饒銅, 我朝鼓鑄所資, 自滇銅而外, 兼市洋銅. 安徽·江西·江蘇·浙江等省, 每年額四百四十三萬餘斤, 設官商額船十六隻, 皆以內地緞·絲·棉·糖·藥往易. 商辦銅斤, 必藉倭照以爲憑驗. 又有額外浮給之小照, 數止一二百箱, 用二三年卽廢. 其薩摩依勢, 若狹·博多之民, 相矜以買, 積貲或百萬. 和泉一州, 鼎食擊鐘, 有中國風. 薩摩之鸚哥里, 其民知禮義, 重犯法. 獨紀伊之頭陀僧三千八百房, 頗羯羠, 嗜殺. 諸州郡統於山口·豐後·出雲三軍門. 三軍門相揃剔, 國分爲三. 而豐後獨强, 總屬於山城君. 明代入寇者, 薩摩·肥後·長門之人居多. 市舶所集, 內奸勾引故也. 人物秀麗, 氣候與江·浙齊. 産五金·磁器·漆器. 金·文紙·馬, 薩摩州者良. 地産銅, 鍛工所聚, 刀最利, 故倭人好以爲佩. 龍涎香及海參·鰒魚之屬, 皆海中産. 所統屬國, 北爲對馬島, 與朝鮮接, 南爲薩摩州, 與琉球接. 對馬島與登州直, 薩摩州與溫·台直. 長崎與普陀東西對峙. 由此達彼, 水程四十更. 廈門至長崎, 北風由五島入, 南風由天堂入, 水程七十二更. 以海道不可以里計, 舟人率分一晝夜爲十更, 故以更記里云.

『澳門紀略』曰: 日本國禁天主敎最嚴. 其海口葛羅巴馬頭, 石鑿十字架于路口, 武士露刃夾路立, 商其國者, 必踐十字路入. 如回避者, 立斬之. 又埋耶穌石像于城闉以踏踐之, 故西洋夷船不敢往商其國.

『萬國地理全圖集』曰: 日本國本係三嶼, 而中山最廣大. 其內亦有王都, 海邊港汊, 遍有埠頭. 其內地多山, 出金銅. 然其土不腴, 土人不好食肉, 不畜鷄豕, 惟農是務. 山廠出各礦, 國民掘地道甚巧. 日本人與漢人不同, 其面貌話音亦異. 雖然藉中國之字, 學唐人之禮, 但其意見迥異. 身體不高, 眼深鼻扁. 只剃前首, 其後髮生長, 縛札短編, 安於頭上. 其衣長袍, 幷不着褲, 足躡革履. 其食物惟米飯·蔬菜·魚鱉而已. 惟食酒過量嚳醉, 姦淫最甚娼妓滿地. 尊貴賤卑. 國民承父之職, 歷來不變. 其世爵蒙王之封, 各帶刀劍, 自治列邦. 但必在京都, 或親躬爲質, 或調子孫爲質也. 自王至于庶子, 各遵定例, 卽王者亦不得任意侈用遊玩, 有大臣管束之. 故國主在其宮中爲虜也, 其內閣大學士, 亦不自主, 乃服律例之約束. 其諸侯之動止寢食, 惟禮是定. 獨准小民任意行爲, 儻若犯法, 置之重典, 稍不寬貸. 惟知義, 幷不知仁, 故百姓畏懼, 幷不敬愛也. 自古以來, 有兩王治國. 古時眞王現操神權, 在殿內, 如僧度生, 無殊木偶. 其次王操武權兼攝政務. 士民共計二千萬丁. 至于士·農·匠·商, 種種過人. 三嶼大半磽地, 非勤耕卽餓死. 匠作漆器·細綢, 中國所罕得者. 其商遍遊經營本國沿海. 明朝年間, 廣開通商之路. 但緣天主教肇釁失和, 與葡萄爭戰而賴荷蘭獲勝. 是以滅敎門, 驅逐外人, 無所不至. 自斯以後, 衆民歸佛. 惟准荷蘭與大淸乍浦來之船隻, 在長崎貿易, 嚴行管事. 所有居民, 繁多不勝數. 不幸屢次被火燒, 或地震之時, 屋宇顚倒, 遍爲瓦礫. 神王駐在京都, 此乃廟寺之地, 僧道僻藪. 沿海馬頭不少, 最廣大者係大阪.

『蕐鄉贅筆』曰: 魯監國航海時, 其臣阮進欲乞師日本, 遣使賫普陀藏經以往. 有僧湛微者, 前自日本來, 因與同載. 阮抵日本, 其國初聞有藏經往, 喜甚, 及聞湛微名, 大驚曰 "此僧復來, 則速死耳." 因不受敕, 護經而歸. 叩其故, 則以湛微曾入天主教, 遁逃回也. 先是西洋人以天主教誘其國人, 各授以秘術. 民間閭閻, 多爲所亂. 一入其教, 死生不易. 主者遂肆奸術, 糾衆怙亂, 其國大發兵撲滅之. 自是痛絶西人, 以銅板鏤天主形, 置通衢. 凡各國人往者, 必使踐踏而過. 衣囊或携西洋一物, 或西洋畫册, 搜得, 一船皆誅. 見張遴白『奉使日本紀略』.

『地理備考』曰: 日本國在亞細亞州之東, 北極出地二十九起至四十七度止, 經綫自東一百二十六度起至一百四十八度止. 四面枕海, 東北·西南相距約五千八百里, 東西相去約九百里. 地面積方約二十八萬里, 烟戶三京餘口. 地勢嶄巖, 峰巒疊起. 衆山之中, 有晝夜吐火不熄, 有冰雪凝積不化, 有樹木叢密, 風景遍殊. 湖河甚多, 地方沃潤. 河之長者有五, 一名約多, 一名等略, 一名亞拉, 一名多內, 一名伊哥. 湖之大者有四, 一名疴宜的斯, 一名蘇轍, 一名加斯迷架烏剌, 一名伊那巴. 田土膔腴, 花木充斥. 土産金·銀·銅·鐵·錫·鉛·絲·茶·漆·竹·樟腦·緜花·紋石·瑪瑙·磁器等物. 地氣屢更, 寒暑俱甚. 風暴地震, 不時交作. 王位惟男繼立. 所奉之敎, 乃新德·釋·儒三敎. 其奉儒敎者, 爲數無幾. 技藝精巧, 工肆林立. 惟與中華·高麗·賀蘭等國通市, 埠頭不一, 惟有屈許島可泊客船. 通國分爲七十二部, 首郡名也多, 乃國都也, 在慕許部. 此外又有耶索海島, 及古里利亞斯島, 大拉該島之南方, 皆屬本國兼攝.

『地理備考』曰: 南洋北有慕寧窩爾加尼島, 分爲四. 一名慕寧西麻, 中有八十九島. 一名窩爾加尼各, 中有火山. 一名東島, 一名西島. 田土腴瘠, 地氣寒燠, 俱似日本. 自爲部落, 不受管轄. 馬黎亞納島, 在小呂宋島東北, 緯度自北十二度三十分起至二十度十三分止, 經度白東一百四十一度起至一百四十三度止. 田土肥饒, 穀果豐登. 地氣溫和, 海風淸凉. 中有十七島, 大半爲呂宋管轄. 各島惟五島有居民, 俱在南方, 曰礦, 又名聖若望, 曰的尼安, 曰塞半, 曰亞基利干, 曰亞宋桑.

『外國史略』曰: 大淸國東爲日本國. 北極出地自三十度至四十二度, 偏東自一百二十度至一百四十三度. 廣袤方圓一萬二千五百里, 居民三千五百萬. 分五十三郡·九州. 此外尙多島嶼. 日本之國, 隔以海峽, 古里利群嶼, 亦歸日本權轄. 日本山高而磽, 豊田不多. 常地震, 傑峰積雪, 四面環繞, 冬夏不消. 産金銅, 多寶玉, 出米穀·蘿蔔·茶葉·緜花·胡絲·樟腦, 但不足用耳. 百姓罕食肉, 牲畜甚少. 惟準唐人于港口養豕, 山內有野猪·鹿麘·熊·狼等獸. 山水甚美. 日本在上古時, 本中國之氓往開墾, 與土人相參, 各地有土君操權, 時時爭鬪, 百姓不安.

日本與中國往來不多. 元世祖怨日本不入貢, 調戰船攻擊, 狂風忽起, 到岸者皆被殺. 後日本海盜, 據掠浙江·江蘇界, 侵高麗, 以雪怨, 連二百年. 有世襲將軍專權, 於是日本之君, 徒存虛名. 明世宗嘉靖二十年, 有西洋數船到日本岸, 與土民貿易. 有傳天主敎之師, 敎其民人幾及數萬. 後是班牙船, 亦開通商

之路. 貿易不久, 時荷蘭亦到日本, 通商甚盛. 適日本將軍曰平秀吉者, 侵朝鮮
地, 大勝. 輒自驕, 盡服各島主, 而操全權. 忽領軍回國禁其君, 只准在宮內與
嬪妃往來, 不許外接. 且立令, 列國諸侯每年六月携家往都中, 回時留妻孥爲
質. 又下令嚴禁奉天主教之民, 所殺數萬, 天主教遂止. 明懷宗十九年, 將軍永
禁西洋商船, 不許赴本港. 後有澳門之公使來議和, 卽殺之, 僅歸其水手. 大呂
宋有商船到日本國, 連人貨盡沒入之. 一切船戶有奉天主教者, 立治以死罪. 又
嚴禁國人不准出入他國, 違者死. 遇有難民被風漂到異國者, 回時卽監禁, 不准
與其親戚骨肉往來, 免染異俗. 有荷蘭幷中國往商之漢人及水手, 亦嚴禁在小
洲不與土人交接. 每三年一次, 惟荷蘭公使赴其都朝見. 沿途嚴防, 不容散步.
若遇他國船到, 卽盡力絶之, 或未速退, 卽放砲轟擊. 道光十七年, 有花旗國船,
載送日本被風難民七人回國, 尚幾至被害. 道光二十六年, 有花旗·佛蘭西·大
尼等國之公使, 赴其港議和睦章程, 亦被拒. 雖在對馬島與高麗人貿易, 不久亦
絶往來.

日本東方地甚磽, 不多産物, 惟出黃金·紅銅. 民習于勤, 而性固執. 每因細
故輕生, 其君亦視民如草芥, 見人貧苦, 亦不援手. 娼妓甚盛, 婚姻喪祭, 與中
國相似. 尊長常帶劍二三口, 起居不舍. 有痛于心, 則剖腹而斃. 其人樸實不詐,
若委以事, 不成不止. 手藝巧捷, 最美者花布·漆器·綢緞等貨物. 薙頭惟留頂髮,
衫長及脚. 貧者不褲, 夏則身裸. 女裳與男不異, 面目多同呂宋, 而異中國. 多
食菜魚, 不養牲畜. 時時食茶, 然不及中國茶葉. 語音雖異中國, 而用中國文字·
書冊以教人. 除漢人文字外, 兼學荷蘭各藝術, 是以醫術·天文·地理, 無不通習,
其聰明過於漢士. 尚有用字母者, 智士便寫之, 以合土音. 日本國重文墨, 但官
多世襲, 通習文字者, 或反無俸祿.

不甚與外國貿易, 每年惟荷蘭船一, 唐舶五, 琉球船亦不過十. 百姓沿海惟
以本地之貨交易, 或載列島主所進貢將軍之物. 最大之港曰大阪. 然每年飄所

失之舟, 亦有五分之一. 蓋所造之舟本不固, 難冒風水. 其君恐商人遠離本地, 故禁造堅舶. 甯見本民之陷沒, 不肯立法保救. 瀕海民多業漁, 日用所常食也. 捕鯨魚, 食其肉, 而用其油. 除佛敎外, 則崇尙古時所傳之神道僧最多. 官府惟執法律, 不稍寬貸. 罪犯一聞擬罪, 輒願自盡, 不欲受辱.

全國分七道, 六十八國, 六百有四郡, 萬有三千邑, 九十萬零九千八百五十八鄕, 百有四十六砲臺, 神廟二萬七千七百間, 佛廟二萬二千五百八十間. 其北面山, 與滿州對峙, 多未開墾者. 土民愚魯, 與黑龍江之魚皮部同類. 近日耕地漸廣, 産物漸多矣. 另開一連嶼, 與土人貿易, 亦設官理之. 國之將軍所駐, 在江戶海隅. 居民百餘萬, 其宮殿周二三里, 妃嬪嬖幸無數. 其街直, 恐地震, 以木造屋, 多火災. 廟甚壯麗, 居民五十萬, 巧于造物, 又多著書. 邑僧約八千名, 貴賤遠赴寺廟燒香者不勝數. 大阪港係國之大海口, 商賈雲集. 長崎港, 荷蘭唐人所集之處, 尤便通商, 因禁例嚴酷, 年年消減.

國自昔王操全權, 生殺必按法律. 有大臣六, 執法管束君上. 若會議不合理, 衆且反之, 則必自刎以抵其罪. 其國王名爲全國之主, 實不得自專. 王妃極多, 以九百九十名爲率, 但不得出宮, 恐人見. 又不得踏地, 恐污身. 磁器衣服, 一用必盡棄之. 將軍每年進貢, 敬之如神. 第利少權微, 僅如偶像, 將軍之腹心探伺者, 常在君左右. 若有不合例之事, 卽告將軍, 動受其制. 男女皆可爲君, 必素性謙謹, 方可卽位. 諸侯各轄其地, 將軍察出有失, 卽劾奏之. 其海口, 俱將軍派官掌政, 責成甚重. 若不晝夜盡心防範, 卽多陷罪. 諸侯多管褊小之地, 但在都使費浩大. 公項不敷, 又恐其富而背叛, 故妻子時留都中, 拘在本宮, 犯法卽死. 然諸侯勤明政事, 而將軍有意枉屈之. 國人亦不服, 卽將軍亦遭廢害. 各諸侯每年必赴都遠覲, 受擾無窮. 然民亦安其法制之峻. 軍士約十萬, 步兵三萬, 騎兵三千. 但不習武, 有戰則諸侯可募三十六萬八千丁. 其師船半爛半漏, 僅恃刀劍之利, 軍令之嚴. 庶民分四五品, 以衣褲刀劍若干, 分別各品. 最卑者爲皮匠, 不准與他人來往. 總之日本武勇, 在亞西亞州, 超越衆國. 但禁例過嚴, 其君五爵視以下各品人等, 有若奴隸焉.

『外國史略』曰: 琉球島在日本南, 共三十七所. 其中八所, 在臺灣之東北. 出番薯·米·白鑞等貨, 其山磽. 居民形體與日本同. 但多悅色, 好交接遠施, 厚量慈惠. 尊貴者, 識漢字, 學中國語. 由福州入貢京都, 日本薩摩君頗難之, 且重征稅, 每年必貢鑞幾萬石. 若有西洋甲板船至其國, 國王優待之, 若失船則補修, 而押送之. 居民約六十萬, 多務農, 貧者業漁. 貴賤不帶兵器, 惟立法律以束其衆. 屋宇甚美甚窄. 船多渡大海, 到福州, 亦與日本通商, 猶朝鮮之兼貢日本也.

黃宗羲『行朝錄』曰: 明季海盜有周崔芝者, 福淸人也. 少讀書不成, 去而爲盜於海. 其人饒機智, 嘗往來日本. 以善射名, 與日本之薩摩島主, 結爲父子. 日本三十六島, 每島各有王統之. 其所謂東京者, 乃國主也. 國主曰京主, 擁虛位而已. 一國之權, 則大將軍掌之. 其三十六國王, 則如諸侯之職. 薩摩王于諸島爲最强, 王與大將軍爲首尾. 崔芝旣熟日本, 故在海中無不如意. 久之, 招撫以黃華關把總, 稽察商舶. 乙酉秋, 唐王隆武加水軍都督, 副黃斌卿駐舟山. 其冬崔芝遣人至薩摩島, 訴中國喪亂, 願假一旅, 以齊之存衛·秦之存楚故事望之.
　將軍慨然約明年四月發兵三萬, 一切戰艦軍資器械, 自取其國之餘資, 供大兵中華數年之用. 自長崎島至東京三千餘里, 馳道·橋梁·驛遞·公館, 重爲修輯, 以待中國使臣之至. 崔芝大喜, 益備珠璣玩好之物以悅之. 參謀林籥 一作學. 舞爲使, 期以四月十一東行. 籥舞將解維, 而斌卿止之曰: "大司馬余煌書來曰, 此吳三桂乞師之續也." 崔芝怒而入閩. 福州旣破, 鄭芝龍降.
　丁亥三月, 崔芝克海口·鎭東二城, 遣其義子林臯, 隨安昌王至日本乞師, 不得要領而還. 戊子御史馮京第, 謀于黃斌卿, 偕其弟黃孝卿往日本至長崎島, 其王不聽登陸. 始有西洋人爲天主教者, 入日本作亂于其國, 日本勒兵盡誅教人, 焚其船于島口, 絶西洋人往來. 于中衢置銅板, 刻天主教像于其上, 以踐踏之. 囊橐有西洋一物, 搜得必殺無赦. 西洋人復以大船載砲, 來與日本爲難, 日本拒之. 甫退一日, 而京第至, 故戒嚴同于外國. 京第效包胥故事, 于舟中朝服拜哭不已. 會東京遣官行部, 如中國巡方御史, 禿頂坐藍輿. 京第因致其血書. 薩摩王聞長崎王之拒中國也, 曰 "中國喪亂, 我不遑恤. 而使其使臣哭于我國, 我國之恥也." 與大將軍言之, 議發各島罪人出師. 京第還. 日本致洪武錢數十萬. 蓋其國不自鼓鑄, 但用中國古錢, 舟山之用洪武錢, 由此也. 而黃孝卿假商舶留長崎島. 長崎島多官妓, 皆居大宅. 無壁落, 以綾幔分爲私室. 當月夜, 每室懸各色琉璃燈, 諸妓各賽琵琶, 中國之所未有. 孝卿樂之, 忘其爲乞師而來者, 見輕于其國, 其國發師之意益荒矣.

己丑冬, 有僧湛微自日本來, 爲蕩胡伯阮進述請兵不允之故, 且言 "金帛不足以動之. 日本最敬佛經, 誠得普陀山臧經爲贄, 則兵必發矣." 進與定西侯張名振上疏監國, 以澄波將軍阮美爲使, 王親賜宴. 十一月朔, 出普陀, 十日至五島山, 與長崎相去一程. 是夜大風, 黑浪兼天, 兩紅魚乘空上下, 船不知所往. 十二日見山, 舵工驚曰: "此高麗界也." 轉帆而南, 又明日乃進長崎. 凡商舶至國, 例撥小船譏出入, 名曰班船. 阮美喻以梵篋乞師, 其王聞之大喜, 已知船中有湛微者, 則大駭. 初湛微之在日本也. 長崎島有三大寺, 一曰南京寺, 中國北僧居之, 一曰福州寺, 閩·浙·廣僧居之, 一曰日本寺, 本國人居之. 南京寺住持名如定, 頗通文墨, 國人重之, 湛微拜爲師. 湛微所能不若師, 而狡獪多變. 乃之一島名膄泉者, 其島無中國人往來, 不辨詩字之好醜. 湛微得妄自高大, 惡札村謠, 自署金獅子尊者. 流傳至東京, 大將軍見之曰: "此必西洋人之爲天主教者, 潛入吾國, 急捕之." 旣知其爲江西僧, 逐之過海. 日本不殺大唐僧, 有犯法者止于逐, 再往則戮. 及同舟, 湛微欲以此舉自結於日本, 於是阮美始知爲其所賣也, 遂載經而返. 然日本自寬永享國三十餘年, 母后承之, 其子復闢, 改元義明, 承平久矣. 其人多好詩書·法帖·名畵·古奇器·『十三經』·『十七史』, 異日值千金者, 捆載旣多, 不過一二百金. 故老不見兵革之事, 本國且忘, 豈能渡海爲人復仇乎? 卽無西洋之事, 亦未必能行也.

『瀛環志略』曰: 自澳大利亞迤東·迤北抵南, 北亞墨利加之西界, 謂之大洋海, 水程數萬里, 島嶼甚稀, 間數千里乃一遇. 其島四圍多盤石, 亦生珊瑚, 海船近, 輒擱淺, 故不能遍及. 大洋海風浪最恬, 泰西人稱爲太平海. 各島天氣晴和, 水土平淑. 産椰子·芋薯, 果實足供採食. 土人織草爲衣以蔽形. 性馴而慧, 異於迤西島番之悍獷. 近年耶穌敎之徒, 遊其地而誘進之, 多有信從易俗者. 島名不能盡悉, 英人因敎事而命以名.

一曰會群島, 言其入耶穌之會也. 島之大者, 曰阿他害地. 附近群島甚多, 以此島爲綱領. 其地山水秀淑, 風景宜人. 土人篤信耶穌敎, 廣設學館. 又阿歪希者, 亦大島, 屬島甚多, 有國王. 嘉慶年間, 擧國奉耶穌敎, 學館尤繁. 其王頗諳武備, 常有師船巡海.

一曰友群島, 言與耶穌敎爲友也. 土人形貌端正, 有心計, 耶穌敎之徒時遊其地誘化之. 有加羅林者, 屬島最多, 內有一族, 頗通藝術. 商船偶過其地, 亦停泊貿易.

一曰賊群島, 言其非善類也. 各島多西班牙所據, 西人以天主敎誘勸之, 土人不肯從, 遂至互相攻擊, 交鬨不已. 此外小島尙多, 名不盡著. 土産惟椰子, 人戶甚少, 未與他國往來. 道光二十二年, 佛郎西新開馬耳其殺群島, 風土未詳.

按: 四海之中, 惟大洋海最大, 卽中國之東海直抵亞墨利加之西境. 四萬里茫茫巨浸, 別無廣土, 卽島嶼亦晨星落落. 據泰西人所傳述, 各島風土人類, 遠勝於亞細亞南洋諸島. 然帆檣偶涉, 率略未詳. 蓋由東道往, 水程當十餘萬里, 由西道往, 須歷南亞墨利加之鐵耳聶離. 途旣險遠, 又無利可牟, 故商船罕有至者. 惟捕鯨之船, 專騖大洋, 無所不到, 于諸島數數遇之, 乃得稍通聲聞耳.

坤輿四大土, 皆周回數萬里. 惟中國之南洋, 萬島環列, 星羅棋布, 或斷或續. 大者數千里, 小者數百里, 或數十里. 野番生聚其間, 榛狉相仍, 自爲部落. 其種人統名巫來由, 一作無來由. 又有稱爲繞阿. 卽爪亞. 武吃者, 一作蕪吉. 西漢時, 諸番始通貢獻. 唐以後, 市舶叢集於粵東. 明初, 遣太監鄭和等航海招致之, 來者益衆. 迨中葉以後, 歐羅巴諸國東來, 據各島口岸, 建立埠頭, 流通百貨. 於是諸島之物産, 充溢中華. 而閩廣之民, 造舟涉海, 趨之如鶩, 或竟有買田娶婦留而不歸者. 如呂宋·葛羅巴諸島, 閩廣流寓, 殆不下數十萬人. 則南洋者, 亦七鯤·珠崖之餘壤, 而歐羅巴之東道主也.

顧亭林『天下郡國利病書』云: 倭奴鄰三韓而國, 故名韓中. 倭後自惡其名, 更號日本. 在東南大海中, 依山島而居. 地方數千里. 爲畿五, 曰山城, 曰大和, 曰河內, 曰攝津, 曰和泉, 共統五十三郡. 爲道七, 曰東海, 統一百十六郡, 曰南海, 統四十八郡. 嘗見日本所刻『和漢紀年』者, 其國本名日和, 而華人訛稱曰倭. 至日本亦華人所稱, 其國至今自稱大和, 不云日本也. 曰西海, 統九十三郡, 曰東山, 統一百二十二郡, 曰北陸, 統三十郡, 曰山陽, 統六十九郡, 曰山陰, 統五十二郡. 爲島三, 曰伊岐, 曰對馬. 按『海國聞見錄』稱日本平列三大島, 其迤北者名對馬島. 而此所云對馬島, 止統兩郡. 蓋對馬本北境小島之名, 後來遂以爲北境總名. 余嘗見日本人所作「廣對馬島賦」, 倣選體, 極瑰麗. 自注云, 島小不足賦, 故廣言之. 亦一証也. 曰多襪. 各統二郡, 皆依水附嶼. 郡之大者, 不過中國之村落.

戶可七萬, 課丁八十萬奇.

國王一姓, 歷世不易. 初號天御中主, 居築紫日向宮. 其子號天材雲尊, 自後皆以尊爲號. 傳世二十三, 至彦瀲尊第四子, 號神武天皇, 徙大和州橿原宮. 傳至守平天皇, 凡四十一世, 復徙都山城國.

其國文武僚吏皆世官. 自兩漢時, 始通中國. 魏晉以後, 得五經佛教於中土, 於是沙門之教盛行. 唐貞觀間, 嘗遣使往諭. 宋初, 遣國僧奝然浮海貢獻. 太宗賜紫衣, 厚存撫之. 其傳國已六十四世矣. 按『後漢書』: 倭在韓東南大海中, 依山島爲居, 凡百餘國. 自武帝滅朝鮮後, 通漢者三十許國. 大倭王居邪馬臺國, 男子皆黥面文身. 男女無別, 飲食以手, 俗尙徒跣云云. 是日本在漢時, 幷非一國, 土俗與諸番島無異. 其文字官制, 自是兩漢通中國後, 始學得之. 此所云六十四世, 溯之當在商周. 其國王一切名號, 當係通華文後增飾爲之耳. 元王惲『泛海小錄』云, 由對馬島六百里, 逾一歧島, 又四百里入宮浦口. 又二百七十里至三神山. 其山峻削, 群峰環繞, 海心望之, 鬱然爲碧芙蓉也. 上無雜木, 惟梅·竹·靈藥·松·檜·杪羅等樹.

其居民多徐姓, 自云皆徐福之後. 海中諸嶼, 此最秀麗方廣. 『十洲記』所云, 海東北岸扶桑·蓬萊·瀛州, 周方千里. 余按: 三神山, 本方士夸誕之設, 用以欺誑人主. 果卽係日本附近小島, 則當日船交海中, 何爲求之不得? 『後漢書』「倭國傳」稱, 會稽海外有夷洲及澶洲. 秦始皇遣方士徐福將童男女數千人, 入海求蓬萊神仙不得, 徐福畏誅不敢還, 遂止此洲. 世世相承, 有數萬家, 人民時至會稽市. 王惲『小錄』所云或卽夷洲·澶洲之類, 至三神山之名, 其爲傳會無疑也. 泉州陳資齋提軍倫炯少時嘗附商船遊日本, 言其風土甚悉. 云日本人皆覆姓, 單姓者徐福配合之童男女也. 徐福所居之地, 名徐家村, 其家在熊指山下云. 徐家村·熊指山不知在日本何地. 蓋華人入倭自徐福始, 其遺民年久繁衍, 遂散布於通國. 倭人通中國文字, 當係君房敎之. 特海外遠夷, 軺車罕至, 往來者皆商賈之流, 無由探悉其原委耳.

案: 日本三島, 香港英夷圖薩摩島於對馬島西, 居長崎大島西北, 此大誤也. 夷人未至日本, 故東洋形勢未能了如, 而以不知爲知, 此亦其一. 蓋薩摩卽薩峒馬, 居日本之南. 明季倭寇, 此島人也. 其北長崎, 長崎東北, 王京在焉. 又北曰對馬, 其北朝鮮.

주석

1   노국奴國: 기원전 3세기~기원전 1세기 전반에 걸쳐 『후한서後漢書』 「동이전東夷傳」이나 『위지魏志』 「왜인전倭人傳」에 등장하는 왜국 중 하나이다. 『일본서기日本書紀』에 나오는 나노아가타儺縣라고 하여 지금의 후쿠오카시福岡市 부근으로 추정되고 있다.

2   함형咸亨: 당나라 고종高宗 이치李治의 연호(670~674)이다.

3   당나라 함형咸亨 연간에 … 그 이름을 붙였다: 『구당서』 권149 「왜국일본전」에 따르면 국명을 변경한 이유에 대해 "일본국은 왜국의 별종別種으로 그 나라는 해 뜨는 곳에 있기 때문에 일본으로 이름을 삼았다"라고 또는 "왜국이 스스로 그 이름이 우아하지 못한 것을 싫어해서 일본으로 변경했다"라고 하며, 또한 "일본은 본래 작은 나라였는데, 왜국의 땅을 병합했다"라고 국호 변경의 사유를 기록하고 있다. 여하튼 중국이 국호 변경을 인정한 것은 함형 원년(670)의 일이다.

4   5기畿: 기내畿內라고도 한다. 7세기 말에 성립한 일본국 지배층이 직접 지배하던 곳으로 '수도권'에 해당한다. 야마시로국山城國·야마토국大和國·가와치국河內國·이즈미국和泉國·셋쓰국攝津國을 가리키며, 지금의 교토, 나라, 오사카에 위치한다.

5   7도道: 기내를 기점으로 해서 동쪽으로 도카이도·도산도·호쿠리쿠도, 서쪽으로는 산인도·산요도·난카이도·규슈九州의 사이카이도로 이루어져 있다.

6   3도島: 『송사宋史』 「일본국전日本國傳」에 따르면 이키섬·쓰시마섬·다네가섬을 가리킨다.

7   범문호范文虎: 범문호(?~1301)는 본래 남송의 무장으로서 원과 대치했으나 1273년 형양襄陽 전투에서 대패한 후 원에 투항해서 1275년 양절대도독兩浙大都督에 임명되었다. 1284년 쿠빌라이의 엄명을 받고 일본 원정에

나섰으나 실패했다.

8   고류야마五龍山: 일본의 나가사키현 서북부에 위치한 히라도섬平戶島에
    있다.

9   홍무洪武: 명나라 태조太祖 주원장朱元璋의 연호(1368~1398)이다.

10 주덕흥周德興: 주덕흥(?~1392)은 주원장과 같은 호주濠州(안휘성 풍양현) 사람
    이다. 주원장을 도와 명나라를 건국하는 데 공을 세웠다. 홍무 3년 그
    공로를 인정받아 강하후에 봉해졌으나 나라가 안정된 이후 주원장에
    의해 죽임을 당했다.

11 탕화湯和: 탕화(1326~1395)는 주원장과 같은 호주 사람이다. 주원장을 도
    와 명나라를 건국하는 데 공을 세웠다. 개국공신에 대한 숙청의 풍파
    속에서 병을 핑계로 은거를 허락받았다.

12 호유용胡惟庸: 호유용(?~1380)은 명나라 초기의 정치가로 안휘성安徽省 정
    원定遠 사람이다. 명나라를 건국하는 데 큰 공을 세웠으나, 1380년 일본
    과 내통해서 모반을 일으키려고 했다는 모반죄로 인해 주원장에게 처
    형되었다. 당시 연좌제로 인해 수많은 사람이 처형되었는데, 이를 '호유
    용의 옥(胡惟庸案)'이라고 한다.

13 여요如瑤: 홍무 14년(1381), 일본 국왕이 파견한 사절단의 대표로 온 승려
    이다. 여요는 영파에 입항했지만, 군신의 예를 지키지 않고 이익만을
    탐했다는 이유로 입공을 거절당했다. 여요와 함께 일찍이 호유용이 일
    본에 파견한 임현林賢이 같이 귀국했는데, 홍무 19년(1386) 임현은 일본
    의 힘을 빌려 반란을 도모했다는 이유로 처형되었다.

14 『조훈祖訓』: 명나라 태조 주원장이 편찬한 것으로 황제가 될 자손이 거
    울로 삼아야 할 내용을 담고 있다. 홍무 6년(1373) 『조훈록祖訓錄』이라는
    제목으로 출간되었는데, 홍무 28년(1395)에 『황명조훈皇明祖訓』으로 변경
    되었다.

15 정벌하지 않아야 할 나라: 원문은 '불정지국不征之國'이다. 이는 명나라
    태조 주원장이 추구한 것으로 인근 15개 국가는 정벌하지 않고 화목 관
    계를 유지하면서 동시에 무역 발전을 촉진해야 한다는 정책이다. 15개

국가를 보면, 조선을 비롯해 일본, 대유구와 소유구, 베트남, 캄보디아, 태국, 참파, 자와, 수마트라 등이 포함되어 있었다.

16 영락永樂: 명나라 제3대 황제 성조成祖 주체朱棣의 연호(1403~1424)이다.

17 이키壹岐: 광서 2년본에는 '대기臺岐'로 되어 있으나 악록서사본에 따라 고쳐 번역한다.

18 왕이 군사를 … 바쳤다: 『명사』 원문에 따르면 영락 3년(1405) 11월의 일이다.

19 유강劉江: 강소성江蘇省 숙천宿遷 사람이다. 본명은 유영劉榮(1360~1420)으로 젊은 시절에는 부친의 이름인 유강을 사칭했다. 영락 12년(1414) 요동총병관에 임명되어 요동 지역의 방비를 맡았는데, 왜구의 침범에 대비해서 금선도金線島 서북쪽에 있는 섬 망해과에 성루와 봉화를 설치하고 방비에 임했다. 영락 17년(1419) 왜구가 30여 척의 배를 타고 마웅도馬雄島에 정박한 후 망해과에 상륙하자 유영은 군사를 매복시켜 크게 격파했다.

20 망해과望海堝: 요녕성 요녕반도의 금선도 서북쪽에 있는 섬이다.

21 태주台州: 절강성 태주부이다.

22 해녕海寧: 절강성 항주부 해녕현이다.

23 홍희洪熙: 명나라 제4대 황제 인종仁宗 주고치朱高熾의 연호(1425)이다.

24 황암黃巖: 절강성 태주부 황암현이다.

25 용암龍巖: 절강성 온주부 용암현이다.

26 두 명: 『명사』 원문에 따르면 황암 사람은 주래보周來保이고 용암 사람은 종보복鍾普福이다. 이들은 요역에 시달리다 도주해서 왜구에 들어가 앞잡이가 되었는데, 정통 4년(1439) 왜구를 인도해 악청樂淸(절강성 온주부 악청현)에 침범해서 먼저 염탐에 나왔다가 왜구가 갑자기 떠나 버리는 바람에 사로잡혀 극형에 처해졌다고 한다.

27 호시互市: 중원에 세워진 왕조와 주변 민족이 경제적 수단을 상호 교환했던 장소이자 시장을 가리키며, 북방 민족과의 교역에서는 마시馬市라고 한다.

28 주환朱紈: 주환(1494~1549)의 자는 자순子純으로 강소성 장주현長洲縣 사람

이다. 절강순무浙江巡撫가 되어 왜구를 방어하면서 복건성 등 연해 지역의 토호들이 왜구와 결탁하지 못하도록 엄격히 단속했으나 토호들의 비난을 받아 결국 법을 멋대로 집행했다는 이유로 하옥된 후 자살했다.

29 선조先祖: 명나라 태조 홍무제 주원장을 가리킨다.

30 시박제거사市舶提擧司: 해상무역 관계의 사무를 담당한 관청으로 시박사라고 한다. 본래 무역세의 징수, 무역품 판매 허가증의 교부, 번박番舶의 송영 등의 사무를 관장하는 곳이지만, 명나라에서는 국초 이래 내지인의 해외 출항과 무역을 금지하는 해금 정책을 시행했기 때문에 시박사는 오로지 조공무역의 업무만을 담당했다. 명대에는 광주·천주·영파에 시박제거사가 설치되어 광주는 서양 제국과, 천주는 류큐, 영파는 일본과의 조공무역을 주로 담당했다.

31 중관中官: 중앙에서 파견된 환관을 가리킨다.

32 세종世宗: 명나라 제12대 황제 가정제嘉靖帝 주후총朱厚熜의 시호이다.

33 왕직汪直: 왕직王直(?~1558)이라고도 한다. 휘주부徽州府 흡현歙縣(안휘성 황산시) 사람이다. 젊은 시절 염상에 종사했으나 해금 정책을 틈타 밀무역에 종사했다. 영파의 쌍서항雙嶼港을 근거지로 해서 동남아시아와 일본을 연결하는 밀무역을 통해 거대한 부를 축적했다.

34 서해徐海: 서해(?~1556)는 왕직과 함께 휘주부 흡현 사람이다. 밀무역에 종사하다가 왜구에 가담해 강소, 절강 방면의 연안을 습격하게 되었다. 가정 35년(1556) 진동, 마엽 등이 이끄는 왜구 집단과 결탁해서 수만 병력으로 강소, 절강의 도시들을 공략했다.

35 첨도어사僉都御史: 관료의 정무政務를 감찰하는 기관인 도찰원都察院 소속의 관직명으로 정4품에 해당한다.

36 왕여王忬: 왕여(1507~1560)의 자는 민응民應, 호는 사질思質이다. 가정 31년(1552) 절강에 왜구가 침범하자 제독군무提督軍務를 맡아 절강 및 복주, 홍주, 장주, 천주 4부를 순무했는데, 유대유, 탕극관湯克寬 등을 등용해서 전공을 세웠다.

37 창국위昌國衛: 절강성 영파부寧波府 상산현象山縣에 설치된 위소이다.

38 태창太倉: 남직예南直隸(현 강소성·안휘성에 해당) 소주부蘇州府 태창주이다.

39 상해현上海縣: 상해는 양자강 하류 델타지대의 조그만 어촌에 불과했으나 남송 말기, 진鎭이라는 행정 기구가 설치되었으며, 원대에 정식으로 상해현이 설치되면서 상해라는 명칭을 갖게 되었다. 상해에 성벽이 건설되어 도시다운 면모를 갖추게 된 것은 가정 32년(1553) 왜구의 침략에 대비하기 위하면서부터이다.

40 강음江陰: 남직예 상주부常州府 강음현이다.

41 사포乍浦: 절강성 가흥부嘉興府 평호현平湖縣 남쪽 해안에 위치한 위소이다.

42 금산위金山衛: 남직예 송강부松江府 동남 해안에 위치한 위소이다. 부근 위소 중 최대 규모를 자랑했다.

43 숭명崇明·상숙常熟·가정嘉定: 모두 남직예 소주부에 소속된 현이다.

44 통주通州·태주泰州: 모두 남직예 양주부揚州府에 소속된 현으로 장강의 북쪽 기슭에 위치한다.

45 숭덕현崇德縣: 절강성 가흥부 숭덕현이다.

46 오강吳江: 남직예 소주부에 소속된 현이다.

47 가흥嘉興: 가흥부에 소속된 현으로 절강성 동북부에 위치한다.

48 자림柘林: 송강부 동남쪽 화정현華亭縣 자림진이다.

49 이천총李天寵: 이천총(?~1555)의 자는 자승子承으로 하남부河南府 맹진현孟津縣 사람이다. 가정 33년(1554) 좌첨도어사로 발탁되어 왕여를 대신해 절강순무를 겸직했다. 남경병부상서 겸 총독 장경과 함께 왜구 토벌에 공을 세웠으나 조문화의 모략으로 인해 투옥되었다.

50 장경張經: 장경(1494~1555)의 자는 정이廷彝, 호는 반주半洲이며, 복건성 후관현侯官縣(복건성 복주) 사람이다. 가정 16년(1537) 병부우시랑兵部右侍郎에 올랐다. 가정 32년(1553) 병부상서가 되었다. 이듬해 5월 동남 연해안에 왜구가 창궐하자 장경은 강남, 강북, 절강, 산동, 복건, 호광 제군의 총독이 되어 왜구를 토벌해서 혁혁한 전공을 세웠다.

51 당서塘栖: 절강성 항주부 당서현이다.

52 신시新市: 절강성 덕청현 신시진이다.

53 횡당橫塘: 절강성 가흥부 해염현 횡당진이다.

54 쌍림雙林: 절강성 호주부湖州府 쌍림진이다.

55 덕청현德淸縣: 절강성 호주부 덕청현이다.

56 조문화趙文華: 조문화(?~1557)의 자는 원질元質, 호는 매촌梅村이며 절강성 소흥부紹興府 자계현慈溪縣 사람이다. 가정 34년(1555) 공부시랑에 임명되어 동남 지역을 순시하는 책무를 맡게 되었다. 이때 조문화는 장경이 세운 전공을 자신의 것으로 하고 또한 그를 모함해 죽게 만들었다. 절강순무 이천총도 모함해 죽게 하고 호종헌을 천거해 그 후임을 맡게 했다.

57 주충周珫: 자는 윤부潤夫이며, 호북성 응성應城 사람이다. 가정 31년(1552) 도찰원우첨도어사를 역임하고 가정 34년(1555) 병부우시랑이 되어 남직에 절강과 복건의 군무를 총괄했으나 조문화의 탄핵을 받아 관직을 삭탈당하고 고향으로 돌아갔다.

58 호종헌胡宗憲: 호종헌(1512~1565)의 자는 여정汝貞, 호는 매림梅林이다. 안휘성 적계현績溪縣 사람이다. 가정 33년(1554) 절강순안감찰어사가 되었다. 조문화의 천거로 절직총독浙直總督이 되어 주환, 척계광, 유대유 등과 함께 중국 연안부에서 약탈과 밀무역을 행하던 왜구 토벌에 힘썼다. 가정 35년(1556) 왜구의 두목인 서해를 제압하고, 이듬해에는 동향 출신인 왕직을 회유해서 체포했다. 호종헌은 왕직의 목숨을 살려 주고 해금 정책을 완화해 줄 것을 탄원했지만, 결국 왕직을 처형했다. 왕직 체포의 공적으로 인해 항왜降倭 명장으로 이름을 높였지만, 후에 복건에서 왜구의 활동이 활발해짐에 따라 결탁을 의심받고, 게다가 엄숭의 도당이라는 죄목으로 체포되어 옥중에서 자살했다.

59 양의楊宜: 가정 2년(1523) 과거에 급제하고, 가정 34년(1555) 남경병부우시랑南京兵部右侍郞, 우첨도어사右僉都御史가 되어 남직예, 절강, 복건의 군무를 총괄했다. 가정 35년(1556) 왜구와의 싸움에서 패전함에 따라 파면되었으며, 호종헌이 그 자리를 대신했다.

60 스스로 배에 불을 지르고는: 왜구들은 종종 '배수의 진'을 치는 효과를 얻기 위해서 스스로 타고 온 배에 불을 지르고 상륙하는 경우가 많았다.

61 말릉관林陵關: 광서 2년본에는 '출릉관秫陵關'으로 되어 있으나 악록서사
   본에 따라 고쳐 번역한다.

62 율수溧水: 남직예 응천부 율수현이다.

63 율양溧陽·의흥宜興: 남직예에 속한 율양현과 의흥현이다. 의흥현은 도자
   기로 유명하여 한때 '의흥義興'으로 불렸는데, 송나라 태종 조광의趙光義
   와 이름이 겹치는 것을 피하기 위해 '의흥宜興'으로 개명했다.

64 무진無進: 남직예 상주부 무진현이다.

65 무석無錫: 남직예 상주부 무석현이다.

66 혜산惠山: 남직예 상주부 무석현에 위치한 산이다.

67 호서滸墅: 남직예 소주부에 속한 관소이다. 선덕 4년(1429) 대운하 연변에
   설치된 7곳의 초관鈔關(내지 관소) 중에서 물자 유통의 최대를 자랑하는 교
   통의 요충지였다.

68 양림교楊林橋: '양림교'는 율수현에 있는데, 왜구는 이미 율수현을 지나
   왔기 때문에 여기에서는 호서관에 인접한 '양가교楊家橋'의 오기로 추정
   된다.

69 60~70명: 광서 2년본에는 '육천칠천명六千七千名'으로 되어 있으나 악록
   서사본에 따라 고쳐 번역한다.

70 조방보曹邦輔: 조방보(1502~1575)의 자는 자충子忠, 호는 동촌東村으로 산동
   성 연주부兗州府 정도현定陶縣 사람이다. 가정 34년(1555) 우첨도어사, 응
   천순무에 부임해서 왜구를 토벌하는 데 큰 공을 세웠으나 조문화의 모
   함을 받아 변방의 수자리로 좌천되었다.

71 승전보를 올리니: 원문은 '이첩문以捷聞'이다. 조방보가 황제에게 승전보
   를 알리는 상주문은 『세종실록世宗實錄』 권427 가정 34년(1555) 10월 병자
   조丙子條에 실려 있다.

72 악청樂淸: 절강성 온주부 악청현이다.

73 선거仙居: 절강성 태주부 선거현이다.

74 봉화奉化: 절강성 영파부 봉화현이다.

75 여요餘姚·상우上虞: 절강성 소흥부에 속한 여요현과 상우현이다.

76 삼부三府: 절강성의 태주부, 온주부, 소흥부를 가리킨다.

77 일조日照: 산동성 청주부淸州府 일조현이다.

78 동안위東安衛: 산동성 청주부 일조현 남쪽 연안에 위치한 안동위安東衛의
    오기로 추정된다.

79 회안淮安: 남직예 회안부이다. 명대 회안은 치수·조운·제염 행정의 중심
    지로서, 양주·소주·항주를 연결하는 대운하 '4대 도시'로 번창했다.

80 공유贛榆·술양沭陽·도원桃源: 남직예 회안부에 속한 현이다.

81 청하淸河: 남직예 회안부 청하현이다.

82 서주徐州: 남직예 서주로 현 산동성 동부와 강소성 북쪽에 해당한다.

83 비주邳州: 남직예 회안부 비주이다.

84 주포周浦: 남직예 송강부에 속한 주포진이다.

85 천사川沙: 남직예 송강부 상해현 천사보川沙堡이다.

86 완악阮鶚: 완악(1509~1567)의 자는 응천應薦, 호는 함봉函峰이며 남직예 동성
    현桐城縣 사람이다. 가정 23년(1544) 진사에 급제해서 남경의 형부주사刑
    部主事, 절강의 제학부사提學副使를 역임했다. 왜구가 항주를 포위했을 때,
    관리가 백성들이 성안으로 피난해 오는 것을 막자 완악은 몸소 성문을
    열어 수많은 백성을 구했다. 후에 조문화, 호종헌과 결탁해서 우첨도어
    사에 임명되어 절강을 순무했다. 가정 36년 복건순무가 되었으나 왜구
    의 세력에 압도되어 제대로 싸우지 못하고 오히려 왜구로부터 뇌물을
    받아 어사 송의망宋儀望 등의 탄핵을 받아 삭탈관직되었다.

87 제생諸生: 명청 시대 동시童試에 합격한 후 과거 시험을 위해 각 부·주·현
    에서 공부하던 생원生員을 말한다.

88 오도五島: 일본 나가사키현長崎縣 서쪽의 고토열도五島列島를 가리킨다.
    후쿠에섬福江島, 히사카섬久賀島, 나루섬奈留島, 와카마쓰섬若松島, 나카도
    리섬中通島을 중심으로 구성되어 있다. 중국과 가까워 일찍부터 대륙문
    화를 받아들이는 관문 역할을 했으며, 왜구의 근거지였다.

89 왕직: 광서 2년본에는 '강직江直'으로 되어 있으나 역사적 사실에 따라 고
    쳐 번역한다.

90 모해봉毛海峰: 왕직의 양자인 왕오王滶를 가리킨다.

91 일본은 내란이 … 죽었기 때문에: 당시 무로마치 막부室町幕府는 정치적으로 변고가 없었기 때문에 여기에서 내란은 오우치大內 가문의 내홍을 가리키는 것 같다. 오우치 가문은 제31대 당주 오우치 요시타카大內義隆 시대에 학문과 예술 방면에서 번창해 전성기를 맞이했으나 문치 방면에 불만을 품은 가신 스에 다카후사陶隆房의 모반에 의해 요시타카와 일족이 살해됨에 따라 사실상 멸문했다. 스에 다카후사도 1555년 모리 모토나리毛利本就에 패하고 자살했다. 여기에서 국왕과 재상은 오우치 요시타카와 스에 다카후사를 가리키는 것으로 추정된다.

92 사쓰마슈薩摩洲 사람: 사쓰마슈는 규슈 남부 가고시마현鹿兒島縣 일대의 옛 지명으로 여기에서는 지배자인 시마즈씨島津氏를 가리킨다.

93 주산舟山: 항주만 동남쪽, 절강성 동북부 해역에 위치한 주산도이다. 주산군도舟山群島의 주요 섬으로 절강성에서는 가장 크며, 중국 연해 섬 중에서도 3번째로 큰 섬이다.

94 특히: 원문은 '독獨'이다. 광서 2년본에는 '다多'로 되어 있으나 『명사』에 따라 고쳐 번역한다.

95 자계慈谿: 절강성 영파부 자계현이다.

96 절서: 광서 2년본에는 '절강浙江'으로 되어 있으나 『명사』에 따라 고쳐 번역한다.

97 동향桐鄉: 절강성 가흥부 동향현이다.

98 호종헌은 … 섬멸했다: 호종헌이 왜구를 단속하는 주된 방식은 왜구 사이의 틈을 이용해 불화를 조장하는 것이었다. 당시 호종헌은 서해와 진동 사이에 불화가 있다는 정보를 입수하고 앞서 일본에 파견되었다가 돌아온 진가원을 보내 투항을 권유했다. 서해는 호종헌의 권유에 응했으나 진동은 거절했다. 그러자 서해가 진동과 마엽의 무리 등 1백여 명을 사로잡아 바쳤다. 이후 서해는 다시 5백여 명을 이끌고 사포를 떠나 양장梁莊에 따로 진영을 마련했다가 호종헌의 군대에게 공격을 당했다.

99 단양丹陽: 남직예 진강부鎭江府 단양현이다.

100 과주瓜洲: 남직예 양주부 과주진이다.

101 조운선漕運船: 원문은 '조소漕艘'이다. 세곡을 운반하는 선박이다.

102 여고如皋·해문海門: 남직예 양주부에 속한 여고현과 해문현이다.

103 고우高郵: 남직예 양주부 고우주이다.

104 보응寶應: 남직예 양주부 보응현이다.

105 묘만廟灣: 회안부 부녕현阜寧縣 묘만진이다.

106 분고豊後: 일본 규슈 북동쪽에 위치하며, 지금의 오이타현大分縣 남부에 있던 옛 국명이다. 무로마치 막부 당시에는 오토모씨大友氏가 지배했다.

107 야마구치山口: 일본 혼슈本州 서남쪽에 위치하며, 지금의 야마구치현에 해당한다. 무로마치 막부 당시에는 오우치씨의 영지였다.

108 가서: 원문은 '왕住'이다. 광서 2년본에는 '주住'로 되어 있으나 악록서사 본에 따라 고쳐 번역한다.

109 미나모토 요시나가源義長: 오우치 요시나가大內義長(1532~1557)이다. 지금의 야마구치현에 위치한 스오周防·나가토 양국의 센고쿠 다이묘戰國大名로 서 사실상 오우치 가문 최후의 당주이다. 미나모토는 가마쿠라 막부鎌 倉幕府를 세운 미나모토노 요리토모源賴朝의 가문이다. 일본에서는 자신 의 권위를 내세우기 위해 외교문서에 미나모토 성을 칭하는 경우가 많 았다.

110 자문咨文: 중국 내에서는 일반적으로 동급 기관 사이에 주고받는 문서를 말하지만, 여기에서는 중국 측이 전한 황제의 유지에 대해 오우치 요시 나가가 회답하는 형식의 문서를 가리키는 것으로 보인다.

111 미나모토 요시시게源義鎭: 본명은 오토모 요시시게大友義鎭(1530~1587)로 후 에 오토모 소린大友宗麟으로 개명했다. 센고쿠 시대의 무장으로 오토모 가문의 제21대 당주이다. 해외무역에 따른 경제력과 뛰어난 외교력을 발휘해서 센고쿠 시대 기타큐슈北九州 동부 지역을 평정했다.

112 정순공鄭舜功: 광주부廣州府 신안현新安縣(광동성 심천시深圳市) 사람이다. 일 개 평민으로 호종헌에게 왜구 대책을 진언해서 발탁되어 황제의 유서 를 전하기 위해 일본에 파견되었다. 가정 35년(1556) 중국을 출발해서 약

7개월의 여정을 거쳐 가정 36년(1557) 귀국했다. 그가 저술한 『일본일감 日本一鑑』 9권은 일본의 풍속과 자신의 경험을 기록한 것으로 당시 일본 을 연구하는 데 매우 귀중한 자료를 제공해 주고 있다.

113 원망: 원문은 '원怨'이다. 광서 2년본에는 '다우多尤'로 되어 있으나 『명 사』에 따라 고쳐 번역한다.

114 동향: 원문은 '동군同郡'이다. 두 사람은 모두 안휘성 흡현 출신이다.

115 잠항岑港: 주산도의 서쪽에 위치한 항구이다.

116 지휘指揮: 군대의 관직인 지휘사指揮使를 말한다. 명대에는 내외 위소에 모두 지휘사를 두었다.

117 왕본고王本固: 왕본고(1515~1585)의 자는 자민子民으로 북직예 순덕부順德 府 형태현邢台縣 사람이다. 가정 36년, 절강순안어사로 재임 중 호종헌이 왕직을 비호하고 있다고 탄핵하는 상소를 올렸다. 조정에서는 왕직의 처분을 둘러싸고 의견이 분분했으나 왕직을 처형하는 것으로 결정했 다. 호종헌도 어쩔 수 없이 자신을 보호하기 위해 왕직의 처형을 요청 했다. 왕직 사후 절강 지역에서는 10년간 왜구의 난이 더욱 극성을 부 리게 된다.

118 왕본고가 … 처리하게 했다: 왕본고가 자신을 만나러 온 왕직을 부하 관리를 시켜 체포하게 한 것을 말한다.

119 3군三郡: 절동의 중심지인 영파부·소흥부·태주부를 말한다.

120 가매柯梅: 주산군도에 있는 섬이다.

121 오서浯嶼: 복건성 동남해에 위치한 금문도金門島를 가리킨다. 왕직이 체포 된 후 달아난 일당들은 이곳을 거점으로 해서 복건성 지역을 약탈했다.

122 동안同安·혜안惠安·남안南安: 모두 복건성 천주부에 속한 현이다.

123 복녕주福寧州: 복건성의 지방 행정 기구로 원대에서 청대 1734년에 복녕 부로 변경할 때까지 지속되었다. 복녕주의 중심지는 지금의 하포현霞浦 縣이다.

124 복안福安·영덕寧德: 복녕주에 속한 현이다.

125 흥화興化: 복건성 흥화부이다.

126 장주漳州: 복건성 장주부이다. 수로가 발달해 복건 지역 상업과 시장의 중심지 역할을 했다.

127 이동: 원문은 '이移'이다. 광서 2년본에는 '이以'로 되어 있으나 『명사』에 따라 고쳐 번역한다.

128 평해위平海衛: 복건성 보전현莆田縣 동남 해안에 설치된 위소이다.

129 유대유俞大猷: 유대유(1503~1579)의 자는 지보志輔, 호는 허강虛江이며, 복건성 천주부 사람이다. 유대유는 일생을 왜구 토벌에 힘써 혁혁한 전공을 세웠다. 당시 척계광과 함께 '유룡척호俞龍戚虎'라 불렸다.

130 척계광戚繼光: 척계광(1528~1588)의 자는 원경元敬, 호는 남당南塘이며, 시호는 무의武毅다. 산동성 등주부登州府 사람이다. 가정 34년(1555) 절강도사첨사浙江都司僉事에 임명되어 영파, 소흥, 태주 3군의 방어를 담당했는데, 의용군을 조련해서 '척가군戚家軍'이라는 항왜 주력 부대를 양성했다.

131 유현劉顯: 유현(?~1581)은 강서성 남창부南昌府 사람이다. 가정 34년(1555) 순무 장얼張臬을 따라 의빈宜賓의 묘족 반란을 진압하면서 명성을 날렸다. 이후 척계광·유대유와 함께 왜구를 토벌하는 데 커다란 공을 세웠다.

132 증일본曾一本: 복건성 조안현詔安縣 사람이다. 장주와 조주에서 활동하던 대표적인 해적 중의 한 명이다. 융경 2년(1568)에는 광주를 침범해서 많은 백성을 살상했다. 이듬해 유대유 등의 공격을 받아 대패해서 체포된 후 곧 병사했다.

133 융경隆慶: 명대 제13대 황제 목종穆宗 주재후朱載垕의 연호(1567~1572)이다.

134 갈석碣石: 광동성 해풍현海豊縣에 위치한 위소이다. 홍무 22년(1389) 전국 요충지에 설치된 36개의 위소 중 하나로서 중국 4대 위소 중 하나로 손꼽는다. 갈석위는 평해소平海所, 첩성소捷胜所, 갑자소甲子所를 통괄했다.

135 갑자甲子: 광서 2년본에는 '갑우甲우'로 되어 있으나 『명사』에 따라 고쳐 번역한다. 갈석위에 소속된 갑자소이다.

136 화주현化州縣과 석성현石城縣: 모두 광동성 고주부高州府에 속한 현이다.

137 금낭소錦囊所: 광동성 뇌주부雷州府 금낭현에 위치한 위소이다.

138 신전위神電衛: 광동성 고주부 전백현電白縣에 위치한 위소이다.

139 오천吳川: 광동성 고주부 오천현이다.

140 양강陽江: 광동성 조경부肇慶府 양강현이다.

141 무명茂名: 광동성 고주부 무명현이다.

142 해풍海豊: 광동성 혜주부惠州府 해풍현이다.

143 신녕新寧: 광동성 광주부廣州府 신녕현이다.

144 혜래惠來: 광동성 조주부潮州府 혜래현이다.

145 만력萬曆: 명나라 13대 황제 신종神宗 주익균朱翊鈞의 연호(1573~1620)이다.

146 동고석銅鼓石: 광서 2년본에는 '동고위銅鼓衛'로 되어 있으나 『명사』에 따
라 고쳐 번역한다.

147 전백電白: 광동성 고주부 전백현이다.

148 정해定海: 절강성 주산군도의 중서부에 위치한다.

149 구산韭山: 절강성 영파부에 있는 구산열도韭山列島이다.

150 팽호彭湖: 대만 서쪽에 위치한 도서군島嶼群으로 팽호열도, 팽호군도라고
한다.

151 동용東湧: 복건성 연강현連江縣 동인향東引鄕에 위치하며 마조도馬祖島에
속하는 섬의 하나로서 동인도東引島라고 불리었다.

152 단민蜑民: 광동·광서 지역의 강이나 바다의 배에서 거주하는 수상거민
이다.

153 교묘郊廟: 제왕이 천지에 제사를 지내는 교궁郊宮과 조상에게 제사를 지
내는 종묘宗廟를 말한다.

154 관백關白: 일왕(천황)을 대신해 정무를 총괄하는 관직으로 문신 귀족의
최고위직에 해당한다. 종래 귀족들의 전유물이었으나 도요토미 히데요
시는 무신으로서 처음으로 관백의 지위에 오르게 되었다.

155 야마시로슈山城州: 기내에 있던 옛 국명으로 지금의 교토 남부에 해당한
다. 오다 노부나가는 지금의 아이치현愛知縣 서부에 해당하는 오와리국
출신으로 야마시로슈라고 한 것은 오류이다.

156 노부나가信長: 오다 노부나가織田信長(1534~1582)이다. 센고쿠 시대 말기의
무장으로 오와리국尾張國의 다이묘(영주)이다.

157 관백을 맡았다: 오다 노부나가는 1568년 교토에 입성해서 오랜 전란으로 황폐해진 궁궐을 수리하는 등 조정의 마음을 사로잡으려고 노력했다. 이에 천황은 노부나가와 우호적 관계를 맺기 위해 귀족으로서 최고의 직에 해당하는 관백을 추천한다. 다만, 노부나가는 갑자기 부하의 배신으로 사망함에 따라 관백에는 오르지 못한다.

158 다이라노 히데요시平秀吉: 도요토미 히데요시豊臣秀吉(1537~1598)이다. 히데요시의 본래 성은 기노시타木下였으나 후에 하시바羽柴로 바꾸었는데, 1585년 천황으로부터 관백의 지위와 함께 도요토미豊臣라는 성을 하사받았다. 다이라平는 황족이 신하에게 내린 4개의 성 중 하나로 히데요시는 자신의 권위를 높이기 위해 다이라를 자칭했다.

159 사쓰마슈: 광서 2년본에는 '사마주沙摩洲'로 되어 있는데 이는 사쓰마슈의 오류이다. 사쓰마슈는 규슈 서남부에 위치한 옛 국명으로 지금의 가고시마현에 해당한다. 히데요시는 오와리국 출신이기 때문에 사쓰마슈 사람의 노복이라고 한 것은 오류이다.

160 기노시타 사람(木下人): 히데요시가 나무 아래에서 노부나가를 만난 것에서 성을 기노시타라고 했다는 속설이 있지만, 이는 오류이다. 히데요시는 노부나가를 만나기 전 이마가와今河 가문의 마쓰시다 유키쓰나松下之綱를 섬긴 적이 있는데, 그때 이미 기노시타 도키치로木下藤吉郎라는 이름을 사용하고 있었다.

161 셋쓰攝津: 일본의 옛 지명으로 지금의 오사카 북서부 및 효고현兵庫縣 동남부 일대이다.

162 아기지阿奇支: 일본의 인명을 음역하는 과정에서 잘못 기록해 정확히 어떤 인물인지 확정하기 어렵다. 본문의 내용은 노부나가가 히데요시에게 '주고쿠中國의 용'이라 불리는 모리毛利씨를 공격하게 한 상황을 언급하고 있는 듯하기 때문에 모리씨를 잘못 표기한 것이 아닌가 생각한다. 다만, 아기지阿奇支는 음역으로 아케치あけち로 발음이 나며, 이는 노부나가를 배신해 죽게 만든 부장 아케치 미쓰히데와 발음이 동일한데, 미쓰히데는 노부나가 사망 이후 히데요시에 의해 죽임을 당하기 때문에 정

황상 여기에는 맞지 않는다.

163 아케치明智: 센고쿠 시대 무장으로 오다 노부나가의 가신 아케치 미쓰히
데明智光秀(1528~1582)이다.

164 살해당했다: 당시 노부나가는 혼노지에서 약 1백여 명의 부하만을 이끌
고 있었기 때문에 압도적으로 다수인 미쓰히데군(약 13,000여 명)의 기습을
받아 분전했으나 역부족이었다. 부상을 당한 노부나가는 더 이상 가망
이 없다고 여겨 방으로 들어가 불을 지른 채 할복자살했다고 한다.

165 유키나가行長: 센고쿠 시대 무장으로 도요토미 히데요시의 가신 고니시
유키나가(1558~1600)이다.

166 주살: 원문은 '주誅'이다. 광서 2년본에는 '토討'로 되어 있으나 『명사』에
따라 고쳐 번역한다.

167 노부나가의 셋째 아들: 오다 노부타카織田信孝(1558~1583)이다. 혼노지의
변 이후 히데요시군에 합류해서 명목상 총대장으로서 야마자키 전투에
참가해 아버지의 원수를 갚는 데 성공한다. 이후 히데요시에 대항해 군
사를 일으켰다가 패한 후 자결했다.

168 중국인을: 광서 2년본에는 중국인 앞에 '즉용卽用' 자가 있으나 『명사』에
따라 고쳐 번역한다.

169 정형鄭迵: 일본명은 자나 리잔謝名利山 또는 자나 우에카타謝名親方(1549~1611)
이다. 복건에서 류큐로 이민 온 가문의 출신으로, 류큐 왕부의 삼사관
三司官(국왕을 도와 국정을 보좌하는 관직) 중 하나였다. 정형은 대일본 외교에서
강경한 자세를 취해 1609년 사쓰마번薩摩藩의 시마즈씨가 침입했을 때
끝까지 저항하다가 국왕 쇼네이尙寧와 함께 사쓰마에 끌려갔다. 그는
시마즈씨에 충성을 강요당했으나 거부했기 때문에 1611년 처형되었다.

170 아들: 도요토미 쓰루마쓰豊臣鶴松를 가리킨다.

171 첩으로 삼았는데: 히데요시는 분고의 도주 오우치씨의 아내를 첩으로
삼은 적이 없다. 당시 히데요시는 아자이 나가마사淺井長政의 딸 요도기
미淀君를 첩으로 맞이했는데, 이 일을 말하는 것으로 추정된다. 히데요시
는 요도기미와의 사이에서 후계자 도요토미 히데요리豊臣秀賴를 낳는다.

172 중국: 원문은 '대당大唐'이다.

173 가토 기요마사加藤清正: 가토 기요마사(1562~1611)는 오와리국 사람으로 히
     데요시와는 동향(일설에는 먼 친척 간이라고도 한다) 출신이다. 1588년 히고한
     국肥後半國의 영주가 되어 조선 침략의 선봉장 역할을 했다.

174 소 요시토모宗義智: 요시토모(1568~1615)는 쓰시마섬 영주 소씨의 20대 당
     주이며, 쓰시마섬 후추번府中藩의 초대 번주이다. 1587년 5월 히데요시
     의 규슈 정벌이 시작되자, 히데요시를 따랐기 때문에 쓰시마국을 영지
     로 하사받았다.

175 부산釜山: 광서 2년본에는 '금산金山'으로 되어 있으나 『명사』에 따라 고
     쳐 번역한다.

176 왕도王都: 원문은 '왕경王京'이다. 한성漢城(서울)을 가리킨다.

177 이연李昖: 조선의 제14대 왕 선조(재위 1567~1608)이다.

178 조승훈祖承訓: 자는 위적偉績, 호는 쌍천雙泉이다. 임진왜란 때 조선 구원
     군의 장수로 최초로 참전했다.

179 송응창宋應昌: 송응창(1536~1606)의 자는 사문思文, 호는 동강桐崗이다. 항주
     인화현仁和縣 출신이다. 임진왜란 당시 병부우시랑으로 만력 20년(1592)
     8월, 경략비왜군무經略備倭軍務에 임명되어 제독 이여송과 함께 48,000 병
     력의 2차 원군 총사령관으로 참전하였고, 보급 등의 군무를 총괄했다.

180 경략사經略使: 명청 시대 변경에 중요한 군사적 임무가 있을 때는 특별
     히 '경략사'를 설치해 군대를 통솔하게 했다. 경략사의 지위는 총독보다
     높았다.

181 이여송李如松: 이여송(1549~1598)의 자는 자무子茂, 시호는 충열忠烈이다. 요
     녕성 철령鐵嶺 사람으로 요동총병관 이성량李成梁의 아들이다. 임진왜란
     이 발발하자 방해어왜총병관防海禦倭總兵官으로 원군을 이끌고 참전했다.

182 영하寧夏의 반란: 1592년 영하에서 몽골의 장군 보바이가 일으킨 반란
     이다. 명나라 말 귀주에서 일어난 양응룡楊應龍의 반란과 조선의 임진왜
     란과 함께 만력 3대정大征으로 불린다.

183 석성石星: 석성(?~1599)의 자는 공진拱辰, 호는 동천東泉이다. 북직에 동명

현東明縣 사람이다. 임진왜란이 일어나자 심유경을 파견해 교섭으로 시간을 벌면서 송응창·이여송을 파견해 평양을 회복했다. 그러나 벽제관 전투에서 대패하자 소극적으로 화의를 도모했다. 이후 석성의 주도로 히데요시를 일본 국왕으로 책봉하는 사자가 일본에 파견되었다. 그러나 화의가 결렬되면서 1597년 정유재란이 일어나자 교섭 실패의 책임을 지고 파면되어 투옥되었다가 옥사했다.

184 심유경沈惟敬: 심유경(?~1597)은 절강성 가흥 사람이다. 임진왜란이 발발하자 적의 사정을 정탐한다는 명목으로 유격장군에 임명되어 요양부총병遼陽副摠兵 조승훈이 이끄는 원군援軍 부대와 함께 조선에 왔다.

185 4개 도: 평안도, 황해도, 강원도, 경기도를 말한다.

186 벽제관碧蹄館: 경기도 고양시 벽제에 있던 조선 시대 역관이다.

187 열도의 본거지: 원문은 '도소島巢'이다.

188 서로: 광서 2년본에는 '위爲'로 되어 있으나 『명사』에 따라 '상相'으로 고쳐 번역한다

189 『무비지武備志』: 명나라 모원의茅元儀(1594~1644)가 역대 군사 관련 서적 2천여 종을 모아 1621년에 편찬한 병법, 무예서이다. 명나라의 내우외환과 군비의 부족을 실감한 모원의가 명나라의 부국강병을 도모하기 위해 집대성했다고 한다. 이 책은 「병결평兵訣評」 18권, 「전략고戰略考」 31권, 「진련제陳練制」 41권, 「군자승軍資乘」 55권, 「점도재占度載」 96권 해서 모두 241권으로 구성되어 있다. 이 책은 명나라의 입장에서 후금과 여진족에 대한 적대감이 컸기 때문에 매우 뛰어난 병법서임에도 불구하고 청나라에서는 금서로 지정되었다.

190 호접진胡蝶陣: 부채를 활용한 진법이다.

191 장사진長蛇陣: 긴 뱀과 같이 한 줄로 길게 늘어선 진법으로 중국 손자의 진법 가운데 하나이다.

192 백각기百脚旗: 백족기百足旗라고도 한다. 많은 다리를 가진 지네를 그린 깃발에서 이름이 붙여졌다.

193 휘날리면: 원문은 '요耀'이다. 광서 2년본에는 '약躍'으로 되어 있으나 악

록서사본에 따라 고쳐 번역한다.

194 당파창鐺鈀鎗: 창의 일종으로 삼지창과 유사하다. 가운데의 긴 날과 양
쪽으로 두 개의 가지가 뻗은 모양을 하고 있다.

195 따돌릴 수 있었다: 원문은 '파罷'이다. 광서 2년본에는 '위爲'로 되어 있으
나 악록서사본에 따라 고쳐 번역한다.

196 위조한 수급: 원문은 '위괵僞馘'이다. 왜구들이 포위를 당하자 포로로 잡
은 중국인의 수급을 왜구의 수급인 것처럼 위장해서 던지고 달아난 것
으로 보인다.

197 장저長沮와 걸닉桀溺: 원문은 '저닉沮溺'이다. 장저와 걸닉은 『논어』「미
자」편에 등장하는 인물로, 혼탁한 세상을 피해 농사를 지으며 사는 은
자隱者이다.

198 투항하게: 원문은 '투投'이다. 광서 2년본에는 '살殺'로 되어 있으나 악록
서사본에 따라 고쳐 번역한다.

199 이봉利蓬: 원문은 '봉蓬'이다. 이봉은 삿자리로 만든 부채모양의 돛으로,
항속을 제고할 때 유리했다.

200 성명: 원문은 '성명姓名'이다. 광서 2년본에는 '성씨姓氏'로 되어 있으나
악록서사본에 따라 고쳐 번역한다.

201 쟁기: 원문은 '여犁'이다. 광서 2년본에는 '니泥'로 되어 있으나 악록서사
본에 따라 고쳐 번역한다.

202 어려웠다: 원문은 '고苦'이다. 광서 2년본에는 '약若'으로 되어 있으나 악
록서사본에 따라 고쳐 번역한다.

203 광선廣船: 주로 광동성 지역에서 건조된 선박을 말한다. 선수가 뾰족하
고 선체가 길며 윗부분은 넓고 아래로 갈수록 좁은 것이 특징이다.

204 복선福船: 주로 복건성 지역에서 건조된 선박을 말한다. 선수가 첨저형
이고 중간부에서 선미는 U자 모양을 이룬 이른바 '첨저원형' 곡선 구조
로 이루어져 있다.

205 절강: 원문은 '절浙'이다. 광서 2년본에는 '해海'로 되어 있으나 악록서사
본에 따라 고쳐 번역한다.

206 맞바람: 원문은 '투풍鬪風'이다.

207 유정섭兪正燮: 유정섭(1775~1840)의 자는 이초理初이며 안휘성 이현黟縣 사람이다. 대표적 저서로 『계사류고癸巳類稿』, 『계사존고癸巳存稿』 등이 있다.

208 마카오: 원문은 '향산香山'이다.

209 말루쿠Maluku: 원문은 '미락거美洛居'이다. 지금의 인도네시아 영내에 있었던 옛 왕국으로 향신료의 생산지로 잘 알려져 있는데, 1605년부터 네덜란드 동인도 회사의 지배를 받았다.

210 클라파Kelapa: 원문은 '갈류파葛留巴'이다. 1602년 네덜란드 동인도 회사가 진출하여 식민지화가 진행되었다.

211 이탈리아인: 만력 10년(1582) 이탈리아인 마테오 리치Matteo Ricci는 마카오에 도착해서 먼저 와 있던 미켈레 루지에리Michele Ruggieri와 함께 중국어와 중국 문화를 연구한 바 있는데, 본문에서 언급하는 이탈리아인은 이들을 가리키는 것으로 추정된다.

212 적감성赤嵌城: 1624년 팽호를 거점으로 명나라와 다투던 네덜란드는 명과 강화를 체결한 후 팽호 경영을 포기하고 그 대신 대만 남부에 상륙해서 상관과 포대를 구축했다. 태강台江 서쪽 해안의 현 안평安平에는 젤란디아성Zeelandia을 축성해서 대만 통치의 중심지로 삼았다. 네덜란드인의 대만 통치는 한족 이민자나 대만 원주민에 대해 차별적인 통치 방식을 채용했기 때문에 불만이 폭발해 1652년 '곽회일 사건郭懷一事件'이 발생했다. 이 사건은 곧 진압되었지만, 네덜란드인은 사건의 재발을 방지하기 위해 새로운 방어 거점으로서 프로방시아성Provintia을 구축했는데, 이 성을 한인들은 적감성, 혹은 홍모성이라고 불렀다. 1661년 네덜란드를 몰아낸 정성공은 이 적감성을 동도승천부東都承天府로 개명했다.

213 안평진安平鎭이 바로 이것이다: 안평진은 네덜란드가 처음 축성한 젤란디아성을 정성공이 안평진으로 개칭한 것으로 여기에서 적감성을 안평진이라고 한 것은 오류이다.

214 프레드릭 코엣Fredrik Coyet: 원문은 '규일揆一'이다. 코엣(1615~1687)은 스웨덴 귀족으로 일본 데지마섬出島의 네덜란드 상관장을 2차례나 역임했

다. 코엣은 네덜란드 동인도 회사의 마지막 대만 행정 장관으로서 저명하다. 정성공 세력의 위험성을 지속적으로 제기해서 젤란디아성의 방비를 강화할 것을 제기했지만, 받아들여지지 않았다.

215 왕: 원문은 '왕王'이다. 프레드릭 코엣의 정식 직함은 네덜란드령 동인도 회사의 행정 장관이다.

216 정지룡鄭芝龍: 정지룡(1604~1661)의 자는 비황飛黃, 또는 비홍飛虹이며 복건성 남안시南安市 사람이다. 일본의 히젠국 히라도섬(현 나가사키현 히라도시 히라도섬)에 살면서 히라도번의 무사 다가와 시치자에몬田川七左衛門의 딸 마쓰マツ와 결혼해서 아들 정성공을 낳았다. 1624년 활동 거점을 일본에서 대만의 분항笨港(현 북항 부근)으로 옮겼다. 네덜란드가 대만 남부에 거점을 확보하자 중국대륙으로 건너와 복건성 주변에서 강한 세력을 지닌 무장 상단으로 활약했으며, 네덜란드와의 국제무역으로 거대한 부를 축적했다. 1644년 명나라 유신들이 복주에서 황족 주율건朱聿鍵을 옹립해 융무제로 추대하는 데 큰 힘이 되었으며, 해상 세력을 기반으로 반청 활동에 참여했으나, 1644년 복주가 함락되자 이듬해 청조에 투항했다.

217 정성공鄭成功: 정성공(1624~1662)의 자는 명엄明儼이며, 본명은 삼森, 일본 이름은 후쿠마쓰福松이다. 아버지 정지룡과 함께 융무제를 알현해서 명나라의 국성인 주朱 성과 성공成功이라는 이름을 하사받아 국성야國姓爺라는 별칭으로도 유명하다(황제가 하사한 '주' 성은 감히 사용하지 못하고 이름만 사용했다고 한다). 아버지 정지룡이 청조에 회유되어 투항했으나 정성공은 10개의 무역 회사를 차려 비단과 설탕 등을 무역하면서 반청 활동에 종사했다. 청조가 정성공 세력을 약화시키기 위해 1656년 해금령을 강화하고 1661년에는 연해의 주민을 내지로 강제 이주시키는 천계령을 반포하자 대만에 있던 네덜란드 세력을 몰아내고 새로운 거점을 확보했다. 이후 정성공은 대륙 수복을 꿈꾸며 군대를 정비하고 행정 조직을 정비하는 등 노력했지만, 이듬해 병사했다. 오늘날 정성공은 대만을 개발한 시조로 추앙받고 있다.

218 정극상鄭克塽: 정극상(1670~1707)은 정성공의 아들인 정경鄭經의 둘째 아들로서, 12세의 나이에 정씨 왕국의 3대 국왕에 즉위했다. 어린 나이로 인해 실권은 장인인 풍석범馮錫範이 장악했는데, 풍석범은 청조와의 전쟁에 대비한다는 명목으로 세금을 크게 올려 백성들의 원망이 자자했다. 1683년 청조의 수사제독水師提督 시랑施琅이 대만을 공격하자 팽호에서 유국헌劉國軒을 보내 맞서 싸우게 했으나 대패한 이래 결국 정극상은 청조에 항복했다.

219 시랑施琅: 시랑(1621~1696)은 복건성 사람이다. 정지룡의 부하였다가 1646년 정지룡과 함께 청조에 투항했다. 1662년 수사제독이 되어 정경을 상대해서 해징海澄을 공략하는 정경군을 격파했다. 1681년 정경이 사망하자 복건수사제독으로 대만 침공의 책임자로 천거되었다. 1683년 팽호대전에서 정씨 왕국의 유국헌을 맞아 크게 격파하고 정극상에게 투항을 권유해서 마침내 대만을 평정했다. 시랑은 그 공로를 인정받아 정해후靖海侯에 책봉되었다.

220 동북 45도: 원문은 '간방艮方'이다. 간방은 이십사방위二十四方位의 하나로서, 정동正東과 정북正北의 한가운데를 중심으로 하여 45도 안의 방위를 가리킨다.

221 북동쪽: 원문은 '인갑묘동방寅甲卯東方'이다. 인갑묘는 방위상 동쪽에서 15도 정도 북쪽으로 치우친 것을 가리킨다.

222 중국과 … 섬 하나이다: 에도 시대 일본은 비록 '쇄국'이라는 용어는 사용하지 않았지만, 일본인 및 일본 선박의 해외 도항을 금지하고 해외무역을 통제했다. 다만, 조선과 류큐(오키나와)와는 통상뿐만이 아니라 정식으로 외교 관계를 체결해 선린 우호 관계를 유지해 왔으며, 네덜란드와 중국(청나라)과는 나가사키에 무역항을 열고 활발하게 교역을 했다.

223 미야코都: 원문은 '미야곡彌耶穀'으로, 도읍지를 의미하는 일본어 미야코みやこ를 음역한 것이다. 지금의 교토를 가리킨다.

224 상장군上將軍: 가마쿠라鎌倉 시대에서 에도 시대에 걸쳐 막부의 최고 통치자로서 정식 명칭은 세이타이쇼군征夷大將軍(정이대장군)으로 일반적으

로 쇼군(장군)이라고 불린다. 가마쿠라 막부를 세운 미나모토노 요시토모(1123~1160)는 최초의 쇼군이다. 이후 쇼군 칭호는 미나모토가의 후손만이 부여받을 수 있었다. 쇼군은 일반적으로 구보사마公方樣, 고쇼사마御所樣, 우에사마上樣 등으로 불렸으며, 외교적으로는 '일본 국왕', '일본국 대군'이라고 칭한 경우도 있다.

225 향보鄕保: 명청 시대 지방의 말단 관리로서 아전이다. 현관의 임명을 받아 정령政令을 전달하거나 분규를 조절하는 등의 직무를 담당했다.

226 다다미: 원문은 '답답면毯踏楯'으로, 답답면蹋踏眠이라고도 한다. 『해국문견록』에 따르면 부자들이 사용하는 솜으로 만든 방석과 가난한 사람들이 사용하는 지푸라기로 만든 방석을 답답면이라고 하는데 이는 다다미의 음역으로 보인다.

227 속옷: 원문은 '고褌'이다. 고의 의미는 바지이나, 여기에서는 기모노 안에 입는 이른바 '훈도시褌'를 가리키는 것으로 보인다.

228 서복徐福: 사마천司馬遷의 『사기史記』에 따르면 기원전 220년 서복이란 인물은 진시황제의 명을 받고 불로불사약을 구하러 동쪽 바다로 떠난다. 서복은 3천 명의 어린 남녀를 데리고 오랜 항해 끝에 어딘가의 섬에 도착하는데, 그가 도착한 곳이 어디인지는 명확하지 않지만, 일본에는 그의 자손이 진秦(일본명은 하타)이라고 하는 전설을 비롯해 다수의 이야기가 전해지고 있다.

229 웅지산熊指山: 서복이 거주했다고 전해지는 기이반도紀伊半島(긴키近畿 지방 남부에 위치한 일본 최대의 반도)의 구마노熊野 지역을 가리킨다.

230 공물을 바치면: 쓰시마는 척박한 환경으로 인해 조선과 무역을 하지 않으면 살 수 없는 환경이었기 때문에 조선과의 무역을 중시했다. 그러나 조선이 공물을 바쳤다는 것은 적합한 표현이 아니다.

231 사쓰마: 원문은 '살사마薩峒馬'이다. 광서 2년본에는 '살동마薩峒馬'로 되어 있으나 악록서사본에 따라 고쳐 번역한다. 가고시마鹿兒島의 옛 명칭으로, 현재는 사쓰마薩摩로 표기한다. 이하 같다.

232 보타普陀: 절강성 주산시舟山市 보타현이다.

233 와: 원문은 '여輿'이다. 광서 2년본에는 '우구'로 되어 있으나 악록서사본에 따라 고쳐 번역한다.

234 오도문五島門: 나루섬 부근의 수로이다.

235 천당문天堂門: 고시키해협甑海峽이다.

236 용·연향龍涎香: 향유고래의 분비물로 만든 향료이다.

237 해초: 원문은 '가소佳蔬'이다. 본래 신선한 채소를 가리키나 바다에서 산출하는 것이므로 해초라고 했다.

238 영가永嘉: 절강성 온주부 영가현이다. 명나라는 온주부 영파에 시박사를 설치하고 일본과의 조공무역을 담당하게 했는데, 여기에서 영가는 영파의 오류로 추정된다.

239 수염을 깎고 이마를 삭발: 원문은 '곤수이체정髡鬚而薙頂'이다. 일본 남성의 독특한 헤어스타일인 존마게丁髷를 가리킨다. 존마게는 앞이마를 밀고서 남은 머리를 묶어 뒤로 눕혀 묶는 것을 말한다.

240 계룡산雞籠山: 대만 동북부에 위치한 기륭산基隆山을 가리킨다. 행정 구역상으로 지금의 신북시新北市 서방구瑞芳區에 속한다. 해발 588m로 기륭산은 초기 항해하는 데 중요한 지표가 되었다. 바다에서 정면에서 보면 산의 형태가 닭과 용의 모양처럼 보인다고 해서 계룡산이라고도 불리었다.

241 천당天堂: 지금의 구마모토현熊本縣 서부에 위치한 아마쿠사天草를 가리킨다. 아마쿠사는 에도 시대 초기 천주교도들의 반란이 일어났던 곳으로, 천주교인들이 많이 거주해서 천당으로 불리었다.

242 동남쪽: 원문은 '을방乙方'으로, 4시 방향이다.

243 주잔 왕국中山王國: 지금의 오키나와沖繩 나하시那覇市를 중심으로 존재하던 왕국이다. 류큐 왕국은 14세기 이전 남부의 산난山南·중부의 주잔中山·북부의 산호쿠山北로 나뉘어 있었는데, 1429년 주잔 왕 쇼하시尙巴志가 세 왕국을 통일한 후에 주잔 왕국은 류큐 왕국의 정식 국호가 되었다.

244 미려尾閭: 고대 전설에 따르면 동쪽 바다 한가운데 있어 모든 바닷물을 빨아들인다는 거대한 골짜기를 의미하는데, 현재는 일반적으로 강의

하류를 가리키는 말로 사용되고 있다.

245 페르디난트 페르비스트Ferdinand Verbiest: 원문은 '남회인南懷仁'이다.

246 총왕總王: 일본 천황을 가리킨다.

247 강신强臣: 무사들의 최고 통치자인 세이타이쇼군을 가리킨다.

248 잠자리국: 원문은 '청정국蜻蜓國'이다. 일본에서는 예전부터 잠자리(トン
ボ)를 아키쓰(秋津, アキツ, アキズ)라고 불렀기 때문에 일본의 국토를 가리
켜 아키쓰섬秋津島이라고도 했다. 『일본서기』에 따르면 진무천황(전설상
의 일본 초대 천황)이 산 정상에서 국토를 내려다보고 잠자리(アキツ)가 교미
하는 듯한 형상이라고 말했다고 한 것에서 잠자리국이라는 이름을 붙
이게 되었다고 한다.

249 미나모토源: 광서 2년본에는 '원原'으로 되어 있으나 역사적 사실에 따라
원源으로 고쳐 번역한다.

250 조넨奝然: 조넨(938~1016)은 헤이안平安 시대 중기 사람으로, 나라奈良에 있
는 도다이지東大寺의 승려였다. 983년 송나라에 유학해서 태종으로부
터 법제대사法濟大師의 칭호를 받았다. 천태산天台山과 오대산五臺山을 순
례하고 986년 석가여래상과 대장경 등을 가지고 귀국했다. 조넨이 태
종을 알현할 때 바친 물품 중에 『왕연대기王年代記』라는 서책이 『송사』
「일본전」에 수록되어 있다. 이 서책은 산일되어 현존하지 않는 『일본
서기』 왕실 계보의 흔적을 전해 주고 있다.

251 안토쿠천황安德天皇: 일본의 제81대 천황으로 휘는 도키히토言仁(재위
1180~1185)이다. 1183년 미나모토노 요시나카源義仲가 교토로 진격해 오
자 삼종신기(청동거울·벽옥·검)를 지니고 다이라씨平氏와 함께 피신했다. 이
후 1185년 단노우라전투壇ノ浦の戰い에서 다이라씨가 패전하면서 안토쿠
천황도 바다에 몸을 던져 자살했다. 당시 나이 8세였다.

252 지쇼治承: 일본 천황의 연호(1177~1181)이다. 이 시대의 천황은 다카쿠라
천황高倉天皇과 안토쿠천황이다.

253 가메야마인천황龜山院天皇: 일본의 제90대 가메야마천황龜山天皇(재위
1260~1274)으로 휘는 쓰네히토恒仁이다. 1274년 아들 고우다천황後宇多天皇

에게 양위하고 상황上皇으로서 원정院政을 시작했다.

254 분에이文永: 일본 천황의 연호(1264~1274)이다. 이 시대의 천황은 가메야마천황과 고우다천황이다.

255 이언공李言恭: 이언공(1541~1599)의 자는 유인惟寅, 호는 청련거사靑蓮居士이며, 남직예(현 강소성) 봉양부鳳陽府 우이현盱眙縣 사람이다. 명나라 개국공신 이문충李文忠의 8대손으로 만력 3년(1575) 임회후臨淮侯의 작위를 세습했다.

256 『일본고日本考』: 만력 연간 이언공과 학걸郝傑(1530~1600)이 편찬한 서적이며 명대 일본에 관한 전문 연구 서적으로 매우 중요한 평가를 받고 있다. 전부 5권으로 구성되어 일본의 지도, 연혁 등 일본국의 정황과 일본어, 가요 등을 다양하게 소개하고 있다.

257 국왕은 왕을 성으로 삼았으며: 원문은 '국왕이왕위성國王以王爲姓'이다. 일본의 천황은 천손 의식을 가지고 있기 때문에 인간의 성을 쓰지 않고 이름만 사용한다. 따라서 천황위 자체를 성으로 사용했다는 의미로 추정된다.

258 대방군帶方郡: 후한 말기인 204년 낙랑군을 둘로 나누어 남반부를 대방군으로 했다. 군치는 황해도 사리원 부근이라는 설이 유력하다.

259 12,000리: 후한 시대 1리는 약 410m였는데, 여기에서 단순하게 거리를 계산하는 것은 그다지 의미는 없을 것이다.

260 낙랑군樂浪郡: 한 무제가 기원전 108년 한반도에 설치한 한사군의 하나로 군치郡治에 대해서는 여러 의견이 있으나 평양平壤 부근이라는 설이 유력하다.

261 회계會稽: 중국 고대 군郡의 명칭이다. 후한 시대 군치는 절강성 소흥현紹興縣에 있었다.

262 담이儋耳: 한나라 시대에는 지금의 해남도海南島 북부를 가리킨다.

263 숭덕崇德: 청나라 제2대 황제 태종太宗 애신각라황태극愛新覺羅皇太極의 치세에 사용된 연호(1636~1643)이다.

264 도주島主: 쓰시마번의 제2대 도주 소 요시나리宗義成(1604~1657)를 가리킨다.

265 시마오곤노스케嶋雄権之助: 원문은 '평지련平智連'이다. 그는 왜관 업무를 총괄하기 위해 파견된 관수館守이다.

266 아리타 모쿠베有田杢兵衛: 원문은 '등지승滕智繩'이다. 그는 왜관 업무를 위해 파견된 사절이다.

267 대군大君: 에도 막부 제3대 쇼군 도쿠가와 이에미쓰德川家光(재위 1623~1651)이다.

268 사쓰마슈薩摩州: 광서 2년본에는 '살마주薩摩洲'로 되어 있으나 지금의 명칭에 따라 고친다. 지금의 가고시마 일대이다.

269 아들: 도쿠가와 이에미쓰의 장남으로 훗날 제4대 쇼군이 되는 도쿠가와 이에쓰나德川家綱(재위 1651~1680)를 가리킨다.

270 소宗: 광서 2년본에는 '종傧'으로 되어 있으나, 지금의 명칭에 따라 고친다.

271 사쓰마薩摩: 광서 2년본에는 '섭마攝摩'로 되어 있으나 지금의 명칭에 따라 고친다.

272 와카사若狹: 지금의 후쿠이현福井縣 일대이다. 광서 2년본에는 '약좌若佐'로 되어 있으나 지금의 명칭에 따라 고친다.

273 하카타博多: 지금의 후쿠오카 일대이다.

274 이즈미슈和泉州: 지금의 오사카 남부 일대이다.

275 살림살이가 부유하고: 원문은 '정식격종鼎食擊鐘'이다. 종을 울려 사람들을 모아서 솥을 늘어놓고 식사를 한다는 것으로 가족이 많은 부유한 살림살이를 의미한다.

276 에이穎娃: 원문은 '앵가리鸚哥里'로, 지금의 가고시마현 남서부 일대이다.

277 기이紀伊: 광서 2년본에는 '이기伊紀'로 되어 있으나 지금의 명칭에 따라 고친다. 기이는 지금의 와카야마현和歌山縣에 해당한다.

278 두타승頭陀僧: 불법을 수행하며 고행하는 승려를 가리킨다.

279 기이紀伊의 … 살육을 일삼았다: 일본에서는 센고쿠 시대까지 절이나 신사 등 종교 단체도 무장을 하고 있었다. 승려는 무기를 들고 공공연히 무도한 행위를 자행했기 때문에 악평이 중국에까지 전해져 일본의 승려는 무장을 하고 살육을 일삼는다고 했다.

280 이즈모出雲: 일본 주고쿠 지역에 위치하며, 지금의 시마네현島根縣 동부에 해당한다.

281 모두 … 복속했다: 당시 일본의 천황은 기내에 있는 야마시로국에 궁궐이 있었기 때문에 야마시로의 군주에 복속하고 있었다고 표현한 것 같다.

282 히고肥後: 지금의 구마모토현에 해당한다.

283 나가토長門: 지금의 야마구치현 서부에 해당한다. 조슈長州라고도 불린다.

284 오금五金: 금金·은銀·동銅·주석(錫)·철鐵 등 다섯 가지 금속을 말한다. 광서 2년본에는 '오색五色'으로 되어 있으나 악록서사본에 따라 고쳐 번역한다.

285 갈라파葛羅巴: 가라호리空堀 항구, 즉 지금의 오사카 항구를 가리키는 것으로 추정된다.

286 묻어 놓고: 원문은 '매埋'이다. 광서 2년본에는 '날捏'로 되어 있으나 악록서사본에 따라 고쳐 번역한다.

287 『만국지리전도집萬國地理全圖集』: 광서 2년본에는 '도圖'가 '국國'으로 되어 있다.

288 중산中山: 일본 열도에서 가장 중심에 위치한 혼슈本州를 가리키는 것으로 추정된다.

289 나라 사람들은 … 변함이 없었다: 폐쇄적 신분사회로 인해 에도 시대 사람들은 개인보다는 가家를 중요시하게 되었다. 따라서 가에서는 가장을 중심으로 한 가업家業의 관념이 강하게 뿌리를 내렸다.

290 오사카大阪: 광서 2년본에는 '대기大技'로 되어 있으나 지금의 명칭에 따라서 고친다.

291 『순향췌필尊鄕贅筆』: 청대 동함董含이 저술한 필기소설집으로 모두 3권으로 구성되어 있다.

292 노감국魯監國: 주이해朱以海를 가리킨다. 숭정崇禎 17년(1644) 이자성에 의해 북경이 함락되고 숭정제가 자살하자 주유숭朱由崧은 홍광제弘光帝로서 즉위해서 남명 정권을 수립하고 주이해를 노왕魯王에 책봉했다. 홍

광 원년(1645) 남경에서 청군에게 패배하자 주이해는 절강 소흥에서 감
국監國을 칭했다. 주이해는 당시 당왕이었던 주율건이 복주에서 융무제
에 즉위하자 황통의 정통을 둘러싸고 대립해서 융무 연호를 사용하지
않고 감국노 원년이라고 했다.

293 완진阮進: 완진(?~1651)의 자는 대횡大橫이고 복건 사람이다. 해적 출신으
로 장명진張名振에게 발탁되어 주이해 노감국을 옹위하고 주산으로 달
아날 때 큰 공을 세워 이후 탕호백蕩胡伯에 봉해졌다. 본문에서 항해할
때는 바로 주산으로 달아날 때를 말하는 것으로 보인다.

294 보타: 원문은 '보타普陀'이다. 광서 2년본에는 '보타補陀'로 되어 있으나
악록서사본에 따라 고쳐 번역한다.

295 교주는 … 박멸했다: 에도 시대 초기 천주교를 탄압하자 천주교 신자들
을 중심으로 해서 일어난 시마바라·아마쿠사의 난島原·天草の亂을 가리
킨다.

296 요도가와강淀川: 원문은 '약다約多'이다. 시가현滋賀縣의 비와호琵琶湖를 수
원으로 해서 교토분지 남부를 서쪽으로 흘러 오사카 평야를 지나 오사
카만으로 흘러 들어간다.

297 덴류강天龍川: 원문은 '등략等略'이다. 나가노현長野縣의 스와호를 수원으로
해서, 이나伊那분지를 남쪽으로 흘러 엔슈나다遠州灘로 흘러 들어간다.

298 아라카와강荒川: 원문은 '아랍亞拉'이다. 관동산지에서 발원해서 사이타
마현埼玉縣 중앙부를 흘러 도쿄만으로 흘러 들어간다.

299 도네강利根川: 원문은 '다내多內'이다. 관동 지방을 북서쪽에서 남동쪽으
로 흐르는 강이다. 군마현群馬縣 북부 단고산丹後山 부근에서 발원해서
관동평야를 관통해서 흐르다 태평양으로 흘러 들어간다.

300 시나노강信濃川: 원문은 '이가伊哥'이다. 일본에서 가장 긴 강이다. 중부
산악 지대를 수원으로 하는 사이가와강犀川과 지쿠마강千曲川 등이 나가
노長野분지에서 합류해서 니가타현新潟縣에 들어와 시나노강이라고 부
른다. 니가타평야를 관통한 후 동해로 들어간다.

301 하치로가타호八郎潟: 원문은 '아의적사疴宜的斯'이다. 아키타현秋田縣 서부

에 있는 호수로 비와호 다음가는 커다란 호수였지만, 현재는 대부분이 간척되어 대규모 기계화 농업이 진행되고 있다.

302 스와호諏訪湖: 원문은 '소말蘇靺'이다. 나가노현 중부에 있는 단층 함몰형 호수로서 덴류강의 발원지이다.

303 가스미가우라호霞ヶ浦: 원문은 '가사미가오랄加斯迷架烏剌'이다. 이바라기 현茨城縣 남동부 도네강 하류에 있는 호수이다. 비와호 다음가는 일본 제2의 큰 호수이다.

304 이나와시로호猪苗代湖: 원문은 '이나파伊那巴'이다. 후쿠시마현福島縣의 거의 중앙에 있는 호수이다.

305 신도神道: 원문은 '신덕新德'이다. 일본의 토속신앙이다.

306 조선: 원문은 '고려高麗'이다.

307 규슈섬: 원문은 '굴허도屈許島'이다.

308 에도江戶: 원문은 '야다也多'이다. 광서 2년본에는 '다多'로 되어 있으나 악록서사본에 따라 고쳐 번역한다. 지금의 도쿄이다. 『지리비고』가 완성되었을 때 에도는 아직 일본의 수도는 아니었다.

309 무사시슈武蔵州: 원문은 '모허부慕許部'이다. 지금의 도쿄 요코하마橫濱 일대이다.

310 홋카이도北海道: 원문은 '야색해도耶索海島'이다.

311 사할린: 원문은 '대랍해도大拉該島'이다. 중국에서는 고혈도庫頁島라고 한다.

312 오가사와라제도小笠原諸島: 원문은 '모녕와이가니도慕寧窩爾加尼島'이다.

313 오가사와라군도小笠原群島: 원문은 '모녕서마慕寧西麻'이다. 영어로 '무닝시마Munin-Sima'는 무인도無人島의 일본어 발음에서 유래한 것이다.

314 이오열도硫黃列島: 원문은 '와이가니각窩爾加尼咯'이다. 광서 2년본에는 '부가니각富加尼咯'으로 되어 있으나 악록서사본에 따라 고쳐 번역한다.

315 동방군도東方群島: 원문은 '동도東島'이다.

316 서방군도西方群島: 원문은 '서도西島'이다.

317 마리아나제도Mariana Islands: 원문은 '마리아납도馬黎亞納島'이다.

318 루손섬: 원문은 '소여송도小呂宋島'이다.

319 스페인: 원문은 '여송呂宋'이다.

320 괌섬Guam Island: 원문은 '광鑛'이다.

321 샌환섬San Juan Island: 원문은 '성약망聖若望'이다.

322 티니언섬Tinian Island: 원문은 '적니안的尼安'이다.

323 사이판섬Saipan Island: 원문은 '새반塞半'이다.

324 아그리한섬Agrihan Island: 원문은 '아기리한亞基利干'이다. 광서 2년본에는
'아기도우亞基到干'로 되어 있으나 악록서사본에 따라 고쳐 번역한다.

325 아슘카오섬Assumpcao Island: 원문은 '아송상亞宋桑'이다.

326 쿠릴열도Kuril Islands: 원문은 '고리리군서古里利群嶼'이다. 일본에서는 치시
마열도千島列島라고 한다. 쿠릴열도는 1945년 얄타협정에 의해 소련(현
러시아)에 양도되었으나 일본은 여전히 자국의 영유권을 주장하고 있다.

327 조선: 원문은 '고려高麗'이다.

328 스페인: 원문은 '시반아是班牙'이다.

329 다이라노 히데요시: 원문은 '평수길平秀吉'이다. 본문에서는 히데요시를
쇼군이라고 칭하고 있으나, 실제로는 미나모토 가문이 아닌 관계로 쇼
군의 칭호를 받지 못했다.

330 처자식을 인질로 남겨 두게 했다: 원문은 '유처나위질留妻拏爲質'이다. 에
도 시대 전국의 다이묘는 교대로 에도(현 도쿄)에 부임해 막부를 보위했
는데, 이를 '산킨코타이參勤交代'라고 한다. 다이묘의 처자를 에도에 상주
하게 한 것에서 이 제도는 각 영주가 막부에 저항하지 못하게 하기 위
한 일종의 인질 제도라고 할 수 있다. 산킨코타이 시행은 도쿠가와 이
에야스 시기부터 시작되므로 도요토미 히데요시 시기의 일은 아니다.

331 회종懷宗: 명나라 마지막 황제 의종毅宗 숭정제崇禎帝(재위 1628~1644)이다.
청나라에서는 의종을 회종으로 추승했다.

332 소주小洲: 에도 막부는 나가사키에 데지마出島라는 부채꼴 모양의 인공
섬을 만들어 놓고 네덜란드 및 중국의 상인은 이곳에서만 통상무역을
할 수 있게 했다. 여기에서 소주는 나가사키의 데지마섬을 가리키는 것
으로 추정된다.

333 도광道光: 청나라 제8대 황제 선종宣宗 애신각라민녕愛新覺羅旻寧의 연호 (1821~1850)이다.

334 미국: 원문은 '화기국花旗國'이다. 중국인은 처음에 미국 성조기의 별 모양을 꽃 모양이라 여겨 성조기를 화기, 미국을 화기국이라고 불렀다.

335 덴마크: 원문은 '대니大尼'이다. 이 외에도 덴마크는 '정말丁抹', '단마이丹麻爾' 등 다양하게 표기되었다.

336 신묘神廟: 신묘는 신화에 등장하는 태양신 아마테라스오미카미天照大神를 비롯해 황족을 모시는 신궁神宮과 일반 신을 모시는 신사神社로 구분되어 있다.

337 어피부魚皮部: 퉁구스계의 민족으로, 주로 러시아의 아무르강에서 1만 명 정도가 거주하고, 중국에도 수천 명이 살고 있다. 중국에서는 혁철족赫哲族으로 부른다.

338 쓰라지마섬連島: 원문은 '연서連嶼'이다.

339 에도만 일각: 원문은 '강호해우江戶海隅'이다. 지금의 도쿄만東京灣이다.

340 나가사키: 원문은 '장기長崎'이다. 광서 2년본에는 '장치長峙'로 되어 있으나 지금의 명칭에 따라 고친다. 이하 동일하다.

341 피장皮匠: 짐승 가죽을 다루어 물건을 만드는 장인으로 천민 취급을 받아 차별을 받았다.

342 복주福州: 복건성 복주는 14세기부터 19세기 말까지 류큐와 중국을 연결하는 거점 도시로 번영했다. 특히 복주시에 류큐관이나 류큐인의 묘지가 있는 것은 역사적으로 류큐와 중국 간의 교류가 긴밀했음을 보여준다.

343 복주福州를 … 조공을 바쳤는데: 류큐는 1609년 사쓰마번의 공격을 받아 패배한 이래 일본과 중국 양국에 조공을 바치게 되었는데, 중국과의 무역에 지장을 초래할 것을 우려한 일본은 류큐에게 일본에 조공하는 것을 숨기게 했다. 따라서 본문에서 "복주를 경유해 교토에 조공을 바쳤다"고 한 것은 오류이다.

344 주최지周崔芝: 실제 이름은 주학지周鶴芝이다. 해적 출신으로 명이 멸망

한 후 남명 왕조인 당왕을 섬겨 수군도독이 되었다. 명나라의 부흥을
도모해 1645년과 1647년 두 차례에 걸쳐 일본에 원병을 요청했으나 실
현되지 않았다. 이후 청나라군에 패해 일본으로 달아났다고 한다.

345 복청福淸: 복건성 복주부 복청현이다.

346 황화관黃華關: 절강성 온주시에 위치한 해관이다.

347 파총把總: 명청 시대 하급 무관의 관직이다.

348 융무제隆武帝: 융무제(재위 1645~1646)는 명 태조 주원장의 9세손으로 1632년
당왕에 봉해졌다. 1645년 청나라 군대가 남경을 함락한 후 정홍규鄭鴻
逵·정지룡·황도주黃道周 등의 추대를 받아 복건성에서 즉위했다.

349 황빈경黃斌卿: 황빈경(?~1649)의 자는 명보明輔이고 명말 청초 복건성 보
전현莆田縣 사람이다. 숭정 말년 주산참장舟山參將에 임명되었다. 홍광弘光
원년 당왕이 복건에서 즉위했는데, 황빈경을 불러 총병관에 임명하고
숙로백肅虜伯에 책봉했다. 황빈경은 융무제를 정통으로 받들었다. 이후
노왕의 군신들과 대립하여 노왕의 신하 장명진 등에 의해 살해되었다.

350 일려一旅: 고대 중국의 군사 제도로 5백 명을 1려라고 했는데, 아주 조금
의 땅이나 사람, 또는 역량을 의미한다.

351 제나라가 위나라를 구하고: 원문은 '제지존위齊之存衛'이다. 주나라 혜왕
17년 북쪽의 융적이 강해져 위나라를 침공하자 위나라에서 제나라에
도움을 요청해 제나라 환공이 존왕양이의 기치를 내걸고 융적을 물리
치고 위나라를 구한 일을 가리킨다.

352 진나라가 초나라를 구한: 원문은 '진지존초秦之存楚'이다. 기원전 506년
오나라가 초나라를 격파하고 도성인 영郢을 침공하자 초나라는 진나라
에게 도움을 요청하니 진나라가 군대를 파견해 초나라의 수도를 되찾
고 나라를 회복하도록 도와준 일을 가리킨다.

353 나가사키: 원문은 '장기長崎'이다. 광서 2년본에는 '장기長琦'로 되어 있는
데 지금의 명칭에 따라 고쳐 번역한다. 이하 동일하다.

354 여황余煌: 여황(1588~1646)의 자는 무정武貞이고 절강성 회계 사람이다. 숭
정 17년(1644) 숭정제가 자살한 이후 노왕은 여황을 병부상서(대사마)에

임명했다. 융무隆武 2년(1646) 6월 청조 군대가 소흥紹興을 압박하여 노왕이 바다로 달아나자 여황은 더 이상 가망이 없다고 보고 성문을 열고 백성들을 피난시킨 후에 자살로 생을 마감했다.

355 오삼계吳三桂: 오삼계(1612~1678)는 명말청초의 장수이다. 명나라 말기 청나라에 투항해서 협력한 공으로 평서왕에 봉해졌다. 이후 삼번의 폐지에 맞서 명나라를 재건한다는 명목으로 반란을 일으켰다.

356 풍경제馮京第: 풍경제(?~1654)는 명말 복사復社의 명사이다. 명말 청조군이 남하해서 남경·항주 등지가 함락되자 절동의 항청 의군에 참가해서 융무제 때 감군어사監軍御史에 임명되었다. 영력永歷 8년(1654) 9월, 청군이 주산을 습격하자 대풍大嵐의 관정산顧頂山에 은닉했다가 부하의 배신으로 체포되어 처형되었다.

357 포서包胥의 고사: 원문은 '포서고사包胥故事'이다. 포서는 춘추 시대 초나라의 대부이다. 초나라 소왕昭王 10년(기원전 506) 오나라가 오자서伍子胥를 등용해서 초나라를 치려고 하자 그는 진秦나라에 가서 구원을 요청했는데, 진나라 조정에서 7일 밤낮을 통곡하여 마침내 진나라의 구원을 받아 초나라를 구할 수 있었다고 한다.

358 가마: 원문은 '남여藍輿'이다. 대나무로 만든 가벼운 가마이다.

359 홍무전洪武錢: 정식 명칭은 '홍무통보洪武通寶'이다. 명 태조 주원장은 명나라를 건국한 후 연호를 홍무라고 정하고 홍무통보를 제작했다.

360 대체로 … 사용했는데: 일본은 에도 막부가 관영통보寬永通寶를 발행할 때까지 중국의 동전을 사용했다. 이 중국의 동전을 일본에서는 도래전渡來錢이라고 불렀다.

361 기축년: 광서 2년본에는 기해년(1659)으로 되어 있으나 역사적 사실에 의거해 고쳐 번역한다.

362 장명진張名振: 장명진(?~1654)은 자가 후복侯服이며, 한족으로 명나라 남직예 응천부 강녕현江寧縣(지금의 강소성 남경시) 사람이다. 홍광弘光 원년(1645)에 복왕福王이 사로잡히자 의병을 모집해 복명復明하려고 했다. 장황언張煌言 등과 함께 감국노왕監國魯王을 옹립하고 후에 복건 금문金門에서 주

산으로 돌아왔다. 후에 주산이 청군에게 함락당하자 다시 노왕을 받들고 정성공에게 갔다. 영력 8년 정성공이 주산을 수복하려 할 때 군중에서 죽었다.

363 10일: 광서 2년본에는 10월로 되어 있으나 『행조록』에 따라 10일로 고쳐 번역한다.

364 비천腰泉: 히젠肥泉으로 추정된다.

365 간에이寬永: 일본 연호의 하나이다. 1624년에서 1645년까지의 기간을 가리킨다. 이 기간 동안 천황은 고미즈노천황後水尾天皇·메이쇼천황明正天皇·고코묘천황後光明天皇이고, 에도 막부 쇼군은 제3대 도쿠가와 이에미쓰이다.

366 모후母后: 고미즈노천황의 뒤를 이어 즉위한 제109대 메이쇼천황으로 추정된다.

367 그 아들: 원문은 '기자其子'이다. 메이쇼천황의 이복 동생인 제110대 고코묘천황으로 추정된다.

368 의명義明: 고코묘천황은 즉위해서 연호를 쇼호正保로 바꾼다. 의명은 쇼호의 오류로 추정된다.

369 법첩法帖: 고금의 명필을 감상하고 본보기로 하기 위해 원본을 베껴서 나무나 돌에 새긴 후 다시 탁본을 떠서 책자로 만든 것이다.

370 회군도會群島: 영국의 탐험가 제임스 쿡James Cook(1728~1779) 선장이 영국 왕립학회Royal Society를 기념해서 Society Islands로 명명한 것인데, 중국어로 사회군도라고 한 것은 오역으로, 정확히 표현하면 학회군도라고 해야 할 것이다. 현재는 프랑스어로 소시에테제도라고 부른다.

371 타히티Tahiti: 원문은 '아타해지阿他害地'이다. 남태평양 프랑스령 폴리네시아에 속한 소시에테제도에서 가장 큰 섬이다.

372 예배당: 원문은 '학관學官'이다. 학관은 본래 서당을 의미하지만, 여기에서는 종교와 관련이 있는 건물로 보인다.

373 하와이Hawaii: 원문은 '아왜희阿歪希'이다.

374 가경嘉慶: 청나라 제7대 황제 인종仁宗 애신각라옹염愛新覺羅顒琰의 연호

(1796~1820)이다.

375 캐롤라인제도Caroline Islands: 원문은 '가라림加羅林'이다. 서태평양에 위치
한 제도로, 널리 흩어져 있는 5백여 개의 작은 산호섬으로 구성되어 있
다. 1526년 스페인의 탐험가가 이 섬을 발견했으며 섬 이름은 발견 당
시 스페인 국왕(카를로스 2세)의 이름을 따서 붙여졌다.

376 적군도賊群島: 마리아나제도로, '적賊' 자는 마젤란 등이 그 지역 사람들
을 비하해서 표현한 단어이다.

377 마르키즈제도Îles Marquises: 원문은 '마이기살군도馬耳其殺群島'이다.

378 티에라델푸에고제도Archipiélago de Tierra del Fuego: 원문은 '철이섭리鐵耳聶離'
이다. 남아메리카대륙 남쪽 끝에 있는 제도이다. 티에라델푸에고는 스
페인어로 불의 섬이란 뜻으로 중국어로는 화지도火地島라고 한다.

379 살펴보건대 … 뿐이다: 이상은 서계여의 안按이다.

380 클라파: 원문은 '갈라파葛羅巴'이다.

381 칠곤七鯤: 대만의 별칭이다. 본래 대만 대남시 남해는 남쪽에서 북쪽으
로 7개의 섬이 줄줄이 늘어서 있어 이를 칠곤신七鯤身이라고 불렀다.

382 주애珠崖: 해남도 주애주珠崖州이다.

383 동도주東道主: 지나가는 길손을 대접하는 주인을 의미한다.

384 삼한三韓: 한반도 남부에 위치한 옛 나라로 마한·진한·변한을 가리킨다.

385 야마토大和: 광서 2년본에는 '태화太和'로 되어 있으나 실제 지명에 의거
해서 고쳐 번역한다. 이하 동일하다.

386 호쿠리쿠도北陸道: 홋카이도를 가리킨다.

387 이키섬壹岐島: 원문은 '이기伊岐'이다.

388 다네가섬種子島: 원문은 '다예多襧'이다.

389 아메노미나카누시天御中主: 『고사기古事記』에 따르면 천지만물을 만들고
기르는 것을 담당하는 세 신 가운데 하나로 천지가 개벽할 때 고천원高
天原(다카마노하라)에 나타나 하늘의 중앙에 앉아 우주를 주재했다고 하는
신이다.

390 쓰쿠시築紫: 규슈섬의 옛 명칭이다.

391 히무카이궁日向宮: 광서 2년본에는 '궁宮'으로 되어 있으나 악록서사본에 따라 고쳐 번역한다.

392 천재운존天材雲尊: 광서 2년본에는 '대재운존大材雲尊'으로 되어 있으나 악록서사본에 따라 고쳐 번역한다.

393 23대: 광서 2년본에는 32대로 되어 있으나 악록서사본에 따라 고쳐 번역한다.

394 히코나기사미코토彦瀲尊: 『고사기』에는 아마쓰히코히코나기사타케우가야후키아에즈노미코토天津日高日子波限建鵜草葺不合命, 『일본서기』에는 히코나기사타케우가야후키아에즈노미코토彦波瀲武鸕鷀草葺不合尊로 표기하고 있다.

395 진무천황神武天皇: 태양신 아마테라스오미카미의 후손인 이와레히코노미코토伊波礼琵古命가 호족들과의 힘든 싸움 끝에 마침내 야마토에 가시하라궁을 세우고 즉위하니 바로 진무천황이다. 이후 일본 황실은 천신의 자손이라는 이른바 '천손설天孫說'이라는 관념이 창출되었다.

396 야마토슈大和州: 광서 2년본에는 '태화주太和州'로 되어 있으나 실제 지명에 따라 고쳐 번역한다.

397 가시하라궁橿原宮: 광서 2년본에는 '강원궁强元宮'으로 되어 있으나 실제 지명에 따라 고쳐 번역한다.

398 엔유천황円融天皇: 원문은 '수평천황守平天皇'이다. 수평, 즉 모리히라는 엔유천황(재위 969~984)의 휘이다.

399 정관貞觀: 당나라 제2대 황제 태종 이세민의 연호(627~649)이다.

400 미야우라宮浦: 광서 2년본에는 '용포容浦'로 되어 있으나 실제 지명에 따라 고쳐 번역한다. 히라도섬 북부에 위치한다.

401 봉래蓬萊: 광서 2년본에는 '봉구蓬邱'로 되어 있으나 문맥상 고쳐 번역한다.

402 주인: 진시황제를 가리킨다. 도사 서복이 삼신산을 꾸며대서 진시황제를 속였다는 것이다.

403 이주夷洲: 옛 지명으로 지금의 대만을 가리킨다.

404 단주澶洲: 필리핀의 루손섬을 가리킨다. 단주라는 명칭은 이 섬의 북부 서

쪽 해안의 라오아그Loaog 부근의 Tamdagan을 생략해서 음역한 것이다.

405 서복: 원문은 '군방君房'이다. 군방은 서복의 자이다.

406 초거軺車: 말 한 마리가 끄는 작은 수레로, 사신의 명을 받든 자나 급한 명을 전달하는 자가 타는 수레를 말한다.

407 동북: 광서 2년본에는 '서북'으로 되어 있으나 실제 위치에 따라 고쳐 번역한다.

부록
동남양 각 섬 형세 상

—

『명사』에 다음 기록이 있다.

빈동룡국賓童龍國[1]은 참파국[2]과 접해 있으며 기후와 풍토는 대체로 참파국과 유사하다. 꼰선섬Dao Côn Sơn[3]이 대양 가운데 우뚝 솟아올라 참파국·아우르섬Pulau Aur[4]과는 솥의 세 발처럼 서로 마주 보고 있다. 그 섬은 사방이 넓고 높으며, 그 바다를 곤륜양崑崙洋[5]이라고 한다. 서양으로 가는 경우[6]에는 반드시 순풍을 기다려서 7일 밤낮을 가야 비로소 지날 수 있다. 따라서 뱃사람들은 자주 말하길 "상행에는 칠주七洲[7]가 두렵고 하행에는 곤륜崑崙이 두려우니 나침반이 흔들려 배의 키를 조종할 수 없어 사람도 배도 살아남을 수 없다"[8]라고 한다. 이 산에는 특별한 산물은 없다. 사람들은 모두 동굴에 모여 살고 나무 열매와 물고기를 먹으며, 집에는 우물이나 부엌이 없다.

살펴보건대 빈동룡국은 참파국 해안에 있는 나라이고 곤륜도는 그 남쪽 바다에 있어 지형이 서로 연결되어 있지 않다. 대곤륜·소곤륜[9]은 바로 동서축산이다. 『송사』에 따르면 "천축·주련국注輦國[10]이 조공을 바쳤는데, 2백여 일을 밤낮으로 가야 스리비자야국Srivijaya[11]에 이르고, 또한 18일을 밤낮으로 가서 만산수구蠻山水口[12]를 지나 천축산을 경유해서 빈두랑산賓頭狼山[13]에 이르며, 다시 20일을 밤낮으로 가야 광주에 도착한다"라고 되어 있다. 『명사』는 왕기王圻『속통고續通考』의 오류를 답습해 곤륜·축산을 나누어 두 개라고 했으니 첫째 오류이다. 또한 확실히 알지도 못하면서 동서축산을 유불국柔佛國이라고 한 것이 두 번째 오류이다. 즉, 유불이 불국이고 축산이 천축이 되기 때문에 그 맞은편 해안에 있는 빈동룡은 바로 사위성舍衛城[14]이 된다. 그렇다면 불국 가까이에 참파국이 있다는 것은 로마가 장안 근처에 있다는 것이요, 곤륜의 도서에 황하의 근원이 있다는 것이니 오류가 심하다.

『해국문견록』에 다음 기록이 있다.

곤륜도는 칠주양七洲洋[15]의 남쪽으로 크고 작은 두 개 산이 우뚝 솟아올라 있는 것으로 대곤륜·소곤륜이라고 한다. 산은 매우 특이하다. 이곳에는 맛있는 과일이 열리고 인적이 없으며, 신룡이 웅크리고 있는 것 같다. 예전 네덜란드가 대만을 상실했을 때는 아직 해금령이 회복되지 않은 데다가, 정성공이 금문金門과 하문 두 개 섬을 평정[16]했기 때문에 네덜란드는 보타를 약탈하고 동상銅像·동종銅鐘을 훼손했다. 만력[17] 연간 사찰의 탈사脫紗 불상[18]이 칼날에도 상처를 낼 수 없자 화포를 쏘아 부수고 안에 있는 금은보화를 약탈했으며, 불상을 보면 내부를 갈라 감춰진 보물을 약탈해 모두 가지고 갔다. 곤륜에 이르러 거주하고자 했으나 신룡과 같이 있는 것이 근심이 되어 화포를 가지고 신룡과 싸워 서로 대치하길 여러 날이었다. 그러다 네덜란드는 마치 미친 듯이 자기들끼리 서로 대적해서 공격해 날로 시체가 쌓여 가자 돛을 올리고 떠났다. 자와에 도착할 즈음에는 배가 부서져 살아남은 자는 겨우 10명 정도였다.

옹정 정미년(1723) 여름, 자와 해수면에 한 중국인[19]이 서 있어 무리가 서로 배를 타고 가서 보니 동종 하나가 떠 있는 것이었다. 윗면에는 보타 백화암白華庵이라고 새겨져 있어 예전 네덜란드가 약탈해 가다 가라앉은 물건이라는 것을 알았다. 절강으로 돌아오는 상선들이 서로 다투어 실으려고 하다 공론으로 제비를 뽑기로 했다. 황언黃彦이라는 자가 제비를 뽑아 동종을 싣고 돌아왔다. 항구에 들어오는 배 중에 오직 이 배가 작고 낡았지만, 순풍을 타고 한 달도 안 되어 남오南澳[20]에 도착하고 후에 방향을 돌려 보타에 이르렀다. 다른 배들은 홍모인들의 습격을 받기도 하고 풍랑에 유실되었으니 부처님의 공력으로 액운을 피한 것이다. 강희 45~46년(1706~1707) 사이에 홍모인들은 다시 곤륜을 도모했으나 감히 산 근처에 거주하지 못하고 바다 쪽에 항구를 세웠다. 곤륜은 4개의 바다가 통하는 곳으로 서로 차지하려고 해서 편안한 날이 없었다. 중국 상선은 또한 대부분 벽돌과 기와를 싣고 가서 홍모인의 물건과 교역했는데, 적은 자본으로 많은 이익을 올렸다. 밤에 사주에서 모여 잠을 자다가 대부분 해안을 어슬렁대는 악어에게 잡아먹혔다. 나무를 베어 목책을 만들고 나서야 비로소 안전해졌다. 밤에 산중에서 돌아가길 재촉하는 듯한 말소리가 들렸다. 홍모인은 물과 토양이 맞지 않아 죽는 자가 많았다. 게다가 꽝남 원주민[21]의 공격으로 거의 다 죽어 버려 그 땅은 텅 비었다.

무릇 곤륜을 지나는 중국 상선은 닭·거위의 털과 게 껍데기를 준비해 갔다. 곤륜양에 도착하면 날씨가 매우 쾌청하다가도 검은 구름 한 점이 나타나 조화를 부려 연기가 되어 꿈틀꿈틀 꼬리를 흔드는데, 그 모습이

마치 강소·절강의 여름날 호수에서 운룡雲龍이 아래에서 일어나 단지 승천하지 못할까 두려워해 광풍을 일으키는 것과 같았다. 다행히 바람을 만나기 전에 잔잔해져서 쥐꼬리 돌풍이라고 했다. 흰 구름은 그 바람이 더욱 심했다. 하루에 2~3차례 혹은 4~5차례 이런 일이 있고, 간혹 이렇지 않은 경우도 있지만 이런 경우는 드물었다. 따라서 새털과 게 껍데기를 태우고 악취를 멀리 퍼트리면 곤륜을 지날 때 아무 일도 없었다.

『해국문견록』에 다음 기록이 있다.

동사군도東沙群島[22]는 남오현[23]의 동남쪽에 있으며 섬이 작고 평평하다. 사면은 모두 암초군[24]으로 이루어져 있으며, 해저에서 자라는 수초는 길이가 1길이 넘는다. 만灣에는 사주가 있어 사면의 물줄기를 빨아들여서[25] 배가 들어갈 수가 없는데, 급류에 휩쓸리면 산호초에 걸려 돌아 나올 수가 없었다. 남오현에서 뱃길로 7경(약 14시간) 떨어진 곳을 예전에는 낙제落漈[26]라고 했다. 북쪽으로 떴다 잠겼다 하는 것은 모두 사은沙垠[27]으로 길이는 약 2백여 리 되며 뱃길로는 3경(약 6시간) 남짓 걸린다. 최북단에 있는 두 개의 섬은 동사상東獅象[28]이라고 하는데, 대만의 사마기沙馬崎[29]와 마주하고 있다. 양측은 바다를 사이로 약 4경(약 8시간) 떨어져 있는데, 이 바다를 사마기두문沙馬崎頭門이라고 한다. 동사군도는 바다에 떠 있는데, 남단의 사은이 광동의 근해까지 이어져[30] 만리장사두萬里長沙頭라고 한다. 그 남쪽으로 장사문長沙門이라고 하는 해역을 사이에 끼고 있다. 또한 남쪽으로 다시 사은이 펼쳐져 해남도 만주萬州[31] 부근까지 이어지니, 만리장사萬里長沙라고 한다. 만리장사의 남쪽으로 다시 암초군이 있으며, 칠주양까지 이어지니 이를 천리석당千里石塘이라고 한다. 장사문은 서북쪽으로는 남오현과, 서남쪽으로는 평해진平海鎭의 대성산大星山[32]과 솥의 세 발처럼 서로 마주하고 있다. 장사문은 남북으로 약 5경(약 10시간) 정도 떨어져 있는데 동남아시아·루손·브루나이³³·술루국³⁴ 등의 나라로 가는 광주의 서양 상선³⁵은 모두 장사문을 통해 출항했다. 북풍의 경우에는 남오현을 표지로 삼고 남풍의 경우에는 대성산을 표지로 삼아 항해했다. 다만 강소·절강·복건성에서 동남아시아로 가는 경우에는 대만의 사마기두문을 지나서 루손 등 여러 나라에 도착했다. 서양의 갑판선甲板船은 곤륜·칠주양 동쪽·만리장사 밖으로 해서 사마기두문을 지나 복건·절강·일본에 도착하니 활시위를 당기듯 바다를 가로질렀다. 중국에서 남양으로 가는 경우에는 만리장사 바깥쪽으로는 망망대해라 표지로 삼을 만한 것이 없기 때문에 모두 만리장사 안쪽의 월양粤洋³⁶을 따라서 칠주양에 이르렀다. 이역시 산천 지맥이 이어지는 형세로 망망대해 속에서 섬나라를 경계로 삼았다. 만리장사에는 바닷새가 있어 크기가 다양했는데 사람을 본 적이 드물었는지 배를 보자 날아와 머물렀다. 사람이 잡으려고 해도 무서움을 몰라 그 등을 치니 어류를 게워 내 국거리로 삼았다.

병오년(1726) 내가 대만에 부임했을 때 복건 선박이 팽호 남쪽 큰 섬에서 폭풍을 만나 돛대가 부러진 채 만리장사에 표류한 일이 있었다. 20명의 사람이 한두 개 널빤지로 만든 작은 배에 이불로 만든 돛을 달고 대만으로 돌아왔으나 5명은 굶어 죽었다. 내가 어느 곳에서 배가 부서졌는지물어보자 저들은 단지 만리장사에서라고만 할 뿐 구체적인 지명은 알지못했다. 또한 말하길 "조수가 세차게 들이닥쳐 벗어날 수가 없었습니다"라고 했다. 이에 내가 말했다.

"그곳은 만리장사의 머리일 것이다. 예전에도 한 선박이 파손된 적이있었지. 조수가 비록 세차게 들어왔더라도 너희들이 가령 남풍을 타고만조기滿潮期에 노를 저었다면 다시는 돌아오지 못했을 것이다. 대양의 해수는 만리장사로써 양쪽을 구분하는데, 간조 만조에 따라서 끊어졌다 이어졌다 한다. 만리장사의 남쪽과 북쪽 끝은 밀물과 썰물이 만리장사의 머리에 이르면 사면에서 해수가 합류하여 밖으로 나아가면서 안으로 물러나고, 밖으로 물러나면서 안으로 나아간다. 그러니 반드시 만리장사를 따라서 순차적으로 위로 올라가 끊어졌다 이어지는 머리까지 배를 저어 가서 썰물을 끼고 남풍을 타서 동쪽을 향하는 해류가 다하면 남쪽으로 내려와야 한다. 비록 북상해서 목숨을 구하고자 하지만 남쪽으로 내려오는 것이 바로 살길이다. 왜 그런가? 남풍에 조수가 물러나는 틈을 타야 바야흐로 급류를 벗어날 수 있기 때문이다. 비록 급류에 휘말린 것 같지만, 대해로 돌아가는 것이다. 안쪽의 급류에 휘말리지 않아야 비로소 남풍을 타고 돌아갈 수 있는 것이다."

뱃사람들이 나의 말을 듣고는 놀라 소리쳤다.

"혹시 일찍이 이곳에 가 본 적이 있습니까? 그렇지 않으면 어떻게 마치 눈으로 본 것처럼 상세하게 알고 있습니까? 부서진 배는 아직 흩날리는 모래에 파묻혀 있습니다. 굶주림에 바닷새를 잡아먹고, 갈증에는 그 피를 마셨습니다. 만조를 타고 급류에 빨려 들어가 움직일 수가 없어 3~4일 간 어찌할 도리 없이 기도만 하다가 조수가 빠지는 틈을 타서 노를 저어 대양으로 나와 12일간을 표류하다 대만에 도착했습니다."

나는 다시 일러 말했다.

"조수가 나뉘고 합해질 때는 물러나는 것이 나아가는 것이요, 나아가는 것이 물러나는 것이니 조수를 타고 가다 둘로 갈라졌다가 만리장사의 머리에 이르러 다시 합해진다. 동사군도는 사면에서 해수를 받아들이는데, 들어가면 나오지 않아 예전부터 낙제라고 했다. 시험 삼아 물으니, 들어가서 나오지 않으니, 어디로 간 것일까? 설마 동사군도 밑에 또 다른 바다가 있어 끌어들이기라도 한다는 것인가? 사면에서 물이 들어올 경우[37]에는 반드시 위에서 들어왔다 아래에서 나오는 법이니, 마치 빠르게 흐르는 계곡물에 삿자리를 던지면 [삿자리가 물속으로] 들어갔다 다른 곳으로 나오는 것과 같다. 이 이치는 매우 명확하다."

이를 함께 기록한다.

명나라 황충黃衷의 『해어海語』에 다음 기록이 있다.

꼰선섬은 바렐라곳Cap Varella[38]의 남쪽에 있으며 무릇 7개의 섬과 7개 항구가 있어 이를 칠문七門이라고 한다. 그 옆에는 섬들이 모두 날개처럼 빙 둘러 늘어서 있다. 여러 나라로 가는 경우 이것이 표지가 된다. 이 섬에는 코뿔소·야생마·거대한 노루·기이한 뱀·거목이 많으며, 평야와 비옥한 토양이 수백 경에 이르고 야자수가 양쪽에 늘어서 있어 열매가 골짜기에도 가득 떨어져 있다. 동과冬瓜가 잘 자라 푸른 넝쿨은 지름이 1치, 열매는 길이가 3~4자나 되었다. 커다란 느릅나무는 한 아름이나 된다. 바닷가의 인적이 없는 곳은 산물이 모두 컸다. 나는 일찍이 주애[39]에서 사람을 시켜 하수오何首烏[40]·천남성天南星[41] 두 약초를 채취했는데, 모두 일반 상품보다 3배나 컸으며, 그 약효와 맛이 특별했다. 본래 대추가 오이만 하다고 알고 있었는데 과장된 말이 아니었다. 대추가 썩어 진창과 같았다. 배로 덤불을 헤치고 들어가려면 많은 사람이 아니면 갈 수 없었다. 이전에 나이 든 상인이 일찍이 절벽에 새겨서 위험을 알려 방지하게 했다고 한다.

또한 다음 기록이 있다.

분수分水[42]는 참파의 외라해外羅海[43]에 있는데, 섬들이 문턱처럼 끝없이 가로놓여 있어 몇백 리나 되는지 알 수가 없었다. 거대한 파도가 하늘로 치솟아 일반적인 바다와는 달랐다. 마안산馬鞍山⁴⁴을 경유해 팔렘방Palembang⁴⁵에 도달하니 동쪽으로는 여러 외국으로 가는 길이고, 서쪽으로는 주애·담이로 가는 길이다. 하늘과 땅이 험준하여 화이華夷의 경계를 이룬다. 외라해를 경유해 바렐라곶을 지나면 꼰선섬⁴⁶에 도착하는데, 초하루에서 보름날까지는 조수가 동쪽에서 서쪽으로 돌아가고, 보름에서 그믐까지는 서쪽에서 동쪽으로 돌아간다. 이는 또한 바다의 조석 간만의 변화이니, 오직 배를 능숙하게⁴⁷ 조종할 수 있는 사람만이 잘 살펴서 신중하게 할 수 있다.

또한 다음 기록이 있다.

만리석당萬里石塘⁴⁸은 오저烏瀦·독저獨瀦⁴⁹ 두 해역의 동쪽에 있으며 음산한 바람과 어두운 풍경으로 마치 사람 사는 세상 같지 않았다. 산물로는 대합조개⁵⁰가 많고 새는 대부분 귀거조鬼車鳥⁵¹로 머리가 아홉 달린 것, 서너 개 달린 것이 해변에 널리 흩어져 있어 귀가 따갑도록 지저귀니 비통한 심정이 들었다. 조타수가 조금이라도 실수를 하면 석차해石汊海로 잘못 떨어질 확률이 거의 백이면 백이었다.

또한 다음 기록이 있다.

만리장사는 만리석당의 동남쪽에 있는데, 바로 서남 변경의 유사하流沙河로, 그 남쪽에서 약수弱水가 나온다. 바람에 모래가 나부껴서 맑은 날이를 바라보면 마치 함박눈이 내리는 것 같다. 배가 잘못해서 그 사이로 들어가면 배에 달라붙어 빠져나갈 수가 없는데, 반드시 운 좋게 동남풍이 강하게 불어야만 침몰하지 않을 수 있다.

또한 다음 기록이 있다.

철판사鐵板沙[52]가 있는 곳에 선박이 부딪히면 파손되었다. 성화成化[53] 21년(1485), 헌종憲宗[54]이 급사중給事中[55] 임영林榮·행인行人[56] 황건형黃乾亨을 참파 책봉사로 파견하자 관에서는 큰 배를 마련해 주었다. 무릇 큰 배가 항해하는 데에는 반드시 바닷길에 익숙한 자를 선발해서 작은 배를 타고 먼저 가서 물길을 찾고, 큰 배는 뒤에 다시 2척의 작은 배를 연결해서 땔감과 물을 구하게 해서 불상사를 미연에 방지했다. 이번 여정은 군인과 백성이 천 명이나 되고 화물도 매우 많은 데다 항해사 또한 경로에 익숙하지 않았다. 자오찌Giao Chi[57]의 짬섬Cù Lao Chàm[58] 부근에서 철판사에 잘못 부딪혀 배가 파손되어 두 명의 사신은 익사하고 군인과 백성 중 열에 아홉이 죽었다. 나와 같은 마을의 맥복麥福이란 자는 70여 명과 함께 부속선[59] 하나를 떼어 내서 타고 물가 쪽으로 다가가다 거대한 풍랑에 배가 요동치자 배를 버리고 산으로 올라갔다. 큰 배가 전복되어 있는 곳을 바라보니 바로 눈앞에 있는 것같이 거칠고 큰 파도가 부서진 물건들 사이를 드나들 뿐 수백 명은 흔적도 없이 물거품으로 사라졌다. 사람들은 모두 크게 슬퍼했다. 낮에는 움직이고 밤에는 쉬며 뱀이나 쥐를 잡아먹고 초목의 열매를 주워 먹었다. 폭풍우로 앞이 캄캄해서 돌 요괴와 나무귀신이 온갖 괴이한 모습으로 놀리는 것 같았다. 이미 시간의 흐름을 잃어버려 오직 달의 변화를 보고 시간의 흐름을 파악했다. 아직 10일도 채 지나지 않아 절반 이상이 죽었다. 생존자는 24명으로 이미 이틀을 굶고 있었다. 비틀비틀 어둠 속을 걸으며 갈팡질팡 인적이 없는 골짜기로 들어가니, 집과 같이 넓고 평평한 석굴에 바나나잎과 같은 넓은 나뭇잎이 있어 뿌리를 파 보니 토란[60]처럼 생겼는데, 그보다는 컸다. 이에 채취해서 먹으니 씁쓸하고 떫은맛이 났으나 뒷맛은 칡과 같았다. 식견이 있는 사람이 말하길 "이는 독초가 아니다. 단지 바람과 햇빛이 충분하지 않아 물과 토양의 기운 때문에 씁쓸하고 떫은맛이 날 뿐이다"라고 했다. 해가 내리쬐는 낮 동안은 쉬면서 숙면을 취했다. 잠에서 깨면 별이 총총하게 빛났다. 동이 틀 무렵에는 불을 지펴 풀을 태우고 말린 토란을 재 속에 넣어 익혀 먹으니 맛이 더 향기롭고 부드러웠다. 새벽에 하나를 먹으면 굶주림과 갈증이 모두 해결되었다. 서로 사력을 다해 채집하다 보니 순식간에 뿌리 끝까지 모두 동이 나 버렸다. 동굴에서 이틀을 보내며 체력을 회복하고서 사람들은 토란을 몇 개씩 짊어지고 다시 물길을 따라 걸었다. 갑자기 계곡 안에서 말소리가 들려 가서 보니 섬사람들 몇몇 무리가 3척의 작은 배를 타고는 계곡을 따라서 비단과 기물을 찾아 건지고 있었다. 현지 말을 하는 자가 있어 물으니 자오찌·참파 경계를 순찰하는 배라고 해서 함께 타고서 돌아갔다. 두 나라의 국왕은 중국[61] 사람이라는 말을 듣고 예를 갖추어 잠자리와 음식을 대접했다. 이에 참파에서 두 명의 사절을 보내와서 고하자 광동에서는 비로소 큰 배가 침몰했다는 사실을 알게 되었다. 광동순무가 상주해서 두 사절에게 골고루 은상을 하사했다. 해가 바뀌고서 두 나라는 비로소 선박을 갖추어서 중국으로 돌려보내 주었다.

왕기의 『속문헌통고續文獻通考』에 다음 기록이 있다.

랑카수카Langkasuka[62]의 지형은 안쪽은 평평한데 바깥쪽은 뾰족해서 사람들은 모두 개미처럼 달라붙어 생활하고 있다. 기후는 항상 덥다. 친척으로 연장자를 존중해서 하루라도 만나지 않으면 술과 안주를 들고 가서 문안을 드렸다. 토산품으로는 침향과 속향 그리고 강향 등이 있다.

또한 론도섬Pulau Rondo[63]은 바다에 떠 있어 파도가 요동치면 우뚝 솟구친다. 매년 봄이 되면 용들이 모여들어 서로 희롱하며 침을 흘린다. 원주민들은 이에 홀로 나무배를 타고 섬에 올라가 침을 채취해서 돌아간다. 가령 풍파를 만나면 사람들은 모두 바다에서 나와 곧바로 해안으로 올라간다. 그 침은 처음에는 아교와 같고 검은색이며 물고기 비린내가 났으나 오래되면 큰 덩어리가 된다. 혹은 큰 물고기[64]의 배 속을 갈라서 나온 것 역시 비린내가 났다. 이를 태우면 그 향기가 멀리까지 맑게 퍼졌다. 수마트라[65]에서 거래하는데, 관평 1근에 금전 192전으로 중국의 동전으로 환산하면 49,000문이 되었다.

또한 싱가포르Singapore[66]는 스리비자야의 서북쪽에 있으며, 링가제도Pulau Lingga[67]와 서로 마주하고 있는데, 용 비늘처럼 생겼으며 가운데로 배가 지나간다. 산은 메마르고 토지는 척박하며 기후는 항상 무덥다. 4~5월 사이는 장마철이다. 사람들은 재물을 약탈하는 것을 호기롭게 여겨 외국 선박을 만나면 작은 배를 타고 습격했다. 만약 순풍을 만나면 다행히 벗어날 수 있지만, 그렇지 않은 경우에는 약탈을 당하니 이곳을 지나는 자는 조심해야 한다.

또한 티모르섬Pulau Timor[68]은 장갈라Janggala[69]의 동쪽에 있으며 온 산에 숲이 울창한데, 모두 단향목이며 다른 종은 없다. 상인이 모이는 곳은 12개소로 존장尊長이 있다. 토양이 비옥해서 곡식이 풍요로우며 아침에는 덥고 저녁에는 춥다. 상선商船에 전염병이 돌아 10명 중 8~9명이 죽었다. 대체로 그 지역에는 풍토병이 많다.

사청고謝淸高의 『해록海錄』에 다음 기록이 있다.

태평양의 여러 섬 가운데 일찍이 내가 갔다 온 곳으로는 바바우제도 Vavau Group[70]·왈리스제도Îles Wallis[71]·피지Fiji[72]·엔더니섬Ndeni Island[73]·케네디섬

Kennedy Island[74]·마르키즈제도[75]·바누아투Vanuatu[76]·하와이[77]이다. 이상 8개 섬은 모두 태평양[78]에 있으며 티모르섬[79]을 경유해 정동쪽으로 약 2개월 정도 가면 도착할 수 있다. 각 섬의 둘레는 10여 리이며 각각 원주민 수백 명이 거주하고 있다. 그 땅에는 돼지가 많아 서양 선박이 이곳을 지날 때는 쇠못 4개와 돼지 한 마리를 교환하는데, 돼지의 무게는 30근 정도이다. 사람들의 품성은 우매하며 기후는 매우 덥다. 원주민은 옷을 입지 않고 단지 새털이나 나무껍질로 하체만을 가리며 종일 물속에 있을 수도 있다. 창기들은 바다에 선박이 나타나면 모두 벌거벗고 물에 들어가 큰나무 하나를 잡고 얼굴만 내놓은 채 해수면을 헤엄친다. 선원들이 부르면 다가가서 어울려 같이 논다. 쇠못 2개를 주면 뛸 듯이 기뻐하며 돌아가는데, 어디에 사용하는지는 알 수 없었다.

미국인이 살고 있는 하와이에서도 화물을 구매했다. 토산품으로는 진주·해삼·단향[80]·감자 등이 있으며 오곡과 소·말·닭·오리는 없었다. 과일은 유자와 비슷한데 크기가 작으며 익으면 사람이 따 가서 불에 익혀서 먹는데, 맛은 만두와 같았다. 소금은 먹지 않는다. 여기에서 다시 동쪽으로 2, 3개월 가면 바다 가운데에 3개의 섬이 나타난다. 서양인들은 이 섬을 누메아Noumea,[81] 시드니Sydney,[82] 애들레이드Adelaide[83]이라고 부르는데, 모두 사람이 살지는 않고 새와 짐승만 있을 뿐이다. 듣기로 이곳을 지나 동쪽은 나침반이 불안정해서 외국 선박 역시 감히 지나다니지 않는다고 한다.

또한 다음 기록이 있다.

쿠릴열도[84]는 동북해東北海[85]에 있는데 바바우제도를 경유해서 북상하면 약 3개월이면 도착할 수 있다. 나는 일찍이 서양 선박을 타고 이곳에 이르러서 물범·친칠라·여우 등의 가죽을 구매했다. 날씨가 너무 추워서 눈꽃이 만발했다. 선박이 처음 해구에 이르자 빙하가 떠다니는데 큰 것은 8자에서 10자 정도여서 함부로 전진할 수가 없었다. 대포를 울리자 원주민들이 작은 배를 타고 나와 인도해 주었는데, 그 배는 모두 통나무 하나를 통째로 파서 만든 것이었다. 선박에는 저들의 말을 할 수 있는 자가 있어 교역을 할 수 있었다. 인구가 매우 적으며 모습은 중국인과 유사했으며, 말린 생선을 먹었다. 매일 태양이 남쪽에 있는데 고도는 그다지 높지 않았으며, 한두 시각이면 해가 졌다. 그리고 그다지 캄캄하게 어둡지 않다가 술시戌時(오후 7시~오후 9시), 해시亥時(오후 9시~오후 11시)에만 비로소 어두워져서 [사람을 분간할 수 없었지만] 나머지 시간에는 언제나 사람을 볼 수 있었다. 매월 보름을 전후로 며칠 동안 달을 볼 수 있었으나 별은 보지 못했다. 처음 도착했을 때 손과 발이 모두 동상에 걸렸으나 그곳 사람들은 대수롭게 여기지 않았다. 왕래할 때 원주민들은 손에 모두 큰 나무 잎사귀 2장을 가지고 있다가 앉을 때에는 발로 이를 밟는데, 왜 반드시 가지고 다녀야 하는지를 알았다. 그래서 따라 했더니 동상이 치유되었는데, 어떤 나무인지는 알지 못했다. 원주민들은 중국의 가죽 상자를 매우 좋아해서 보기만 하면 가죽과 교환해 갔다. 우연히 해안가를 거닐다가 한 토굴에 들어갔는데 주인은 외출했고, 감추어 놓은 가죽 상자 10여 개가 보여 열어 보니 모두 사람 해골이 들어가 있어 무서워서 돌아나왔다. 여기에서 북쪽으로 20여 일을 가서 한 항구에 도착했다. 여러 차례 대포를 울려도 사람들이 나타나지 않아 마침내 함부로 들어가지 않았다. 들은 바에 따르면 그 북쪽은 북극해라고 한다. 동아시아 다른 나라는 내가 다 가 보지 못했기 때문에 모두 기록하지는 않는다.

附東南洋諸島形勢上

一

『明史』: 賓童龍國, 與占城接壤, 氣候風土, 大類占城. 有崑崙山, 節然大海中, 與占城東西竺鼎峙相望. 其山方廣而高, 其海卽曰崑崙洋. 諸往西洋者, 必待順風, 七晝夜始得過. 故舟人爲之諺曰 "上怕七州, 下怕崑崙, 針迷舵失, 人船莫存." 此山無異産. 人皆穴居巢處, 食果實魚蝦. 無室廬井竈.

源案: 賓童龍, 乃占城海岸之國, 崑崙島則在其南海中, 非地相連也. 大小崑崙, 卽東西竺山. 『宋史』"天竺·注輦國來朝, 行二百餘晝夜, 至三佛齊國, 又行十八晝夜, 度蠻山水口, 歷天竺山, 至賓頭狼山, 又行二十晝夜, 至廣州"是也. 『明史』沿王圻『續通考』之誤, 分崑崙·竺山爲二, 謬一. 又望文生義, 謂東西竺山爲柔佛國, 謬二. 旣以柔佛爲佛國, 竺山爲天竺, 因并以其對岸之賓龍童, 卽舍衞城. 然則佛國近在占城, 而大秦當近在長安乎? 崑崙嶼中, 當有河源乎? 謬甚.

『海國聞見錄』: 崑崙島, 七洲洋之南, 大小二山屹立澎湃, 呼爲大崑崙·小崑崙. 山尤甚異. 土産佳果, 無人蹟, 神龍盤踞. 昔荷蘭失臺灣, 邊海界禁未復, 因金·廈二島平, 荷蘭掠普陀, 毀銅像·銅鐘. 萬曆間, 宮塑脫紗佛像, 刀刃不能傷, 駕火砲壞之, 取裏所實金銀財寶, 見像必剖之取藏寶, 悉收而去. 至崑崙意欲居之, 龍與爲患, 藉火砲與龍鬪, 相持有日. 後荷蘭狀若顚狂, 自相戲以曲腕擊背心, 日益斃, 揚帆而去. 將至噶喇巴, 船擊碎, 存活者可十人.

雍正丁未歲夏, 噶喇巴海面立一中國人, 群相棹舟往視, 惟浮一銅鐘. 上鑴普陀白華庵, 知爲昔荷蘭掠沈者. 回浙洋艘, 互相爭載, 公議求筊. 有黃彥者, 得筊載回. 通港惟此舟小而舊敝, 順帆不及月, 抵南澳後轉運至普陀. 別船有被劫紅毛者, 有失風水者, 佛力如此, 前惟付之劫數耳. 康熙四十五六年間, 紅毛又圖崑崙, 不敢近山居住, 就海旁立埔頭. 以崑崙介各洋四通之所, 嗜涎不休. 而中國洋艘亦多載磚瓦, 往易紅毛洋貨, 以其本廉而利大. 夜圍宿沙洲, 多爲鱷魚步岸所吞. 伐木圍柵, 稍寧. 夜聞山中語語促歸. 紅毛爲水土不服, 斃者甚多. 又爲廣南番劫殺殆盡, 乃虛其地.

凡中國洋艘由崑崙者, 備雞鵝毛鸞殼. 到崑崙洋, 天時極晴霽, 見黑雲一點, 隨化爲煙, 蜿蜒搖尾, 卽如江浙夏月, 湖中雲龍, 下蓬惟恐不及, 狂風立至. 幸不及時而霽, 俗呼鼠尾龍風. 白雲者, 其風尤甚. 日遇二三次, 或四五次, 間或不遇者少. 故焚翎毛鸞殼, 取穢氣觸遠, 過崑崙則無.

『海國聞見錄』: 南澳氣島, 居南澳之東南, 嶼小而平. 四面挂腳皆礁古石, 底生水草, 長丈餘. 灣有沙洲, 吸四面之流, 船不可到, 入溜則吸閣不能返. 隔南澳水程七更, 古爲落漈. 北浮沈皆沙垠, 約長二百里, 計水程三更餘. 盡北處有兩山, 名曰東獅象, 與臺灣沙馬崎對峙. 隔洋闊四更, 洋名沙馬崎頭門. 氣懸海中, 南續沙垠至粤海, 爲萬里長沙頭. 南隔斷一洋, 名曰長沙門. 又從南首復生沙垠, 至瓊海萬州, 曰萬里長沙. 沙之南又生磧古石, 至七州洋, 名曰千里石塘.
長沙一門, 西北與南澳·西南與平海之大星, 鼎足三峙. 長沙門南北約闊五更,
廣之番舶洋艘往東南洋·呂宋·文萊·蘇祿等國者, 皆從長沙門而出. 北風以南澳
爲準, 南風以大星爲準. 惟江·浙·閩省往東南洋者, 從臺灣沙馬崎頭門過, 而至
呂宋諸國. 西洋甲板, 從崑崙·七州洋東·萬里長沙外, 過沙馬崎頭門, 而至閩·
浙·日本, 以取弓弦直洋. 中國往南洋者, 以萬里長沙之外, 渺茫無所取準, 皆從
沙內粵洋而至七州洋. 此亦山川地脈聯續之氣, 而於汪洋之中, 以限海國也. 沙
有海鳥, 大小不同, 少見人, 遇舟飛宿. 人捉不識懼, 搏其背, 吐魚蝦以爲羹.

　余在臺, 丙午年時, 有閩船在澎湖南大嶼, 被風折桅, 飄沙壤. 有二十人, 駕
一三板腳舟, 用被作布帆回臺, 餓斃五人. 余詢以何處擊碎, 彼僅以沙中爲言,
不識地方. 又云: "潮水溜入, 不得開出." 余語之曰: "此萬里長沙頭也. 向有舊
時擊壞一甲板. 潮雖溜入, 汝等若以南風棹長潮, 再不得歸矣. 大洋之水爲沙兩
隔, 節次斷續. 南北沙頭, 爲潮汐臨頭, 四面合流, 外長而內退, 外退而內長. 須
沿沙節次撐上斷續沙頭, 夾退潮, 乘南風, 東向盡流南退. 雖欲北上求生, 而南
下者正所以生也. 何也? 南風夾退潮, 方能出溜. 雖溜下, 然而歸於大海. 不入
內溜, 方得乘南風而歸." 舟人聞余語, 群起驚呼曰: "亦曾到此地乎? 不則何爲
知之詳確, 如目覩耶? 壞甲板尚存, 爲飛沙汗沒. 飢抱海鳥爲餐, 渴飲其血. 駕
長潮, 爲溜所吸, 不得開動, 三四日, 無奈禱笅, 掉退潮, 溜入大洋, 飄十二日到
臺." 余又語之曰, "潮水分合, 退爲長, 長爲退, 夾流雙開, 臨頭滙足. 南澳氣受
四面流水, 吸入而不出, 古爲落漈. 試問入而不出, 歸於何處? 豈氣下另有一海
以收納乎? 四入者從上而入, 必從下而出, 如溪流湧急, 投以葦蓆, 入而出於他
處. 此理甚明." 幷以誌之.

　明黃衷『海語』: 崑崙山, 在大佛靈南, 凡七嶼七港, 是謂七門. 其旁洲嶼, 皆

翼然環列. 適諸國者, 此其標也. 其山多兕犀·野馬·巨䖟·異蛇·大木, 復平川沃
壤數百頃, 椰樹駢生, 墮實彌谷. 冬瓜延蔓, 蒼藤徑寸, 實長三四尺. 大楡一圍.
海上無人之境, 產物皆碩大. 予客朱崖, 令人採取何首烏·天南星二藥, 皆三倍
於常品, 氣味自別. 固知有棗如瓜, 非誕語也. 糜腐若泥淖然. 船欲樵蘇, 非百
人不能卽. 往日老估嘗鐫崖壁, 識險以示防云.

又曰: 分水在占城之外羅海中, 涉嶼隱隱如門限, 延綿橫亙, 不知其幾百里.
巨浪拍天, 異於常海. 由馬鞍山抵舊港, 東注爲諸番之路, 西注爲朱崖·儋耳之
路. 天地設險, 以域華夷者也. 由外羅歷大佛靈以至崑屯山, 自朔至望, 潮東旋
而西, 旣望至晦, 卽西旋而東. 此又海中潮汐之變也, 惟老於操舟者, 乃能察而
愼之.

又曰: 萬里石塘在烏·潴二洋之東, 陰風晦景, 不類人世. 其產多珣璖, 其鳥
多鬼車, 九首者, 三四首者, 漫散海際, 悲顏聑耳, 慘顏愴神. 舵師脫小失勢, 誤
落石汊, 百無一免.

又曰: 萬里長沙在萬里石塘東南, 卽西南夷之流沙河也, 弱水出其南. 風沙
獵獵, 晴日望之如盛雪. 船誤衝其際, 卽膠不可脫, 必幸東南風勁, 乃免陷溺.

又曰: 鐵板沙所在有之, 舟觸卽敗. 成化二十一年, 憲廟遣給事中林榮·行人
黃乾亨封占城, 官治大艘. 凡大船之行, 必選熟於洋道者駕小艇船先行探水, 大
船後復繫二小船, 以便樵汲, 且防不虞. 是役也, 軍民千人, 物貨太重, 而火長
又疏於徑路. 次交阯之占壁羅, 誤觸鐵板沙, 船壞, 二使溺焉, 軍民死者十九.
予里中有麥福者, 同七十餘人奪一腳艇, 棹至崖側, 巨浪簸蕩, 捨舟登山. 回望

大船覆處, 近如席前, 洪濤瀾汗, 惟敗篋破甌出沒其間, 數百人漚滅無跡. 衆皆長慟. 晝行夜伏, 捕蛇鼠, 拾草木之實而啖. 風雨晦冥, 石妖木魅, 怪侮萬狀. 且已忘甲子, 惟視月弦望, 以驗時日. 曾未浹旬, 死者强半. 存者二十四人, 復已缺食二日. 蹣跚冥行, 佷入空谷, 石窟寬坦如堂, 有草葉如廣之水蕉, 掘之根類蹲鴟而大. 競取以食, 喉間微覺苦澀, 餘味如葛. 識者曰: "此非惡草也. 第未經風日, 水土氣作苦澀味耳." 乃曝之日中, 傴息酣寢. 比寤, 曉星煌煌矣. 遲明敲火燃草, 取所曝者煨而食之, 味轉香滑. 晨進一枚, 饑渴俱弭. 相率肆力搜探, 頃之根裔都盡. 窟居二日, 體力完健, 乃人負數枚, 復沿水際而行. 俄聞谿中人語, 至見島夷數輩, 乘三小船, 循谿搜撈緞帛器物. 有諳夷語者詢之, 乃交阯占城界之巡徼船也, 共載以歸. 二國夷王聞是天朝人民, 館穀如禮. 於是占城遣人以二使來訃, 廣中始知大船汩沒. 守臣以聞, 二使均荷恤蔭. 又踰年, 二國始具海舟送回中國.

王圻『續文獻通考』: 龍牙犀角島地內平而外尖, 民皆蟻附而居之. 氣候常熱. 以親戚尊長爲重, 一日不見, 則持酒肴問安. 地産沈·速·降香等.

又, 龍涎嶼浮海內, 波擊雲騰. 每至春間, 群龍來集, 交戲遺涎. 番人乃駕獨木舟登嶼探歸. 設遇風波, 則人俱下海, 旋卽至岸. 其涎初若脂膠, 黑色有魚腥氣, 久則成大塊. 或大魚腹中割出, 亦覺腥氣. 迨焚之, 其香淸遠. 貨于蘇門, 官秤一斤, 金錢一百九十二, 准中國銅錢四萬九千文.

又, 龍牙門在三佛齊之西北, 山門相對, 若龍甲狀, 中通船. 山塗田瘠, 氣候常熱. 四五月間淫雨. 人以攄掠爲豪, 遇有番船, 則駕小舟迎敵. 若得順風則倖脫, 否則被其截劫, 泛海者宜愼焉.

又, 吉里地悶島地在重迦羅之東, 滿山茂林, 皆檀香樹, 無別種. 商販聚十二所, 有尊長. 田肥穀茂, 朝熱暮寒. 商船染病, 十死八九. 蓋其地多瘴氣也.

謝淸高『海錄』曰: 東洋諸島曾歷其地者, 曰哇夫島·哇希島·匪支島·唵呢島·千尼島·驀格是島·那韋巴島·亞歪移島. 以上八島, 俱在東海, 由地問正東行, 約二月可到. 每島周圍十餘里, 各有土番數百. 其地多豕, 西洋船經此取鐵釘四枚, 卽易豕一頭, 可三十斤. 人性渾龐, 地氣炎熱. 土番不穿布帛, 惟取鳥衣或木皮圍下體, 能終日在水中. 有娼妓見海舶來, 俱赤身落水. 取大木一段承其頷, 浮游水面, 海舶人招呼之至, 聽其調謔. 與之鐵釘二枚, 則喜躍而去, 不知其何所用也.

有花旗番寓居亞歪移島, 採買貨物. 土産珍珠·海參·檀香·薯芋, 無五穀·牛·馬·雞·鴨. 有果形似柚而小, 熟時人取歸, 火煨而食之, 味如饅頭. 不食鹽. 由此又東行二三月, 海中有三山. 西洋人呼其一爲努玉, 一爲衫里, 一爲亞剌德反, 幷無居人, 惟有鳥獸. 聞過此以東, 則南針不定, 番舶亦不敢復往云.

又曰: 開於島在東北海, 由哇夫島北行, 約三月可到. 謝淸高昔隨西洋海舶至此, 採買海虎·灰鼠·狐狸各皮. 天氣凝寒, 雪花遍地. 船初至海口, 有冰塊流出, 大者尋丈, 未敢遽進. 鳴大砲, 有土人搖小船來引, 其船皆刳獨木爲之. 舶中有通其語者, 故得與交易. 其人甚稀, 而形似中國, 食乾魚. 每日見太陽在南方, 高僅數丈, 一二時卽落. 而未甚昏黑, 惟戌亥二時始晦, 餘時俱可見人. 每月唯望前後數日可見月光, 星光則未見也. 初到時, 手足皆凍裂, 而土人無恙. 唯來往手中皆執大木葉二, 坐則以足踏之, 知必有取也. 亦效之, 果愈, 不知爲何木. 土人極喜中國皮箱, 見則以皮交易而去. 偶上岸步行, 入一土窟, 土人外出, 見藏皮箱十餘, 開看皆裝人頭, 怖而返. 由此復北行二十餘日, 至一海港. 復鳴砲, 不見人來, 遂不敢進. 聞其北是爲冰海云. 其東洋諸國, 淸高所未至, 故皆不錄.

주석

1 빈동룡국賓童龍國: 광서 2년본에는 '빈룡동국賓龍童國'으로 되어 있으나 악록서사본에 따라 고친다.

2 참파국: 원문은 '점성국占城國'이다.

3 꼰선섬Đạo Côn Sơn: 원문은 '곤륜산崑崙山'이다. 곤륜崑崙·곤륜도崑崙島·대곤륜大崑崙·곤둔산崑屯山·곤륜서崑崙嶼라고도 부른다.

4 아우르섬Pulau Aur: 원문은 '동서축東西竺'이다. 동서축산東西竺山·천축산天竺山·축산竺山·축서竺嶼라고도 한다. 지금의 말레이시아 조호르바루주 동쪽 해안에 위치한다. 위원은 '곤륜축산崑崙竺山'을 두 개가 합쳐져 하나가 된 것으로 인식하고 있는데, 이는 오류이다. 꼰선섬과 아우르섬은 서로 거리가 7백여 km나 떨어져 있다.

5 곤륜양崑崙洋: 지금의 베트남 남부 꼰선섬 부근의 해역이다.

6 서양으로 가는 경우: 원문은 '제왕서양자諸往西洋者'이다. 광서 2년본에는 '왕제서양자往諸西洋者'로 되어 있으나 악록서사본에 따라 고쳐 번역한다.

7 칠주七洲: 향달向達이 정리한 『정화항해도鄭和航海圖』에 따르면 '칠주'는 또한 '칠주양'이라고 하는데, 지금의 '서사군도西沙群島'를 가리킨다고 한다.

8 상행에는 … 없다: 이 속담은 원대 왕대연汪大淵의 『도이지략島夷志略』, 비신費信의 『성사승람星槎勝覽』에 보인다. 이들 저작에 의하면 선박이 '칠주'와 '꼰선'을 지날 때 '침미타실針迷舵失', 즉 나침반이 흔들려 배의 키를 조종할 수 없는 현상이 일어났다고 한다. 해저에 자석이 많아 나침반이 그 영향을 받았을 것으로 보인다.

9 소곤륜: 지금의 베트남 남해안 밖의 두 형제(Two Brothers) 군도이다.

10 주련국注輦國: 지금의 인도 코로만델해안Coromandel Coast 일대이다. 주련국은 9~13세기 중기까지 남인도에 있던 타밀족의 왕조이다.

11 스리비자야국Srivijaya: 원문은 '삼불제국三佛齊國'으로, 지금의 인도네시아

수마트라섬의 가장 큰 도시인 팔렘방 일대에 위치했던 국가이다.

12 만산수구蠻山水口: 지금의 인도네시아 방카섬 서북 해안의 문톡시Muntok 일대이다.

13 빈두랑산賓頭狼山: 지금의 베트남 동남부 번낭 남쪽의 파다란Padaran곶, 즉 가나Ga Na곶이다.

14 사위성舍衛城: 산스크리트어 슈라바스티Sravasti, 팔리어 사왓티Savatthi의 상대음이다. 인도의 북부에 위치했던 역사적 지명이다.

15 칠주양七洲洋: 칠주는 해남도의 동북 해안에 속한 9개의 섬을 가리킨다. 이 섬들은 멀리서 보면 2개는 보이지 않고 7개 섬만 산처럼 보여 칠주 산이라고도 한다. 이 칠주산 앞바다를 칠주양이라고 하는데, 칠주산에 서 서사군도에 이르는 대양을 칠주양이라고도 하는 견해도 있다.

16 금문金門과 하문 두 개 섬을 평정: 1650년 정성공은 금문과 하문을 점령 해서 반청복명 활동의 거점으로 삼았다.

17 만력: 명나라 제13대 황제 신종 주익균의 치세에 사용된 연호이다.

18 탈사脫紗 불상: 탈사는 속칭이고 정식 명칭은 협저夾紵(혹은 건칠)이다. 협 저 불상은 우선 흙으로 불상을 만들고 나서 그 위에 삼베 같은 천과 옻 칠을 반복 도포한 후 마지막으로 내부의 흙 불상을 제거해서 완성한 불 상이다. 협저 불상은 완성하면 천과 옻칠만 남기 때문에 매우 가볍고 견고하며 병충해나 부식에 강해서 오랜 기간 보존이 가능했다고 한다.

19 중국인: 『해국문견록』 원문에는 '중국 부인'으로 되어 있다. 해수면에 떠 있는 동종의 모양이 멀리서 보면 중국 부인의 모습으로 보였던 것 같다.

20 남오南澳: 광동성 산두시汕頭市에 위치한 남오도南澳島이다.

21 꽝남 원주민: 원문은 '광남번廣南藩'이다. 광서 2년본에는 '광서번廣西藩'으 로 되어 있으나 악록서사본에 따라 고쳐 번역한다. 꽝남은 베트남의 후 에와 꽝남 일대를 가리킨다.

22 동사군도東沙群島: 원문은 '남오기도南澳氣島'로, 지금의 프라타스군도Pratas Islands이다.

23 남오현: 남오도는 현재 행정단위가 하나의 현으로 편제되어 있다.

24 암초군: 원문은 '누고석礁古石'이다. 동사군도는 산호초로 이루어진 동사
도와 북위탄, 남위탄 등으로 이루어져 있다. 산호초가 곤충 모양을 하
고 있어 누고석이라고 불렀다.

25 사면의 물줄기를 빨아들여서: 원문은 '흡사면지류吸四面之流'이다. 동사
군도는 산호초로 이루어진 섬으로 둥그런 모양을 하고 있어 동사환초
라고도 한다. 동사환초는 중간중간 끊어진 부분으로 바닷물이 출입하
는데, 풍랑이 일어날 때는 사면에서 바닷물이 휘몰아쳐 들어와 마치 사
면의 물줄기를 빨아들이는 것 같은 현상이 일어나는 것이다.

26 낙제落漈: 해수의 세력이 떨어져 돌아 나가지 못하는 것을 말한다. 『원
사』 「유구瑠求」에 따르면 유구 근처를 낙제라고 불렀는데, 항해하는 선
박이 팽호 아래쪽으로 왔다가 몰아치는 폭풍을 만나 낙제로 표류하게
되면 살아나온 자가 거의 없었다고 한다. 귀허歸墟, 미려尾閭, 옥초沃焦라
고도 한다.

27 사은沙垠: 바닷속의 모래가 퇴적되어 쌓인 사퇴砂堆를 의미한다.

28 동사상東獅象: 동사군도에 위치한 동사도이다. 동사도는 지세가 양측이
높고 중간 부분이 낮기 때문에 멀리서 보면 두 개의 작은 산봉우리처럼
보인다고 한다.

29 사마기沙馬崎: 대만 남단에 있는 아란비鵝鑾鼻로, 사마기沙馬機라고도 한다.

30 이어져: 원문은 '속續'이다. 광서 2년본에는 '속屬'으로 되어 있으나 악록
서사본에 따라 고쳐 번역한다.

31 만주萬州: 지금의 해남도 만녕시萬寧市에 해당한다.

32 대성산大星山: 광동성 혜동현惠東縣 평해진平海鎭에 위치한 산이다.

33 브루나이: 원문은 '문래文萊'이다.

34 술루국: 원문은 '소록蘇祿'이다. 지금의 필리핀과 보르네오 사이에 이어
진 술루군도에 존재했던 술탄국으로 15세기 말 건국되어 19세기 말 미
국령 필리핀에 합병되기까지 해상무역으로 번성했다.

35 서양 상선: 원문은 '번박양소番舶洋艘'이다. 아편전쟁 이전 서양인의 선박

을 양선, 혹은 번박이라고 했다.

36 월양粤洋: 광동의 앞바다를 가리킨다. 광서 2년본에는 '월양越洋'으로 되어 있으나 악록서사본에 따라 고친다.

37 사면에서 물이 들어올 경우: 원문에는 '사인四人'으로 되어 있으나 『해국문견록』에는 '사입四入'으로 되어 있어 이에 따라 고쳐 번역한다.

38 바렐라곶Cap Varella: 원문은 '대불령大佛靈'이다. 지금의 베트남 중부 해안에 위치한다.

39 주애: 원문은 '주애朱崖'이다. 광서 2년본에는 '주암朱廠'으로 되어 있으나 악록서사본에 따라 고친다.

40 하수오何首烏: 중국이 원산지인 약초로 여러해살이 덩굴식물이다. 학명은 Pleuropterus multiflorus이다.

41 천남성天南星: 천남성과 천남성속의 여러해살이풀로 독성이 있으며 약초로 사용한다. 학명은 Arisaema erubescens이다.

42 분수分水: 지금의 베트남 다낭직할시 동쪽 해안 밖 꽝동Quang Dong군도의 레섬 일대이다.

43 외라해外羅海: 지금의 베트남 꽝동군도 일대의 해역이다.

44 마안산馬鞍山: 베트남 남쪽 해안 밖의 혼코아이섬Đảo Hòn Khoai 일대이다.

45 팔렘방Palembang: 원문은 '구항舊港'으로, 지금의 인도네시아 수마트라섬 동남부의 큰 항구를 말한다.

46 꼰선섬: 원문은 '곤둔산崑屯山'이다

47 능숙하게: 원문은 '노耂'로 광서 2년본에는 이 글자가 없으나 악록서사본에 따라서 고쳐 번역한다.

48 만리석당萬里石塘: 지금의 스프래틀리군도Spratly Islands, 즉 남사군도를 가리킨다.

49 오저烏瀦·독저獨瀦: 오저양은 광동 오주산烏珠山 혹은 오저산烏猪山 일대의 해역이고, 독저양은 지금의 해남 만녕萬寧 대주도大洲島 일대 해역이다.

50 대합조개: 원문은 '거거珺璖'이다.

51 귀거조鬼車鳥: 중국 남방 검주黔州 지방에 전해 오는 상상 속의 동물 귀거

구두조鬼車九頭鳥를 말한다. 사람 얼굴에 박쥐 날개를 한 흉조兇鳥의 일종
인데, 성질이 몹시 포악하다고 한다. 중국 신화에 따르면 전욱顓頊의 딸
인 천제소녀天帝少女가 깃털을 몸에 걸치면 새가 되고 깃털을 벗으면 여
인으로 변했는데, 머리가 아홉이라서 구두조九頭鳥, 귀거鬼車, 귀조鬼鳥라
고도 불렸다고 한다.

52 철판사鐵板沙: 진흙과 모래의 충적물로서 모래와 진흙이 충적된 후에 철
    판과 같이 단단해지는 것을 말한다. 중국에서는 철판사에 배가 부딪혀
    파손되었다는 기록이 이미 15세기 중엽부터 등장한다.

53 성화成化: 명나라 제8대 황제 헌종 주견심朱見深의 연호(1465~1487)이다.

54 헌종憲宗: 원문은 '헌묘憲廟'이다.

55 급사중給事中: 관직명으로 명대에는 육과급사중六科給事中으로서 6부의
    사무를 감찰하는 역할을 했다.

56 행인行人: 관직명으로 황제의 명을 받은 사절을 가리킨다.

57 자오찌Giao Chỉ: 원문은 '교지交阯'이다.

58 짬섬Cù Lao Chàm: 원문은 '점벽라占壁羅'로 지금의 베트남 중부에 위치한
    다. 광서 2년본에는 '점성라占城羅'로 되어 있으나 악록서사본에 따라 고
    친다.

59 부속선: 원문은 '각정腳艇'으로, 모선에 딸려 있는 배를 의미한다.

60 토란: 원문은 '준치蹲鴟'이다.

61 중국: 원문은 '천조天朝'이다.

62 랑카수카Langkasuka: 원문은 '용아서각도龍牙犀角島'로, 낭아수狼牙修라고도
    한다. 광서 2년본에는 '용모서각도龍矛犀角島'로 되어 있으나 악록서사본
    에 따라 고친다.

63 론도섬Pulau Rondo: 원문은 '용연서龍涎嶼'이다. 지금의 인도네시아 수마트
    라섬 서북해에 위치한다.

64 큰 물고기: 원문은 '대어大漁'로 향유고래를 가리킨다. 용연향은 향유고
    래의 분비물로 만든 향을 가리킨다.

65 수마트라: 원문은 '소문蘇門'으로, 소문답랄蘇門答剌의 약칭이다.

66 싱가포르Singapore: 원문은 '용아문龍牙門'이다. 지금의 싱가포르해협을 가리키기도 한다.

67 링가제도Pulau Lingga: 원문은 '산문山門'으로 용아산龍牙山을 가리킨다.

68 티모르섬Pulau Timor: 원문은 '길리지민도吉里地悶島'이다.

69 장갈라Janggala: 원문은 '중가라重迦羅'이다. 지금의 인도네시아 자와섬의 수라바야Surabaya 지구이며, 또한 사수 지구泗水地區라고도 한다. 광서 2년본에는 '연가라連迦羅'로 되어 있으나 악록서사본에 따라 고쳐 번역한다.

70 바바우제도Vavau Group: 원문은 '왜부도哇夫島'이다. 광서 2년본에는 '왜대도哇大島'로 되어 있으나 악록서사본에 따라 고쳐 번역한다. 바바우제도는 태평양 남부 통가 왕국의 북부에 있는 섬들이다.

71 왈리스제도Iles Wallis: 원문은 '왜희도哇希島'이다. 왈리스제도는 프랑스령 해외 섬으로 하와이에서 뉴질랜드로 가는 중간 지점에 있다.

72 피지Fiji: 원문은 '비지도匪支島'이다. 바투아니아와 통가의 중간에 위치하고 있으며, 남태평양 도서국들의 허브와 같은 곳으로 교통의 요충지이다.

73 엔더니섬Ndeni Island: 원문은 '암니도唵呢島'이다. 넨도섬Nendo Island이라고도 하며 남태평양 남서부에 위치한 산타크루즈제도Santa Cruz Islands에서 가장 커다란 섬이다.

74 케네디섬Kennedy Island: 원문은 '천니도千尼島'이다. 카솔로섬Kasolo Island이라고도 하며, 솔로몬제도에 있는 작은 무인도이다.

75 마르키즈제도: 원문은 '맥격시도驀格是島'이다. 남태평양 프랑스령 폴리네시아에 위치하며 14개의 화산섬으로 이루어져 있다.

76 바누아투Vanuatu: 원문은 '나위파도那韋巴島'이다. 남태평양 세퍼드제도Shepherd Islands의 화산섬에 위치한 섬나라이다.

77 하와이: 원문은 '아왜이도亞歪移島'이다. 광서 2년본에는 '아치왜도亞哆歪島'로 되어 있으나 악록서사본에 따라 고친다. 이하 동일하다.

78 태평양: 원문은 '동해東海'이다.

79 티모르섬: 원문은 '지문地悶'이다. 지금의 말레이제도 남부 소순다열도

에 속하는 섬이다.

80 단향: 자단·백단 등의 향나무를 가리킨다. 하와이는 단향목의 산지로
    유명해서 중국에서는 하와이를 '단향산檀香山'이라고 불렀다.

81 누메아Noumea: 원문은 '노옥努玉'이다. 프랑스령 뉴칼레도니아New Caledonia
    의 주도이다.

82 시드니Sydney: 원문은 '삼리杉里'로 지금의 오스트레일리아 동남 연안에
    위치한다.

83 애들레이드Adelaide: 원문은 '아랄덕반亞剌德反'으로 지금의 오스트레일리
    아의 남부 연안에 위치한다.

84 쿠릴열도: 원문은 '개어도開於島'이다.

85 동북해東北海: 오호츠크해Sea of Okhotsk와 태평양을 가리킨다.

해국도지
권18

—

소양邵陽 위원魏源 편집

본권에서는 권17의 뒤를 이어 동남아시아 섬으로 지금 일본의 일부가 된 류큐 왕국에 대해 소개하고 있다. 특히 이 권에서는 부록으로 남태평양의 여러 섬에 대해 지리, 풍속, 문화적 특색 등을 상세하게 소개하고 있으며, 또한 중국에서 동남아시아로 가는 항로 및 그 지역의 특색에 대해 매우 상세하게 소개하고 있다. 여기에서는 『지리비고地理備考』를 중심으로 『외국사략外國史略』, 『동서양고東西洋考』 등의 서적을 인용, 소개하고 있다.

동남양 각 섬 형세 하

—

류큐琉球는 유규流虬라고도 한다. 고대에는 중국과 교류가 없었는데 수나라[1] 때 해상 선박에 의해 관측되었다가 당·송 이후 서서히 중국과 교류를 하게 되었다. 명나라 초기 조공을 바쳤는데 태조太祖[2]가 복건인 중 선박을 잘 조종하는 36성姓의 사람을 류큐에게 하사하니[3] 이후 공물을 바치는 데에 더욱 정성을 다했다. 후에 일본에게 멸망되어 소식이 끊어진 지 수십 년이 되었다. 얼마 뒤에 류큐 왕[4]이 사로잡혔으나 굽히지 않자 일본[5]은 왕을 다시 그 나라로 돌려보냈다. 류큐는 사쓰마의 남쪽에 위치하며 36개의 섬으로 둘러싸여 있다. 남북은 4백여 리이며 동서는 1백 리가 안 된다. 예전에는 산난山南·산호쿠山北·주잔中山[6] 세 나라로 나뉘었으나 후에 주잔으로 병합되어 하나가 되었기 때문에 주잔 왕이라고 칭한다. 왕의 성은 쇼尚이며 기록된 이래로부터 한 성으로 전해져서 바뀐 적이 없다. 나라는 작고 가난해서 일본에 복속했다. 오직 조공무역에 의지해 점차로 부를 축적해 자급하게 되었다. 복주福州의 오호문五虎門에서 바다로 나가 동쪽[7]으로 40여 경(약 80시간)을 가면 고베이산姑米山[8]에 도착하는데, 이 나라의 큰 섬이다. 다시 동쪽으로 가면 그 나라에 도착하는데 나하那 霸[9]항에서 정박을 한다. 이 나라는 세 개의 행정 구역으로 나뉘는데 첫째 는 슈리首里[10]로 왕이 거처한다. 둘째는 구메久米[11]이고 셋째는 나하이다. 중국의 문자를 사용한다. 본조(청조)에 들어서 더욱 공순하게 공물을 바 쳤다. 관리 중 가장 높은 자는 금자대부金紫大夫이고, 토지를 지키는 관리 를 안사按司라고 했는데, 안사 1명당 약 6~7리를 관할했다. 토지는 척박 해서 쌀 생산이 절대적으로 부족해 지과地瓜 즉 고구마. 를 주식으로 삼았 다. 관리나 노인이 아니면 쌀을 먹을 수 없었다. 삼베가 없어 파초로 베 를 삼았으며 노역勞役을 하는 자는 하체를 감쌌으나 나머지는 모두 벌거 벗었다.

東南洋諸島形勢下

一

琉球, 一作流虯. 古未通中國, 隋時有海船望見之, 唐宋後, 漸通中土. 明初入貢, 太祖賜以閩人善操舟者三十六姓, 修職貢甚謹. 後爲日本所滅, 不通音問者數十年. 已而王被執不屈, 倭送還國. 國在日本薩峒馬島之南, 周環三十六島. 南北四百餘里, 東西不足百里. 舊分山南·山北·中山三國, 後幷入中山爲一, 故稱中山王. 王尙姓, 自記載以來, 一姓相傳, 無改步. 國小而貧, 屬役日本. 惟賴貢舟販鬻, 稍得餘資以自給. 由福州五虎門放洋, 用卯針四十餘更, 至姑米山, 其國大島也. 再東, 卽至其國, 收泊於那霸港. 國分三路, 曰首里, 王居之. 曰久米, 曰那霸. 用中國文字. 入本朝更恭順, 修職貢. 其官之最尊者爲金紫大夫, 守土之官曰按司, 一按司所轄約六七里. 土磽瘠, 産米絶少, 以地瓜爲食. 卽番薯. 非官與耆老不食米. 無麻絮, 以蕉爲布, 負戴者圍下體, 餘皆裸露.

주석

1   수나라: 원문은 '수隋'이다. 광서 2년본에는 '수隨'로 되어 있으나 역사적
    사실에 따라 고친다

2   태조太祖: 명나라를 건국한 홍무제洪武帝 주원장朱元璋(재위 1368~1398)이다.
    주원장은 1372년 사신 양재楊載를 류큐에 파견해서 조공을 바치게 했다.

3   태조太祖가 … 하사하니: 류큐의 기록인 『역대보안歷代寶案』에 따르면 복
    건인 36성은 동시에 보내진 것은 아니었고 시기를 달리해 류큐에 정착
    한 것 같다. 이들은 대체로 조공 업무를 관장하는 장사長史나 통역 업무
    를 담당한 통사通事를 지냈는데, 도성인 슈리성首里城 부근에 거주했다.

4   류큐 왕: 원문은 '왕王'으로 류큐국 제2 쇼씨尙氏 왕조 제7번째 국왕 쇼네
    이왕尙寧王(재위 1589~1620)이다. 1609년 사쓰마번薩摩藩 시마즈씨島津氏의 침
    략을 받아 항복했다. 이후 류큐국은 사쓰마번의 영향하에 놓였고, 일본
    과 명 두 나라에 속했다. 쇼네이왕은 사쓰마번에 의해 에도로 연행되어
    쇼군 도쿠가와 히데타다德川秀忠를 알현했는데 후에 다시 류큐 왕국으로
    돌아왔다.

5   일본: 원문은 '왜倭'이다.

6   산난山南·산호쿠山北·주잔中山: 지금의 오키나와제도沖繩諸島이다.

7   동쪽: 원문은 '묘卯'로, 3시 방향이다.

8   고베이산姑米山: 오키나와제도에서 가장 서쪽에 위치한다.

9   나하那霸: 지금의 오키나와 나하시이다.

10   슈리首里: 지금은 나하시에 병합되어 있다.

11   구메久米: 지금의 오키나와제도 서쪽에 위치한다.

동남양
섬나라

부록
남양 각 섬

—

『지리비고地理備考』에 다음 기록이 있다.

팔라우Palau[1]는 남태평양의 북쪽에 있고 캐롤라인섬Caroline Island[2]의 서쪽에 있으며 북위 6도 53분에서 8도 9분, 동경 127도 39분에서 133도 40분에 위치한다. 여기에는 18개의 섬이 있는데 인구가 조밀하고 물산이 풍부하며 사람들은 선량하고 근면하게 일한다. 큰 섬으로는 바벨투아프Babelthuap,[3] 코로르Koror,[4] 에리크리투Eriklithu[5]가 있다.

또한 다음 기록이 있다.

캐롤라인섬은 남태평양의 북쪽에 있고 마리아나제도Mariana Islands[6]의 남쪽에 있으며, 북위 6도에서 12도, 동경 133도에서 167도에 위치한다. 여기에는 30개의 섬이 있는데 지세가 들쑥날쑥해서 서로 접촉이 없다. 인구가 매우 많고 삼림이 빽빽하며 기후는 온화하나 비바람이 일정하지 않다. 큰 섬으로는 야프Yap,[7] 응구리Ngoly,[8] 모거무그Mogemug,[9] 시니아바인

Siniavine,[10] 우알란Ualan[11]이 있다.

또한 다음 기록이 있다.

멀그레이브제도Mulgrave Islands[12]는 남태평양의 중앙에 위치하며, 마리아나제도의 동남쪽에 있고 북위 1도에서 10도, 동경 168도에서 171도에 위치하고 있다. 토양은 척박해서 물산이 풍부하지 않다. 큰 섬으로는 브루니,[13] 라타크Ratak,[14] 랄리크Ralik,[15] 스카버러Scarborough,[16] 킹스밀Kingsmill[17]이 있다.

또한 다음 기록이 있다.

위디섬Widi Island[18]은 남태평양의 중앙에 위치하며, 멀그레이브제도의 남쪽에 있고 남위 15도 45분에서 19도 43분, 동경 174도 40분에서 179도 40분에 위치한다. 길이는 1,250리, 너비는 1,100리이다. 지세가 들쑥날쑥해서 서로 접촉이 없다. 토양은 비옥해서 물산이 풍요롭다. 여러 부족장이 나누어 통치해서 서로 간섭하지 않는다. 큰 섬으로는 비티레부Viti Levu,[19] 칸다부Kandavu,[20] 바누아레부Vanua Levu,[21] 로스Ross,[22] 통거Tongue[23]가 있다.

또한 다음 기록이 있다.

통가타푸섬Tongatapu Island[24]은 아미亞米라고도 하며 남태평양의 중앙, 위디섬의 동남쪽에 있다. 남위 13도 20분에서 25도 30분, 서경 173도 18분에서 178도 38분에 위치한다. 여기에는 150개의 섬이 있는데, 큰 섬으로는 단지[25] 통가Tonga,[26] 바바우Vavau,[27] 에우아Eua[28]가 있다. 토양이 비옥해서 물산이 풍부하며 기후는 매우 덥지만, 바닷바람이 청량하다. 사람들은 건장하고 근면하게 일을 한다. 여러 부족장이 나누어 통치해서 서로 간섭하지 않는다.

또한 다음 기록이 있다.

왈리스 푸투나Wallis et Futuna[29]는 오세아니아대륙의 중앙에 위치한다. 지세가 들쑥날쑥해서 서로 접촉이 없다. 큰 섬으로는 오우아Oua,[30] 호망도好望島, 호른Hom[31]이 있다.

또한 다음 기록이 있다.

사모아제도Samoa Islands[32]는 남태평양의 중앙에 있으며, 남위 5도 30분, 서경[33] 152도 17분에 위치한다. 여기에는 7개 섬이 있으며 여러 부족장이 나누어 다스린다. 큰 섬으로는 우폴루Upolu,[34] 아우누Aunu'u,[35] 마누아Manu'a,[36] 로즈Rose[37]가 있다.

또한 다음 기록이 있다.

케르마데크제도Kermadec Islands[38]는 남태평양의 중앙에 위치하며, 위디섬의 남쪽에 있고 남위 30도 36분, 서경[39] 178도 50분에 위치한다. 여기에는 3개의 섬이 있는데 라울Raoul,[40] 매콜리Macaulay,[41] 커티스Curtis[42]라고 한다.

또한 다음 기록이 있다.

쿡제도Cook Islands[43]는 남태평양의 중앙에 있으며, 남위 18도 45분에서 21도 26분, 서경 159도 45분에서 162도 15분에 위치한다. 지세가 들쑥날쑥해서 서로 접촉이 없다. 큰 섬으로는 망가이아Mangaia,[44] 아티우Atiu[45]가 있다.

『지리비고』에 다음 기록이 있다.

투부아이제도Tubuai Islands[46]는 남태평양의 중앙에 있으며, 남위 23도 30분, 서경 152도에 위치한다. 지세가 들쑥날쑥해서 서로 접촉이 없다. 큰 섬으로는 투부아이Tubuai,[47] 루루투Rurutu,[48] 리마타라Rimatara,[49] 라이바바에Raivavaé,[50] 루투이Rutui[51]가 있다.

또한 다음 기록이 있다.

소시에테제도Îles de la Société[52]는 남태평양의 동쪽에 있으며 남위 17도 29분, 서경 151도에 위치한다. 토양이 비옥하여 곡식과 과일이 풍부하다. 좋은 품질의 수목이 많으며 기후는 온화하다. 도서는 하나가 아니며 여러 부족장이 나누어 다스린다. 큰 섬으로는 타히티Tahiti,[53] 테스로아Tethuroa,[54] 모레아Mooréa,[55] 마이테아Maitea,[56] 후아히네Huahine,[57] 라이아테아Raiatea,[58] 타하아Tahaa,[59] 보라보라Borabora,[60] 마우피티Maupiti,[61] 투바이Tubai[62]가 있다.

『지리비고』에 다음 기록이 있다.

투아모투제도Îles Tuamotu[63]는 남태평양 동쪽에 있으며 남위 14도에서 23도, 서경 152도에서 140도에 위치한다. 도서가 많으며 지세는 움푹하게 들어가 있다. 큰 섬으로는 라자레프Lazaref,[64] 모스카스Moscas,[65] 오로라Aurora,[66] 팔리서Palisser[67]가 있다.

또한 다음 기록이 있다.

멘다냐제도Mendaña Archipelago[68]는 남태평양의 동쪽에 있으며 남위 7도 50분에서 10도 3분, 서경 140도에서 143도에 위치한다. 도서가 많으며 두 구역으로 나뉘어 있다. 동남쪽[69]에 있는 것을 마르키즈제도Îles Marquises[70]라고 하는데 산세가 험준하고 산봉우리가 하늘을 찌르고 있다. 서북쪽에 있는 것을 워싱턴제도Washington Islands[71]라고 한다. 지세가 높고 건조하며 여러 층으로 겹쳐진 산들이 우뚝 솟아 있다. 그 외 파투히바Fatuhiva,[72] 타후아타Tahuata,[73] 와포아Wapoa,[74] 와후가Uahuga[75]가 있다.

또한 다음 기록이 있다.

하와이제도Hawaii Islands[76]는 남태평양의 동북쪽에 있으며 남위 19도에서 33도, 서경 156도에서 164도에 위치한다. 토양이 비옥해서 곡식과 과일이 풍부하다. 기후는 온화하고 여러 부족장이 나누어 다스리며 서로 간섭하지 않는다. 여기에는 13개의 섬이 있는데 큰 섬으로는 하와이Hawaii,[77] 마우이Maui,[78] 오아후Oahu,[79] 아투이Atui[80]가 있다.

또한 다음 기록이 있다.

사파랍대도斯波拉大島는 남태평양의 남쪽과 북쪽에 있다. 남쪽에는 6개의 큰 섬이 있는데, 펜린Penrhyn,[81] 파스코아Pascoa,[82] 살라이고메스Salasy Gómez,[83] 오시아노Oceano,[84] 아서Authur,[85] 세인트베르나르도Saint Bernardo[86]이다. 북쪽에는 5개의 큰 섬이 있는데, 바라도스Barrados,[87] 세바스치앙로페즈Sebastião Lopes,[88] 세인트바르톨로메오Saint Bartolomeo,[89] 세인트페드로Saint Pedro,[90] 로이즈Royez[91]이다. 각 섬은 인구가 매우 적으며 물산이 풍부하지 않다.

『외국사략』에 다음 기록이 있다.

태평양 섬은 세 가지 형태로 되어 있다. 첫째는 산지로, 산의 높이는

2백 길(1길은 약 3m)에서 1천 길에 이르며 각각 화산이 있고 굴조개·재첩 등의 산물이 있으며, 산기슭에는 초목이 무성하다. 둘째는 산호섬, 즉 백 사장으로 산호석이 있는데, 사방을 둘러싼 산호에 벌레가 흙을 가져다 쌓아서 높은 돌섬을 만든 것이다. 셋째는 구릉지로, 물산이 풍부하고 야 자·사탕수수가 난다. 병수餠樹라는 나무가 있어 열매는 만두와 같은데 달 고 맛있으며, 아울러 각종 바나나·마·고구마가 난다. 짐승은 개·돼지·쥐 밖에 없는데 지금은 다섯 종의 가축을 자산으로 기른다. 원주민의 모습 은 말레이인과 유사한데 사람들이 좀 더 야만적이어서 우상을 숭배하고 외부 손님을 후대하며 매일 물고기를 잡는다. 우두머리는 자주 교전해서 멀리 바다 구석까지 배를 타고 가, 작은 배를 타고 큰 적을 공격한다. 주 술사[92]는 권한을 쥐고 심지어는 사람을 죽여 귀신에게 제사를 지내기도 한다. 옷은 거의 입지 않고 단지 나뭇잎으로 허리를 감쌀 뿐이다. 남녀는 야합한다. 근래 천주교가 각 섬에 예배당[93]을 세워 교화하고 있다. 섬들 이 너무 많아 여기에서는 가장 큰 것만을 서술한다.

오가사와라제도小笠原諸島[94]는 일본의 동남쪽에 있으며 황폐한 섬이었는 데, 외국 선원에 의해 개방되었으나 사람이 적고 물산도 귀하다. 단지 포 경선만이 수시로 이곳을 드나들며 원주민과 교역해서 채소와 가축을 구 매한다. 북쪽 일대의 도서는 모두 일본에 속한다. 마리아나제도[95]는 대만 의 동쪽에 있으며 북위 12도에서 21도, 동경 144도에서 148도에 위치한다. 남쪽 일대 도서에 사람들이 살고 있는데 스페인령이다. 삼림이 울창하고 소·양·돼지가 들판에 가득하다. 캐롤라인제도[96]는 북위 3도에서 16도, 동 경 133도에서 173도에 위치한다. 전부 46개 주로 되어 있는데 모두 사람 들이 거주하며 항해를 좋아한다. 땅에는 쥐만 있고 다른 가축은 없다. 원 주민들은 토란·고구마·물고기와 자라를 먹는다. 나체로 풀로 엮은 집에 살며 서로 자주 싸움을 한다. 왕래하는 선박은 단지 해삼·단향 등을 교역한다. 이 주州의 남쪽을 피지제도Fiji Islands[97]라고 하는데 원주민은 얼굴이 검고 성품이 거칠며 잔인하다. 각 부족은 서로 싸움을 해서 사로잡은 포로는 즉시 잡아먹는다. 또한 때때로 사람을 도륙하는데, 하루에 2백여 명에 이르기도 한다. 단향이 산출되면서 상인의 배가 지금까지 드문드문 들어오게 되었다. 통가제도Tonga Islands[98]에서 가장 큰 섬은 둘레가 30리이다. 그 땅은 풍요로우나 인구가 조밀해 서로 자주 싸운다. 사모아제도[99]는 피지섬의 동북쪽에 있으며 8개 섬으로 이루어져 있는데 가장 큰 섬은 주위가 60리이다. 화산이 있고 용암이 많다. 땅은 매우 비옥하며 수목이 산출된다. 원주민은 건강하며 신장이 크고 피부 색깔이 희다.

쿡제도[100]는 남위 18도에서 23도, 동경 157도에서 160도에 위치한다. 무성한 띠가 땅을 뒤덮고 있다. 원주민의 대부분은 기독교를 신봉한다. 소시에테제도[101]·투아모투제도[102]는 남위 14도에서 25도, 서경 124도에서 157도에 위치한다. 도서가 매우 많은데 가장 큰 것은 타히티[103]로 매우 좋은 목재가 난다. 원주민은 예전에는 원한으로 서로 죽여서 신상神像에서 피의 맹세를 했다. 지금은 기독교를 신봉해서 허물을 고치고 교화되었다. 마르키즈제도[104]는 모래가 많고 지대가 낮으며, 원주민은 얼굴에 문신을 해서[105] 용모가 매우 추했다. 모두 해삼과 진주가 나는데, 원주민은 물속에서 이를 찾아낸다. 외국 선원이 이곳에 교역을 하러 왔다가 살해당하는 경우가 많았다. 하와이제도[106]는 모두 8개 섬·5개 주로, 북위 19도에서 23도, 서경 155도에서 160도에 위치한다. 원주민은 108,393명인데, 지금은 인구가 점차 감소하고 있다. 땅은 비옥해서 맛있는 과일·채소·단향·사탕수수·면화를 재배한다. 화산이 있어 항상 용암을 분출한다. 건륭 연간 이 섬들은 여전히 황무지[107]였고 원주민은 토란·물고기를 먹었다.

후에 영국의 수군이 이곳에 도착해서 인도해서 개화시켰다. 가경 23년 (1818) 원주민은 모두 우상을 버리고 하느님을 숭배했다. 주도는 호놀룰루Honolulu[108]로 6천 명의 인구가 거주하며 각 나라의 선박이 모여든다. 태평양에는 섬들이 매우 많으나 협소하고 인구도 많지 않다. 야자 등의 물산을 제외하면 산물도 별로 없다.

附南洋各島

一

『地理備考』曰: 巴勞島在南洋之北, 加羅棃那島之西, 緯度自北六度五十三分起, 至八度九分止, 經度自東一百二十七度三十九分起至一百三十三度四十分止. 中有十八島, 人煙稠密, 物産豐阜, 人民良善, 作事勤勞. 島之大者曰波卑都狒, 曰哥羅, 曰厄利基黎都.

又曰: 加羅棃那島在南洋之北, 馬黎亞納島之南, 緯度自北六度起至十二度止, 經度自東一百三十三度起至一百六十七度止. 中有三十島, 地勢錯落, 不相聯絡. 人煙紛繁, 樹林稠密, 地氣溫和, 風雨不時. 島之大者曰亞巴, 曰我里, 曰麼結母, 曰係尼亞威内, 曰五亞蘭.

又曰: 慕爾加拉威島在南洋之中, 馬黎亞納島之東南, 緯度自北一度起至十度止, 經度自東一百六十八度起至一百七十一度止. 田土瘠薄, 物産不阜. 島之大者曰布路尼, 曰刺達各, 曰刺利客, 曰斯加波路, 曰京師米爾.

又曰: 維的島在南洋之中, 慕爾加拉威島之南, 緯度自南十五度四十五分起
至十九度四十三分止, 經度自東一百七十四度四十分起至一百七十九度四十
分止. 長一千二百五十里, 寬一千一百里. 地勢錯落, 不相聯絡. 田土膴厚, 物
產豐饒. 諸酋分轄, 不相統屬. 島之大者曰維的黎勿, 曰千打本, 曰華闍黎勿,
曰羅斯, 曰當基.

又曰: 當加島, 又名亞米, 在南洋之中, 維的島之東南. 緯度自南十三度二十
分起至二十五度三十分止, 經度自西一百七十三度十八分起至一百七十八度
三十八分止. 中有一百五十島, 大者惟三, 曰當加, 曰瓦瓦阿, 曰意五亞. 田土肥
饒, 物產豐厚, 地氣酷熱, 海風清涼. 人民壯健, 作事勤勞. 諸酋分轄, 不相統屬.

又曰: 花和爾尼島在阿塞亞尼亞州之中. 地勢錯落, 不相聯絡. 島之大者曰
五瓦, 曰好望島, 曰何爾尼.

又曰: 合麼阿島在南洋之中, 緯度自南五度三十分, 經度自東一百五十二度
十七分. 中有七島, 諸酋分轄. 島之大者曰波剌, 曰阿牙剌瓦, 曰茂拿, 曰羅沙.

又曰: 給爾馬的島在南洋之中, 維的島之南, 緯度自南三十度三十六分, 經
度自東一百七十八度五十分. 中有三島, 曰剌五耳, 曰馬告來, 曰姑爾的斯.

又曰: 古各島在南洋之中, 緯度自南十八度四十五分起至二十一度二十六
分止, 經度自西一百五十九度四十五分起至一百六十二度十五分止. 地氣錯
落, 不相聯絡. 島之大者曰馬拿牙, 曰亞的五.

『地理備考』: 都波哀島在南洋之中, 緯度自南二十三度三十分, 經度自西一百五十二度. 地勢錯落, 不相聯絡. 島之大者曰都波哀, 曰魯魯都, 曰黎馬打刺, 曰來瓦外, 曰魯都意.

又曰: 達義的島在南洋之東, 緯度自南十七度二十九分, 經度自西一百五十一度. 田土肥饒, 穀果豐登. 多上品樹木, 地氣溫和. 島嶼不一, 諸酋分轄. 島之大者曰達義的, 曰弟都羅亞, 曰母勒亞, 曰買弟亞, 曰化衣尼, 曰刺牙的亞, 曰打下, 曰波刺波刺, 曰茂卑的, 曰都拜.

『地理備考』: 包麼度島在南洋之東, 緯度自南十四度起至二十三度止, 經度自西一百五十二度起至一百四十度止. 島嶼紛繁, 地勢低陷. 島之大者, 曰刺沙勒, 曰蠅島, 曰澳羅鑼, 曰巴黎射.

又曰: 門達那島在南洋之東, 緯度自南七度五十分起至十度三分止, 經度自西一百四十度起至一百四十三度止. 島嶼紛繁, 分爲兩區. 在東南者曰馬爾給沙, 山勢峻峭, 峰巒參天. 在西北者曰窩神敦. 地氣高燥, 層巒簪嵽. 其餘各島曰達度意瓦, 曰達盧亞大, 曰瓦波亞, 曰瓦盧加.

又曰: 合威島, 其地在南洋之東北, 緯度自南十九度起至三十三度止, 經度自西一百五十六度起至一百六十四度止. 田土肥饒, 穀果豐登. 地氣溫和, 諸酋分轄, 不相統屬. 中有十三島, 大者曰合歪, 曰茂維, 曰窩亞盧, 曰亞堆.

又曰: 斯波拉大島在南洋之南北. 其南之大島有六, 曰本林, 曰巴給斯, 曰沙刺, 曰阿賒亞那, 曰亞爾都耳, 曰聖白爾那都. 其北之大島有五, 曰巴刺打, 曰羅卑斯, 曰聖巴爾多羅麼, 曰聖巴多羅, 曰羅也斯. 各島人民稀乏, 物産不阜.

『外國史略』曰: 東洋島三種. 一曰山地, 山高自二百丈及一千丈, 各有火, 內
産石蠔·蜆等物, 山腳草木茂盛. 二曰珊瑚嶼, 乃沙地, 有珊瑚礐, 四圍係珊瑚內
之蟲負土積累, 致成高石. 三曰邱地, 産物豐盛, 出椰子·甘蔗. 有餅樹, 其果如
饅, 味甘美, 竝各蕉·大薯·番薯. 獸只犬·豕·鼠, 今則五畜資養焉. 居民之狀, 與
蕪來由相似, 衆尚蠻, 拜偶像, 厚接外客, 日捕魚. 其頭目時時交戰, 遠駛海隅,
坐小船以攻大敵. 惡僧弄權, 甚至殺人祭鬼. 衣甚少, 僅以葉束腰而已. 男女苟
合. 近日天主教於各島開學館以敎化之. 群嶼太多, 今述其最廣者.

無人嶼在日本東南, 係荒島, 乃外國水手所開, 人少物稀. 惟捕鯨之船隨時
到此, 與居民往來, 買蔬菜牲畜. 北向一帶島嶼, 皆屬日本. 側嶼在臺灣東, 北
極出地自十二度及二十一度, 偏東自一百四十四度至一百四十八度. 其南向之
嶼有居民, 歸是班牙權轄. 林甚密, 牛·羊·豕滿野. 加羅林群島, 北極出地自三
度至十六度, 偏東自百三十三度至百七十三度. 共四十六州, 皆有居民, 好航
海. 地惟有鼠, 無他牲畜. 居人以芋·番薯·魚·鼈爲食. 裸身草舍, 屢相爭鬪. 所
往之船, 惟有海參·檀香等貿易. 此州之南曰菲治群嶼, 居民墨面, 性凶殘. 各
酋互相交戰, 虜敵卽吞食之. 亦有時屠宰人, 一日至二百餘. 出檀香, 商人之船,
至今罕犯. 東牙群嶼最大者周三十里. 其地豐盛, 居民稠密, 互相交鬪. 航海群
島, 在菲治島東北, 其八島, 最廣者周六十里. 有火山, 多火漿. 地豐甚, 出樹木.
居民健, 身高, 體色白.

谷群嶼, 南極出地自十八度至二十三度, 偏東百五十七度及百六十度. 係茅
塞之地. 居民多奉耶穌敎. 會黨·險海群嶼南極出地自十四度至二十五度, 偏西
自一百二十四度及一百五十七度. 其嶼繁多, 最大者曰他希地, 出木甚美. 居民
昔時仇恨相殺, 以血歃神像. 今奉耶穌敎, 改過向化. 馬其群嶼多沙而低, 居民

彫題甚醜. 俱出海參·珍珠, 土人寐水中尋出之. 外國水手至此貿易, 多爲人所
殺. 阿歪希等嶼共八所·五州, 北極出地自十九度及二十三度, 偏西自百五十五
度及百六十度. 居民十萬八千三百九十三, 但今人戶日消減. 地繁盛, 中有佳
果·蔬菜·檀香·甘蔗·緜花. 有火山, 恒出火漿. 乾隆間, 此嶼尙荒蕪, 居民以芋·
魚爲飯. 後英國水師到此, 導以風化. 嘉慶二十三年, 居民皆去塑像而拜上帝.
其都曰阿那羅路, 居民六千, 各國之船所集. 東洋之竟嶼雖多, 但褊小, 居民罕
少. 除椰子等貨, 別無産物.

주석

1 팔라우Palau: 원문은 '파로도巴勞島'이다. 남태평양 서부, 미크로네시아 지역의 섬으로 이루어진 연방국으로서, 필리핀의 남동쪽, 인도네시아령 서뉴기니의 북쪽에 인접해 있다.

2 캐롤라인섬Caroline Island: 원문은 '가라리나도加羅黎那島'이다.

3 바벨투아프Babelthuap: 원문은 '파비도압波卑都狎'이다. 광서 2년본에는 '도비도압渡卑都狎'으로 되어 있으나 악록서사본에 따라 고친다.

4 코로르Koror: 원문은 '가라哥羅'이다.

5 에리크리투Eriklithu: 원문은 '액리기려도厄利基黎都'이다. 광서 2년본에는 '니리사려도尼利斯黎都'로 되어 있으나 악록서사본에 따라 고친다.

6 마리아나제도Mariana Islands: 원문은 '마려아납도馬黎亞納島'이다.

7 야프Yap: 원문은 '아파亞巴'이다.

8 응구리Ngoly: 원문은 '아리我里'이다.

9 모거무그Mogemug: 원문은 '마결모麼結母'이다.

10 시니아바인Siniavine: 원문은 '계니아위내係尼亞威內'이다. 광서 2년본에는 '계리아위내係利亞威內'로 되어 있으나 악록서사본에 따라 고친다.

11 우알란Ualan: 원문은 '오아란五亞蘭'이다.

12 멀그레이브제도Mulgrave Islands: 원문은 '모이가랍위도慕爾加拉威島'이다.

13 브루니: 원문은 '포로니布路尼'이다.

14 라타크Ratak: 원문은 '랄달각剌達咎'이다.

15 랄리크Ralik: 원문은 '랄리객剌利客'이다.

16 스카버러Scarborough: 원문은 '사가파로斯加波路'이다. 길버트제도Gilbert Islands에 위치한다.

17 킹스밀Kingsmill: 원문은 '경사미이京師米爾'이다.

18 위디섬Widi Island: 원문은 '유적도維的島'이다.

19 비티레부Viti Levu: 원문은 '유적려물維的黎勿'이다. 태평양 남부에 위치한 피지의 가장 큰 섬이다.

20 칸다부Kandavu: 원문은 '천타본干打本'이다.

21 바누아레부Vanua Levu: 원문은 '화뇨려물華闔黎勿'이다. 광서 2년본에는 '화란려물華蘭黎勿'로 되어 있으나 악록서사본에 따라 고쳐 번역한다.

22 로스Ross: 원문은 '라사羅斯'이다. 남극 로스해의 섬이다.

23 통거Tongue: 원문은 '당기當基'이다.

24 통가타푸섬Tongatapu Island: 원문은 '당가도當加島'이다.

25 단지: 원문은 '유惟'이다. 광서 2년본에는 '유維'로 되어 있으나 악록서사본에 따라 고쳐 번역한다.

26 통가Tonga: 원문은 '당가當加'이다. 광서 2년본에는 '상가嘗加'로 되어 있으나 악록서사본에 따라 고쳐 번역한다.

27 바바우Vavau: 원문은 '와와아瓦瓦阿'이다.

28 에우아Eua: 원문은 '의오아意五亞'이다.

29 왈리스 푸투나Wallis et Futuna: 원문은 '화화이니도花和爾尼島'이다.

30 오우아Oua: 원문은 '오와五瓦'이다.

31 호른Hom: 원문은 '하이니何爾尼'이다.

32 사모아제도Samoa Islands: 원문은 '합마아도合麼阿島'이다. 광서 2년본에는 '마아도麼阿島'로 되어 있으나 악록서사본에 따라 고친다.

33 서경: 원문에는 '동경東經'으로 되어 있으나 실제 위치에 따라 서경으로 고쳐 번역한다.

34 우폴루Upolu: 원문은 '파랄波剌'이다.

35 아우누Aunu'u: 원문은 '아아랄와阿牙剌瓦'이다.

36 마누아Manu'a: 원문은 '무나茂拿'이다.

37 로즈Rose: 원문은 '라사羅沙'이다.

38 케르마데크제도Kermadec Islands: 원문은 '급이마적도給爾馬的島'이다. 광서 2년본에는 '급이언적도給爾焉的島'로 되어 있으나 악록서사본에 따라 고

친다.

39 서경: 원문에는 '동경東經'으로 되어 있으나 실제 위치에 따라 서경으로 고쳐 번역한다.

40 라울Raoul: 원문은 '랄오이剌五耳'이다.

41 매콜리Macaulay: 원문은 '마고래馬告來'이다.

42 커티스Curtis: 원문은 '고이적사姑爾的斯'이다.

43 쿡제도Cook Islands: 원문은 '고각도古各島'이다.

44 망가이아Mangaia: 원문은 '마나아馬拿牙'이다.

45 아티우Atiu: 원문은 '아적오亞的五'이다.

46 투부아이제도Tubuai Islands: 원문은 '도파애도都波哀島'이다.

47 투부아이Tubuai: 원문은 '도파애都波哀'이다.

48 루루투Rurutu: 원문은 '로로도魯魯都'이다. 광서 2년본에는 '로도魯都'로 되어 있으나 악록서사본에 따라 고친다.

49 리마타라Rimatara: 원문은 '려마타랄黎馬打剌'이다.

50 라이바바에Raivavaé: 원문은 '래와외來瓦外'이다.

51 루투이Rutui: 원문은 '로도의魯都意'이다.

52 소시에테제도Iles de la Société: 원문은 '달의적도達義的島'이다. 타히티섬의 음차이나 여기에서는 타히티섬을 포함한 소시에테제도를 가리킨다.

53 타히티Tahiti: 원문은 '달의적達義的'이다.

54 테스로아Tethuroa: 원문은 '제도라아弟都羅亞'이다.

55 모레아Mooréa: 원문은 '모륵아母勒亞'이다.

56 마이테아Maitea: 원문은 '매제아買弟亞'이다.

57 후아히네Huahine: 원문은 '화의니化衣尼'이다.

58 라이아테아Raiatea: 원문은 '랄아적아剌牙的亞'이다.

59 타하아Tahaa: 원문은 '타하打下'이다.

60 보라보라Borabora: 원문은 '파랄파랄波剌波剌'이다.

61 마우피티Maupiti: 원문은 '무비적茂卑的'이다.

62 투바이Tubai: 원문은 '도배都拜'이다.

63 투아모투제도Îles Tuamotu: 원문은 '포마도도包麽度島'이다. 광서 2년본에는 '색마도도色麽度島'로 되어 있으나 악록서사본에 따라 고친다.

64 라자레프Lazaref: 원문은 '랄사륵剌沙勒'이다. 띠 모양의 산호섬이다.

65 모스카스Moscas: 원문은 '승도蠅島'이다. 띠 모양의 산호섬이다.

66 오로라Aurora: 원문은 '오라하澳羅縛'이다.

67 팔리서Palisser: 원문은 '파려사巴黎射'이다.

68 멘다냐제도Mendaña Archipelago: 원문은 '문달나도門達那島'이다.

69 동남쪽: 원문은 '동남東南'이다. 광서 2년본에는 '남동南東'으로 되어 있으나 악록서사본에 따라 고쳐 번역한다.

70 마르키즈제도Îles Marquises: 원문은 '마이급사사馬爾給沙'이다.

71 워싱턴제도Washington Islands: 원문은 '와신돈窩神敦'이다.

72 파투히바Fatuhiva: 원문은 '달도의와達度意瓦'이다.

73 타후아타Tahuata: 원문은 '달로아대達盧亞大'이다.

74 와포아Wapoa: 원문은 '와파아瓦波亞'이다.

75 와후가Uahuga: 원문은 '와로가瓦盧加'이다.

76 하와이제도Hawaii Islands: 원문은 '합위도合威島'이다.

77 하와이Hawaii: 원문은 '합왜合歪'이다.

78 마우이Maui: 원문은 '무유茂維'이다.

79 오아후Oahu: 원문은 '와아로窩亞盧'이다.

80 아투이Atui: 원문은 '아퇴亞堆'이다.

81 펜린Penrhyn: 원문은 '본림本林'이다.

82 파스코아Pascoa: 원문은 '파급사巴給斯'이다. 이스터Easter라고도 불리는데, '부활절섬'이라는 의미이다.

83 살라이고메스Salasy Gómez: 원문은 '사랄沙剌'이다.

84 오시아노Oceano: 원문은 '아사아나阿賒亞那'이다. 광서 2년본에는 '아사아즉阿賒亞郎'으로 되어 있으나 악록서사본에 따라 고쳐 번역한다.

85 아서Authur: 원문은 '아이도이亞爾都耳'이다.

86 세인트베르나르도Saint Bernardo: 원문은 '성백이나도聖白爾那都'이다. 광서

2년본에는 '성자이나도聖自爾那都'로 되어 있으나 악록서사본에 따라 고친다.

87 바라도스Barrados: 원문은 '파랄타巴剌打'이다.

88 세바스치앙로페즈Sebastião Lopes: 원문은 '라비사羅卑斯'이다.

89 세인트바르톨로메오Saint Bartolomeo: 원문은 '성파이다라마聖巴爾多羅麼'이다.

90 세인트페드로Saint Pedro: 원문은 '성파다라聖巴多羅'이다.

91 로이즈Royez: 원문은 '라야사羅也斯'이다.

92 주술사: 원문은 '악승惡僧'이다.

93 예배당: 원문은 '학관學宮'이다. 학관은 본래 서당을 의미하지만, 여기에서는 종교와 관련이 있는 건물로 보인다.

94 오가사와라제도小笠原諸島: 원문은 '무인서無人嶼'이다. 보닌제도라고도 하는데, '보닌'은 일본어로 무인이라는 의미이다.

95 마리아나제도: 원문은 '측서側嶼'이다. 마젤란 등이 1521년 이 일대를 도적군도라고 멸시하는 이름을 붙였는데, 로버트 모리슨이 개명해서 '적賊'의 음과 유사한 '측側' 자로 번역했다.

96 캐롤라인제도: 원문은 '가라림군도加羅林群島'이다.

97 피지제도Fiji Islands: 원문은 '비치군서菲治群嶼'이다.

98 통가제도Tonga Islands: 원문은 '동아군서東牙群嶼'이다.

99 사모아제도: 원문은 '항해군도航海群島'이다.

100 쿡제도: 원문은 '곡군서谷群嶼'이다.

101 소시에테제도: 원문은 '회당會黨'이다.

102 투아모투제도: 원문은 '험해군서險海群嶼'이다.

103 타히티: 원문은 '타희지他希地'이다.

104 마르키즈제도: 원문은 '마기군서馬其群嶼'이다.

105 얼굴에 문신을 해서: 원문은 '조제雕題'이다. 고대 남방에 거주하던 사람들의 풍속으로 얼굴에 꽃무늬를 새겨 넣었다.

106 하와이제도: 원문은 '아왜희등서阿歪希等嶼'이다. 광서 2년본에는 '아성희등서阿盛希等嶼'로 되어 있으나 악록서사본에 따라 고쳐 번역한다.

107 황무지: 원문은 '황무荒蕪'이다. 광서 2년본에는 '황무荒無'로 되어 있으나 악록서사본에 따라 고쳐 번역한다.

108 호놀룰루Honolulu: 원문은 '아나라로阿那羅路'이다.

부록
동남양 가는 경로

─

『동서양고東西洋考』「남양'침로南洋針路」에 다음 기록이 있다.

칠주산七洲山의 칠주양七洲洋에서 출발해『경주지瓊州志』에 다음 기록이 있다. "문창현文昌縣에서 동쪽으로 1백 리의 바다 가운데 섬이 있는데 7개의 봉우리가 연이어져 있다. 안에는 샘이 있는데 물이 달고 맑아 마실 수 있다. 이곳을 지나는 선박은 죽을 바쳐서 해신에게 제사를 지내는데, 그렇지 않으면 재앙이 내렸다." 선박이 이 험한 곳을 지날 때 약간이라도 동쪽으로 잘못 들면 바로 만리석당으로,『경주지』에서 언급하는 만주萬州 동쪽의 석당해石塘海이다. 선박이 만리석당을 침범하면 벗어나기 어렵다. 칠주양의 수심을 측정하니 195m²로, 자오찌국의 통킹³으로 가려면 남서쪽⁴으로 5경(약 10시간)을 가면 여모산黎母山에 도달한다. 여모산, 경주瓊州 정안현定安縣 남쪽 4백 리에 있다.『광동·통지廣東通志』에 다음 기록이 있다. "오지산五指山은 일명 여모黎母라고 하는데 여동黎峒에 있으며, 5개 봉우리가 마치 사람의 손가락처럼 솟아 있다. 매일 진사辰巳⁵ 이후 구름과 안개가 걷히면 하나의 검푸른 산봉우리가 하늘 높이 솟아 있다. 신유申酉⁶ 사이에는 다시 구름과 안개가 덮여서 보이지 않는다. 정서쪽⁷으로 해서 15경(약 30시간)을 가면 박롱비섬Đảo Bạch Long Vĩ[8]에 도달한다." 박롱비섬 정북쪽[9]에서 북서쪽[10]으로 가서 도선Đồ Sơn 해구[11]를 경유해 5경(약 10시간)을 가면 계창문鷄唱門[12]이 나오는데 바로 베트남의 깟하이Cát Hải[13]이다. 을 경유하면 자오찌국의 통킹『일통지一統志』에 다음 기록이 있다. 동쪽으로 바다에 이르고 서쪽으로는 라오스Laos[14]에 이르며 남쪽으로는 참파에 이르고 북쪽으로는 사명부思明府에 닿는다. 에 도달한다.

또 칠주양에서 출발해 남서쪽[15]으로 3경(약 6시간)을 가면 동고산銅鼓山에 도달한다. 동고산,『광동통지』에 다음 기록이 있다. "문창현의 동북쪽에 있다. 동고해銅鼓海는 매우 깊고 험하다. 남서쪽으로 4경(약 8시간)을 가면 독주산獨珠山[16]에 도달한다." 독주산, 만주의 동남해 가운데에 있는데, 산봉우리가 높고 험준하며 둘레는 50~60리이다. 남만 여러 나라가 조공을 바치러 올 때 해로는 이 산을 기준으로 삼는데, 이 바다가 독주양獨珠洋이다. 선원들은 말하길 영백묘靈伯廟가 있어 왕래하면서 제물을 바친다고 한다. 수심을 측정하니 98m 정도인데, 남서쪽으로 해서 10경(약 20시간)을 가면 교지양交阯洋[17]에 도달한다. 교지양, 수심을 측정하니 105m 정도이며, 남서쪽으로 가면 짬섬Cù Lao Chàm[18]에 도달하는데, 이곳은 꽝남Quảng Nam[19]의 항구이다. 꽝남 한나라 때에는 일남군日南郡이었는데 수당 시기에 환주驩州[20]가 되고 청조 시기에는 예안부乂安府[21]가 되었다. 에 도달한다.

또 교지양에서 출발하면 남서쪽[22]으로 3경(약 6시간)을 가면 망영 해구望瀛海口[23]에 이르러 타인호아Thanh Hóa[24]로 들어간다. 타인호아 한대에는 구진군九眞郡, 수·당대에는 애주愛州[25]라고 했고 교지국의 서경西京이며 청조에서는 청화부淸化府라고 했다. 에 도달한다.

또 교지양에서 출발하면 투언안Thuận An 해구[26]에서 투언호아Thuận Hóa[27]로 들어간다. 투언호아 청조에서는 순화부順化府라고 한다. 에 도달한다.

또 교지양에서 출발하면 남서쪽으로 11경(약 22시간)을 가면 레섬Cù Lao Ré[28]에 도달한다. 레섬, 멀리서 보면 성문처럼 보이지만 가까이서 보면 동쪽은 높고 서쪽이 낮으며 북쪽에는 야자당椰子塘이 있고 서쪽에는 고로석古老石이 있다. 선박이 서쪽으로 붙어서 가는데 수심을 측정하니 약 68m 정도로 정남쪽[29]으로 3경(약 6시간)을 가면 마릉교馬陵橋[30]에 도달한다. 마릉교 내의 푸미Phù Mỹ[31]는 자오찌국의 현에 속한다. 푸미 마릉교, 수심을 측정하니 약 38m로 안과 밖 모두 선박이 지나갈 수 있다. 남쪽의 다리에서 출발해서 정남 방향으로 4경(약 8시간)을 가면 교배서交杯嶼[32]에 도착하는데, 바로 꾸이년Quy Nhơn항[33]이다. 꾸이년항, 청조에서는 신안부新安府라고 한다. 꾸이년 교배서, 두 섬이 서로 마주해서 잔을 부딪치는 형상을 하고 있어[34] 이름이 붙여졌다. 안쪽의 수심을 측정하니 약 27m 정도였으며, 정남쪽으로 3경(약 6시간)을 가면 감비르섬Gambir Island[35]에 도달한다. 감비르섬, 작은 돌탑이 있어 닻을 내리기 좋다. 안쪽의 수심을 측정하니 약 12~13m 정도이고 바깥쪽의 수심은 30m 정도이다. 남쪽에는 양각초羊角礁가 있어 접근하기 어렵다. 정남쪽으로 3경(약 6시간)을 가면 쑤언다이곶Vịnh Xuân Đài[36]에 도달한다. 쑤언다이곶, 자오찌·참파의 경계에 있다. 정남쪽으로 3경(약 6시간)을 가면 영산靈山[37]에 도달한다. 영산, 참파산과 이어져 있고 고개가 험준하고 모가 나 있으며, 산 정상에는 부처님의 얼굴을 한 커다란 바위가 있어 영산으로 불린다. 이곳에 땔나무와 식수를 구하러 오는 선박은 부처님을 숭상해서 불경을 외우거나 기도를 한다. 출발해서 수심을 측정하니 약 90m였다. 정남쪽[38] 방향으로 가면 가남모伽南貌[39]에 도달한다. 가남모산, 항구 내에 3개의 섬으로 이루어져 있는데 조수가 밀려오면 산이 보이지 않는다. 멀찍이 지나가서 수심을 측정하니 약 23m 정도였다. 남서쪽으로 5경(약 10시간)을 가서 혼론섬Đảo Hòn Lớn[40]을 경유해서 가나곶Vịnh Ga Na[41]에 이르니 곧 참파 항구이다. 참파국, 『일통지』에 따르면 다음과 같다. 동쪽으로 바다에 접하고 서쪽으로 운남에 이르며, 남쪽으로는 첸라와 접하고 북쪽으로는 안남으로 이어지며, 동북쪽으로 광동에 이르는데[42] 배로 가면 반달 정도 걸리고 애주崖州[43]에 도착하는 데에는 10일 정도 걸린다. 가나곶, 가나곶은 수심을 측정하니 약 75m이다. 남서쪽[44]으로 5경(약 10시간)을 가면 개가곶Vịnh Ge Ga[45]에 도달한다. 개가곶, 송나라 때 참파 왕이 항상 사람과의 접촉을 피하고자 할 때, 이 산으로 거처를 옮겼다고 한다. 근처의 수심을 측정하니 약 30m 정도이고, 바깥쪽은 약 27m 정도이다. 남서쪽으로 4경(약 8시간)을 가면 붕따우Vũng Tàu⁴⁶에 도달한다. **붕따우**, 수심이 약 38m 정도인데 바다 가운데에 있는⁴⁷ 빈투언Bình Thuận해도⁴⁸는 방어에 적합하다. 만약 캄보디아(柬埔寨)⁴⁹로 가려면 여기에서 길이 나누어지며, 정서쪽⁵⁰으로 4경(약 8시간)을 가면 가임산柯任山⁵¹에 도달한다. **가임산**, 개가곳에서 산을 따라가는데 바람의 변화에 적절히 대응해야 한다. 외임外任⁵²의 심항尋港에서 서남서쪽⁵³으로 출발하니 석란초石爛礁⁵⁴가 서남쪽에 있다. 가령 배를 타고 낙서落嶼 아래에 이르러서 뱃머리를 정서쪽 및 서남서쪽으로 해서 순풍을 타고 달리면 모해주毛蟹州⁵⁵에 도달한다. **모해주**, 수심은 약 9~10.5m 정도인데, 뱃머리를 모해주 맞은편으로 해서 들어갔다.⁵⁶ 수심이 약 4.5m 정도로 얕았기 때문에 선박이 사주沙洲에 올라탈까 두려워 선미를 낮추었는데, 요컨대 모해주를 알아보려면 반드시 양측에 암초⁵⁷와 가파른 곳⁵⁸이 보여야만 한다. 날씨가 대체로 청명한 날 조수가 물러나는 새벽에 외임에서 배를 출발해서 동풍을 타고 정오가 안 되어 얕은 곳에 이르렀는데, 정오가 되어 항구에 들어가니 신기했다. **캄보디아**(柬埔寨) 예전 첸라(眞臘)로 점랍占臘이라고도 한다. 항구에 다가가면 모두 진흙땅이었기 때문에 점랍니占臘泥⁵⁹라고도 했다. 나라 사람들은 스스로 감패지甘孛智라고 불렀는데, 후에 감파자甘破蔗로 와전되었으며, 선원들이 다시 간포채柬埔寨로 잘못 불렀다. 에 도달한다.

또 개가곳에서 출발하면 정남서쪽⁶⁰으로 15경(약 30시간)을 가면 꼰선섬에 도달한다. **꼰선섬**, 바다 한가운데 우뚝 솟아 있는데 섬이 높고 평평하며 기반이 광활해서 항간에 이르기를 "상행에는 칠주七洲⁶¹가 두렵고 하행에는 꼰선이 두려우니 나침반이 흔들려 배의 키를 조종할 수 없어 사람도 배도 살아남을 수 없다"⁶²라고 한다. 정서쪽에서 서쪽⁶³으로 3경(약 6시간)을 가면 소곤륜에 도달한다. **소곤륜**, 양측의 암초 사이에서 출발해서 서쪽에서 정서쪽⁶⁴으로 8경(약 16시간)을 가면 혼코아이섬Đào Hòn Khoai⁶⁵에 도달한다. **혼코아이섬**, 세 개의 섬으로 이루어진 것처럼 보인다. 안쪽을 지나자니 수심은 약 21m 정도였으나 진흙땅이었고 바깥쪽으로 지나가자니 수심은 약 27m 정도였으나 모래땅이었다. 멀찍이 지나가자니 단지 약 10.5~12m 정도의 혼쭈오이섬Đào Hòn Chuối[66]이 있는데 수심이 얕아 지나갈 수가 없어 직접 혼코아이섬에서 동북쪽으로 출발해서 암초의 남쪽 부근을 지나갔다. 서북서쪽[67]으로 5경(약 10시간)을 가면 토쭈섬 Đào Thổ Chu[68]에 도달한다. **토쭈섬**, 태국과 경계를 이루고 있어 밖으로 남쪽을 지나는데 수심을 측정하니 약 37.5m여서 정식 항로로 삼았다. 북쪽은 수심이 얕아 단지 약 7.5m 정도이다. 선박이 남쪽에 있을 때는 바이섬Vai Island[69]이 보인다. **바이섬**, 섬에 나무가 많고 수심을 측정하니 약 21m 정도이다. 서북서쪽[70]으로 10경(약 20시간), 다시 서북서쪽[71]으로 10경, 북북서쪽[72]으로 10경을 가면 크람섬Ko Khram[73]에 도달한다. **크람섬(筆架山)**, 멀리서 바라보면 그 형상이 붓걸이의 모습을 하고 있기 때문에 이 이름이 붙여졌다. 섬 아래의 수심은 약 21m 정도이다. 배를 출발하니 수심은 약 30m 정도인데, 북북서쪽[74]으로 5경(약 10시간)을 가면 파이섬Ko Phai[75] 및 란섬Ko Lan[76]에 도달한다. **란섬**, 서쪽이 높고 크며 동남쪽은 다소 낮은데, 그 안에 있는 섬 중 서북 일대가 석배산 石排山[77]이며 북쪽[78]으로 5경을 가면 규두천圭頭淺[79]에 도달한다. **규두천**, 수심을 측정하니 60m이다. 북서쪽[80] 방향으로 3경[81](약 6시간)을 가면 죽서竹嶼[82]에 도달한다. **죽서**, 항구가 얕아 수심을 측정하니 약 6~7.5m 정도이다. 북쪽에서 북서쪽으로 가서 섬을 따라[83] 남서쪽 방향으로 가면 끝자락이 곧 태국(暹羅)[84]이다. **태국** 즉 옛 적토赤土[85]와 파라찰婆羅刹[86]의 땅으로 청조에 이르러 시암(暹)과 롭부리(羅), 두 나라가 합쳐져 태국이 되었다. 『일통지』에 따르면 참파의 최남단에 있다고 한다. 에 도달한다.

또 꼰선섬에서 출발하면 남서쪽에서 서쪽으로 30경(약 60시간)을 가면 클란탄 Kelantan[87]에 도달한다. **클란탄**, 빠따니Pattani 항구[88]이다. 남서쪽으로 7경(약 14시간)을 가면 곧 빠따니의 항구에 도착한다. **빠따니** 복건을 통해 조공했다. 에 도달한다.

또 꼰선섬에서 출발하면 혼코아이섬에 도달해서 서쪽으로 28경(약 56시간)을 가면 나콘시탐마랏Nakhonsrithamarat[89]에 도달한다. **나콘시탐마랏** 태국의 속국이다. 그 땅은 빠따니와 서로 연결되어 있다. 에 도달한다.

또 꼰선섬에서 출발하면 남서쪽 방향으로 30경(약 60시간)을 가면 텡골섬Pulau Tenggol[90]에 도달한다. 텡골섬, 남쪽[91] 방향으로 5경(약 10시간)을 가면 파항Pahang[92]에 도달한다. 파항, 일명 팽갱彭坑으로 정남쪽 방향으로 5경을 가면 티오만Tioman[93]에 도달한다. 티오만, 페칸Pekan[94]에 위치하며, 바깥쪽의 수심은 약 42m 정도이고 안쪽은 약 66m 정도이며, 3경(약 6시간)을 가면 아우르섬Pulau Aur[95]에 도달한다. 아우르섬, 이곳은 조호르Johor[96]의 지경이다. 남남서쪽[97] 방향으로 10경(약 20시간)을 가면 리마섬Pulau Lima[98]에 도달하니 곧 조호르 항구이다. 조호르국, 일명 우중타나Ujung Tanah[99]이다. 리마섬, 수심이 얕아서 방어에 적합하며 왕래할 때는 페드라브랑카Pedra Branca[100]를 찾아서 기준으로 삼는다. 믈라카를 향해 북쪽에서 배를 타고 서쪽 방향으로 5경을 가면 싱가포르Singapore[101]에 입항한다. 싱가포르(龍牙門), 링가제도Pulau Lingga[102]와 서로 마주하고 있어 용의 이빨 모양과 같고, 그 사이를 배가 지나간다. 토양은 척박해서 곡식이 부족해 약탈하는 것을 호기롭게 여겨 외국 선박들은 이에 대비한다. 밤에 감히 지나가지 않는 것은 도둑이 많기 때문이지만, 또한 남쪽에 라분섬Pulau Labun[103]이 있기 때문이기도 하다. 중간의 수심을 재니 약 45m 정도이고 북쪽은 약 30m 정도, 남쪽은 약 12~13.5m 정도였다. 다시 테마섹Temasek[104]을 지나 서쪽 및 서북서쪽[105] 방향으로 3경(약 6시간)을 가면 카리문자와Karimunjawa[106]에 도달한다. 카리문자와, 수심을 재니 약 40.5m 정도이고 양측은 수심이 낮았다. 북서쪽으로 3경을 가면 피상섬Pulau Pisang[107]에 도달한다. 피상섬, 수심을 재니 약 37.5m 정도이다. 북서쪽으로 5경을 가면 전서箭嶼[108]에 도달한다. 전서, 수심을 재니 약 51m 정도이다. 북서쪽으로 5경을 가면 오서五嶼[109]에 도달한다. 오서, 이전 시대에 부족장이 이곳에 진鎭을 열었는데,[110] 이 중에 진오서眞五嶼와 가오서假五嶼[111]가 있으며, 섬을 따라서 들어가면 믈라카melaka[112]이다. 믈라카 마륙갑麻六甲, 즉 믈라카국으로 뱃사람들이 음을 잘못 전한 것이다. 고대 가라부사歌羅富沙 땅이다. 에 도달한다.

또 아우르섬에서 출발하면, 남쪽으로 10경(약 20시간)을 가면 빈탄섬Pulau Bintan[113]에 도달한다. 빈탄섬, 북쪽 정식 항로는 수심을 재니 약 39m 정도이다. 그대로 정기의丁機宜[114]로 가서 남서쪽으로 4경을 가면 독석문獨石門[115]에 도달한다. 독석문, 독석문을 나와서 정서쪽으로 10경을 가면 철정서鐵釘嶼[116]를 지난다. 철정서, 바깥쪽은 조수의 흐름이 매우 거세다. 정서쪽 및 서남서쪽으로 4경(약 8시간)을 가면 부아야섬Pulau Buaya[117]에 도달한다. 부아야섬, 서쪽은 암초이다. 그 주변의 조류는 낮에는 남쪽으로 흐르다가 밤에는 북쪽으로 흐른다. 제2항[118]을 통해 다시 들어가면 정기의국이다. 정기의 자와의 속국이다. 에 도달한다.

또 빈탄섬에서 출발하면 남쪽으로 10경(약 20시간)을 가면 다이크산Gunung Daik[119]에 도달한다. 다이크산, 링가섬Pulau Lingga[120]의 주변을 지나가는데 정남쪽으로 3경을 가면 싱켑섬Pulau Singkep[121]에 도달한다. 싱켑섬, 돌아 들어가서 7경(약 14시간)을 가면 잠비Jambi[122]에 도달할 수 있다. 잠비, 스리비자야Srivijaya[123] 사람들이 그 나라의 왕을 잠비라고 했는데, 그 나라가 이미 자와에 멸망당해 그 왕이 이곳으로 옮겨 왔기 때문에 이 지명이 생겨난 것이다. 투주섬Pulau Tujuh,[124] 싱켑섬에서 출발해서 남쪽으로 3경을 가면 이곳에 도달한다. 다시 남남서쪽으로 7경을 가면 방카섬Pulau Bangka[125]에 도달한다. 방카섬, 남서쪽[126]으로 3경을 가면 서남제이산西南第二山에 도달하는데 암초가 잠겨 있다. 남서쪽으로 팔렘방Palembang으로 들어간다. 팔렘방 스리비자야의 옛 도읍지로 그 이전에는 간타리국幹陁利國이었는데 당초 자와에 병합된 후 저들의 그레식(新村)과 구별해서 팔렘방(舊港)으로 개명되었다. 에 도달한다.

다시 방카섬에서 출발하면 남동쪽[127]으로 10경을 가면 방카해협Selat Bangka[128]에 도달한다. 방카해협, 남남동쪽[129]으로 암초를 돌아서 7경을 가면 마스파리섬Pulau Maspari[130]에 도달한다. 마스파리섬, 마스파리섬을 지나 정남쪽[131] 및 남쪽 방향으로 5경을 간다. 남서쪽으로 5경을 가면 툴랑바왕Tulangbawang 항구[132]에 도달한다. 툴랑바왕 항구, 여기에서 보이는 하나의 산은 이름이 진불진가불가眞不眞假不假[133]이며 정식 항로로 수심은 약 25.5m이다. 정남쪽으로 10경을 가면 크타팡Ketapang 항구[134]에 도달한다. **크타팡 항구**, 크타팡 사람들은 사람을 즐겨 잡아먹었기 때문에 선박이 닻줄을 내리는 경우는 거의 없었다. 항구 밖에 있는 작은 섬 중에 노사아奴沙牙[135]라는 이름의 섬이 있는데, 부근 섬의 수심을 재니 12~13.5m 정도였다. 남쪽 방향으로 3경을 가면 노사랄奴沙剌[136]에 도달하는데 수심은 약 21m이다. 다시 남쪽으로 3경을 가면 멀리 석란산錫蘭山[137]이 보인다. **석란산 항구**, 양나라 시기의 이른바 랑카수카Langkasuka인데, 지금은 석단石旦으로 와전되었다. 현지인들이 높은 산을 '석란錫蘭'이라고 하는 것에서 유래되었다. 이곳은 자와의 땅인데 석란산 항구라고 부르는 것은 단지 멀리 보이는 것을 가지고 말한 것으로 사실은 스리랑카에서 훨씬 멀리 떨어져 있다. 스리랑카는 땅이 넓고 인구는 많아 자와에 버금간다. 해변에는 하나의 반석이 있는데 위에 발자국 흔적이 있으며 길이가 3자를 넘는데 항상 물이 마르지 않아 선대에 석가모니가 그레이트니코바르섬Great Nicobar Island[138]에서 와서 이곳에 올라 족적을 남긴 것이 지금도 여전히 남아 있다고 전한다. 영락永樂 연간 이 나라 왕이 조공을 바치러 왔으나 돌아가서는 지세의 험준함에 의지해 순종하지 않았다. 태감 정화鄭和가 그 왕을 사로잡았으나 황제의 명으로 풀어 주었다. 바다 가운데에는 무릇 오서가 있는데 정문의 수심을 재니 약 6~7.5m 정도였다. 남남동쪽으로 6경(약 12시간)을 가면 반탄Bantan[139]에 도달한다. **반탄** 옛 사파闍婆로 남해 중에 있으며 또한 사파社婆라고도 한다. 지원至元[140] 시기에 비로소 자와라고 불리었다. 지금 반탄은 바로 그 나라의 큰 진의 하나였을 뿐이다. 뱃사람[141]들은 또한 순탑順塔이라고 한다. 다시 클라파(咖嚼吧)로 들어간다. 에 도달한다.

또 믈라카 Melaka[142] **오서에서 출발하면** 길을 나누어 수마트라로 들어가서 북서쪽[143]으로 5경을 가면 클랑섬Pulau Kelang[144]에 도달한다. **클랑섬**, 제3만은 선박이 지나가기에 좋은 곳으로 수심은 약 10.5~12m 정도이고 바깥쪽은 약 30m 정도이다. 정북서쪽으로 수심이 얕은 곳을 지난다. 서북서쪽으로 4경을 가면 아루아제도Kepulauan Aruah[145]에 도달한다. **아루아제도**, 양측의 수심을 재니 약 99m 정도이지만 수심이 얕은 곳이 있어 선박은 마땅히 멀리 지나가야 한다. 북북서쪽으로 10경을 가면 이유섬 Pulau Iyu[146]에 도달한다. 이유섬, 양측의 수심을 재니 약 52.5m이고 두 섬의 가운데가 약 15m 정도로 정식 항로이다. 북서쪽 및 서북서쪽으로 4경(약 8시간)을 가면 베르할라 섬Pulau Berhala[147]에 도달한다. 베르할라섬, 안쪽 수심을 재니 약 24m 정도이고 바깥 쪽은 약 60m 정도이다. 서북서쪽으로 10경을 가면 아루Aru[148]가 나타난다. 아루, 암 초의 수심을 재니 약 4.5m 정도이고 바닷속은 약 30m 정도이다. 북북서쪽 및 북서쪽 으로 가다가 섬을 벗어나[149] 북북서쪽으로 15경(약 30시간)을 가면 프를락Perlak[150]에 도 달한다. 프를락, 그 옆에는 슴빌란Sĕmbilan[151]이 있는데 삼림이 울창하다. 영락 연간[152] 정화가 관병을 보내 산에 들어가 향목을 채취하니 그 길이가 6~7길이나 되는 것이 몇 그루가 있었는데 그 향이 맑고 깨끗해서 멀리까지 퍼져 나가고 그 향목에는 검고 가 느다란 문양이 있어 현지 사람들은 눈을 휘둥그래 뜨고 혀를 내두르며 과연 천조의 위력은 신령스럽다고 감탄했다. 정북서쪽 및 북북서쪽으로 5경을 가면 급수만急水灣[153] 에 도달한다. 급수만, 서쪽 부근에는 만이 있는데 잠겨 있는 암초 사이로 파도가 출 렁이고 양측의 수심을 측정하니 약 37.5m이다. 서쪽으로 5경을 가면 아체Aceh[154]에 도 달한다. 아체국 즉 소문답랄국蘇文答剌國으로 일명 소문달나蘇文達那라고 한다. 『광동통 지』에 따르면 믈라카에서 9일 밤낮을 가면 도착할 수 있다고 한다. 에 도달한다.

또 빈투언해도[155]에서 출발하면 남남서쪽으로 3경을 가면 캣위크군도Catwick Islands[156]에 도착한다. 캣위크군도, 그레이트캣위크섬[157]에서 배를 타고 가며 멀리서 보면 암초와 같은 형상이다. 정남쪽으로 5경을 가고 남남서쪽으로 30경을 가면 그레 이트나투나섬Pulau Natuna Besar[158]에 도달한다. 그레이트나투나섬, 섬 근처에서 남 서쪽으로 5경을 가면 미다이섬Pulau Midai[159]에 도달한다. 미다이섬, 남동쪽[160] 방향으 로 5경을 가면 세라야섬Pulau Seraja[161]에 도달한다. 세라야섬, 섬 꼭대기에는 노고석 老古石이 있는데 정식 루트는 그 서쪽에 있다. 남동쪽으로 30경을 가면 카리마타제도 Kepulauan Karimata[162]에 도착한다. 카리마타제도, 섬 정상에는 연못이 있고 연못 위의 석벽에는 고전古篆[163]이 있다. 정남동쪽[164]으로 7경(약 14시간)을 가서 다시 정남쪽[165]으로 6경을 가면 벨리퉁섬Pulau Belitung[166]에 도달한다. **벨리퉁섬**, 남쪽 방향으로 15경(약 30시간)을 가면 카리문자와제도Kepulauan Karimunjawa[167]에 도달한다. **카리문자와제도**, 서쪽으로는 암초가 길게 늘어서 있고 노고천老古淺이 있어 섬을 벗어날 때는 주의해야 한다. 남동쪽으로 4경(약 8시간)을 가면 무리아산Gunung Muria[168]에 도달한다. **무리아산**, 이 산과 카리문자와는 서로 마주하고 있는데, 속칭 파나대산巴哪大山이라고 와전되었다. 서양 상선이 아직 도착하기 전에 먼저 이 산을 발견했는데 정상에는 다섯 개의 봉우리가 솟아 있으며 구름이 그 위를 덮고 있었다. 남동쪽 방향으로 4경을 가면 초산椒山[169]에 도달한다. **초산**, 곧 투반Tuban[170]의 땅이다. 산을 따라 마서磨嶼[171]에 도달한다. 7경을 가면 요동饒洞[172]으로 들어간다. **사길항思吉港[173] 요동** 즉 수카다나Sukadana[174]로 정치[175]는 자와국과 비슷하며 그레식Gresik[176]을 중심지로 한다. **에 도달한다.**

또 무리아산에서 출발하면 동남동쪽[177]으로 5경을 가면 그레식항에 도달한다. **그레식항**, 즉 자와의 투반[178]으로 사서에서 말하는 이른바 수라바야해협Selat Surabaya[179]으로 통하는 곳이다. 수심은 약 12~13.5m 정도이다. 동남동쪽 방향으로 1경을 가면 수라바야[180]에 도달한다. **수라바야**, 남남서쪽 방향으로 5경을 가면 발리섬Pulau Bali[181]에 도달한다. **발리섬**, 즉 『성사승람星槎勝覽』에서 말하는 팽리彭里이다. 민간에서는 노략질을 좋아한다. 정동쪽[182]으로 3경을 가면 롬복섬Pulau Lombok[183]에 도달한다. **롬복섬**, 섬 아래에는 숨바와섬Pulau Sumbawa[184]이 있는데, 이 섬 앞에는 노고천老古淺이 있다. 정동쪽[185]으로 5경을 가면 장갈라Janggala[186]에 도달한다. **장갈라**, 선원들이 고라高螺[187]라고 잘못 불렀는데 땅은 자와와 경계를 서로 접하고 있으며 높은 산이 수려하고 안에는 동굴이 있는데 앞뒤로 세 개의 문이 있고 만 명을 수용할 수 있다. 정동쪽 방향으로 5경을 가면 크라카타우화산Gunung Krakatau에 도달한다. **크라카타우화산**, 안쪽의 리마산里馬山[188]에는 진리마眞里馬·가리마假里馬가 있으며, 상제앙해협Selat Sangean[189]을 지나 남동쪽 방향으로 2경을 가면 사페해협Selat Sape[190]에 도달한다. **사페**

해협, 일명 쌍패雙牌라고 하는데 수심이 깊고 조류가 빠르다. 수문을 나와 동남동쪽 방향으로 3경을 가면 린자섬Pulau Rindja[191]에 도달한다. 린자섬, 동쪽[192] 방향으로 10경을 가면 엔데섬Pulau Ende·에피에곶Tanjung Apie[193]에 도달한다. 엔데섬·에피에곶, 동쪽 방향으로 6경을 간 후 정동쪽 방향으로 7경을 가면 솔로르섬Pulau Solor[194]에 도달한다. 솔로르섬, 네덜란드인[195]이 거주하고 있으며, 선박이 진입하기에 적합하지 않다. 동남동쪽 방향으로 3경을 가면 산을 품고 있는 판타르섬Pulau Pantar[196]에 도달한다. 판타르섬, 정동쪽 방향으로 2경을 가면 딜리Dili[197]에 도달하니, 즉 티모르섬[198]이다. 티모르섬 즉 길리지문吉里地問으로 여러 나라 중에서 가장 먼 곳이다. 에 도달한다.

또 카리마타제도[199]에서 출발하면, 반자르마신Banjarmasin[200]으로 가면 길이 나뉘는데 남남동쪽 및 남동쪽으로 5경을 가면 발리만캅섬Pulau Balimankap[201]에 도달한다. 발리만캅섬, 곧 백수양白水洋[202]이다. 수심은 약 12m 정도로 정식 항로이며, 근처 섬은 수심이 얕아 주의를 요한다. 동남동쪽으로 5경을 간 후 동북동쪽[203] 방향으로 5경을 가고 정동쪽 방향으로 5경을 가면 삼핏Sampit[204]에 도달한다. 삼핏, 동남동쪽 방향으로 2경을 가면 벨랑섬Pulau Belang[205]에 도달하는데 수심은 약 9m 정도이고 정식 항로이다. 벨랑섬, 이곳을 조금 벗어난 곳에 바위 6~7개가 있는데 이름을 말라타유르Malatayur[206]라고 하며 정남동쪽 방향으로 3경을 가면 말라타유르곶Tanjung Malatayur[207]에 도달한다. 말라타유르곶, 수심이 얕아 주의를 요하는데 수심을 재면 약 7.5m로 정식 항로이다. 정남동쪽 및 남동쪽 방향으로 4경, 다시 남동쪽 방향으로 가면 바리토강Sungai Barito[208]에 도달한다. 바리토강 하구, 도둑이 매우 많고 밤에는 살인 사건이 빈번하게 발생한다. 앞에는 큰 섬이 있는데 반자르마신이다. 반자르마신[209] 예전에는 문랑文狼이라고 했다. 에 도달한다.

附東南洋道路

一

『東西洋考』「南洋鍼路」: 自七州山七州洋始, 『瓊州志』曰在文昌東一百里, 海中有山, 連起七峰. 內有泉, 甘洌可食. 舶過, 用牲粥祭海厲, 不則爲祟. 舟過此極險, 稍貪東, 便是萬里石塘, 卽『瓊州志』所謂萬州東之石塘海也. 舟犯石塘, 希脫者. 七州洋打水一百三十托, 若往交阯東京, 用單申針, 五更, 取黎母山. 黎母山, 在瓊州定安縣南四百里. 『廣東通志』曰 五指山一名黎母, 生黎峒中, 五峰如人指屹立. 每辰巳後, 雲霧收歛, 則一峰聳翠挿天. 申酉間, 復蔽不見. 用庚卯針, 十五更, 取海寶山. 海寶山, 用單亥針及乾亥, 由塗山海口, 五更, 取雞唱門, 卽安南雲屯海門也. 交阯東京. 『一統志』曰東至海, 西至老撾, 南至占城, 北至思明府.

又從七州洋, 用坤未針, 三更, 取銅鼓山. 銅鼓山, 『廣東通志』曰在文昌東北. 銅鼓海極深險. 用坤未針, 四更, 取獨珠山. 獨珠山, 山在萬州東南海中, 峰勢高峻, 周圍五六十里. 南國諸番修貢, 水道視此爲準, 其洋爲獨珠洋. 舶人云, 有靈伯廟, 往來祭獻. 打水六十五托, 用坤未針, 十更, 取交阯洋. 交阯洋, 打水七十托, 用坤未針, 取占筆羅山, 是廣南港口. 廣南. 漢爲日南郡, 隋·唐爲驩州, 國朝爲乂安府.

又從交阯洋, 用末申針, 三更, 取望瀛海口, 入淸華港. **淸華港.** 漢爲九眞郡, 隋唐爲愛州, 交阯爲西京, 國朝爲淸化府.

又從交阯洋, 取小長沙海口, 入順化港. **順化港.** 國朝爲順化府.

又從交阯洋, 用坤未針, 十一更, 取外羅山. **外羅山,** 遠望城門, 近看東高西低, 北有椰子塘, 西有古老石. 船傍西行, 打水四十五托, 用丙午針, 三更, 取馬陵橋. 其內爲提夷, 是交阯屬縣. **提夷馬陵橋,** 打水二十五托, 內外俱可過船. 南邊有橋出水, 用丙午針, 四更, 至交杯嶼, 卽新州港口. **新州港,** 國朝爲新安府. **新州交杯嶼,** 兩嶼相對, 如交杯狀, 故名. 內打水十八托, 用丙午針, 三更, 取羊嶼. **羊嶼,** 有小石塔, 好拋錨. 內打水八九托, 外二十托. 南有羊角礁, 不可近. 用丙午針, 三更, 取煙筒. **煙筒山,** 此交阯·占城分界處也. 用丙午針, 三更, 取靈山. **靈山,** 與占城山連接, 峻嶺而方, 山頂一石塊似佛頭, 故名靈山. 往來販舶於此樵汲, 崇佛, 誦經祈禳. 開, 打水六十托. 用單午針, 取伽南貌. **伽南貌山,** 港內有三嶼, 潮漲則不見山. 遠過, 打水十五托. 用坤未針, 五更, 由圭龍嶼取羅灣頭, 卽占城港口. **占城國,** 『一統志』曰東距海, 西抵雲南, 南接眞臘, 北連安南, 東北至廣東, 舟行可半月程, 至崖州, 可十日程. **占城國羅灣頭,** 打水五十托. 用坤申針, 五更, 取赤坎山. **赤坎山,** 宋時占城王常避交人, 徙居茲山. 近打水二十托, 外十八托. 用單申針, 四更, 取鶴頂山. **鶴頂山,** 打水二十五托, 洋中有玳瑁洲宜防. 若往柬埔寨, 由此分路, 用單庚針, 四更, 取柯任山. **柯任山,** 自赤坎沿山而行, 因風應變. 外任尋港, 用庚申針, 開, 有石爛礁在西南. 若行船放落嶼下, 開頭用單庚及庚申針, 看風讓高, 收毛蟹州. **毛蟹州,** 打水六七托, 船頭對洲收入. 有三托水, 在淺內, 船恐犯洲, 尾淺, 要認毛蟹州, 須見兩邊坤身頭崎便是. 大略晴明, 潮水曉退, 在外任開船, 東風小午到淺, 至午進港爲妙. **柬埔寨.** 卽古眞臘地也, 又名占臘. 將至港, 俱是泥地, 故名占臘泥. 國人自呼甘孛智, 後訛爲甘破蔗, 舶人又訛爲柬埔寨.

又從赤坎山, 單未針, 十五更, 取崑崙山. **崑崙山,** 屹然海中, 山高而方, 基盤廣遠, 俗云 "上怕七州, 下怕崑崙, 針迷舵失, 人船莫存." 用單庚及庚酉針, 三更, 取小崑崙. **小崑崙,** 兩邊有礁出水, 用庚酉及單酉針, 八更, 取眞嶼. **眞嶼,** 看成三山. 內過, 打水十四托, 泥地, 外過, 打水十八托, 沙地. 遠過, 只七八托便是假嶼, 水淺, 不可行, 直從眞嶼東北邊出水, 礁南邊過船. 用庚戌針, 五更, 取大橫山. **大橫山,** 到此是暹羅界, 外過南邊, 打水二十五托爲正路. 北邊水淺, 只五托水. 船在南邊見小橫山. **小橫山,** 其山多樹, 打水十四托. 用辛戌針十更, 單戌針十更, 乾戌針十更, 取筆架山. **筆架山,** 遠望形如筆架, 故云. 山下打水十四托. 開, 打水二十托, 壬亥針, 五更, 取陳公嶼及黎頭山. **黎頭山,** 西邊高大, 東南稍低, 其內有嶼, 西北一派是石排山, 用壬子針, 五更, 取圭頭淺. **圭頭淺,** 打水四十托. 用單乾針, 三更, 取竹嶼. **竹嶼,** 淺口打水四五托. 用壬子針及乾亥, 沿山坤申, 尾卽暹羅. **暹羅.** 乃古赤土及婆羅刹地, 至本朝合暹與羅斛二國, 名暹羅. 『一統志』曰: 在占城極南.

又從崑崙山, 用坤申及庚酉針, 三十更, 取吉蘭丹. **吉蘭丹,** 卽大泥港口. 用坤申針, 七更, 入港是大泥國. **大泥國.** 貢道由福建入.

又從崑崙山, 取眞嶼, 用辛酉針, 二十八更, 取六坤. **六坤.** 暹羅屬國也. 其地與大泥相連.

又從崑崙山, 用坤未針, 三十更, 取斗嶼. **斗嶼,** 用丁午針, 五更, 取彭亨國. **彭亨國,** 一名彭坑, 單午針, 五更, 取地盤山. **地盤山,** 在彭亨港, 外打水二十八托, 內四十四托, 三更, 至東西竺. **東西竺,** 此柔佛地界也. 用丁未針, 十更, 取羅漢嶼, 卽柔佛港口. **柔佛國,** 一名烏丁樵林. **羅漢嶼,** 水淺, 宜防, 往來尋白礁爲準. 往滿剌加從北邊過船, 用庚酉針, 五更, 入龍牙門. **龍牙門,** 山門相對, 如龍牙狀, 中通船. 田瘠穀薄, 據掠爲豪, 番舶於此防之. 夜不敢行, 以其多盜, 且南有涼傘礁也. 中打水三十托, 北二十托, 南八九托. 又過淡馬錫門, 用庚酉及辛戌針, 三更, 取吉里問山. **吉里問山,** 打水二十七托, 兩邊有淺. 用乾亥針, 三更, 取毗宋嶼. **毗宋嶼,** 打水二十五托. 用單亥針, 五更, 取箭嶼. **箭嶼,** 打水三十四托. 用乾亥針, 五更, 取五嶼.

五嶼, 先時酋開鎭於此, 此中有眞五嶼·假五嶼, 沿山而入, 爲麻六甲. 麻六甲. 卽滿刺加國也, 船人音訛耳. 在古爲歌羅富沙地.

又從東西竺, 用丙午針, 十更, 取長腰嶼. 長腰嶼, 北邊正路, 打水二十六托. 若往丁機宜, 用坤申針, 四更, 取獨石門. 獨石門, 出門, 用單酉針, 過鐵釘嶼. 鐵釘嶼, 其外水流急甚. 用單庚及庚申針, 四更, 至鱷魚嶼. 鱷魚嶼, 西是坤身. 晝南流而夜北流. 再進由第二港入, 是丁機宜國. 丁機宜. 爪哇屬國.

又從長腰嶼, 用丁午針, 十更, 取龍雅大山. 龍雅山, 在馬戶邊過, 用單午針, 三更, 取饅頭嶼. 饅頭嶼, 收入卽是詹卑, 七更可到. 詹卑, 三佛齊人稱其國王爲詹卑, 其國旣爲爪哇所破, 故王徙居於此, 因以名地. 七嶼, 從饅頭嶼駕開, 用丁午針, 三更, 到此. 又用丁未針, 七更, 取彭家山. 彭家山, 用坤未針, 三更, 取西南第二山, 有沈礁. 用坤申針, 收舊港. 舊港. 卽三佛齊故都也, 其先爲幹陁利國, 初時爲爪哇所竝, 改名舊港, 以別於彼之新村.

又從彭家山, 用辰巽針, 十更, 取進峽門. 進峽門, 用丙巳針, 巡坤身, 七更, 見三麥嶼. 三麥嶼, 過嶼用單丁及丁午針, 五更. 單未針, 五更, 取都麻橫港口. 都麻橫港口, 中望一山, 名眞不眞假不假, 正路打水十七托. 用單午針, 十更, 取覽邦港口. 覽邦港口, 覽邦夷人好食人, 故舶無維纜者. 外有小嶼名奴沙牙, 近嶼打水八九托. 用丁午針, 三更, 取奴沙剌, 打水十四托. 又用丁午針, 三更, 遠望錫蘭山. 錫蘭山港口, 卽梁時所謂狼牙修也, 今訛爲石旦. 夷言高山爲'錫蘭', 因名. 此瓜哇地, 而稱錫蘭港口者, 亦就望見言之, 其實去彼尚遠. 地廣人稠, 亞於爪哇. 海邊有一盤石, 上印足跡, 長三尺許, 常有水不乾, 稱先世釋迦從翠藍嶼來, 登此足躡迹, 至今尚存. 永樂間, 其王來貢, 旋復負固不恭. 鄭中貴和虜其王歸, 上命釋之. 洋中凡五嶼, 正門打水四五托. 用丙巳針, 六更, 至下港. 下港. 卽古闍婆, 在南海中者也, 亦名社婆. 至元始稱爪哇. 今下港, 正彼國一巨鎭耳. 舶人亦名順塔. 再進入爲咖留吧.

又從滿刺加國五嶼, 分路入蘇門答剌, 用單乾針, 五更, 取綿花嶼. 綿花嶼, 第三灣正好過船, 打水七八托, 外二十托. 用單戌針過淺. 辛戌針, 四更, 取雞骨嶼. **雞骨嶼,** 對開打水六十六托, 有淺, 船宜遠過. 用乾戌針, 十更, 取雙嶼. **雙嶼,** 對開打水三十五托, 門中十托, 卽正路所經也. 用乾戌針竝辛戌, 四更, 取單嶼. **單嶼,** 內打水十六托, 外四十托. 用辛戌針, 十更, 認亞路. **亞路,** 坤身打水三托, 洋中二十托. 用壬亥及乾亥針, 若離山用乾戌針, 十五更, 取巴祿頭. **巴祿頭,** 其旁爲九州山, 林木叢生. 永樂間, 鄭和遣人入山採香, 有長六七丈者數株, 香味淸遠, 黑花細紋, 山人張目吐舌, 言天朝威力若神. 用單亥及乾戌針, 五更, 取急水灣. **急水灣,** 西邊有灣, 沈礁打浪, 對開, 水二十五托. 用辛酉針, 五更, 取亞齊. **亞齊國.** 卽蘇文答剌國也, 一名蘇文達那. 『廣東通志』曰自滿剌加九晝夜可至.

又從玳瑁洲, 用丁未針, 三更, 取東西董. **東西董,** 從西董過船, 遠似石礁狀. 用單丁針, 五更, 丁未, 三十更, 取失力大山. **失力大山,** 近山, 用坤未針, 五更, 取馬鞍嶼. **馬鞍嶼,** 用巽巳, 五更, 取塔林嶼. **塔林嶼,** 山尖有老古石, 正路在西. 用辰巽針, 三十更. 取吉甯馬哪. **吉甯馬哪山,** 山上有池, 池上石壁有古篆. 用單巳針. 七更, 單丙針, 六更, 取勿里洞山. **勿里洞山,** 丙午, 十五更, 取吉里問大山. **吉里問大山,** 西面坤身, 拖尾甚長, 有老古淺, 離山宜防. 用辰巽針, 四更, 取保老岸山. **保老岸山,** 山與吉里問相對, 俗訛呼巴哪大山. 番舶未到, 先見此山, 頂聳五峰, 雲覆其上. 用巽巳針, 四更, 取椒山. **椒山,** 卽豬蠻地. 沿山取磨嶼. 七更, 收入饒洞. **思吉港饒洞.** 卽蘇吉丹國, 政與爪哇國相近, 而吉力石爲之主.

又從保老山, 用乙辰針, 五更, 取吉力石港. **吉力石港,** 卽爪哇之杜板村, 史所謂通蒲奔大海者也. 打水八九托. 用乙辰針, 一更, 取雙銀塔. **雙銀塔,** 用丁未針, 五更, 取磨里山. **磨里山,** 卽『星槎勝覽』所謂彭里者也. 俗尙寇掠. 用單乙針, 三更, 取郎木山. **郎木山,** 山下有三吧哇嶼, 嶼前有老古淺. 用單卯針, 五更, 取重迦羅. **重迦羅,** 舶人訛呼高螺, 地與爪哇界相接, 高山奇秀, 內一石洞, 前後三門, 可容萬人. 用單卯針, 五更, 取火山. **火山,** 內是里馬山, 有眞里馬·假里馬, 過火山門, 用辰巽針, 二更, 取大急水. **大急水,** 一名雙牌, 水深流急. 出門, 用乙辰針, 三更, 至髻嶼. **髻嶼,** 用乙卯針, 十更, 取大雲螺·小雲螺. **大小雲螺,** 用乙卯針, 六更, 單卯針, 七更, 取蘇律山. **蘇律山,** 有紅毛番居此, 不宜進舶. 用乙辰針, 三更, 收山取印嶼. **印嶼,** 用單卯針, 二更, 至美羅港, 卽是池悶. **池悶.** 卽吉里地悶, 是諸國最遠處也.

又從吉甯馬礁, 往文郎馬神分路, 用丙巳及巽巳針, 五更, 取吧哩馬閣. **吧哩馬閣,** 卽白水洋. 打水八托是正路, 近嶼有淺可防. 用乙卯針五更, 甲卯針五更, 單卯針, 五更, 卽取三密港. **三密港,** 用乙卯針, 二更, 取龜嶼, 打水六托, 是正路. **龜嶼,** 稍開有石六七塊, 名猫着萬里淺, 用單巳針, 三更, 取單戎世力山. **單戎世力山,** 有淺宜防, 打水五托, 是正路. 用單巳針及巽巳, 四更, 又辰巽針, 收美啞柔. **美啞柔港口,** 是處多盜, 好夜殺人. 前有大山, 是馬神國. **文郎馬神國.** 古稱文狼.

주석

1   남양: 이 두 자는 『동서양고』에는 '서양'으로 되어 있는데, 위원이 남양
    으로 수정했다. 그는 중국 해남성海南省 칠주열도 일대의 해역 이남은
    모두 남양으로 변경해야 한다고 인식했다.

2   195m: 원문은 '일백삼십탁一百三十托'이다. 『동서양고』 서문에서 "양팔을
    펼친 것을 1탁托으로 삼는다(如兩手分開者爲一托)"라고 하는 것에서 1탁은
    대략 1.5m 정도로 추정된다.

3   통킹: 원문은 '동경東京'으로, 지금의 베트남 하노이시Hà Nội를 가리킨다.

4   남서쪽: 원문은 '단신單申'으로, 8시 방향이다.

5   진사辰巳: 오전 9시 전후를 가리킨다.

6   신유申酉: 저녁 7시 전후를 가리킨다.

7   정서쪽: 원문은 '경묘庚卯'인데, 경은 서쪽이고 묘는 동쪽으로 서로 방향
    이 맞지 않으므로 '경유庚酉'의 오류가 아닌가 생각한다. '경유'는 9시 방
    향이다.

8   박롱비섬Đảo Bạch Long Vĩ: 원문은 '해보산海寶山'이다.

9   정북쪽: 원문은 '단해單亥'로, 12시 방향이다.

10 북서쪽: 원문은 '건해乾亥'로, 11시 방향이다.

11 도선Đồ Sơn 해구: 원문은 '도산해구塗山海口'이다.

12 계창문鷄昌門: 지금의 베트남 하이퐁시Hải Phòng 동쪽의 도선과 깟바섬Đảo
    Cát Bà 사이의 해구이다. 혹은 깟바섬과 깟하이Cát Hải 사이의 해도를 가
    리키기도 한다.

13 깟하이Cát Hải: 원문은 '운둔해문雲屯海門'이다. 베트남 하이퐁시 동쪽에
    위치한다.

14 라오스Laos: 원문은 '로과老撾'이다.

15 남서쪽: 원문은 '곤미坤未'로, 7시에서 8시 사이 방향이다.

16 독주산獨珠山: 해남성海南省 만녕시万寧市 동남 해상의 대주도大洲島를 가리
    킨다. 독저산獨猪山이라고도 한다.

17 교지양交阯洋: 중국 해남성과 베트남 사이의 해역을 가리킨다.

18 짬섬Cù Lao Chàm: 원문은 '점필라산占筆羅山'이다.

19 꽝남Quảng Nam: 원문은 '광남항廣南港'이다. 광서 2년본에는 '광동항廣東港'
    으로 되어 있으나 악록서사본에 따라 고쳐 번역한다.

20 환주驩州: 지금의 베트남 호안쩌우Hoan Châu로 안타인An Thanh 빈Vinh 일대
    에 위치한다.

21 예안부乂安府: 베트남어로는 '응에안Nghệ An'이다.

22 남서쪽: 원문은 '미신未申'으로, 7시에서 8시 사이 방향이다.

23 망영 해구望瀛海口: 베트남 하남성Hà Nam의 대안 해구大安海口, 혹은 락장
    Lạc Giang 해구이다.

24 타인호아Thanh Hóa: 원문은 '청화항淸化港'이다.

25 애주愛州: 베트남어로 아이쩌우Ái Châu이다.

26 투언안Thuận An 해구: 원문은 '소장사해구小長沙海口'이다.

27 투언호아Thuận Hóa: 원문은 '순화항順化港'이다.

28 레섬Cù Lao Ré: 원문은 '외라산外羅山'이다. 베트남 중부 해안 밖의 꽝동군
    도Quần đảo Quảng Đông 중의 레섬이다.

29 정남쪽: 원문은 '병오丙午'이다.

30 마릉교馬陵橋: 베트남 응아이빈성Tỉnh Ngãi Bình 동남부의 푸미 해구 밖의
    거북섬Turtle Island, 혹은 느억섬Đào Nước을 가리킨다.

31 푸미Phù Mỹ: 원문은 '제이提夷'이다. 지금의 베트남 빈딘성에 위치한다.

32 교배서交杯嶼: 베트남 꾸이년항 퐁마이Phong Mai 일대의 곶으로 섬은 아
    니다.

33 꾸이년Quy Nhơn항: 원문은 '신주항구新州港口'이다. 지금의 베트남 중남부
    에 위치한 빈딘성의 성도로 베트남 남부의 제1항구이다.

34 잔을 부딪치는 형상을 하고 있어: 원문은 '여교배상如交杯狀'이다. 광서
    2년본에는 없으나 악록서사본에 따라 고쳐 번역한다.

35 감비르섬Gambir Island: 원문은 '양서羊嶼'이다. 지금의 베트남 꾸이년항에 위치한다.

36 쑤언다이곶Vịnh Xuân Đài: 원문은 '연통煙筒'이다. 지금의 베트남 송까우Sông Cầu 동쪽에 위치한다.

37 영산靈山: 대불령산이라고도 하며 바렐라곶Cap Varella으로 추정된다.

38 정남쪽: 원문은 '단오單午'로, 6시 방향이다.

39 가남모伽南貌: 베트남 푸카인성 밴호이Ben Hoi만 내의 큰 섬 동쪽의 곶이다.

40 혼론섬Đảo Hòn Lớn: 원문은 '규룡서圭龍嶼'이다. 베트남 푸카인성 밴호이 만 내에 위치한다.

41 가나곶Vịnh Ga Na: 원문은 '라만두羅灣頭'이다. 베트남 투언하이성Thuận Hải 에 위치한다.

42 북쪽으로는 ··· 이르는데: 원문은 '북련안남, 동북지광동北連安南, 東北至廣東'이다. 광서 2년본에는 '북련안동, 남북지광동北連安東, 南北至廣東'으로 되어 있으나 악록서사본에 따라 고쳐 번역한다.

43 애주崖州: 홍무 원년 길양군吉陽郡을 애주로 개명해서 경주부瓊州府에 귀속시켰다. 오늘날 해남도 삼아시三亞市에 해당한다.

44 남서쪽: 원문은 '곤신坤申'으로, 8시 방향이다.

45 개가곶Vịnh Ge Ga: 원문은 '적감산赤坎山'으로, 지금의 베트남 투언하이성 서남쪽에 위치한다.

46 붕따우Vũng Tàu: 원문은 '학정산鶴頂山'으로, 지금의 베트남 동남 해안에 위치한다.

47 있는: 원문은 '유有'이다. 광서 2년본에는 '국國'으로 되어 있으나 악록서 사본에 따라 고쳐 번역한다.

48 빈투언Bình Thuận해도: 원문은 '대모주玳瑁洲'이다. 지금의 베트남 동남 해안에 위치한다.

49 캄보디아(東埔寨): 캄보디아에 위치했던 캄보자Kamboja 왕국이다.

50 정서쪽: 원문은 '단경單庚'으로, 9시 방향이다.

51 가임산柯任山: 지금의 베트남 동남 해안 밖에 있는데, 고꽁Go Cong 동쪽의

딴빈지엔Tan Binh Dien 일대, 혹은 바찌Ba Tri 남쪽 부근으로 추정된다.

52 외임外任: 지금의 베트남 고꽁 동남쪽, 혹은 바찌의 동남쪽으로 추정된다.

53 서남서쪽: 원문은 '경신庚申'으로, 8시에서 9시 사이 방향이다.

54 석란초石爛礁: 지금의 베트남 동남 해안의 미토항Mỹ Tho 밖, 혹은 푸타인
동Phú Thanh Đông 동쪽의 작은 섬으로 추정된다.

55 모해주毛蟹州: 지금의 베트남 짜빈성Tra Vinh 일대로 추정된다.

56 들어갔다: 원문은 '입入'이다. 광서 2년본에는 '습拾'으로 되어 있으나 악
록서사본에 따라 고쳐 번역한다.

57 암초: 원문은 '곤신坤身'이다.

58 가파른 곳: 원문은 '두기頭崎'이다.

59 점랍니占臘泥: 지금의 베트남 남부 메콩강Mekong River 하구의 질척한 진흙
여울을 가리킨다.

60 정남서쪽: 원문은 '단미單未'로, 7시 방향이다.

61 칠주七州: 향달向達이 정리한 『정화항해도鄭和航海圖』에 따르면 칠주는 또
한 칠주양七州洋이라고 하는데, 지금의 서사군도西沙群島를 가리킨다고
한다.

62 상행에는 … 없다: 이 속담은 원대 왕대연汪大淵의 『도이지략島夷志略』,
비신費信의 『성사승람星槎勝覽』에 보인다. 이들 저작에 의하면, 선박이
'칠주'와 '곤륜'을 지날 때 '침미타실針迷舵失', 즉 나침반이 흔들려 배의 키
를 조종할 수 없는 현상이 일어났다고 한다. 해저에 자석 성분이 많아
나침반이 그 영향을 받았을 것으로 보인다.

63 서쪽: 원문은 '경유庚酉'로, 약간 기운 9시 방향이다.

64 정서쪽: 원문은 '단유單酉'로, 9시 방향이다.

65 혼코아이섬Đảo Hòn Khoai: 원문은 '진서眞嶼'이다. 지금의 베트남 최남단에
위치한다.

66 혼쭈오이섬Đảo Hòn Chuối: 원문은 '가서假嶼'이다. 지금의 캄보디아 남해안
밖에 위치한다.

67 서북서쪽: 원문은 '경술庚戌'로, 9시에서 10시 사이의 방향이다.

68 토쭈섬Đảo Thổ Chu: 원문은 '대횡산大橫山'이다. 지금의 베트남 남부에 위치한다.

69 바이섬Vai Island: 원문은 '소횡산小橫山'이다. 지금의 캄보디아 남부에 위치한다.

70 서북서쪽: 원문은 '신술申戌'로, 10시 방향이다.

71 서북서쪽: 원문은 '단술單戌'로, 10시 방향이다.

72 북북서쪽: 원문은 '건술乾戌'로, 10시에서 11시 사이 방향이다.

73 크람섬Ko Khram: 원문은 '필가산筆架山'이다. 지금의 태국 방콕만Bay of Bangkok 내에 위치한다.

74 북북서쪽: 원문은 '임해壬亥'로, 11시에서 12시 사이 방향이다.

75 파이섬Ko Phai: 원문은 '진공서陳公嶼'이다. 지금의 태국 방콕만 내에 위치한다.

76 란섬Ko Lan: 원문은 '여두산黎頭山'이다. 지금의 태국 방콕만 내에 위치한다.

77 석배산石排山: 란섬 서북쪽 일대의 암초군을 가리킨다.

78 북쪽: 원문은 '임자壬子'로, 12시 방향이다.

79 규두천圭頭淺: 지금의 태국 방콕만 내 시창섬Ko Si Chang 부근의 모래톱(沙淺)이다.

80 북서쪽: 원문은 '용단건用單乾'으로, 단건은 11시 방향이다. 광서 2년본에는 '단용건單用乾'으로 되어 있으나 악록서사본에 따라 고쳐 번역한다.

81 3경: 광서 2년본에는 '2경'으로 되어 있으나 악록서사본에 따라 고쳐 번역한다.

82 죽서竹嶼: 지금의 태국 방콕만의 시창섬, 혹은 메콩강 하구의 빡남Paknam 으로 추정된다.

83 섬을 따라: 원문은 '연산沿山'이다. 광서 2년본에는 '몰산沒山'으로 되어 있으나 악록서사본에 따라 고쳐 번역한다.

84 태국(暹羅): 원문은 '섬라暹羅'이다. 태국에 위치했던 아유타야 왕국을 이른다.

85 적토赤土: 『동서양고』의 '적토'는 지금의 태국 짜오프라야강Me Nam Chao

Phraya 유역을 가리킨다.

86 파라찰婆羅刹:『동서양고』의 '파라찰'은 지금의 태국 롭부리Lopbury 일대를 가리킨다.

87 클란탄Kelantan: 원문은 '길란단吉蘭丹'이다. 지금의 말레이반도 중북부에 위치한다.

88 빠따니Patani 항구: 원문은 '대니항구大泥港口'이다. 지금의 태국 남부에 위치한다. 광서 2년본에는 '대서항구大嶼港口'로 되어 있으나 악록서사본에 따라 고쳐 번역한다.

89 나콘시탐마랏Nakhonsrithamarat: 원문은 '육곤六坤'으로 낙곤洛困이라고도 한다. 지금의 태국에 위치한다.

90 텡골섬Pulau Tenggol: 원문은 '두서斗嶼'이다. 지금의 말레이시아 쿠알라당 군항Kuala Dangun 밖에 위치한다.

91 남쪽: 원문은 '정오丁午'로, 6시에서 7시 사이 방향이다.

92 파항Pahang: 원문은 '팽형국彭亨國'이다. 지금의 말레이시아에 위치한다.

93 티오만Tioman: 원문은 '지반산地盤山'으로, 지금의 말레이시아에 위치한다.

94 페칸Pekan: 원문은 '팽형항彭亨港'이다. 지금의 말레이시아 파항강 상류에 위치한다.

95 아우르섬Pulau Aur: 원문은 '동서축東西竺'이다. 지금의 말레이시아 조호르 바루주 동쪽 해안에 위치한다.

96 조호르Johor: 원문은 '유불柔佛'이다.

97 남남서쪽: 원문은 '정미丁未'로, 7시 방향이다.

98 리마섬Pulau Lima: 원문은 '라한서羅漢嶼'이다. 지금의 말레이반도 동남 해안 밖에 위치한다.

99 우중타나Ujung Tanah: 원문은 '오정초림烏丁樵林'이다. 지금의 말레이시아 조호르주에 위치한다.

100 페드라브랑카Pedra Branca: 원문은 '백초白礁'이다. 지금의 싱가포르해협 동쪽에 위치한 항구이다.

101 싱가포르Singapore: 원문은 '용아문龍牙門'이다. 지금의 싱가포르해협을 가

리키기도 한다.

102 링가제도Pulau Lingga: 원문은 '산문山門'으로 용아산龍牙山을 가리킨다.

103 라분섬Pulau Labun: 원문은 '양산초涼傘礁'이다. 지금의 싱가포르해협에 위
치한다.

104 테마섹Temasek: 원문은 '담마석문淡馬錫門'이다. 지금의 싱가포르 남단에
위치한다.

105 서북서쪽: 원문은 '신술辛戌'로, 10시 방향이다.

106 카리문자와Karimunjawa: 원문은 '길리문산吉里問山'이다. 지금의 인도네시
아에 위치한다.

107 피상섬Pulau Pisang: 원문은 '비송서毗宋嶼'이다. 광서 2년본에는 '곤송서崑宋
嶼'로 되어 있으나 악록서사본에 따라 고쳐 번역한다. 지금의 말레이반
도 서남 해안 밖에 위치한다.

108 전서箭嶼: 지금의 말레이반도 남단 일대에 위치한 바낭산Gunung Banang으
로 추정된다.

109 오서五嶼: 진오서眞五嶼라고도 하며, 지금의 말레이시아 플라카항 밖에
있는 브사르Besar·도돌Dodol·하냣Hanyat·낭카Nangka·운단Undan 등 5개 섬
을 가리키는 것으로 추정된다.

110 진쇄을 열었는데: 원문은 '개진開鎖'이다. 광서 2년본에는 '문진門鎖'으로
되어 있으나 악록서사본에 따라 고쳐 번역한다.

111 가오서假五嶼: 지금 말레이반도 남단 일대에 있으며 플라카와 클랑Kelang
사이에 위치한다. 혹은 하샤두곶Cape Rachado을 가리키는데, 말레이시아
어로 탄중투안Tanjung Tuan이라고 하며 '군자곶'이라는 의미이다.

112 플라카Melaka: 원문은 '마륙갑麻六甲'이다. 고대에는 만랄가滿剌加, 만랄滿剌,
마랄갑麻剌甲, 문로고文魯古, 돈손頓遜, 가라부사哥羅富沙, 마륙가馬六加, 맹랄
갑孟剌甲 등으로 불렸다. 말레이반도 서안의 플라카해협에 면해 있는
항구도시로, 지금은 말레이시아를 구성하는 13개 주州 중 하나이다.

113 빈탄섬Pulau Bintan: 원문은 '장요서長腰嶼'이다. 지금의 인도네시아 리아우
제도Riau Islands에 위치한다.

114 정기의丁機宜: 정기의는 퉁가오이로 지금의 인도네시아 말루쿠제도의 티도레섬 내에 위치하는데, 여기에서는 빈탄섬 일대를 가리키는 것으로 위치상 오류가 있는 것 같다.

115 독석문獨石門: 지금의 인도네시아 리아우제도Kepulauan Riau 일대에 위치한다.

116 철정서鐵釘嶼: 지금의 인도네시아 링가제도Kepulauan Lingga 일대에 위치한다.

117 부아야섬Pulau Buaya: 원문은 '악어서鱷魚嶼'이다. 지금의 인도네시아 수마트라섬 쿠안탄 하구 밖의 다툭Datuk 부근에 위치한다. 인도네시아에서는 코모도왕도마뱀을 육지 악어라는 의미로 'Buaya Clarat'라고 부른다.

118 제2항: 지금의 인도네시아 수마트라섬 쿠안탄 하구의 템빌라한Tembilahan 혹은 숭가이살락Sunggai Salak으로 추정된다.

119 다이크산Gunung Daik: 원문은 '용아대산龍雅大山'이다. 지금의 인도네시아 링가섬에 위치한다.

120 링가섬Pulau Lingga: 원문은 '마호馬戶'이다.

121 싱켑섬Pulau Singkep: 원문은 '만두서饅頭嶼'이다. 지금의 인도네시아 수마트라섬 동쪽 해안 밖에 위치한다.

122 잠비Jambi: 원문은 '첨비詹卑'이다. 지금의 인도네시아 수마트라섬에 위치한다.

123 스리비자야국Srivijaya: 지금의 인도네시아 수마트라섬 팔렘방Palembang 일대에 있던 옛 국명이다.

124 투주섬Pulau Tujuh: 원문은 '칠서七嶼'이다.

125 방카섬Pulau Bangka: 원문은 '팽가산彭家山'이다.

126 남서쪽: 원문은 '곤미坤未'이다. 광서 2년본에는 '곤신坤申'으로 되어 있으나 악록서사본에 따라 고쳐 번역한다.

127 남동쪽: 원문은 '진손辰巽'으로, 4시에서 5시 사이 방향이다.

128 방카해협Selat Bangka: 원문은 '진협문進峽門'이다.

129 남남동쪽: 원문은 '병사丙巳'로, 5시에서 6시 사이 방향이다.

130 마스파리섬Pulau Maspari: 원문은 '삼맥서三麥嶼'이다. 방카해협 동쪽 밖에

위치한다. 루시푸라섬Pulau Lucipura이라고도 한다.

131 정남쪽: 원문은 '단정單丁'으로, 6시 방향이다.

132 툴랑바왕Tulangbawang 항구: 원문은 '도마횡항구都麻橫港口'이다. 지금의 인도네시아 수마트라섬 동남 해안에 위치한다.

133 진불진가불가眞不眞假不假: 툴랑바왕 항구 부근에 있는 탄중부부아윤Tandjung Bubuayun에 위치한다.

134 크타팡Ketapang 항구: 원문은 '랑방항구覽邦港口'이다. 지금의 인도네시아 수마트라 람풍주Lampung에 위치한다.

135 노사아奴沙牙: 크타팡 동쪽 해안 밖에 있었을 터이지만, 구체적으로는 알 수 없다.

136 노사랄奴沙剌: 지금의 인도네시아 순다해협Selat Sunda에 있는 섬으로 추정된다.

137 석란산錫蘭山: 석란산은 일반적으로 스리랑카를 가리키는데, 여기에서는 지금의 인도네시아 자와섬 서북에 위치한 세랑Serang으로 추정된다.

138 그레이트니코바르섬Great Nicobar Island: 원문은 '취람서翠藍嶼'이다. 지금의 인도 니코바르제도Nicobar Islands에 위치한다.

139 반탄Bantan: 원문은 '하항下港'이다. 지금의 인도네시아 자와섬에 위치한다.

140 지원至元: 원나라 세조世祖 쿠빌라이칸의 연호(1264~1294)이다.

141 뱃사람: 원문은 '박인舶人'이다. 광서 2년본에는 '박입舶入'으로 되어 있으나 악록서사본에 따라 고쳐 번역한다.

142 믈라카Melaka: 원문은 '만랄가국滿剌加國'이다.

143 북서쪽: 원문은 '단건單乾'으로, 11시 방향이다.

144 클랑섬Pulau Kelang: 원문은 '면화서綿花嶼'이다. 지금의 말레이반도 서해안에 위치한다.

145 아루아제도Kepulauan Aruah: 원문은 '계골서雞骨嶼'이다. 지금의 믈라카해협에 있으며 수마트라섬 동해안 바간시아피아피Bagansiapiapi의 서북쪽에 위치한다.

146 이유섬Pulau Iyu: 원문은 '쌍서雙嶼'이다. 지금의 믈라카해협에 위치한 대

이유섬Pulau Iyu Besar과 소이유섬Pulau Iyu Kecil으로 추정된다.

147 베르할라섬Pulau Berhala: 원문은 '단서單嶼'이다. 지금의 플라카해협에 있으며 인도네시아 수마트라섬 벨라완Belawan 동쪽에 위치한다.

148 아루Aru: 원문은 '아로亞魯'이다. 지금의 인도네시아 수마트라섬 델리Deli 하천 유역에 있던 고대 국명으로 벨라완Belawan 일대를 가리킨다.

149 섬을 벗어나: 원문은 '이산離山'이다. 광서 2년본에는 '잡산雜山'으로 되어 있으나 악록서사본에 따라 고쳐 번역한다.

150 프를락Perlak: 원문은 '파록두巴祿頭'이다. 지금의 수마트라섬 다이아몬드 항구 동남쪽에 위치한다.

151 슴빌란Sěmbilan: 원문은 '구주산九州山'이다. 말레이어로 슴빌란은 9개의 섬을 의미한다. 말레이반도에 위치한다.

152 영락 연간: 비신의 『성사승람』에 따르면 영락 7년(1409)의 일이다.

153 급수만急水灣: 수마트라섬 다이아몬드 항구 부근에 있다.

154 아체Aceh: 원문은 '아제亞齊'이다.

155 빈투언해도: 원문은 '대모주玳瑁洲'이다. 지금의 베트남 동남 해안에 위치한다.

156 캣위크군도Catwick Islands: 원문은 '동서동東西董'이다. 지금의 베트남 빈투언해도의 남쪽에 위치한다.

157 그레이트캣위크섬: 원문은 '서동西董'이다.

158 그레이트나투나섬Pulau Natuna Besar: 원문은 '실력대산失力大山'이다. 지금의 인도네시아 나투나제도Kepulauan Natuna에 위치한다.

159 미다이섬Pulau Midai: 원문은 '마안서馬鞍嶼'이다. 지금의 나투나제도에 위치한다.

160 남동쪽: 원문은 '손사巽巳'로, 5시 방향이다.

161 세라야섬Pulau Seraja: 원문은 '탑림서塔林嶼'이다. 지금의 나투나제도에 위치한다.

162 카리마타제도Kepulauan Karimata: 원문은 '길녕마나吉寧馬哪'이다.

163 고전古篆: 춘추 전국 시대 및 진대에 통용된 한자의 서체이다. 대전大篆

과 소전小篆이 있다.

164 정남동쪽: 원문은 '단사單巳'로, 5시 방향이다.

165 정남쪽: 원문은 '단병單丙'으로, 6시 방향이다.

166 벨리퉁섬Pulau Belitung: 원문은 '물리동산勿里洞山'이다. 지금의 인도네시아
에 위치한다.

167 카리문자와제도Kepulauan Karimunjawa: 원문은 '길리문대산吉里問大山'이다.
지금의 인도네시아에 위치한다.

168 무리아산Gunung Muria: 원문은 '보로안산保老岸山'이다. 지금의 인도네시아
자와섬의 부글곶Tanjung Bugel 서쪽에 위치한다.

169 초산椒山: 자와섬 북쪽 해안의 라슴Lasem에서 부글 사이에 있다.

170 투반Tuban: 원문은 '저만豬蠻'으로 두판촌杜板村이라고도 한다. 지금의 자
와섬 동북 해안에 위치한다.

171 마서磨嶼: 투반 동쪽의 수카와티산Gunung Sukwati으로 추정된다.

172 요동饒洞: 옛 땅은 지금의 자와섬 동북쪽 라망안Lamangan 일대이다.

173 사길항思吉港: 자와섬 동부에 위치한 세다유Sedayu로 추정된다.

174 수카다나Sukadana: 원문은 '소길단국蘇吉丹國'이다. 수카다나는 지금의 보
르네오섬 칼리만탄에 위치해서 사길항과 같은 지역은 아니다.

175 정치: 원문은 '정政'이다. 광서 2년본에는 이 글자가 없으나 악록서사본
에 따라 고쳐 번역한다.

176 그레식Gresik: 원문은 '길력석吉力石'이다. 지금의 자와섬 동북쪽에 위치한다.

177 동남동쪽: 원문은 '을진乙辰'으로, 4시 방향이다.

178 투반: 원문은 '두판촌杜板村'이다. 광서 2년본에는 '주판촌柱板村'으로 되어
있으나 악록서사본에 따라 고쳐 번역한다.

179 수라바야해협Selat Surabaya: 원문은 '포분대해蒲奔大海'이다.

180 수라바야: 원문은 '쌍은탑雙銀塔'으로 사수泗水라고도 한다. 지금의 자와
섬 그레식 동남쪽에 위치한다.

181 발리섬Pulau Bali: 원문은 '마리산磨里山'이다. 지금의 인도네시아에 위치한다.

182 정동쪽: 원문은 '단을單乙'로, 3시에서 4시 사이 방향이다.

183 롬복섬Pulau Lombok: 원문은 '랑목산郎木山'이다. 지금의 인도네시아에 위치한다.

184 숨바와섬Pulau Sumbawa: 원문은 "삼파왜서三吧哇嶼'이다.

185 정동쪽: 원문은 '단묘單卯'로, 3시 방향이다.

186 장갈라Janggala: 원문은 '중가라重迦羅'이다. 고대 왕국으로 지금의 자와섬 수라바야 지구에 있었으며 숨바와섬에 있지 않았다.

187 고라高蝶: 지금의 인도네시아 숨바와섬 동북부의 송가Songgar만 내의 정박소인 킬로Kilo이다. 광서 2년본에는 '고라高羅'로 되어 있으나 악록서사본에 따라 고친다.

188 리마산里馬山: 지금의 인도네시아 숨바와섬 동북부의 비마Bima이다.

189 상제앙해협Selat Sangean: 원문은 '화산문火山門'이다. 지금의 인도네시아 숨바와섬과 상제앙섬 사이에 위치한다.

190 사페해협Selat Sape: 원문은 '대급수大急水'이다. 지금의 인도네시아 숨바와섬과 코모도섬Pulau Komodo 사이에 위치한다.

191 린자섬Pulau Rindja: 원문은 '계서鷄嶼'이다. 지금의 인도네시아 플로레스섬 Pulau Flores 서해안 밖에 위치한다.

192 동쪽: 원문은 '을묘乙卯'로, 3시에서 4시 사이 방향이다.

193 엔데섬Pulau Ende·에피에곶Tanjung Apie: 원문은 '대운라·소운라大雲蝶·小雲蝶'이다. 지금의 인도네시아 소순다열도 내에 위치한다.

194 솔로르섬Pulau Solor: 원문은 '소률산蘇律山'이다. 지금의 인도네시아 소순다열도 내에 위치한다.

195 네덜란드인: 원문은 '홍모번紅毛番'이다.

196 판타르섬Pulau Pantar: 원문은 '인서印嶼'이다. 지금의 인도네시아 소순다열도 동쪽에 위치한다.

197 딜리Dili: 원문은 '미라항美羅港'이다. 지금의 티모르섬 동부에 위치한다.

198 티모르섬: 원문은 '지민池悶'이다.

199 카리마타제도: 원문은 '길녕마초吉寧馬礁'이다.

200 반자르마신Banjarmasin: 원문은 '문랑마신文郎馬神'이다. 지금의 인도네시

아 칼리만탄슬라탄주Kalimantan Selatan의 주도이다. 광서 2년본에는 '문랑
마랑文郎馬郎'으로 되어 있으나 악록서사본에 따라 고쳐 번역한다.

201 발리만캅섬Pulau Balimankap: 원문은 '파리마각吧哩馬閣'이다. 지금의 인도네
시아 칼리만탄섬 서남 해안 밖 갈람섬Pulau Galam 동남쪽에 위치한다.

202 백수양白水洋: 광서 2년본에는 '백수白水'로 되어 있으나 악록서사본에 따
라 고친다. 지금의 인도네시아 칼리만탄섬 서남 해안 밖의 자와해이다.

203 동북동쪽: 원문은 '갑묘甲卯'로, 2시에서 3시 사이 방향이다.

204 삼핏Sampit: 원문은 '삼밀항三密港'으로 지금의 인도네시아 칼리만탄섬 남
부에 위치한다.

205 벨랑섬Pulau Belang: 원문은 '구서龜嶼'로 지금의 인도네시아 칼리만탄섬
남부에 위치한다.

206 말라타유르Malatayur: 원문은 '묘저만리천貓薯萬里淺'이다. 지금의 인도네시
아 삼핏만 밖에 위치한다.

207 말라타유르곶Tanjung Malatayur: 원문은 '단융세력산單戎世力山'이다. 지금의
인도네시아 칼리만탄섬 남부에 위치한다.

208 바리토강Sungai Barito: 원문은 '미아유美啞柔'이다. 지금의 인도네시아 반자
르마신 일대에 위치한다.

209 반자르마신: 원문은 '문랑마신국文郎馬神國'이다.

동양 항로

—

태무산太武山[1]에서 출발하면 남동쪽 방향으로 7경을 가면 팽호서彭湖嶼에 도달한다. 팽호서, 장주漳州와 천주泉州 사이의 요충지이다. 유병遊兵을 많이 배치해 이곳에서 왜적을 방어한다. 남남동쪽으로 5경을 가면 호두산虎頭山[2]에 도달한다. 호두산, 남남동쪽으로 7경을 가면 사마두오沙馬頭澳[3]에 도달한다. 사마두오, 남동쪽으로 15경을 가면 크람섬에 도달한다. 크람섬, 멀리 카미긴섬Camiguin Island[4]과 푸가섬Fuga Island[5]을 바라보며 아파리Aparri항[6]으로 들어간다. 아파리항, 서쪽으로 3경을 가면 라오아그Laoag[7]에 도달한다. 라오아그, 계속 가서 바독Badoc[8]에서 서쪽으로 10경을 지나면 비간Vigan[9]에 도달한다. 비간항 남쪽은 바기오Baguio항[10]으로 바기오 아래의 만에는 작은 항구가 있는데 마리아Maria항[11]이다. 그 아래에 오래된 만이 있으니 곧 발라바크Balabac[12]이며 다시 그 섬을 지나면 캔돈Candon[13]이다. 에 도달한다.

또 비간항에서 출발하면, 파오Pao만[14]에서 남쪽·정남쪽 방향으로 10경을 가면 산페르난도San Fernando[15]에 도달한다. 산페르난도, 아래에는 4개의 섬이 있는데 정남동쪽으로 5경을 가면 롱고스Longos항[16]에 도달한다. 롱고스항, 정남쪽 방향으로

東洋鍼路

一

太武山, 用辰巽針, 七更, 取彭湖嶼. **彭湖嶼,** 是漳泉間一要害地也. 多置遊兵, 防倭於此. 用丙巳針, 五更, 取虎頭山. **虎頭山,** 用丙巳針, 七更, 取沙馬頭灣. **沙馬頭灣,** 用辰巽針, 十五更, 取筆架山. **筆架山,** 遠望紅豆嶼幷浮甲山, 進爲大港. **大港,** 用辛酉針, 三更, 取哪哦山. **哪哦山,** 再過爲白土山, 用辛酉針, 十更, 取密雁. **密雁港.** 南是淡水港, 水下一灣, 有小港. 是米呂尊. 下一老古灣, 是磨力目, 再過山頭爲岸塘.

又從密雁港, 幞頭門用丙午·單午針, 十更, 取六藐山. **六藐山,** 下有四嶼, 用單巳針, 五更, 取郎梅嶼. **郎梅嶼,** 單午針, 四更, 取麻里荖嶼. **麻里荖嶼,** 用丁午針, 五更, 取蘇安山及玳瑁港. **玳瑁港,** 東是傍佳施欄, 用壬子針, 四更, 及癸丑針, 五更, 取表山. **表山,** 山甚高, 爲濤門之望, 故名. 用丙午針及單午針, 五更, 取里銀中邦. **里銀中邦,** 用丙巳針, 五更, 取頭巾礁. **頭巾礁,** 用單午針, 五更, 收呂宋國. **呂宋國,** 國初貢路由福建入. 用丙巳針及乙辰針, 十更, 取沙塘淺, 開是猫里務. **猫里務國.** 卽合猫里國也. 永樂時, 與呂宋貢使偕來.

又從呂宋. 取猪未山, 入磨荖央港.

又從呂宋, 過文武樓, 沿山至龍隱大山爲以甯港. **以甯港.** 山尾十更, 西邊取里擺翰至高藥港.

又從以甯港, 用丙巳針, 取漢澤山, 卽屋黨港口. 漢澤山, 用單巽針, 取海山. 海山. 用
單巳針, 五更, 取吶嘩嘩, 其內爲沙瑤.

又從漢澤山, 用丙午針, 二十更, 取交溢, 一名班溢. 交溢, 稍下爲逐奇馬山, 用乙辰針,
七更, 取魍根礁老港. 魍根礁老港, 用乙辰針, 七更, 見紹山. 紹山, 又用乙辰針, 十更, 入千
子智港, 是米洛居地, 今佛郎機駐此. 千子智港, 對面是直羅里, 稍上是紹武淡水港, 紅毛夷駐
此. 紹武淡水港. 此處大山凡四, 進入卽美洛居, 舶人稱米六合.

又從交溢, 對西開船, 取犀角嶼. 犀角嶼, 外有三四白礁, 南勢開船, 用單坤針, 入蘇祿
國. 蘇祿國. 國初朝貢, 有東王·西王·峒王. 其後惟東王來貢不絕, 疑是爲東王所幷矣. 商舶所
至, 則峒王地.

又從呂蓬, 用坤未針, 五更, 取芒煙山. 芒煙山, 用丁亥針, 十更, 取磨葉洋. 磨葉洋, 用
單未針, 竝丁未, 取小煙山. 小煙山, 其上有仙人掌, 用丁未針, 五更, 取七峯山. 七峯山, 用
單丁針, 五更, 取巴荖圓. 巴荖圓, 用丁未針, 五更, 取羅蔔山. 羅蔔山, 用丁未針, 三更, 取聖
山. 聖山, 自聖山東去, 突出二大尖, 兩傍皆老古石, 中只一溝, 舟行甚險. 用單未及坤未針, 五
更, 取崑崙山. 崑崙山, 此又別一崑崙, 是舶人強名之耳. 用坤未針, 取長腰嶼. 長腰嶼, 舶過
嶼門, 用單午針, 五更, 取鯉魚塘. 鯉魚塘, 取毛花蠟, 卽文萊港口. 文萊國. 卽婆羅國, 此東
洋最盡頭, 西洋所自起處也, 故以婆羅終焉.

주석

1　태무산太武山: 복건성 천주시 금문현에 위치한 산이다.

2　호두산虎頭山: 대만 남단에 위치한 산이다.

3　사마두오沙馬頭澳: 대만 남쪽의 아란비鵝鑾鼻로 사마기沙馬崎라고도 한다.

4　카미긴섬Camiguin Island: 원문은 '홍두서紅豆嶼'이다. 지금의 필리핀 바부얀
　제도Babuyan Islands에 위치한다.

5　푸가섬Fuga Island: 원문은 '부갑산浮甲山'이다. 지금의 필리핀 바부얀제도
　에 위치한다.

6　아파리Aparri항: 원문은 '대항大港'으로 지금의 필리핀 루손섬 북부에 위치한다.

7　라오아그Laoag: 원문은 '나아산哪哦山'이다. 지금의 루손섬 서북부에 위치한다.

8　바독Badoc: 원문은 '백토산白土山'이다. 지금의 루손섬 서북부에 위치한다.

9　비간Vigan: 원문은 '밀안密雁'이다. 지금의 루손섬 서북 해안에 위치한다.

10　바기오Baguio항: 원문은 '담수항淡水港'이다. 지금의 루손섬 비간 남쪽에
　위치한다.

11　마리아Maria항: 원문은 '미려악米呂咢'이다. 지금의 루손섬 서북 해안에 위
　치한다.

12　발라바크Balabac: 원문은 '마력목磨力目'이다.

13　캔돈Candon: 원문은 '안당岸塘'이다. 지금의 루손섬 서북 해안에 위치한다.

14　파오Pao만: 원문은 '복두문橫頭門'이다.

15　산페르난도San Fernando: 원문은 '육막산六藐山'이다. 지금의 루손섬 서해
　안에 위치한다.

16　롱고스Longos항: 원문은 '랑매서郎梅嶼'이다. 지금의 루손섬 서해안에 위
　치한다.

17　볼리나오Bolinao: 원문은 '마리배서麻里荖嶼'이다. 지금의 루손섬 서해안에
　위치한다.

18 수알Sual: 원문은 '소안산蘇安山'이다. 지금의 루손섬 서해안에 있는 링가
엔의 서쪽에 위치한다.

19 링가엔Lingayen: 원문은 '대모항玳瑁港'이다.

20 링가엔: 원문은 '대모항玳瑁港'이다. 광서 2년본에는 '대모서玳瑁嶼'로 되
어 있으나 악록서사본에 따라 고쳐 번역한다.

21 팡가시난Pangasinan: 원문은 '방가시란傍佳施欄'이다. 지금의 필리핀 팡가
시난주이다. 광서 2년본에는 '방주선란傍柱旋欄'으로 되어 있으나 악록
서사본에 따라 고친다.

22 북북동쪽: 원문은 '계축癸丑'으로, 1시 방향이다.

23 볼리나오곶: 원문은 '표산表山'이다. 지금의 루손섬 서해안에 위치한다.

24 마신록Masinloc: 원문은 '리은중방里銀中邦'이다. 지금의 루손섬 삼발레스
주Zambales에 위치한다.

25 코치노스Cochinos곶: 원문은 '두건초頭巾礁'이다. 지금의 루손섬 삼발레
스주에 위치한다.

26 시모뱅크스Simobanks: 원문은 '사당천沙塘淺'이다. 지금의 루손섬 서해안
밖 포춘섬Fortune Island 서북쪽에 위치한다.

27 민도로섬Mindoro Island: 원문은 '묘리무貓里務'이다.

28 합묘리국合貓里國: 지금의 인도네시아 자와섬 혹은 그 부근으로, 코타스
마랑Kota Semarang 동쪽의 드막Demak으로 추정된다. 필리핀의 민도르섬
과는 같은 지역이 아니다. 광서 2년본에는 '금묘리국今貓里國'으로 되어
있으나 악록서사본에 따라 고쳐 번역한다.

29 투이Tuy: 원문은 '저미산豬未山'이다. 지금의 루손섬 남부에 위치한다.

30 바탕가스Batangas: 원문은 '마배앙항麻莑央港'이다. 지금의 루손섬 남부에
위치한다.

31 맘부라오Mamburao: 원문은 '문무루文武樓'이다. 지금의 민도로섬 서북부
에 위치한다.

32 바코산Mount Baco: 원문은 '용은대산龍隱大山'이다. 지금의 민도로섬 서남
쪽에 위치한다.

33 일린섬Ilin Island: 원문은 '이녕항以寧港'이다. 지금의 필리핀 민도로섬 남쪽에 위치한다.

34 키닐루반Quiniluban: 원문은 '리파한里擺翰'이다. 지금의 필리핀 쿠요섬Cuyo Island 서북쪽에 위치한다.

35 쿠요제도Cuyo Islands: 원문은 '고약항高藥港'이다.

36 안티케Antique: 원문은 '한택산漢澤山'이다. 지금의 필리핀 파나이섬Panay Island 서남부에 위치한다.

37 오톤Oton항: 원문은 '옥당항구屋黨港口'이다. 지금의 필리핀 파나이섬 남부에 위치한다.

38 남동쪽: 원문은 '단손單巽'으로, 5시 방향이다.

39 실리노그섬Silinog Island: 원문은 '해산海山'이다. 지금의 필리핀 민다나오섬 북쪽에 위치한다.

40 다피탄Dapitan: 원문은 '눌필단呐嗶嘽'이다. 지금의 필리핀 민다나오섬 북부에 위치한다.

41 사야오Sayao: 원문은 '사요沙瑤'이다. 지금의 세부섬Cebu Island에 위치한다.

42 민다나오섬Mindanao Island: 원문은 '교일交溢'이다.

43 바실란섬Basilan Island: 원문은 '축기마산逐奇馬山'이다. 지금의 필리핀 삼보앙가 부근에 위치한다.

44 코타바토Cotabato: 원문은 '망근초로항魍根礁老港'이다. 지금의 필리핀 민다나오섬에 위치한다.

45 사랑가니섬Sarangani Island: 원문은 '소산紹山'이다. 지금의 필리핀 민다나오섬 남부에 위치한다.

46 트르나테섬Pulau Ternate: 원문은 '천자지항千子智港'이다. 지금의 인도네시아 말루쿠제도Kepulauan Maluku에 위치한다.

47 말루쿠Maluku: 원문은 '미락거米洛居'로, 미락거美洛居라고도 한다.

48 포르투갈: 원문은 '불랑기佛郞機'이다.

49 티도레섬Pulau Tidore: 원문은 '직라리直羅里'이다. 지금의 인도네시아 말루쿠제도에 위치한다.

50 티도레항: 원문은 '소무담수항紹武淡水港'이다. 옛 명칭은 수이시우Suisiu이다.

51 상보이섬Sangboy Island: 원문은 '서각서犀角嶼'이다. 지금의 필리핀 바실란
　섬Basilan Island 서쪽에 위치한다.

52 필라스섬Pilas Island: 원문은 '백초白礁'이다.

53 정남서쪽: 원문은 '단곤單坤'으로, 8시 방향이다. 광서 2년본에는 '단신單
　申'으로 되어 있으나 악록서사본에 따라 고쳐 번역한다.

54 술루국Sulu: 원문은 '소록국蘇祿國'이다. 술루 서왕西王이 다스리던 곳은
　칼리만탄 동북부였고 동왕東王이 다스리던 곳은 술루군도Sulu Archipelago
　였으며, 동왕峒王이 다스리던 곳은 팔라완Palawan 남부였다.

55 루방섬Lubang Island: 원문은 '려봉呂蓬'이다. 지금의 필리핀에 위치한다.

56 망연산㟬煙山: 지금의 필리핀 루방섬 인근의 섬으로 추정된다.

57 북서쪽: 원문은 '정해丁亥'인데, '건해乾亥'의 오류로 추정된다.

58 민도로해협Mindoro Strait: 원문은 '마엽양磨葉洋'이다.

59 부수앙가섬Busuanga Island: 원문은 '소연산小煙山'이다. 지금의 필리핀 칼라
　미안제도Calamian Islands에 위치한다.

60 캐그불리섬Cagbuli Island: 원문은 '칠봉산七峰山'이다.

61 팔라완섬Palawan Island: 원문은 '파배원巴荖園'이다.

62 발라바크섬Balabac Island: 원문은 '라복산羅卜山'이다. 지금의 필리핀 팔라
　완섬 남부에 위치한다.

63 방기섬Pulau Banggi: 원문은 '성산聖山'이다. 지금의 필리핀 팔라완섬 남부
　에 위치한다.

64 티가섬Pulau Tiga: 원문은 '곤륜산崑崙山'이다.

65 라부안섬Pulau Labuan: 원문은 '장요서長腰嶼'이다. 지금의 브루나이만Brunei
　Bay 밖에 위치한다.

66 펠롬퐁Pelompong: 원문은 '리어당鯉魚塘'이다. 지금의 브루나이 무아라 해
　안에 위치한다.

67 무아라Muara: 원문은 '모화랍毛花蠟'이다. 지금의 브루나이 반다르스리브
　가완항Bandar Seri Begawan 동북쪽에 위치한다.

찾아보기

해국도지(六) 인물 색인

해국도지(六) 지리 색인

회계 263, 285
회군도 280
회안 243, 245
횡당 241
후아히네 382
휘주 242

흑룡강 273
흡현 242
홍화 248
히고 265
히젠슈 263

해국도지(六) 서적 색인

해국도지(六) 개념 색인

저자 소개

위 원 魏 源(1794~1857)

청대 정치가, 계몽사상가이다. 호남성湖南省 소양邵陽 사람으로 도광
2년(1822) 향시鄉試에 합격했다. 1830년 임칙서 등과 함께 선남시사宣
南詩社를 결성해서 황작자黄爵滋, 공자진龔自珍 등 개혁적 성향을 지닌 인
사들과 교류했다. 1840년 임칙서의 추천으로 양절총독 유겸裕謙의 막
료로 들어가면서 서양에 관심을 갖게 되었다. 같은 해 임칙서에게서
『사주지』를 비롯해 서양 관련 자료를 전해 받고 『해국도지』를 편
찬했다. 주요 저작으로는 『공양고미公羊古微』, 『춘추번로주春秋繁露注』,
『성무기聖武記』 등이 있다.

역주자 소개

정 지 호 鄭址鎬

도쿄대학 대학원 인문사회계 연구과에서 박사학위를 취득하고 현재 경희대학교 사학과 교수로 재직 중이다. 주요 연구로 중국의 전통적 상업 관행인 합과合夥 경영 및 량치차오梁啓超의 국민국가론에 대해 다수의 논문을 발표했으며 현재는 귀주貴州 소수민족 사회에 대한 연구를 진행하고 있다. 저서로는 『합과: 전통 중국 상공업의 기업 관행』, 『키워드로 읽는 중국의 역사』, 『진수의 《삼국지》 나관중의 《삼국연의》 읽기』, 『한중 역사인식의 공유』(공저)가 있으며, 역서로는 『애국주의의 형성』, 『중국근현대사 1: 청조와 근대 세계』, 『동북사강』 등이 있다.

이 민 숙 李玟淑

한국외국어대학교에서 중국고전소설로 박사학위를 받았으며, 현재 한국외국어대학교에서 강의하고 있다. 고서적 읽는 것을 좋아해서 틈틈이 중국 전통 시대의 글을 번역해 출간하고 있다. 특히 필기문헌에 실려 있는 중국 전통문화를 이해하고 재구성하는 것에 관심이 많다. 저서로는 『한자 콘서트』(공저), 『중화미각』(공저), 『중화명승』(공저), 역서로는 『태평광기』(공역), 『우초신지』(공역), 『풍속통의』(공역), 『강남은 어디인가: 청나라 황제의 강남 지식인 길들이기』(공역), 『임진기록』(공역), 『녹색모자 좀 벗겨줘』(공역), 『열미초당필기』 등이 있다.

고 숙 희 高淑姬

성균관대학교 대학원에서 중문학 박사학위를 받았으며, 현재 중앙 승가대학교에서 강의하고 있다. 동서양 고전을 즐겨 읽으면서 동서양 소통을 주제로 한 대중적 글쓰기를 시도하고 있다. 특히 18세기 한중 사회의 다양한 문화에 대해 큰 관심을 가지고 소소한 글쓰기를 하고 있다. 최근에는 법의학과 전통 시대 동아시아 재판 서사에 대해 깊은 관심을 가지고 연구를 진행 중이다. 저서로는『고대 중국의 문명과 역사』와『중국 고전 산문 읽기』가 있고, 역서로는『송원화본』(공역),『중국문화 17: 문학』,『백가공안』,『용도공안』,『열두 누각 이야기+二樓』,『新 36계』등이 있다.

정 민 경 鄭暋暻

중국사회과학원에서 중국문학 전공으로 박사학위를 받았다. 현재 제주대학교 중문과 조교수로 재직 중이다. 중국소설과 필기를 틈틈이 읽고 있으며 중국 지리와 외국과의 문화 교류에도 관심이 많다. 저서로는『옛이야기와 에듀테인먼트 콘텐츠』(공저),『중화미각』(공저),『중화명승』(공저)이 있고, 역서로는『태평광기』(공역),『우초신지』(공역),『풍속통의』(공역),『명대여성작가총서』(공역),『강남은 어디인가: 청나라 황제의 강남 지식인 길들이기』(공역),『사치의 제국』(공역),『(청 모종강본) 삼국지』(공역) 등이 있다.